SIMCHA FLAPAN

DIE GEBURT ISRAELS

MYTHOS UND WIRKLICHKEIT

Mit einem Vorwort
von Mazim Qumsiyeh

SEMIT
edition
bei
ZAMBON

Originaltitel:
The Birth of Israel

Übersetzung aus dem Amerikanischen: Karl Heinz Siber

Satz und Gestaltung: Fabio Biasio

ISBN 978 3 88975 243 7

Simcha Flapan • Die Geburt Israels

INHALT

VORWORT

Mazin Qumsiyeh

Professor und Direktor des Palästinensischen Museums für Naturgeschichte an der Universität Bethlehem im besetzten Palästina

Viele Bücher veralten und nur wenige bleiben beispielhaft und kritisch für das Verständnis eines Themas. Das Buch, das Sie in der Hand halten, gehört zu letzterer Kategorie, den wahren Klassikern. Simcha Flapan wurde am 27. Januar 1911 in Polen geboren und wanderte 1930 als idealistischer „sozialistischer Zionist" nach Palästina aus. Er war nationaler Sekretär der Mapam-Partei und Chef ihrer Abteilung für arabische Angelegenheiten. Leider starb Simcha Flapan 1987, während dieses Buch in den Druck ging. Aber sein Buch war zweifellos revolutionär, und nun liegt es auch wieder auf Deutsch vor. Ich bin sicher, dass der Verleger Flapan, wenn dieser noch am Leben wäre, dazu bewegt hätte, ein faktenreiches aktuelles Vorwort für diese neue Ausgabe zu schreiben. Ich habe Flapan leider nie kennengelernt, aber ich fühle mich geehrt, hier erklären zu dürfen, warum sein Werk so bedeutsam ist. Der treffend gewählte Titel *Die Geburt Israels: Mythos und Realität* lenkt die Aufmerksamkeit sofort auf eines der vielleicht frappantesten historischen Ereignisse des 20. Jahrhunderts, das immer noch bestimmend für die Konflikte im Nahen Osten und sogar darüber hinaus ist.

Die tragische Geschichte, die mit der Umsetzung der Idee des Zionismus in dieser Region entfesselt wurde, kam nicht unvorhergesehen. Alle zionistischen Führer wussten, dass ihr Projekt zur Kolonisierung Palästinas Elend und Chaos mit sich bringen würde, weil der Prozess der Kolonisierung immer unschön ist und nie die Unterstützung der örtlichen Bevölkerung hat, die zu seinem Erfolg vertrieben werden muss. Flapan traktiert uns nicht mit seinen Meinungen, sondern zeigt uns anhand von dokumentarischem Beweismaterial, wie diese Tragödie sich abspielte. Palästina sollte aus einer multireligiösen und multikulturellen Gesellschaft (in der die Juden 1897 weniger als 5% der Bevölkerung stellten) in den monolithischen „jüdischen Staat" von heute verwandelt werden. Dieses Ziel wurde durch ethnische Säuberungen erreicht und heute sind 7 der insgesamt 12 Millionen Palästinenser Flüchtlinge oder Vertriebene. Darin besteht das „Wunder" der Geburt und des Aufblühens Israels. Voraussetzung dieses Wunders war eine Kombination dreier Faktoren: militärischer Macht, der Kollaboration von Führern innerhalb und außerhalb der Region (einschließlich arabischer Politiker) und eines enormen Maßes an Propaganda. Flapan entlarvt die Mythen, die zahlreiche Zionisten zur Rechtfertigung ihrer Verbrechen in Umlauf gebracht haben. Er setzt sich erfolgreich mit den sieben größten Lügen bzw. Mythen auseinander, die die Zionisten benutzten, um den Staat Israel zu schaffen und am Leben zu erhalten. Zu diesen Mythen gehören die angebliche Zustimmung der zionistischen Führung zum UN-Teilungsplan von 1947 (während die arabischen Führer ihn ablehnten), der Mythos eines winzigen Israel, das (nach dem Schema David gegen Goliath) riesige arabische Armeen abwehren musste, der Mythos, dem zufolge Israel sich um Frieden bemüht, und andere mehr. Der schlimmste dieser Mythen aber behauptet, Israel trage keinerlei Verantwortung für die Entstehung des palästinensischen Flüchtlings-„Problems". Flapan zerstört diese Mythen mit unwiderleglichen Quellen, von denen die wichtigsten einige der Führer Israels selbst sind. Das war seinerzeit eine Pionierleistung und so schlug Flapans Buch eine Bresche in die Mauer der herrschenden Lügen und Mythen, eine Bresche, die danach von vielen aufrichtigen israelischen Autoren wie Hillel Cohen, Baruch Kimmerling, Ilan Pappe, Tom Segev, Avi Shlaim und Israel Shahak weiter geöffnet wurde. Schon zuvor hatten ja etliche palästinensische Historiker wie Aref Al-Aref, Walid Khalidi, Sami Hadawi, Emile Tuma, Nur Masalha und viele andere ausführlich über die reale Geschichte geschrieben, die ganz anders aussieht als sie von der mythologisierten zionistischen Geschichtsschreibung präsentiert wird.

Die wichtigste Figur (und „Hebamme“) bei der „Geburt Israels“ war David Ben-Gurion, und das vorliegende Buch setzt sich ausführlich mit der historischen Bilanz dieses Gründervaters auseinander. Wir erfahren von Flapan Episoden wie Ben-Gurions Äußerungen von 1937, in denen er auseinandersetzte, warum selbst ein ganz kleiner Staat den Zionisten dabei helfen würde, ihre Macht zu konsolidieren, „um dann schrittweise ganz Palästina zu erobern“. Auch am Jahr 1947 zeigt Flapan die Konsistenz im Denken Ben-Gurions, der damals erklärte, dass „wir, wenn wir nach der Schaffung eines Staates eine große Armee haben, mit der Teilung des Landes Schluss machen und uns auf ganz Palästina ausdehnen werden“. Wir erfahren von der Aussage Ben-Gurions, er betrachte Bevölkerungstransfers als moralisch unbedenklich, von seinen Befehlen zur Vertreibung der Bewohner etlicher Dörfer und Städte und von dem von ihm geschaffenen „Transfer-Komitee“. Die Mitglieder dieses Komitees Dannon, Weitz und Lipshitz werden als rassistische Ideologen demaskiert, die sich zahlreicher widerwärtiger Äußerungen befleißigten. Würde auf der Welt Gerechtigkeit herrschen, wären Menschen, die solche Akte befohlen oder sich an ihnen beteiligt haben, wegen Kriegsverbrechen oder Verbrechen gegen die Menschheit angeklagt worden. Aber die Zionisten hatten in den Ländern des Westens gute Verbindungen und nutzten sowohl massive Desinformation als auch die internationalen Sympathien für die Juden nach dem Zweiten Weltkrieg, um die bei der Schaffung des jüdischen Staates begangenen Gräuel zu vertuschen.

Aber das Buch wird nicht nur durch diese verblüffenden Zitate bedeutsam, sondern auch die durch die feinen, an dem Roman *Der Pate* erinnernden politischen Intrigenspiele, in es Einblick gibt. Es findet sich viel Neues über die Verhandlungen, die zu einer „Unabhängigkeitserklärung“ Israels führten, in der nirgends von den Grenzen des neuen Staates die Rede war, und über die Zwistigkeiten unter den zionistischen Parteien, bei denen es keineswegs um die moralische Zulässigkeit von Bevölkerungsumsiedlungen ging, sondern nur darum, *wie* diese durchgeführt werden sollten. Wir erfahren von der

Politik und den Praktiken, die sich aus der zionistischen Devise der geografischen Maximierung (palästinensisches Land für den jüdischen Staat) bei demografischer Minimierung (nämlich der palästinensischen Ursprungsbevölkerung) ergaben. Wir lesen, wie geschickt und gerissen die Zionisten auf der internationalen und lokalen Bühne manövrierten, um ihre Massaker und ethnischen Säuberungen zu verschleiern. Wir hören von der geheimen Zusammenarbeit der Zionisten mit dem jordanischen König Abdullah bei der Verhinderung eines palästinensischen Staates, einer Zusammenarbeit, die für die katastrophale Niederlage der Palästinenser vor Ort 1948 und 1949 von entscheidender Bedeutung war. Wir erfahren, wie die inzwischen von der eigenen Macht berauschten Zionisten sogar dieses vorteilhafte Abkommen mit Abdullah fallen ließen und weiter ihr Projekt der Expansion verfolgten. All das ist in der Geschichte des Kolonialismus nicht ungewöhnlich und war auch in Nord- und Südamerika zu beobachten. Abdullah wurde wegen seiner Kollaboration mit Israel 1951 von einem jungen palästinensischen Nationalisten ermordet.

Bemerkenswerterweise werden die Erkenntnisse, die Flapan 1987 in diesem Buch darlegte, von früher geheim gehaltenen und mittlerweile freigegebenen Berichten westlicher Nachrichtendienste bestätigt. So prophezeite die US-amerikanische CIA am 28. November 1947 zutreffend das Chaos, zu dem Präsident Trumans Unterstützung für die Schaffung eines jüdischen Staates führen werde. Die CIA sagte außerdem korrekt voraus, kein Zionist in Palästina werde sich „auf lange Sicht mit den territorialen Arrangements des Teilungsabkommens zufrieden geben. Selbst die konservativeren Zionisten werden hoffen, das gesamte Gebiet der Wüste Negev, West-Galiläas, der Stadt Jerusalems und schließlich ganz Palästinas zu bekommen. Die Extremisten verlangen nicht nur ganz Palästina, sondern außerdem auch noch Transjordanien. Sie haben erklärt, dass sie keinerlei jüdische Regierung anerkennen, die sich mit weniger zufrieden gibt, und werden wahrscheinlich aggressiv auf die Durchsetzung ihrer Ziele hinarbeiten." (Aus einem am 16. Januar 1978 freigegebenen Dokument.)

Flapans akribische Recherche demonstriert die enormen Bemühungen der Zionisten zur Vernichtung der Existenz palästinensischer Bürger, zur Vertreibung der Ortsansässigen und zur Errichtung der Vorherrschaft einer bestimmten Ethnie durch Apartheid-Gesetze. Dabei verwendet Flapan (ebenso wie Ben-Gurion) den Begriff „Bevölkerungstransfer", während Ilan Pappé und andere von „ethnischer Säuberung" sprechen. Das Buch enthält eine ausgezeichnete Diskussion des Plans Dalet, der im März 1948 beschlossen wurde und dann ausgeführt wurde, um die örtliche Bevölkerung zu vertreiben. Und wir finden eine gute Darstellung, wie der Plan von Streitkräften unter dem Befehl Yitzhak („Brecht ihre Knochen")[1] Rabin ausgeführt wurde, um die Bewohner der Städte Lydde (Lod) und Ramle zu vertreiben – und zwar nicht in der Hitze des Kampfs, sondern um das Gebiet von Arabern zu „säubern".

Warum ist die Zerstörung dieser Mythen heute (2015) immer noch genauso wichtig wie 1987, im Todesjahr Flapans? Der Grund dafür ist, dass sie beständig eine Rechtfertigung für fortgesetztes Unrecht geliefert haben und immer noch liefern. Sie erzeugen einen Nebel, der es Israel erlaubt, sowohl ein rassistischer Apartheid-Staat zu sein, als auch, sich auf westliche Werte und „Demokratie" zu berufen. Sie ermöglichen es einem Staat mit der fünftstärksten Armee der Welt und dem einzigen Staat mit einem nie offengelegten Vorrat von Hunderten von Nuklearwaffen, über seine „Verletzlichkeit" zu jammern und zugleich andere Staaten dazu zu drängen, Stellvertreterkriege für ihn zu führen. Genau darum bleibt dieses Buch sehr wichtig, auch wenn einige der erwähnten Daten nicht mehr aktuell sein mögen: So spricht Flapan zum Beispiel von Israels Herrschaft über 1,5 Millionen Palästinenser im Westjordanland und im Gazastreifen im Jahr 1987 – aber heute beträgt die Zahl 4 Millionen.

1- 1988, zu Anfang der der ersten palästinensischen Intifada (1987-1993), gab Yitzhak Rabin, der damals Verteidigungsminister Israels war, den (angeblich als Alternative zu tödlichen Schüssen zu verstehenden) Befehl, militanten Demonstranten die Knochen zu brechen. (A.d.Ü.)

Wie ich in meinem Buch *Kanaan. Ein gemeinsames Land: Menschenrechte und der israelisch-palästinensische Kampf* diskutiert habe, hilft uns der Abschied von Mythen, zu einer richtigen Diagnose zu kommen, was wiederum zu besseren Therapien und besseren Prognosen führt. Die ernüchternden Resultate der Forschung von Historikern wie Flapan, die von den inzwischen freigegebenen Dokumenten untermauert werden, zeigen, dass der politische Zionismus eine auf Mythen aufgebaute rassistische Kolonialideologie ist, die mit einem dauerhaften Frieden nicht vereinbar ist. Das ist möglicherweise nicht der Schluss, den Flapan selbst uns nahelegen wollte. So schrieb er in seinem früheren Buch *Der Zionismus und die Palästinenser* (leider nur auf Englisch, siehe Bibliografie) von 1979: „Zur Vermeidung von Missverständnissen möchte ich hier klarstellen, dass mein Glaube an die moralische Rechtfertigung und historische Notwendigkeit des Zionismus von meiner kritischen Neubewertung der zionistischen Führung unberührt bleibt. Die Geschichte des Zionismus demonstriert, wie sehr die Sehnsucht nach dem Aufbau einer neuen, die universalen Werte von Demokratie und sozialer Gerechtigkeit verkörpernden Gesellschaft integraler Bestandteil der zionistischen Bewegung war und dafür sorgte, dass sie sich selbst unter widrigen Bedingungen entwickeln konnte." Gegen Ende seines letzten Buches sehen wir, dass Flapan seine damalige Haltung in gewissem Maß revidiert hat und nun angesichts des großen Machtungleichgewichts einen Großteil der notwendigen Schritte von Israel verlangt. Flapan blieb jedoch offenbar bis zuletzt Zionist, obwohl die (vorhersehbare) Rechtsentwicklung des zionistischen Diskurses ihn zutiefst beunruhigte. Darin unterscheidet er sich von anderen Historikern wie Ilan Pappé oder Politikern wie Avraham Burg, die sich viel weiter vom Geschichtsbild des Zionismus entfernt haben. Aber ganz jenseits politischer Meinungen und ganz gleich, wie sich Flapans eigenes Denken vielleicht noch entwickelt hätte, trägt seine Arbeit an der Entlarvung der Mythen des Zionismus letztlich zur Infragestellung dieser Ideologie selbst bei und hilft uns damit, dem Ziel eines gerechten Friedens näher zu kommen.

Englischsprachige Bücher

Burg, Avraham 2008. *The Holocaust Is Over: We Must Rise From its Ashes.* MacMillan, New York.

Flapan, Simcha 1979. *Zionism and the Palestinians.* Croom Helm, London.

Kimmerling, Baruch 2001. *The Invention and Decline of Israeliness: State, Culture and Military in Israel.* University of California Press, Los Angeles and Berkeley.

Kimmerling, Baruch 2003. *Politicide: Sharon's War Against the Palestinians.* Verso, London.

Pappé, Ilan 2006. *The Ethnic Cleansing of Palestine.* Oneworld, London and New York.

Qumsiyeh, Mazin 2004. *Sharing the Land of Canaan: Human Rights and the Israeli-Palestinian Struggle.* Pluto, London.

Shahak, Israel 1997. *Open Secrets: Israeli Nuclear and Foreign Policies.* Pluto Press, London.

Shahak, Israel 1994 (New edition 2008). *Jewish History, Jewish Religion: The Weight of 3000 Years.* Pluto Press, London.

Shahak, Israel and Mezvinsky, Norton 1999 (New edition 2004). *Jewish Fundamentalism in Israel.* Pluto Press, London.

Deutsche Übersetzungen:

Burg, Avraham 2009. *Hitler besiegen: Warum Israel sich endlich vom Holocaust lösen muss.* Campus Verlag, Frankfurt am Main.

Kimmerling, Baruch 2003. *Politizid. Ariel Sharons Krieg gegen das palästinensische Volk*, Diederichs, München.

Pappé, Ilan 2014. *Die ethnische Säuberung Palästinas.* Haffmans & Tolkemitt, Berlin.

Qumsiyeh, Mazin 2015. *Kanaan. Ein gemeinsames Land: Menschenrechte und der israelisch-palästinensische Kampf.* Zambon Verlag, Frankfurt am Main.

Shahak, Israel 2009. *Jüdische Geschichte – Jüdische Religion: Israel – ein Utopia für Auserwählte?* Melzer Verlag, Neu-Isenburg.

EINLEITUNG

In den Beziehungen zwischen Völkern ist nichts von absoluter Gültigkeit oder von ewiger Dauer. Freundschaft und Feindschaft sind keine naturgesetzlichen Zustände. Wer hätte sich vor vierzig Jahren, unter dem noch frischen Eindruck von Auschwitz, träumen lassen, dass Israel und Deutschland so bald in eine von beiderseitigem Respekt getragene Beziehung zueinander treten würden?

Heute, angesichts eines scheinbar unauflöslichen Konflikts zwischen Juden und Arabern, inmitten grausiger Bilder von Verwundeten und Zerfetzten auf Flughäfen und in Flüchtlingslagern, in Supermärkten und ausgebombten Vorstädten, muss man seine Phantasie und seine analytischen Fähigkeiten schon sehr anstrengen, um zu erkennen, dass dies nicht immer so bleiben muss, dass Ressentiments und Unnachgiebigkeit einmal von wechselseitigem Verständnis und Frieden abgelöst werden könnten. Eines der Haupthindernisse für eine friedliche Entwicklung ist, hier wie bei jedem langwährenden Konflikt zwischen Völkern oder Staaten, die Unbeweglichkeit, die aus der gegenseitigen Verteufelung resultiert. Weder die von den unentwegten Niederlagen traumatisierten Araber, noch die von ihren staunenswerten Siegen berauschten Israelis sind in der Lage, das Gespinst aus Mythen und Verzerrungen zu zerreißen, das ihr Denken verdunkelt. Diese Aussage gilt, wie ich leider sagen muss, auch für einige Israelis in der vordersten Front der Friedensbewegung.

Freunde und Kollegen, mit denen ich viele Jahre lang eng zusammengearbeitet habe, rieten mir, die Ergebnisse meiner Forschungen nicht in der Form einer Entzauberung liebgewordener und heiliggehaltener Mythen des Staates Israel zu veröffentlichen. Sie empfahlen, ich möge die Arbeit ganz unengagiert und akademisch niederschreiben, als Abhandlung über die Geschichte des arabisch-israelischen Konflikts, und die Schlußfolgerungen den Lesern überlassen. Aus einem in vielen Jahren der Zusammenarbeit gewachsenen Respekt vor ihrer Kompetenz habe ich ihren Rat sehr gründlich erwogen, kam jedoch zu dem Ergebnis, dass ich mit einer rein akademischen Untersuchung die beabsichtigte Wirkung dieses Buches von vornherein selbst vereitelt hätte. Es wäre dann nämlich eine ausgedehnte historische Studie geworden, die sicherlich etliche Historiker, Journalisten und andere interessiert hätte; doch meiner Meinung nach sollte das Buch dazu dienen, die propagandistischen Denkstrukturen aufzulösen, die so lange verhindert haben, dass in meinem Land die Kräfte des Friedens an Boden gewinnen konnten. Die Aufgabe, die den Intellektuellen und den Freunden beider Völker zufällt, besteht nicht darin, Ad-hoc-Lösungen anzubieten, sondern die Ursachen des Konflikts in das Licht einer aufklärenden Analyse zu tauchen, in der Hoffnung, dass man es auf diese Weise schafft, die Verzerrung und Lügen, die mittlerweile zu sakrosankten Mythen geronnen sind, aus der Welt zu schaffen. Keine Sekunde wiege ich mich in der Illusion, ich könne mit meinem Beitrag Wunder bewirken. Jedoch halte ich ihn für einen notwendigen Schritt in die richtige Richtung.

Was mir ursprünglich vorschwebte, war ein analytischer Überblick über die Entwicklung des israelisch-palästinensischen Konflikts vom Unabhängigkeitskrieg von 1948 bis zum Sechstagekrieg vom Juni 1967, eine Fortsetzung dessen also, was ich in meinem Buch *Zionism und the Palestinians*, 1917-1947 angefangen hatte. Der Krieg von 1967 markiert einen Wendepunkt: Israel besetzte das Jordan-Westufer (die sogenannte West Bank) und den Gazastreifen, wodurch eine weitere Million Palästinenser unter seine Herrschaft geriet, zusätzlich zu den 325.000, die bis dahin schon innerhalb seiner Grenzen gelebt hatten; die Mehrheit des palästinensischen Volkes lebte nunmehr direkt oder indirekt unter israelischer Staatshoheit. Indes besann ich mich im Laufe meiner Nachforschungen eines Besseren und beschloß, mich ganz auf die Zeitspanne zwischen 1948 und 1952 zu konzentrieren, die meiner Meinung nach für die weitere Entwicklung der arabisch-israelischen Beziehungen entscheidend war. Diese vier Jahre begannen kurz nach der UN-Resolution über die Teilung Palästinas, und was in jener Zeit geschah, ist bis heute für das israelische Selbstverständnis bestimmend geblieben.

Der Unabhängigkeitskrieg, der keine sechs Monate nach Verabschiedung der UN-Entschließung ausbrach, sollte sich als das traumatische Ereignis in den jüdisch-arabischen Beziehungen erweisen, als Schlüsselerlebnis sowohl für Juden als auch für Palästinenser. Als Ergebnis dieses Krieges errang das jüdische Volk nach zweitausendjährigem Exil und nach mehr als fünfzig Jahren intensiver zionistischer Besiedlung einen eigenen Staat. Dieser Staat, Israel, wurde zum Fixpunkt jüdischen Lebens auf der ganzen Welt und zu einem mächtigen politischen Faktor im Nahen Osten. Die Palästinenser dagegen wurden zu einem Volk von Flüchtlingen, ihrer Heimat und jeder realistischen Hoffnung auf nationale Selbstbestimmung beraubt, wehrlos der Unterdrückung und Diskriminierung durch Juden wie Araber ausgeliefert. Die ganze arabische Welt litt unter der demütigenden Niederlage, die Israel ihr beigebracht hatte; und so fiel sie Verwicklungen und Unruhen zum Opfer, die bis heute kein Ende genommen haben.

Der Krieg bestimmte die späteren Einstellungen und Strategien Israels, der arabischen Staaten und der Palästinenser. Er verwandelte die lokale Konfrontation zwischen Juden und Palästinensern in einen umfassenden arabisch-israelischen Konflikt und hatte vier weitere Kriege zur Folge, von denen jeder zerstörerischer und gefährlicher war als sein Vorgänger. Er führte zu einem eskalierenden Rüstungswettlauf und löste einen endlosen Teufelskreis von Terror und Repressalien aus, der den Frieden und die Stabilität der ganzen Welt bedroht. Und er hinterließ auf beiden Seiten ein tragisches Vermächtnis von Angst und Mißtrauen, Vorurteilen, Feindseligkeit, Selbstgerechtigkeit und Blindheit gegenüber den legitimen Rechten der Gegenseite.

Ungeachtet all seiner unglückseligen Folgen war der Krieg von 1948 nach verbreiteter Überzeugung unvermeidlich. Doch diese offenbar klare und unanfechtbare Wahrheit wurde plötzlich während der jüngsten und höchst kritischen Entwicklung innerhalb des israelisch-palästinensischen Konflikts, des Libanonkriegs, in Frage gestellt.

Die Invasion, die Flächenbombardierung und die Belagerung Beiruts, die Massaker in den palästinensischen Flüchtlingslagern von Sabra und Schatila spalteten die israelische Gesellschaft in zwei Lager. Während die Bomben noch fielen und die Geschütze noch dröhnten, kam es in Israel - zum ersten Mal in der Geschichte dieses Staates - zu massiven Antikriegsprotesten. Als der damalige Premierminister Menachem Begin das Vorgehen seiner Regierung rechtfertigte, berief er sich ausgerechnet auf das politische Verhalten David Ben Gurions, des ersten israelischen Premierministers, im Jahr 1948. Begin behauptete, der einzige Unterschied zwischen ihm und Ben Gurion sei der, dass letzterer Geheimpolitik betrieben habe, während er, Begin, mit offenen Karten spiele. Er verwies auf den Plan Ben Gurions, den Libanon durch die Errichtung eines christlichen Staates nördlich des Litani-Flusses zu teilen, auf dessen unermüdliche Bemühungen, die Bildung eines palästinensischen Staatswesens zu hintertreiben, und zuletzt auch darauf, dass die Israelis im Krieg von 1948 ganze arabische Dörfer und Kleinstädte innerhalb der Grenzen Israels dem Erdboden gleichgemacht und ihre Bewohner aus dem Land getrieben hätten - alles im Interesse des Aufbaus eines homogenen jüdischen Staates.

Auf den ersten Blick wirkte dieser Anspruch Begins auf historische Kontinuität, sein Versuch, den verstorbenen Ben Gurion zum Gewährsmann seiner aggressiven Politik zu machen, grotesk. Schließlich hatten die heftigsten internen Kämpfe in der zionistischen Bewegung gerade zwischen der sozialistischen Arbeiterbewegung Ben Gurions und den rechten Revisionisten getobt (deren ideologische Erbin Begins Herut-Partei war und ist). Dieser interne Gegensatz hatte vor der Unabhängigkeit beinahe zu einem Bürgerkrieg innerhalb der jüdischen Gemeinde in Palästina geführt. Auch nach der Errichtung des Staates Israel waren Ben Gurion und Begin unversöhnliche Feinde geblieben. Ben Gurion hatte nicht einmal zugelassen, dass die Gebeine des Begründers der revisionistischen Bewegung, Wladimir Jabotinsky, in Israel begraben wurden.

Deshalb erschien es etwas bizarr, wenn nicht pervers, dass Begin die Libanoninvasion durch Vergleiche mit dem Unabhängigkeitskrieg zu rechtfertigen versuchte. Über den Krieg von 1948 hatte es nie Meinungsverschiedenheiten gegeben; er hatte immer als ein Akt der nationalen Notwehr im Kampf ums Überleben gegolten. Er war noch unter dem Eindruck der UN-Resolution geführt worden, die das Anrecht des israelischen Volkes auf einen eigenen Staat proklamiert hatte. Der Libanonkrieg dagegen war eine Invasion der israelischen Armee, der IDF (Israel Defense Forces), die sowohl gegen die UN-Charta als auch gegen das Völkerrecht verstieß.

Aber die Pandorabüchse war geöffnet: Israelische Historiker, Journalisten und Politikwissenschaftler machten sich an die Durchsicht der historischen Belege - manche, um Begin zu sekundieren, manche, um ihn der Demagogie zu überführen, und manche einfach, um der Wahrheit auf den Grund zu gehen. Nahezu alle, der Verfasser mit eingeschlossen, mussten einräumen, dass die Zitate und Verweise Begins, ungeachtet aller politischen und ideologischen Gegnerschaft, von den Fakten gestützt wurden.

Im Schlußkapitel meines letzten Buches, das lange vor dem Libanonkrieg erschien, habe ich die Frage erörtert, ob der Unabhängigkeitskrieg unvermeidlich gewesen sei. Ich hatte diese Frage in Zusammenhang mit einer Behauptung aufgeworfen, die Dr. Nachum Goldmann, einer der Schöpfer der UN-Teilungsresolution, 1975 aufgestellt hatte. Da der jüdische Staat de facto existierte, hätte, so meinte Goldmann, der Krieg sich vermeiden lassen, wenn die Israelis die Proklamation ihrer Unabhängigkeit verschoben und einen in letzter Minute von den USA ins Spiel gebrachten Vorschlag für ein Stillhalteabkommen akzeptiert hätten. Auf der Grundlage des Materials, das mir damals zur Verfügung stand, musste ich zu dem Schluß kommen, dass zwar die Logik der Ereignisse und die allgemeinen Verhaltenstendenzen der arabischen Staaten für die Goldmannsche Deutung sprachen, dass es dafür aber (noch) keinerlei dokumentarische Belege gab.

1982 veröffentlichte das israelische Verteidigungsministerium die Kriegstagebücher Ben Gurions, dem das Verdienst an der siegreichen Beendigung des Unabhängigkeitskriegs im allgemeinen zugeschrieben wird. Ferner hatte das israelische Staatsarchiv in Zusammenarbeit mit dem Zionistischen Zentralarchiv in Jerusalem zu dieser Zeit bereits mit der Veröffentlichung Tausender bis dahin geheimgehaltener Dokumente begonnen, die Aufschluß gaben über die Außenpolitik der Jewish Agency und der israelischen Regierung sowie über ihre Kontakte mit der arabischen Welt in der Phase zwischen der Verabschiedung der UN-Teilungsresolution am 29. November 1947 und der Unterzeichnung der Waffenstillstandsverträge zwischen Israel und Ägypten, Jordanien, dem Libanon und Syrien im Jahr 1949. Obwohl viele Dokumente weiterhin der Geheimhaltung unterliegen, wirft die jetzt publizierte, sorgfältig edierte Sammlung von Dokumenten und Akten ein ganz neues Licht auf diese für die spätere Entwicklung der israelisch-arabischen Beziehungen höchst entscheidende Periode. Ich habe mich mit diesen Dokumenten sehr eingehend befasst.

Ich hatte das Glück, zusätzlich unveröffentlichtes Material aus arabischen Quellen einsehen zu können, unter anderem aus dem Archiv der Gesellschaft für Arabische Studien in Jerusalem, die 1948 gegründet wurde und heute von Faisal Husaini geleitet wird, dem Sohn des Führers der palästinensischen Streitkräfte, Abdal-Qadir Husaini; dazu die persönlichen Unterlagen einiger palästinensischer und ägyptischer Freunde. Aus leicht einsehbaren Gründen kann ich ihre Namen vorerst nicht preisgeben. Bei einigen Personen brauche ich diese Rücksicht nicht mehr zu nehmen, und zwar aus höchst bedauerlichen Gründen - weil ihrem Leben und ihrer Arbeit durch brutale Mordanschläge ein Ende gesetzt wurde: Said Hamami, der Londoner Repräsentant der PLO, der als erster Kontakte zu bekannten Zionisten knüpfte; Dr. Issam Sartawi, Jassir Arafats Sondergesandter in Europa, der einen nie abreißenden Dialog mit den israelischen Friedensorganisationen führte; und Asis Schihada, ein Rechtsanwalt aus Ramallah, der 1949 den arabischen Flüchtlingskongreß gründete und bis zu seinem Tod unermüdlich für eine gerechte Lösung des tragischen Flüchtlingsproblems kämpfte, das gewiß einer der Angelpunkte des israelisch-arabischen Konflikts ist. Somit war ich nun in der Lage, die israelischen und arabischen Versionen der Ereignisse miteinander zu vergleichen und vor dem Hintergrund der dokumentarischen historischen Überlieferung zu bewerten.

Das neue Material ermöglichte es mir, Goldmanns Behauptung zu prüfen und zu belegen. Ich tat dies im Geiste sowohl unserer persönlichen Freundschaft als auch unserer langjährigen Zusammenarbeit bei der Förderung des jüdisch-arabischen Dialogs. Goldmann war aufgrund seiner politischen Haltung trotz seines Ansehens und seines hohen Bekanntheitsgrades in der jüdischen Welt in einen hartnäckigen Konflikt mit den israelischen Machthabern geraten, der bis zu seinem Tod 1982 andauerte. Ich hoffte, ihn vielleicht entlasten zu können. Ein gewichtigeres Motiv war jedoch meine sich verdichtende Überzeugung, dass das neue Material von außerordentlicher Bedeutung für das Verständnis des gegenwärtigen Zustands der israelisch-palästinensischen Beziehungen sein würde. Es war sogar eine Conditio sine qua non zum besseren Begreifen des gesamten Konfliktverlaufs, der zum Libanonkrieg führte.

Die geschichtliche Parallele, die Begin zwischen dem Unabhängigkeits- und dem Libanonkrieg zog, wirft in der Tat für alle am Frieden interessierten Israelis sowie für alle anderen, denen das Schicksal des israelischen Volkes am Herzen liegt, viele schwerwiegende Fragen auf. Ging es der 1948 amtierenden zionistischen Führung und den späteren politischen Führern Israels immer nur um die Schaffung eines homogenen Juden-Staats, der sich über die Gesamtheit oder den größten Teil Palästinas erstrecken würde? Wenn dem so war, macht es in der Tat den Eindruck, dass der Versuch, die palästinensischen Flüchtlinge im Libanon zu vernichten oder weiter zu versprengen, eine moderne Version derselben Politik ist. Bedeutet dies, dass die sozialistischen Führer des israelischen Judentums von 1948 und ihre Nachfolger bis 1977 - dem Jahr, in dem Begin an die Macht kam - in dieser Frage keinen Deut anders dachten als ihre verhaßten revisionistischen Rivalen? Oder, beunruhigender noch, inwiefern hat die wachsende Anhängerschaft, die der theokratische Rassist Rabbi Meir Kahane - der offen die Vertreibung der Palästinenser aus Israel, der West Bank und Gaza fordert - in Israel um sich schart, ihre Wurzeln in den Geschehnissen von 1948?

Wie die meisten Israelis habe auch ich immer unter dem Einfluß bestimmter Mythen gestanden, die allgemein als historisch verbürgte Wahrheiten galten. Und da Mythen bei der Entstehung von Denkstrukturen und bei deren propagandistischer Mobilisierung eine zentrale Rolle spielen, sind auch die Mythen, von denen hier die Rede ist, über mehr als dreieinhalb Jahrzehnte hinweg überaus wichtige sozialpsychologische Bausteine der israelischen Politik gewesen. Die Mythen des Staates Israel bilden den Kern des israelischen Selbstverständnisses. Israel besitzt zwar die am modernsten ausgerüstete Armee im Nahen Osten und ist de facto Atommacht, aber sein Selbstbild orientiert sich nach wie vor am Holocaust - man sieht sich als Opfer eines übermächtigen, blutrünstigen Feindes. Was immer wir Israelis tun, mit welchen Mitteln auch immer wir unser Erworbenes zu verteidigen oder zu mehren suchen, alles wird als Notwehrmaßnahme eines um sein Überleben kämpfenden Volkes gedeutet. So gesehen, hat Israel immer das Recht auf seiner Seite. Die in der Phase der Staatsgründung entstandenen israelischen Mythen haben sich mittlerweile zu einem undurchdringlichen und gefährlichen ideologischen Schutzschild verfestigt. Was sich mir jedoch bei der Lektüre der Dokumente aufdrängte, war die Erkenntnis, dass diese Mythen, die sich genau in der Zeitspanne zwischen 1948 und 1952 ausbreiteten, von den dokumentarischen Belegen nicht nur nicht bestätigt, sondern flagrant widerlegt werden.

Lassen wir diese Mythen einmal kurz Revue passieren und stellen ihnen die Realität gegenüber:

Erster Mythos: Das Einverständnis der zionistischen Bewegung mit der UN-Teilungsresolution vom 29. November 1947 stellte einen einschneidenden Kompromiß dar, mit dem die palästinensischen Juden ihre Vorstellung von einem sich über ganz Palästina erstreckenden jüdischen Staat aufgaben und den Anspruch der Palästinenser auf einen eigenen Staat anerkannten. Israel war zu diesem Opfer bereit, weil es die Voraussetzung dafür war, dass die Resolution in friedlicher Zusammenarbeit mit den Palästinensern verwirklicht werden konnte. Wie meine Nachforschungen ergeben haben, war dies in Wirklichkeit nur ein taktisches Zugeständnis im Rahmen einer unveränderten Gesamtstrategie. Diese Strategie zielte darauf ab, zunächst einmal die Schaffung eines selbständigen Staates der arabischen Palästinenser zu hintertreiben. Ein erster Schachzug in diese Richtung war der Abschluss eines Geheimabkommens mit Abdallah von Transjordanien, der mit der Annektierung des für einen Palästinenserstaat vorgesehenen Gebiets den ersten Schritt in Richtung auf sein erti-äumtes großsyrisches Reich zu tun glaubte. Des weiteren zielte diese Strategie auf die Ausweitung des von der UNO für den jüdischen Staat ausgewiesenen Territoriums.

Zweiter Mythos: Die arabischen Palästinenser lehnten eine Teilung Palästinas kategorisch ab und folgten dem Aufruf des Muftis von Jerusalem, dem jüdischen Staat den totalen Krieg zu erklären; dies zwang die Juden, sich auf eine militärische Lösung einzulassen. Das war nicht die ganze Wahrheit. Richtig war, dass der Mufti den Teilungsplan fanatisch bekämpfte; die Mehrheit der arabischen Palästinenser jedoch folgte seinem Aufruf zu einem Heiligen Krieg gegen Israel nicht, auch wenn sie ebenfalls gegen die Teilung war. Es war im Gegenteil so, dass vor der Unabhängigkeitserklärung Israels am 14. Mai 1948 viele palästinensische Führer und Gruppen sich bemühten, einen Modus vivendi zu finden. Erst der entschiedene Widerstand Ben Gurions gegen die Schaffung eines palästinensischen Staates trieb die Palästinenser ganz auf die Seite des Muftis.

Dritter Mythos: Die Flucht der Palästinenser aus dem Land, sowohl vor als auch nach der israelischen Staatsgründung, setzte ein als Reaktion auf einen Aufruf der arabischen Führung, das Land vorübergehend zu verlassen, um dann mit den siegreichen arabischen Armeen zurückzukehren. Sie traten die Flucht an trotz der Bemühungen der jüdischen Führung, sie zum Bleiben zu veranlassen. In Wirklichkeit arbeiteten die politischen und militärischen Führer Israels auf diese Flucht hin, da ihrer Überzeugung nach die zionistische Besiedlung und die israelische Staatswerdung den »Transfer« der arabischen Palästinenser in arabische Nachbarländer erforderlich machten.

Vierter Mythos: Alle arabischen Staaten hatten sich in ihrer Entschlossenheit, den frischgebackenen jüdischen Staat zu vernichten, vereint und taten sich am 15. Mai 1948 zusammen, um in Palästina einzumarschieren und dessen jüdische Bewohner hinauszuwerfen. Meine Nachforschungen haben ergeben, dass die arabischen Staaten nicht das Ziel verfolgten, den jungen israelischen Staat zu liquidieren. Vielmehr ging es ihnen primär darum, die Verwirklichung des Abkommens zwischen der provisorischen jüdischen Regierung und Abdallah zu verhindern.

Fünfter Mythos: Der arabische Einmarsch in Palästina am 15. Mai - unter Verstoß gegen die UN-Teilungsresolution - machte den Krieg von 1948 unausweichlich. Wie die Dokumente ausweisen, war der Krieg nicht unvermeidlich. Die Araber hatten einem in letzter Minute vorgelegten amerikanischen Vorschlag zugestimmt, der einen dreimonatigen Waffenstillstand unter der Bedingung vorsah, dass Israel seine Unabhängigkeitserklärung zeitweilig aufschöbe.

Die provisorische israelische Regierung lehnte den amerikanischen Vorschlag mit einer knappen Mehrheit (sechs zu vier) ab.

Sechster Mythos: Der winzige, frischgebackene israelische Staat stand dem Angriff der arabischen Streitkräfte gegenüber wie David dem Riesen Goliath: ein zahlenmäßig weit unterlegenes, schlechtbewaffnetes Volk, das Gefahr lief, von seiner übermächtigen Militärmaschinerie zerquetscht zu werden. Die vorliegenden Fakten und Zahlen weisen auf eine gänzlich andere Situation hin. Ben Gurion selbst räumte ein: dass der eigentliche Selbstverteidigungskrieg nur vier Wochen dauerte, bis zum Waffenstillstand vom 11. Juni. Danach trafen umfangreiche Waffenlieferungen in Israel ein. Die besser ausgebildeten und erfahreneren israelischen Truppen erlangten damit eine waffentechnische Überlegenheit zu Lande, zur See und in der Luft.

Siebter Mythos: Israel hat seine Hand immer zum Friedensschluß ausgestreckt, aber da kein arabischer Führer je das Existenzrecht Israels anerkannt hat, gab es nie jemanden, mit dem man Friedensgespräche hätte führen können. Im Gegenteil: Zwischen dem Ende des Zweiten Weltkriegs und 1952 wies Israel nacheinander etliche von arabischen Staaten und neutralen Vermittlern unterbreitete Vorschläge zurück, die zu einer Friedensregelung hätten führen können.

Es ist die Zielsetzung dieses Buches, die sieben Mythen zu entschleiern; ich will damit kein akademisches Exerzitium liefern, sondern einen Beitrag zu einem besseren Verständnis des Palästinenserproblems leisten und einen konstruktiveren Ansatz für eine Lösung ermöglichen. Dazu kommt ein persönliches Anliegen, von dem ich glaube, dass es nicht nur mich betrifft, sondern auch Zehntausende andere Israelis, überzeugte Zionisten und Sozialisten, die ihr öffentliches und privates Leben auf den Glauben an diese Mythen aufgebaut haben, genauso wie sie an den Zionismus geglaubt haben und davon überzeugt waren, dass der Staat Israel nicht nur für die nationale Befreiung des jüdischen Volkes steht, sondern auch für die großen humanistischen Gebote des Judaismus und der aufgeklärten Menschheit. Gewiß, wir waren mit der Regierungspolitik nicht immer einverstanden und haben uns öffentlich dagegen gewandt. Die Entwicklung seit 1967 hat Realitäten geschaffen, die solchen Überzeugungen widersprechen. Aber wir glaubten noch immer daran, dass Israel aus den Schrecken eines gerechten und unvermeidlichen Krieges heraus geboren wurde, eines Krieges, der für die Grundsätze der Menschenwürde, Gerechtigkeit und Gleichheit geführt würde. Das war vielleicht naiv, und vielleicht war es der Eindruck des Holocaust, der uns die Fähigkeit, den Willen raubte, unserem Land und uns selbst gegenüber radikal kritisch zu sein. Wie auch immer, der Wahrheit kann man auf Dauer nicht ausweichen. Und die Wahrheit müssen wir auch jetzt als Werkzeug im Dienst derselben erhabenen Prinzipien einsetzen, denen wir uns in unserer Jugend verschrieben haben.

Mein Engagement für den sozialistischen Zionismus reicht bis in meine Jugendjahre im polnischen Tomaschow zurück, wo ich kurz vor Beginn des ersten Weltkriegs geboren wurde, und ist seither ungebrochen bestehen geblieben. 1930 kam ich neunzehnjährig nach Palästina und trat in den Kibbuz Gan Schmuel ein. Hier kamen meine Kinder und Enkel zur Welt, und hier blieb ich 42 Jahre lang, bis ich aus persönlichen Erwägungen nach Tel Aviv zog, wo ich heute lebe. Meine politische Arbeit begann 1948 damit, dass ich das Amt eines Nationalsekretärs der Mapam übernahm, der Vereinigten Arbeiterpartei, die der politische Arm der Kibbuz-Artzi- und Haschomer-Hatzair-Bewegung war. 1954 wurde ich zum Leiter des Referats für arabische Angelegenheiten der Mapam ernannt, eine Stellung, die ich elf Jahre beibehielt. Seit dem Jahr 1957, in dem ich die Monatszeitschrift *New Outlook* gründete, die sich mit den Problemen des Nahen Ostens beschäftigte, stehe ich in ständigem Kontakt mit Palästinensern und anderen Arabern, die zu einem Dialog über unsere gemeinsamen Probleme bereit sind. Ich habe ein bleibendes Interesse an den israelisch-arabischen Beziehungen gewonnen, und all meine Arbeit in Israel und im Ausland stand und steht im Zeichen eines überragenden Anliegens - der Suche nach einer gerechten Lösung des israelisch-palästinensischen Konflikts, zu der es nur unter der Voraussetzung kommen kann, dass beide Völker das Existenz- und Selbstbestimmungsrecht des jeweils anderen anerkennen.

Ich bin nie der Meinung gewesen, dass der Zionismus zwangsläufig mit den Rechten der Palästinenser kollidieren muss, und ich glaube das auch heute noch nicht. Was ich aber glaube, ist, dass mir einige Tatsachen nicht so klar gewesen sind, wie sie es hätten sein sollen. So machte ich zum Beispiel erst, als ich die arabisch-zionistischen Beziehungen zwischen 1917 und 1947 erforschte, die schmerzhafte Erkenntnis, dass der »Vater« des Gedankens, den Palästinensern dürfe kein Anspruch auf nationale Selbständigkeit zugestanden werden, kein anderer war als der herausragende Wortführer des Zionismus, Chaim Weizmann, der maßgeblich am Zustandekommen der Balfour-Deklaration beteiligt und der erste Staatspräsident Israels war. Für diesen Mann hegte ich die höchste Bewunderung; er verkörperte für mich die liberalen, humanistischen und fortschrittlichen Werte des Zionismus. Gewiß, er trat für die Gleichberechtigung der arabischen Einwohner im jüdischen Staat ein, aber er war nicht bereit, den Palästinensern dieselben nationalen Rechte oder Ziele zuzugestehen, die er für die Juden als unveräußerlich beanspruchte. Leider waren seine Nachfolger - von der bemerkenswerten Ausnahme Nachum Goldmanns abgesehen, nicht aber von Ben Gurion und Golda Meir - nicht einmal bereit, den arabischen Bürgern Israels gleiche Rechte zuzuerkennen; man betrachtete sie als eine potentielle fünfte Kolonne und strickte an den Mythen weiter, die man als Rechtfertigung brauchte.

Eine kritische Würdigung der Vergangenheit liegt im Interesse der jüngeren Generationen von Juden und Palästinensern, die nach dem Sechstagekrieg von 1967 herangewachsen sind. Aus ihren Reihen kommen die Leute, die heute verantwortliche Positionen in Politik, Gesellschaft und Wirtschaft übernehmen. Ihre Meinungen und Einstellungen werden weitgehend von der Tatsache bestimmt, dass die Israelis über nahezu 1,5 Millionen Palästinenser auf der West Bank, in Gaza und in Ost-Jerusalem herrschen. Für die Israelis der jüngeren Generation ist es ein gleichsam natürlicher Zustand, dass Israel ganz Palästina kontrolliert, etwas, das vermeintlich immer so gewesen ist und immer so bleiben wird. In ihren Augen gehören die Palästinenser nicht dazu; sie wollen vielmehr den jüdischen Staat zerstören oder, wenn nicht dies, sich doch einen Teil von ihm unter den Nagel reißen.

Für die jungen Palästinenser wiederum ist Israel ein auf geraubtem Land errichteter »Kreuzfahrerstaat«, der einen Teil ihres Volkes aus seiner Heimat vertrieben hat und die Zurückgebliebenen unterdrückt, in der Hoffnung, auch sie schließlich noch vertreiben zu können. Viele sehen in Israel einen Vorposten des westlichen Imperialismus, der den Weg nicht nur zur Selbständigkeit Palästinas, sondern auch zur Einheit und gemeinsamen Fortentwicklung der arabischen Welt versperrt. Außer ihrer verzerrten Realitätswahrnehmung und ihrer mangelnden Bereitschaft, die legitimen Rechte des anderen anzuerkennen, haben die beiden Völker noch etwas gemeinsam: Keines glaubt mehr an die Möglichkeit einer Versöhnung. Wenn die Klischees und die falschen Mythen ihren Platz im Denken der Jüngeren behaupten, ist die Katastrophe unausweichlich.

Wenn man Anstöße zu einer Veränderung des Denkens geben will, muss man vor allem die Mythen entkräften, die das Denken geprägt haben. Einiges von dem, was ich herausgefunden habe, mag stürmische Gegenreaktionen hervorrufen, es kann aber auch neue Positionen und alternative Lösungen entwickeln helfen. Wenn ich den israelisch-palästinensischen Konflikt in einen Zusammenhang mit den israelischen Staatsgründungsmythen stelle, bin ich mir dabei der Beschränkungen dieses Vorgehens bewußt. Zunächst einmal behandle ich nur eine Seite des Problems: Ich beschränke mich auf eine Analyse der israelischen Politik und ihrer Propagandastrukturen. Ich tue das nicht, weil ich die Schuld am Nichtzustandekommen einer friedlichen Lösung dieses hundert Jahre alten Problems einseitig den Israelis ankreiden möchte - auch die Palästinenser waren aktive Mitspieler des Dramas, das für sie mit der Niederlage und dem Verlust ihrer Heimat endete. Eine kritische Analyse der Mythen auf arabischer Seite, der Fehleinschätzungen und Irrtümer dort, muss jedoch von einem Araber geleistet werden - nur dann wird sie glaubwürdig sein, und nur dann kann sie mithelfen, eine neue arabische Politik einzuleiten. Außerdem sieht sich der Nichtaraber den Sprachbarrieren, den Schwierigkeiten beim Zugang zu den Primärquellen (von denen viele streng geheim sind) und dem Problem gegenüber, die Dinge nicht selbst überprüfen zu können. Ich zweifle indes nicht daran, dass arabische und palästinensische Gelehrte früher oder später erkennen werden, dass Selbstkritik kein Zeichen von Schwäche ist, und dass es dann zu einer kritisch-analytischen Aufarbeitung der Geschichte des israelisch-palästinensischen Konflikts aus arabischer Sicht kommen wird.

Ein idealer Ansatz wäre sicher der gewesen, das ganze Unterfangen als Gemeinschaftsprojekt einer israelisch-palästinensischen Historikerkommission durchzuziehen. Ich hoffe, dass diese Idee kein bloßes Wunschdenken bleibt, sondern dass eines Tages eine solche gemeinsame Anstrengung eine Studie hervorbringen wird, die frei ist von den Mängeln und Beschränkungen dieses Buches.

ERSTER MYTHOS

Das Einverständnis der zionistischen Bewegung mit der UN-Teilungsresolution vom 29. November 1947 stellte einen einschneidenden Kompromiß dar, mit dem die palästinensischen Juden ihre Vorstellung von einem sich über ganz Palästina erstreckenden jüdischen Staat aufgaben und den Anspruch der Palästinenser auf einen eigenen Staat anerkannten. Israel war zu diesem Opfer bereit, weil es die Voraussetzung dafür war, dass die Resolution in friedlicher Zusammenarbeit mit den Palästinensern verwirklicht werden konnte.

> »Jedes Schulkind weiß, dass es in der Geschichte so etwas wie einen endgültigen Zustand nicht gibt - nicht in bezug auf Regierungen, nicht in bezug auf Grenzen und nicht in bezug auf internationale Abkommen. In der Geschichte ist, wie in der Natur, alles unablässig im Fluß und im Wandel begriffen.«
>
> *David Ben Gurion in seinen Kriegstagebüchern, 3. Dezember 1947*[1]

Die vermeintliche Bereitschaft Israels, bei Gebietsfragen Kompromisse einzugehen und Opfer zu bringen, war in der entscheidenden Phase der UN-Debatten von 1947 und 1948 die Grundlage, auf der die ganze israelische Staatsmythologie aufgebaut wurde. Alle Vertreter Israels - Mosche Scharett, Abba Eban, Elijahu (Eliat) Epstein, Gideon Raphael und Michael Comay - beriefen sich in ihren Unterredungen mit UN-Delegierten, Außenministern und Diplomaten anderer Länder auf diesen Urmythos. Typisch war die folgende Äußerung Scharetts (später Israels erster Außenminister und zweiter Premierminister) am 15. Januar 1948 vor der Palästinakommission der UNO:

1- David Ben Gurion, *Kriegstagebücher.* (In hebräischer Sprache) Tel Aviv 1982,3 Bde., Hg. G. Rivlin und E. Orren, S. 22 f

> Wenn die Welt heute eine Lösung in Angriff genommen hat, die von den Juden begrüßt, von der arabischen Seite jedoch abgelehnt wird, sollte diese Tatsache nicht dahingehend gedeutet werden, dass sie den Juden zu hundert Prozent das gewährt, was sie wollen oder worauf sie Anspruch zu haben glauben. Sie fordert ein schmerzhaftes Opfer vom jüdischen Volk, weil sie ihm, vielleicht für alle Zeiten, bestimmte, sehr wichtige Teile des Landes vorenthält, die es jahrhundertelang als seine einstige und zukünftige nationale Heimstätte betrachtete. [...] Das jüdische Volk, vertreten durch die Jewish Agency, hat sich bereit erklärt, an der Verwirklichung dieser Kompromißlösung mitzuarbeiten, weil es sich bemüht, an das Problem in einem realistischen Geist heranzugehen, die legitimen Rechte und Interessen des anderen Teils der Bevölkerung Palästinas, nämlich der palästinensischen Araber, anzuerkennen.[2]

Das scheinbare Ja Israels zur UN-Teilungsresolution blieb lange die wirksamste Waffe der israelischen Propaganda, auch noch als man längst begonnen hatte, gegen einen Paragraphen nach dem anderen zu verstoßen. Noch heute, da Israel die West Bank, die Golanhöhen und den Südlibanon kontrolliert, klammern die Israelis sich an diesen in ihrem nationalen Selbstverständnis und ihren Schulbüchern gleichermaßen fest verankerten Mythos. Dabei hatte im Lauf der gesamten hundertjährigen Geschichte der zionistischen Bewegung und des Jischuw (der jüdischen Gemeinschaft in Palästina) die große Mehrheit der Zionisten immer einen homogenen jüdischen Staat im gesamten oder zumindest im größeren Teil von Palästina vor Augen gehabt.

Um die Geschichte der Teilung Palästinas kurz zu resümieren: 1917 verkündete Großbritannien die sogenannte Balfour-Deklaration, die die zionistische Bewegung alsbald zu ihrer Magna Charta erkor. »Die Regierung Seiner Majestät begrüßt die Errichtung einer nationalen Heimstätte für das jüdische Volk in Palästina [...] wobei

2- PDD, Dok. 110. S. 165

klargestellt sei, dass nichts geschehen soll, was die bürgerlichen und religiösen Rechte der nichtjüdischen Gemeinschaften in Palästina beeinträchtigen könnte.« Als die World Zionist Organization (WZO) zwei Jahre später der Pariser Friedenskonferenz eine Karte der geplanten »Heimstätte« vorlegte (Karte 1), zeigte sich, dass deren Territorium nicht nur ganz Palästina einschloß, sondern ein Gebiet vorsah, das sogar über das Staatsgebiet des heutigen »Großisrael« hinausging.[3]

Diese Karte war zu jenem Zeitpunkt allerdings nicht notwendigerweise Ausdruck eines systematischen Expansionsstrebens, formuliert doch jede nationale Bewegung ihre territorialen Vorstellungen auf der Basis der großen Blütezeiten ihrer Geschichte. Aus dem arabischen Nationalismus erwuchs in ähnlicher Weise der Plan eines sich vom Atlantik bis zum Persischen Golf erstreckenden arabischen Großreichs - »Min al-Muhit ila al-Khalij« - , und der Traum von diesem Reich lieferte der Bewegung für arabische Einheit im 20. Jahrhundert ihre wichtigste Parole.

Der Unterschied zwischen den beiden Visionen bestand darin, dass die arabische immerhin auf der Tatsache beruhte, dass in dem Territorium zehn Millionen Araber lebten, die durch eine gemeinsame Tradition, Sprache, Kultur, wirtschaftliche Beziehungen und eine reiche Geschichte eindrucksvoller Leistungen verbunden waren. Die zionistische Vision hingegen beruhte auf dem Wunsch, ein ähnliches Faktum zu schaffen: Juden aus unterschiedlichen Ländern, mit unterschiedlichen Sprachen, unterschiedlichem historischem, kulturellem, wirtschaftlichem und sozialem Hintergrund lediglich auf der Grundlage einer gemeinsamen Religion, einer gemeinsamen Erinnerung an eine zweitausend Jahre zuvor verlorengegangene nationale Souveränität und einer gemeinsamen Erfahrung des Leidens unter antisemitischen Verfolgungen und Diskriminierungen zu einer neuen Nation zusammenzuschweißen.

3- Zeev Tzur, *From the Partition Dispute to the Allon Plan*. Tel Aviv 1982, S. 12. »Großisrael« umfaßt das Staatsgebiet von 1967 zuzüglich der 1967 eroberten Gebiete Westjordanland (West Bank), Gazastreifen. Ost-Jerusalem und der ehemals syrischen Golanhöhen.

Karte 1
Palästina-Plan der Zionisten, 1919
Für jüdischen Staat vorgesehenes Territorium
LIBANON
Beirut
Litani-Fluß
SYRIEN
Damaskus
GALILÄA
See Genezareth
Haifa
Nazareth
Mittelmeer
Jordan
Tel Aviv
Jaffa
Amman
Jerusalem
GASA
Totes Meer
Beer Scheva
PALÄSTINA
ÄGYPTEN
NEGEV
JORDANIEN
SINAI
Akaba
SAUDI-ARABIEN

Die zionistischen Führer haben an ihrer historischen Vision stets unbeugsam festgehalten und zugleich eine taktische Flexibilität bewiesen, die sich an politischen Klimaänderungen orientierte. Dieser Pragmatismus wirkte sich auf zweierlei Weise aus: Er förderte die Bereitschaft zu weitreichenden Zugeständnissen in politisch ungünstigen Situationen, leistete aber immer dann einem, wenn nötig militanten, Maximalismus Vorschub, wenn die Aussicht auf weitere Zugewinne bestand.

1922 beispielsweise stellte das britische Colonial Office klar, dass Transjordanien, also das Gebiet östlich des Jordan, nicht in den Geltungsbereich der Balfour-Deklaration fiel. Um den Herrschaftsanspruch der Haschemiten-Dynastie in dieser Region zu untermauern, installierten die Briten Faisal als König von Irak und seinen älteren Bruder Abdallah als Emir von Transjordanien. Dadurch schrumpfte das Gebiet der geplanten jüdischen Heimstätte um ein Beträchtliches, aber die WZO sah sich nicht in der Lage, etwas dagegen zu tun, denn ihre Aufrufe an die Juden der Welt, sich in Palästina anzusiedeln, hatten keine nennenswerte Resonanz gefunden. So fügte sich in dieser Situation sogar der Anführer des extrem revisionistischen Zweigs der zionistischen Bewegung, Wladimir (Zeev) Jabotinsky, der einen jüdischen Staat zu beiden Seiten des Jordan anstrebte, dem britischen Diktat. Im weiteren Verlauf der zwanziger und dreißiger Jahre sollte allerdings dieses »Zugeständnis« Bedauern und Kritik auslösen, und in den internen Auseinandersetzungen wurde das Beispiel von 1922 als Argument gegen weitere Konzessionen benutzt. Selbst einer der Wortführer der zionistischen Linken, Jitzhak Tabenkin, sprach von einem »Verrat am Zionismus und an den Möglichkeiten der Entwicklung des Landes [...] ein Versagen, das großen Schaden anrichtete«.[4]

Zwischen 1922 und 1936 wuchs die Anzahl der jüdischen Siedler in Palästina von rund 86.000 (11 Prozent der Gesamtbevölkerung) auf 400.000 (30 Prozent). Sie nahm vor allem zwischen 1933 und

4- Ibid., S. 14 ff

1936 zu als Folge der Machtergreifung Hitlers in Deutschland. Immer mehr Juden erwarben Land, und sie kauften sich in gewerbliche und landwirtschaftliche Betriebe ein. Während dieser ganzen Zeit verlangten die arabischen Führer von der britischen Mandatsregierung, sie solle der jüdischen Einwanderung und dem Ausverkauf des Landes an Juden Einhalt gebieten und eine Regierung einsetzen, in der beide Volksgruppen entsprechend ihrem Bevölkerungsanteil vertreten sein würden. Im Mai 1936 leitete ein Generalstreik den dreijährigen arabischen Aufstand ein - das erste bedeutsame Signal eines sich entwickelnden palästinensischen Nationalgefühls.

Daraufhin entsandte die britische Regierung die Peel-Kommission nach Palästina mit dem Auftrag, »die Ursachen der Unruhe und der angeblichen Benachteiligungen von Arabern oder Juden zu ergründen«. Die Kommission empfahl in ihrem Bericht eine Dreiteilung Palästinas in einen jüdischen Staat, einen mit Transjordanien vereinigten arabischen Staat und einige unter britischer Mandatsherrschaft verbleibende Bezirke (Karte 2). Der jüdische Staat sollte seine eigene, selbständige Einwanderungspolitik betreiben, während die in seinen Grenzen lebenden Araber - notfalls mit Gewalt - in den arabischen Staat umzusiedeln seien. In der Übergangsphase sollten Landkäufe durch Juden verboten sein, und die Einwanderungsquote habe sich an der Aufnahmefähigkeit des jüdischen Staates zu orientieren.

Der 20. Zionistische Kongress, der im August 1937 tagte, wies die Aussage der Peel-Kommission zurück, dass jüdische und arabische Ziele miteinander unvereinbar seien und die geltende Mandatsregelung ihrer Aufgabe nicht mehr gerecht werde. Alle Fraktionen der zionistischen Bewegung erklärten sich darin einig, dass Juden das unveräußerliche Recht zustehe, in allen Teilen Palästinas, also auch zu beiden Seiten des Jordan, zu siedeln, doch wurde die Zionistische Exekutive per Mehrheitsbeschluß beauftragt, das neue Teilungskonzept zu untersuchen und darüber zu verhandeln.

Vertreter der politischen Linken und Rechten sowie der religiösen Parteien wiesen einhellig darauf hin, dass der vorgesehene jüdische

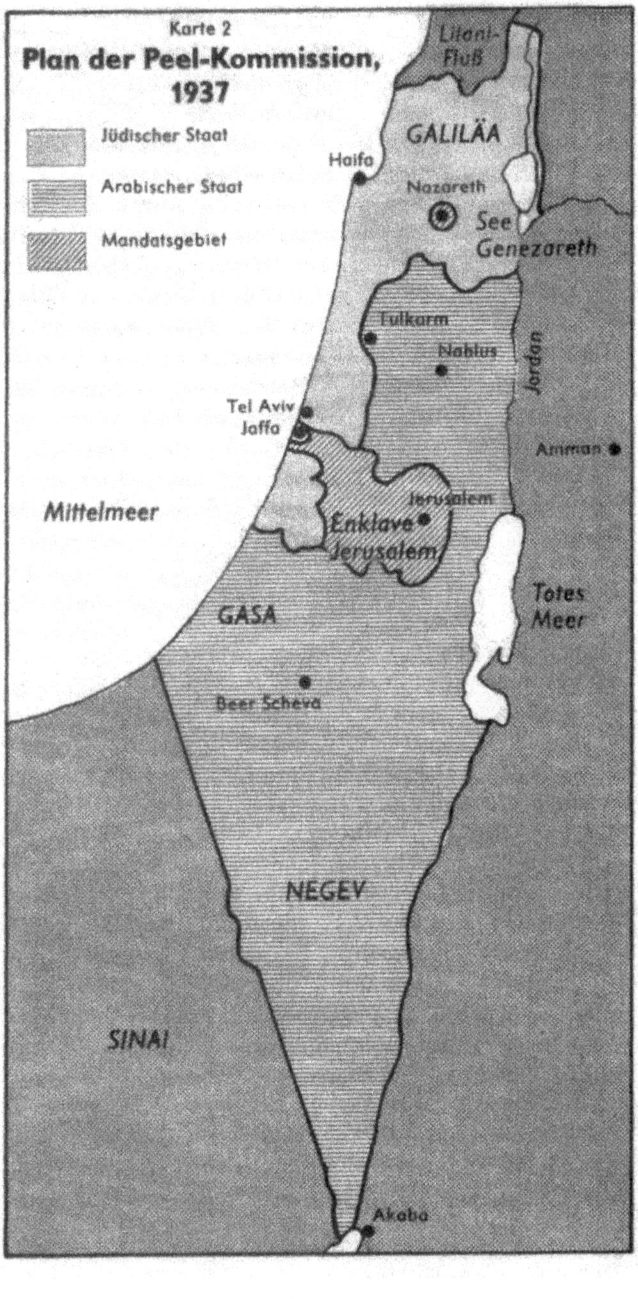
Karte 2
Plan der Peel-Kommission, 1937
Jüdischer Staat
Arabischer Staat
Mandatsgebiet
Litani-Fluß
GALILÄA
Haifa
Nazareth
See Genezareth
Tulkarm
Nablus
Jordan
Tel Aviv
Jaffa
Amman
Jerusalem
Enklave Jerusalem
Mittelmeer
Totes Meer
GASA
Beer Scheva
NEGEV
SINAI
Akaba

Staat nur fünf Millionen Dunams (etwas mehr als 5.000 Quadratkilometer) oder 17 Prozent der Gesamtfläche Palästinas umfassen und dass Jerusalem nicht dazugehören würde. Seine Bevölkerung würde aus 313.000 Juden und 300.000 Arabern bestehen. Im Sommer 1937 stellte die Tageszeitung der Arbeiterpartei, Davor, die Frage: »Ist das der jüdische Staat? Zionismus ohne Zion [Jerusalem] und ein jüdischer Staat ohne Juden?« Auch die linksgerichtete Kibbuzbewegung Haschomer Hatzair, die für einen Zwei-Nationalitäten- Staat eintrat, betrachtete Transjordanien seit jeher als einen vollständigen Teil Palästinas und proklamierte das Recht der Juden, dort zu siedeln.[5]

Diese Einstimmigkeit war besonders erstaunlich angesichts des beständigen Konflikts zwischen den beiden Hauptfraktionen der zionistischen Bewegung: denen, deren Ziel ein jüdischer Staat als solcher war, und denen, die bestrebt waren, im Bündnis mit arabischen Arbeitern in Palästina eine sozialistische Gesellschaft aufzubauen. Jabotinskys politische Philosophie wies in die erstere Richtung. Nach seiner und seiner Anhänger Überzeugung musste einer massenhaften Einwanderung und Siedlungstätigkeit von Juden in Palästina die Errichtung eines souveränen Staats vorausgehen, der über die zur Kolonisierung und Sicherung des Landes erforderliche militärische Macht verfügen musste. Erst dann konnten aus Ländern, in denen ein »Überschuß« an Juden -und damit ein Übermaß an Antisemitismus - herrschte, Millionen von Einwanderern in den jüdischen Staat geholt und dort angesiedelt werden. Die Arbeiterpartei sah unter der Führung des überzeugten Sozialisten David Ben Gurion die Schaffung eines jüdischen Staates als einen allmählichen Prozeß der gesellschaftlichen und wirtschaftlichen Transformation

5- Tzur, *From the Partition*, S. 38. Die andere linke Kibbuz-Bewegung, Hakibbuz Hameuhad, sprach sich ebenfalls gegen eine Teilung aus, wenn auch mit einer grundlegend anderen Begründung. Während den Haschomer-Hatzair-Leuten eine binationale Regierung auf Grundlage der Gleichberechtigung und paritätischen politischen Vertretung von Juden und Arabern (unabhängig vom jeweiligen Bevölkerungsanteil) vorschwebte, wollte Hakibbuz Hameuhad einen ganz Palästina umfassenden sozialistischen jüdischen Staat, innerhalb dessen die Araber keinen politischen Autonomiestatus haben, aber in den Genuß der »vollen bürgerlichen Gleichberechtigung, der sozialen und kulturellen Autonomie und, wenn gewünscht, der Freiheit des Kontakts zum arabischen Volk« kommen solten.

mit dem Ziel, eine neue, demokratische Gesellschaft zu schaffen.

Diese beiden widersprüchlichen Denkweisen über eine zukünftige Gesellschaft führten zu heftigen Meinungsverschiedenheiten bei allen anderen Fragen zionistischer Taktik und Strategie, besonders im Hinblick auf die britische Mandatsherrschaft und auf die Rolle der Arbeiter. Die zionistischen Sozialisten wollten, ebenso wie die Liberalen mit ihrem Wortführer Chaim Weizmann, die Verwirklichung der zionistischen Ziele als einen langwierigen, in Zusammenarbeit mit Großbritannien vorangetriebenen Prozeß verstanden wissen. Sie wollten den Konflikt mit den Arabern auf möglichst kleine Flamme herunterschrauben, um eine desto stärkere Einwanderungs- und Siedlungstätigkeit und den Aufbau einer jüdischen Wirtschaftsstruktur in Palästina zu ermöglichen. Die Revisionisten kämpften verbissen gegen diese »Schritt-für-Schritt-Strategie«; sie setzten darauf, die jüdische Jugend in Palästina und in aller Welt durch Mobilisierung und Ausbildung auf eine militärische Kraftprobe sowohl mit den Briten als auch mit den Arabern vorzubereiten. Gewaltsame Zusammenstöße zwischen den beiden Fraktionen kamen ziemlich häufig vor, ebenso wie gegenseitige Anschuldigungen und Schikanen, und im Lauf der dreißiger Jahre nahm die Auseinandersetzung so erbitterte Formen an, dass die Revisionisten schließlich aus der WZO austraten und eine eigene Organisation gründeten.

Trotz dieser Spaltung bestand beim Gros der Zionisten Einigkeit über das hauptsächliche Ziel des Zionismus - dies erklärt die positive Reaktion auf den Peel-Plan. Die Revisionistische Partei, 1925 von Jabotinsky gegründet, bezog ihren Namen aus der Forderung, die britische Demarkation Palästinas müsse so »revidiert« werden, dass auch das Gebiet östlich des Jordan darin einbegriffen bliebe. In der Tat betrachtete aber auch Ben Gurion Transjordanien als untrennbar vom jüdischen Staat, weil dies das Gebiet war, »in dem das hebräische Volk geboren wurde«. Der Staat, den er in seinen Diskussionen mit arabischen Führern zu Anfang der dreißiger Jahre skizzierte, erstreckte sich vom Mittelmeer im Westen zur syrischen Wüste im

Osten, von Tyros, dem Litani-Fluß und dem Wadi Ouja (20 Kilometer von Damaskus) im Norden bis Al Arisch auf der Sinai-Halbinsel. Er dachte sogar daran, die Grenze weiter in die seiner Meinung nach »unbewohnte« Sinai-Halbinsel zu legen. Er machte einen Unterschied zwischen den Grenzen, die dem Volk Israel nach der Bibel versprochen waren, denen der historischen jüdischen Staaten (oder Königreiche) und den damaligen demographischen Grenzen. Sein wichtigster Grundsatz war jedoch der, dass man sich das Recht, Land zu besitzen, verdiente, indem man es bebaute und entwickelte. »In dem Ausmaß, wie die Juden es schaffen, wüstes in blühendes Land zu verwandeln«, erklärte er, »wird die Grenze sich verschieben.«[6]

Als der 20. Zionistische Kongress sich der Diskussion über den Peel-Plan zuwandte, entpuppte sich Ben Gurion, damals Führer der Arbeiterpartei von Palästina (Mapai), der stärksten politischen Kraft innerhalb des Zionismus, als höchst leidenschaftlicher Befürworter einer Teilung. Das bedeutete aber keineswegs, dass er dem jüdischen Anspruch auf ganz Palästina abgeschworen hätte. Die Überlegungen Ben Gurions waren taktischer Natur und vertrugen sich voll und ganz mit seiner maximalistischen zionistischen Vision. Der Peel-Plan sei, so erklärte er, »nicht das geringere von mehreren Übeln, sondern ein politischer Handstreich und eine historische Gelegenheit, wie es sie seit der Zerstörung des Tempels nicht mehr gegeben hat. Ich sehe in der Verwirklichung dieses Plans praktisch einen entscheidenden ersten Schritt in Richtung auf einen vollen Ausgleich und den denkbar mächtigsten Hebel für die allmähliche Eroberung ganz Palästinas.«[7]

Die Briten neigten nach dem arabischen Aufstand immer mehr dazu, jüdische Einwanderung, jüdischen Landerwerb und jüdische Siedlungstätigkeit einzuschränken, und dies machte es in seinen Augen dringend erforderlich, sofort einen Staat zu gründen, auch wenn der Siedlungsbereich erst einmal beschränkt sein würde. Er wies darauf hin, dass der Vorschlag der Peel-Kommission »uns einen

6- Schabatai Teveth, *Ben Gurion and the Palestinian Arabs.* New York 1985, S. 35

7- David Ben Gurion, *Memoiren.* (In hebräischer Sprache) Tel Aviv 1974. Bd. 4. S. 278

wunderbaren strategischen Stützpunkt für unser Verbleiben [...] für unseren Kampf gibt. [...] das erste Dokument seit Beginn des [britischen] Mandats, das unseren moralischen und politischen Status stärkt. [...] Wir erwerben dadurch die Kontrolle über die Küsten von Palästina, eine starke Einwanderung, eine jüdische Armee und eine sytematische Besiedlung unter staatlicher Kontrolle.«[8]

Ben Gurions langfristiges Ziel war klar: »Ebenso wie ich in dem geplanten jüdischen Staat keine endgültige Lösung der Probleme des jüdischen Volkes sehe«, erklärte er den Mitgliedern seiner Partei, »sehe ich in *der Teilung nicht die endgültige Lösung der Palästina-Frage*. Diejenigen, die die Teilung ablehnen, sind mit ihrem Argument im Recht, dass dieses Land nicht teilbar ist, weil es eine Einheit darstellt, nicht nur vom historischen, sondern auch vom Standpunkt der Natur und Wirtschaft aus.«[9]

In einer Rede vor der Zionistischen Exekutive unterstrich er noch einmal die rein taktische Natur seines Eintretens für den Teilungsplan und seine Überzeugung, dass »wir nach dem Aufbau einer großen Armee im Anschluß an die Errichtung des Staates *die Teilung aufheben und uns über ganz Palästina ausdehnen können*«.[10] Auch in einem um dieselbe Zeit geschriebenen Brief an seine Familie brachte er diese Position unmißverständlich zum Ausdruck: »Ein jüdischer Staat ist nicht das Ende, sondern der Anfang. [...] Wir werden eine schlagkräftige Verteidigungsstreitmacht aufbauen - eine Elite-Armee. Ich zweifle nicht daran, dass unsere Armee eine der besten der Welt sein wird. Und dann wird uns, da bin ich sicher, niemand daran hindern können, in anderen Teilen des Landes zu siedeln, entweder durch gegenseitige Verständigung und durch Vereinbarung mit unseren Nachbarn oder durch andere Mittel.«[11]

Ben Gurion stand mit dieser Überzeugung nicht allein. Auch

8- Tzur, *From the artition*, S. 20

9- Ibid.

10- Ibid.

11- David Ben Gurion, *Briefe an Paula und die Kinder.* (In hebräischer Sprache) Tel Aviv 1968, S. 210-13

Weizmann, der vielleicht gemäßigteste unter allen zionistischen Führern, ließ durchblicken, die Teilung sei »vielleicht nur ein vorläufiges Arrangement für die nächsten zwanzig bis fünfundzwanzig Jahre«. Und die Versammlung rang sich schließlich zu einer typisch pragmatischen Lösung durch, indem sie einerseits den Peel-Plan für »unannehmbar« erklärte, andererseits aber die Jewish Agency beauftragte, mit der britischen Regierung »konkret« über »die Errichtung eines jüdischen Staates« zu verhandeln.[12]

1939 hatten die Briten den arabischen Aufstand niedergeschlagen, aber bei Ausbruch des Zweiten Weltkriegs machten sie den Arabern ein Zugeständnis, indem sie ein »Weißbuch« mit der Verfügung herausgaben, dass in den nachfolgenden fünf Jahren nur noch insgesamt 75.000 Juden nach Palästina einwandern dürften; danach sollten Juden nur noch mit arabischer Zustimmung einwandern können. Auch der Erwerb von Grund und Boden durch oder für Juden wurde untersagt, damit nicht eine Klasse landloser arabischer Bauern entstand. Diese Einschränkungen wurden mit der Begründung verhängt, Großbritannien habe seine Verpflichtungen erfüllt, für eine jüdische nationale Heimstätte zu sorgen. Vom Teilungsplan abrückend, erklärten die Briten, ein geeinter, selbständiger Staat werde nach einer Frist von zehn Jahren errichtet, falls die Umstände es dann zuließen. Das Weißbuch wurde in den Kriegsjahren zur Zielscheibe einer intensiven zionistischen Protestkampagne, und bald wurde die erste förmliche Forderung nach einem jüdischen Staat erhoben.

Im Mai 1942 berief Ben Gurion in New York eine zionistische Konferenz ein, an der rund 600 Delegierte teilnahmen, darunter führende Aktivisten aus Palästina und aus den europäischen zionistischen Bewegungen. Die wichtigste Aussage des auf dieser Konferenz verabschiedeten Biltmore-Programms (benannt nach dem Tagungsort, einem Hotel) war die Forderung, dass »Palästina als ein jüdisches Commonwealth errichtet [und] in das Gefüge der neuen demokratischen Welt integriert« werden müsse. Die britische

12- Kongress-Resolution zitiert nach *Encyclopedia Judaica*. Jerusalem 1971. Bd. 13. S. 35

Mandatsherrschaft könne, so hieß es, die Errichtung der nationalen Heimstätte nicht mehr gewährleisten. Von den Grenzen des angestrebten Staats war in der Schlußresolution bezeichnenderweise nicht die Rede. Der tiefere Sinn des Biltmore-Programms lag jedoch auf der Hand: Auf dem Territorium Palästinas sollte ein jüdischer Staat entstehen. Die Araber wurden nicht mehr als Verhandlungspartei betrachtet und sollten keinen Anteil an der Gestaltung des zu errichtenden Staates haben. Die Linke - die Kibbuz-Bewegungen Haschomer Hatzair und Hakibbuz Hameuhad - stimmte gegen die Resolution, mit der Begründung, ein ganz Palästina umfassender jüdischer Staat sei eine überzogene Forderung, die zwangsläufig zur Teilung führen werde.[13] Schließlich stellten die Araber, so betonten sie, nach wie vor die überwältigende Bevölkerungsmehrheit. Außerdem würde Großbritannien nicht so ohne weiteres seine traditionelle Rolle in Nahost - die der arabischen Unterstützung bedurfte - aufgeben, und die USA würden sicherlich den Briten den Rücken stärken. Ein Ergebnis der Biltmore-Konferenz war, dass Hakibbuz Hameuhad sich von der Mapai abspaltete und eine eigene Partei namens Ahdut Haavodah gründete.

Mit Unterstützung der zunehmend einflußreicheren und militanteren amerikanischen Zionisten hatte Ben Gurion in einer Koalition gegen die liberaleren, versöhnlicheren Elemente in der Bewegung eine Stimmenmehrheit für die Resolution zusammengebracht. Das Biltmore-Programm wurde zur offiziellen Plattform der zionistischen Weltbewegung und war die Basis für den Aufstieg Ben Gurions zum unangefochtenen Führer des Weltzionismus. Nach seiner Rückkehr nach Palästina wurde Ben Gurion nicht müde, zu bekräftigen, dass das Biltmore-Programm die Errichtung eines ganz Palästina umfassenden jüdischen Staates vorsah. Auf einer Versammlung des Rates der Einheitsgewerkschaft Histadrut in Kfar Vitkin erklärte er: »*Deshalb haben wir in unserer Forderung nicht von einem jüdischen Staat in Palästina gesprochen, sondern von Palästina als*

13- Tzur, *From the Partition.* S. 39

einem jüdischen Staat«. Er forderte seine Zuhörer ausdrücklich auf, »das Biltmore-Programm nicht mit einem jüdischen Staat in einem Teil Palästinas zu identifizieren«.[14]

Die Erwartungen, die das Biltmore-Programm geprägt hatten, erwiesen sich als unrealistisch. Zum einen waren die Befürworter davon ausgegangen, dass in Europa eine große Zahl von Juden überleben und anschließend nach Palästina emigrieren würde - das Ausmaß des Holocaust war noch nicht absehbar. Zum zweiten schätzten sie die Rolle falsch ein, die die Sowjetunion in der Nachkriegswelt spielen würde. Die Initiatoren der Biltmore-Konferenz konnten nicht voraussehen, dass die UdSSR aus ihrem lebensbedrohenden Kampf gegen Nazideutschland in Stalingrad siegreich hervorgehen und sowohl in den Vereinten Nationen als auch in Nahost maßgeblichen Einfluß gewinnen würde. Am schwersten wog jedoch wohl, dass sie den arabischen Faktor in der politischen Gleichung vollkommen außer acht ließen, wohl in dem Glauben, der jüdische Beitrag zu den Kriegsanstrengungen der Alliierten - in Naturwissenschaft, Industrie, Anti-Hitler-Propaganda und im Waffendienst - werde bei den Nachkriegsregelungen nicht übersehen werden, während der arabischen Welt ihre engen Beziehungen zu den Achsenmächten zum Schaden gereichen würden. In der Tat hatten viele arabische Führer - darunter Hadschi Amin Husaini, der Mufti von Jerusalem, die Ägypter Ali Maher, Aziz al-Masri und Anwar as-Sadat sowie Raschid Ali al-Gaylani im Irak -, motiviert sowohl durch althergebrachte antibritische Gefühle als auch durch die Annahme, die Achsenmächte würden den Krieg gewinnen, versucht, ihre Beziehungen zu Großbritannien abzubrechen und mit Deutschland

14- Ibid., S. 46-47. Ben Gurion gab sich auch große Mühe, der Arbeiterbewegung und speziell ihrem linken Flügel (den er selbst führte) zu erklären, dass sein Programm der Aufbau eines sozialistischen jüdischen Staates war. Diese Botschaft war offenbar auch an die Adresse der Sowjetunion gerichtet. Allein, so sehr Ben Gurion weiterhin Frieden und Sozialismus als die eigentlichen Ziele des Zionismus proklamierte, sein Biltmore-Programm ging mit einigen der Grundvorstellungen der revisionistischen Rechten zusammen, nämlich der Forderung nach einem ganz Palästina umfassenden jüdischen Staat, der jüdischen Masseneinwanderung aus Europa und der völligen Außerachtlassung des arabischen Faktors.

zusammenzuarbeiten; dies würde sie, so hofften sie zumindest, nach Kriegsende in die Lage versetzen, den Nahen Osten von der britischen Vorherrschaft zu befreien. Mosche Scharett schrieb im Sommer 1943 an den Bund für Arabisch-Jüdische Annäherung: »Nicht die Araber, sondern die Briten und die Amerikaner werden die entscheidenden Faktoren sein. Nicht die Araber werden das letzte Wort haben - weder in der übrigen Welt noch hier; machen wir uns nicht die Ansicht zu eigen, dass man zu den Arabern gehen und ihnen nach dem Mund reden muss.«[15]

Allein, wie sich herausstellen sollte, wurden die Nachkriegsregelungen nicht unter dem Gesichtspunkt der Belohnung oder Bestrafung für das Verhalten im Krieg getroffen. Ausschlaggebend waren vielmehr die Großmacht-Rivalitäten, die sich aus dem Aufstieg der Sowjetunion zur Weltmacht ergaben. In dem internationalen Machtgerangel, das dem Kalten Krieg vorausging und sich nach dessen Einsetzen intensivierte, spielten der Holocaust und die Leiden des europäischen Judentums keine erstrangige Rolle. Die weitere Entwicklung bestimmten umfassende strategische und wirtschaftliche Interessen, und dabei sind die arabischen Ölvorkommen mit an erster Stelle zu nennen. Die Verfasser des Biltmore-Programms hatten die politische Landkarte nicht genau genug gelesen, und ihr Anspruch auf ganz Palästina hatte sie zu fehlerhaften Bewertungen und unrealistischen Erwartungen verleitet.

Als der Krieg zu Ende war und die Briten eine langfristige Nahostpolitik zu formulieren versuchten, verschärfte sich in Palästina die Lage. Das Weißbuch von 1939 mit seinen Beschränkungen für Einwanderung und Landerwerb war noch in Kraft, aber die Probleme wurden nun sehr viel drängender, weil in Europa Hunderttausende vertriebener und heimatloser Juden darauf warteten, bei nächster Gelegenheit die Küsten Palästinas zu erreichen, sehr zum Unwillen der Briten. Die mißliche Lage dieser Unerwünschten ver-

15- Jehuda Bauer, *Diplomatie und Untergrund im Zionismus*, 1939-1945. (In hebräischer Sprache) Tel Aviv 1963, S. 207-371

anlaßte Teile der jüdischen Gemeinschaft in Palästina, des Jischuw, zu gewalttätigen und terroristischen Mitteln Zuflucht zu nehmen. Die Hagana, die quasi-offizielle jüdische Verteidigungsarmee, verlegte sich weitgehend darauf, »illegale« Einwanderung in großem Stil zu organisieren sowie in den sogenannten verbotenen Gebieten im ganzen Land über Nacht »spontane« Siedlungen zu errichten.

Die Briten blieben unbarmherzig bei ihrer Politik: Die »illegalen« Einwanderer wurden auf hoher See und in Palästina gejagt, auf Zypern in Internierungslager gepfercht und teilweise sogar nach Deutschland zurückgeschickt. Die aufflammenden terroristischen Aktivitäten oppositioneller Untergrundgruppen - der Irgun (Irgun Zvai Leumi, militärischer Arm der rechtsradikalen Revisionistischen Partei) und der LEHI (Lohamei Herut Yisrael, auch unter dem Namen Stern-Gruppe oder Stern-Bande bekannt) - gegen britische Ziele provozierten harte Gegenmaßnahmen. Es gab Razzien, bei denen ganze Häuserblocks nach Waffen durchsucht wurden, weitreichende Ausgangssperren, zahlreiche Verhaftungen, Prozesse vor Militärgerichten und Hinrichtungen. Nach einem Bombenanschlag der Irgun auf das Hotel King David in Jerusalem, den Sitz der britischen Mandatsverwaltung, im Juli 1946 wurde die gesamte jüdische Führung verhaftet. Die sich verschärfenden Spannungen und die beständigen Zusammenstöße erzeugten zwischen dem Jischuw und den britischen Behörden eine Art Vorkriegsatmosphäre.

Was die diplomatische Front betraf, so legte im gleichen Juli eine amerikanisch-britische Arbeitsgruppe bei einer Konferenz in London den sogenannten Morrison-Grady-Plan vor, der die Aufteilung Palästinas in mehrere selbständige Kantone oder Provinzen vorsah und weder bei den Arabern noch bei Juden Anklang fand (Karte 3). Die Briten luden daraufhin Vertreter der arabischen Palästinenser und der Jewish Agency sowie Delegierte der arabischen Staaten zu Verhandlungen nach London ein. Bei der ersten Sitzung im September waren nur die arabischen Vertreter zugegen. Als im Dezember der 22. Zionistische Kongress zusammentrat empfahl Ben Gu-

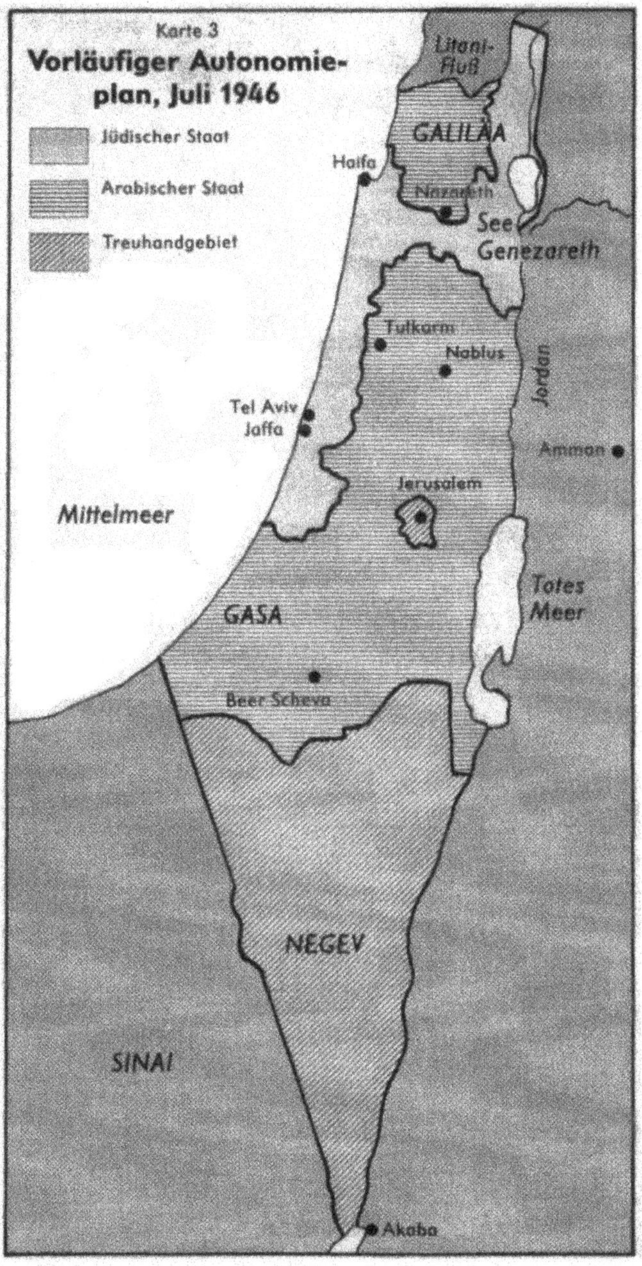
Karte 3
Vorläufiger Autonomieplan, Juli 1946
Jüdischer Staat
Arabischer Staat
Treuhandgebiet
Litani-Fluß
GALILÄA
Haifa
See Genezareth
Tulkarm
Nablus
Jordan
Tel Aviv
Jaffa
Ammon
Jerusalem
Mittelmeer
Totes Meer
GASA
Beer Scheva
NEGEV
SINAI
Akaba

rion, sich gegen eine jüdische Beteiligung an der nächsten Sitzung der Londoner Konferenz auszusprechen. Es sei sinnlos, meinte er, dass die Jewish Agency dort einen Teilungsvorschlag unterbreite, da mit Sicherheit die Briten dies tun würden. Die Agency solle sich vielmehr weiterhin für einen jüdischen Staat auf dem Territorium von ganz Palästina und für eine unbeschränkte jüdische Einwanderung stark machen. Nachum Goldmann, einer der führenden zionistischen Diplomaten, warb dafür, dass die Jewish Agency sich für eine Teilung und für die Schaffung »eines lebensfähigen jüdischen Staates in einem angemessenen Teil Palästinas« aussprechen solle. Das Biltmore-Programm sei »eine gute Sache«, erklärte er dem Kongress, »aber es beruhte auf der Hoffnung, dass nach dem Krieg eine andere Welt zum Vorschein kommen würde, eine Welt, in der gerechte Ansprüche anerkannt und erfühlt würden. [...] Unter dem [britischen] Mandat wäre die [jüdische] Einwanderung wahrscheinlich ein beständiger Kampf gegen arabischen Widerstand geblieben. [...] Es muss einen kurzen Weg geben.«[16]

Als die Londoner Konferenz wieder zusammentrat, nahmen Ben Gurion und die Jewish Agency inoffizielle Kontakte zu den verantwortlichen britischen Vertretern auf. Verschiedene Teilungspläne wurden in die Diskussion geworfen, aber weder die Juden noch die Araber kamen zu einer Einigung mit den Briten. Als die Konferenz am 14. Februar 1947 zu Ende ging, warfen die Briten die Flinte ins Korn und übergaben das Problem an die Vereinten Nationen. Die UNO stellte sich der Aufgabe zunächst indem sie einen Sonderausschuß für Palästina (UNSCOP) ins Leben rief - das elfte Gremium dieser Art seit 1919 -, der die Problematik analysieren und der Weltorganisation Empfehlungen vorlegen sollte. Eine elfköpfige Kommission - mit Vertretern Australiens, Kanadas, der Tschechoslowakei, Guatemalas, Indiens, des Iran, der Niederlande, Perus, Schwedens, Uruguays und Jugoslawiens - besuchte Palästina und führte Gesprä-

16- Simcha Flapan, *Zionism and the Palestinians*, London 1979, S. 294. Zitiert nach *New Judea*. London 1947

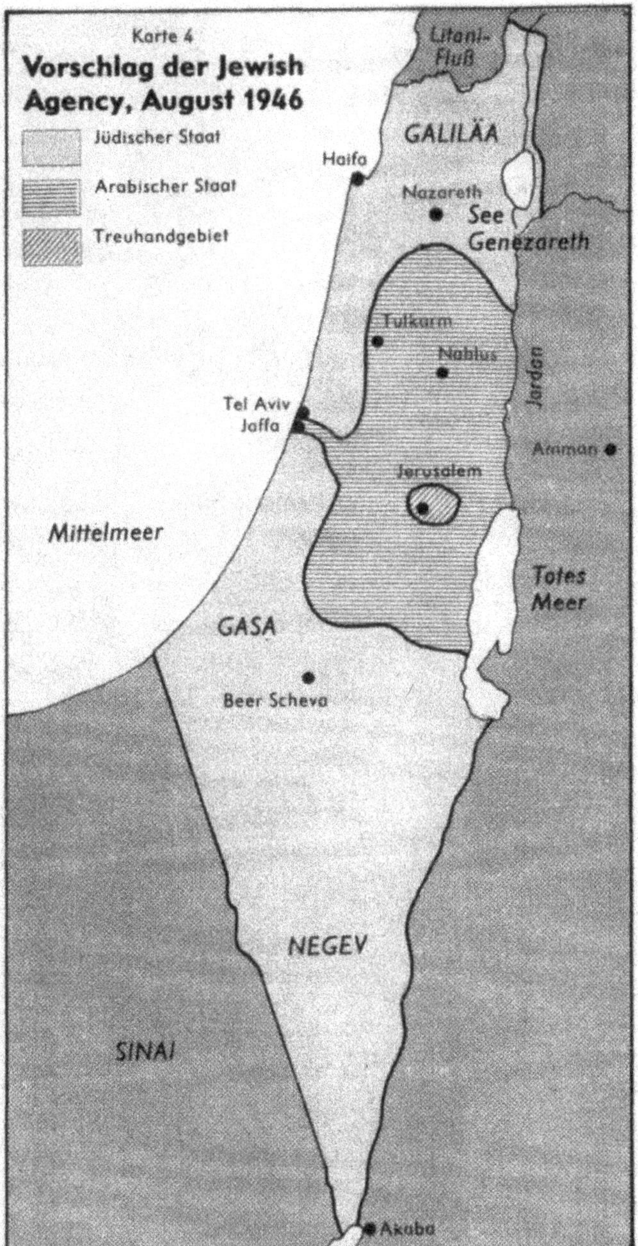
Karte 4
Vorschlag der Jewish Agency, August 1946
Jüdischer Staat
Arabischer Staat
Treuhandgebiet
Litani-Fluß
GALILÄA
Haifa
Nazareth
See Genezareth
Tulkarm
Nablus
Jordan
Tel Aviv
Jaffa
Amman
Jerusalem
Mittelmeer
Totes Meer
GASA
Beer Scheva
NEGEV
SINAI
Akaba

che mit Juden wie Arabern. Im Juli 1947 lud der UNSCOP Ausschuß Chaim Weizmann vor, der kein offizielles Amt in der WZO mehr bekleidete, aber noch immer als »elder statesman« des Zionismus galt; er legte einen Teilungsplan vor (Karte 4), der auf der Grundlage der allgemeinen Absichtserklärung der Jewish Agency ausgearbeitet worden war, einen jüdischen Staat »in einem angemessenen Gebiet Palästinas« zu schaffen. Dem Weizmann-Plan zufolge sollte der jüdische Staat ganz Galiläa, den Negev, die Küstenebene und den jüdischen Teil Jerusalems umfassen. Er wies darauf hin, dass das Gebiet ausreichend groß sein müsse, um bis zu eineinhalb Millionen Einwanderer aufzunehmen.[17] Als Ben Gurion, damals Vorsitzender der Jewish Agency, um einen Kommentar zu dem Weizmann-Plan gebeten würde, erklärte er, er halte ihn unter der Voraussetzung für akzeptabel, dass Garantien für eine unbeschränkte jüdische Einwanderung, für vollständige nationale Unabhängigkeit und für die Mitgliedschaft in den Vereinten Nationen gegeben würden.[18]

In einer Mehrheitsempfehlung akzeptierte der UNSCOP-Ausschuß zwar die Teilung im Prinzip, markierte aber Grenzen, die sich beträchtlich von denen unterschieden, die die Zionisten vorgeschlagen hatten (Karte 5). Das westliche Galiläa und ein Teil des Negev sollten nach den Vorstellungen des Ausschusses dem arabischen Staat zugeschlagen, ganz Jerusalem zur »internationalen Zone« erklärt werden. UNSCOP empfahl ferner eine Wirtschaftsunion zwischen dem jüdischen und dem arabischen Staat und eine zweijährige Übergangsperiode, die am 1. September 1947 beginnen sollte.[19]

Die UNSCOP-Empfehlungen wurden am 8. September veröf-

17- *UN Weekly Bulletin*, 22. Juli 1947, S. 123

18- Ibid.

19- Eine Kommissionsminderheit, bestehend aus den Vertretern Irans, Jugoslawiens und des gerade unabhängig gewordenen Indien, lehnte eine Teilung kategorisch ab und empfahl statt dessen die Bildung eines Bundesstaats mit autonomen jüdischen und arabischen Gebieten, die gleichberechtigt in der Regierung vertreten sein sollten. Der Iran war bekanntlich ein islamisches Land, und in Jugoslawien und Indien gab es bedeutsame islamische Minderheiten; die beiden Länder spielten später eine führende Rolle als Initiatoren der Bewegung der blockfreien Länder innerhalb der Vereinten Nationen.

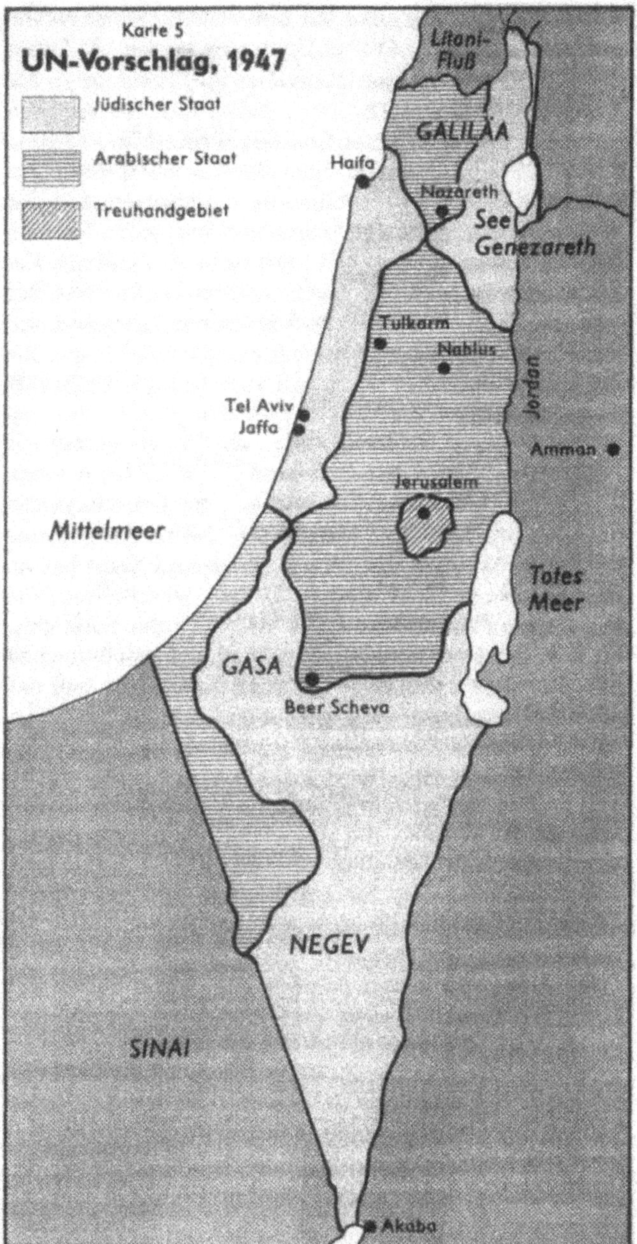
Karte 5
UN-Vorschlag, 1947
Jüdischer Staat
Arabischer Staat
Treuhandgebiet
Litani-
Fluß
GALILÄA
Haifa
Nazareth
See
Genezareth
Tulkarm
Nablus
Jordan
Tel Aviv
Jaffa
Amman
Jerusalem
Mittelmeer
Totes
Meer
GASA
Beer Scheva
NEGEV
SINAI
Akaba

fentlicht. Die Arabische Liga wies den Teilungsvorschlag sogleich mit aller Schärfe zurück und setzte einen Ausschuß ein, der sich militärische Maßnahmen zur Verteidigung Palästinas überlegen sollte. Am Monatsende, nach der britischen Entscheidung, die Mandatsherrschaft über Palästina zu beenden, lehnte auch die arabische politische Führung den Teilungsplan ab. Die Jewish Agency meldete zwar Vorbehalte gegenüber einer Reihe von Punkten an - vor allem war sie gegen eine Ausgrenzung Westgaliläas und des jüdischen Teils von Jerusalem aus dem jüdischen Staat -, akzeptierte aber die UNSCOP-Empfehlungen einschließlich des Vorschlags einer Wirtschaftsunion mit dem arabischen Staat, dem Grundsatz nach.[20] Und als die UN-Vollversammlung sich am 29. November 1947 mit 33 gegen 13 Stimmen für die Teilung aussprach, löste dies trotz aller ungeklärten Fragen bei den zionistischen Führern und beim Weltjudentum Jubel und Freude aus.

Wie erklärt sich dieses scheinbare Paradoxon? Wie wir bei der Diskussion über den Peel-Vorschlag gesehen haben, war die zionistische Bewegung mehrheitlich gegen eine Teilung und beharrte auf dem Recht der Juden, in ganz Palästina zu siedeln. Wie konnten dieselben Zionisten in Israel und anderswo dann in Jubel über die UN-Teilungsresolution ausbrechen?

Zum einen, weil sich eine zunehmend realistischere Einschätzung der Nachkriegs-Weltlage durchsetzte. Die zionistischen Führer begriffen, dass es den Amerikanern in erster Linie darum ging, ihre eigene Interessenssphäre im Nahen Osten auszudehnen, und in zweiter Linie darum, eine enge Partnerschaft mit Großbritannien aufrechtzuerhalten, um eine Zunahme des sowjetischen Einflusses dort und in anderen Weltregionen zu verhindern. Der eskalierende militärische Konflikt zwischen Juden und Briten in Palästina war unter diesen Vorzeichen geeignet, den Rückhalt, den der Zionismus sich in den Vereinigten Staaten schwer erkämpft hatte, zu untergraben. Andererseits hatte die Sowjetunion sich zu dem Recht der

20- Ibid., 28. Oktober 1947, S. 565

Juden auf einen eigenen Staat bekannt, nachdem sie viele Jahre lang eine antizionistische Haltung eingenommen hatte; in dieser Beziehung befanden sich die USA und die UdSSR also zumindest vorübergehend im Einklang miteinander. Unter diesen Umständen erschien es der zionistischen Führung als die momentan klügste Taktik, dem Teilungsvorschlag der Vereinten Nationen zuzustimmen, zumal die Modalitäten aus jüdischer Sicht nicht ungünstig waren. Wie der Peel-Vorschlag zehn Jahre zuvor, war auch der UN-Plan so etwas wie eine internationale Beglaubigung des Anspruchs des jüdischen Volkes auf ein eigenständiges Staatswesen in Palästina. Er versprach den Juden darüber hinaus ein dreimal so großes Territorium als seinerzeit der Peel-Plan (14.912.000 gegenüber 5.000.000 Dunams). Und er schuf die Voraussetzungen für eine unbegrenzte Einwanderung unter souveräner jüdischer Aufsicht.

Andererseits schmälerte die Zustimmung zur Teilungsresolution in keiner Weise die Überzeugung aller zionistischen Parteien, dass die Juden Anspruch auf ganz Palästina hätten. Ihre Reaktionen liefern einen aufschlußreichen Hintergrund für die richtige Einschätzung der nachfolgenden Ereignisse. Ben Gurion beispielsweise begrüßte die UN-Resolution als historischen Markstein: Erstmals habe die Welt das Recht des jüdischen Volkes auf Verwirklichung seines jahrhundertealten Traumes von einem eigenen Staat in der palästinensischen Urheimat anerkannt. Er drückte auch sein Einverständnis mit einigen konkreten Bestimmungen in der Resolution aus: der Gewährleistung eines sicheren Hafens in Palästina für die Landung der auf Zypern internierten Juden, der Aufstellung einer Miliz durch jüdische Behörden zur Wahrung von Recht und Ordnung und dem Recht der Juden, von der Mandatsmacht Liegenschaften, Infrastrukturen und Einrichtungen zu übernehmen, darunter Funksender, postalische und telegraphische Einrichtungen, Eisenbahnen, Häfen und Flugplätze, sowie Waffen und andere Militärausrüstung.[21] Diese Programmpunkte der Resolution wiesen

21- PDD. Dok. 123, S. 196-200

allesamt eine offensichtliche Gemeinsamkeit auf: Sie waren vorteilhaft für den jüdischen Staat. Was die Passagen des Resolutionstextes betraf, die den zionistischen Interessen weniger förderlich waren, so zögerte Ben Gurion nicht, sie zurückzuweisen; dies galt ebenso für die vorgeschlagenen Grenzen des jüdischen Staates wie für die Übergangszeit, in der die einzelnen Stadien der Teilung ausgeführt werden sollten, um eine geordnete Übergabe lebenswichtiger Einrichtungen von den Briten an die beiden neuen Staaten zu gewährleisten und schließlich für die vorgesehene Schaffung eines arabisch-palästinensischen Staates.[22]

In seltsamer Einäugigkeit haben die allermeisten Historiker das Ja Ben Gurions zu einem jüdischen Staat in einem Teil Palästinas mit einer Zustimmung zur ganzen UN-Resolution gleichgesetzt Ben Gurion sah jedoch, wie wir festgestellt haben, in der Teilung immer nur den ersten Schritt auf dem Weg zu einem jüdischen Staat im ganzen Palästina, einschließlich Transjordaniens, der Golanhöhen und des Südlibanon.

In einer Rede vor dem Histadrut-Vorstand am 3. Dezember, vier Tage nach der UN-Abstimmung, erklärte Ben Gurion: »Die Grenzen sind vom militärischen und politischen Standpunkt aus schlecht.« Bei derselben Sitzung führte er aus:

> In dem für den jüdischen Staat vorgesehenen Gebiet gibt es nicht mehr als 520.000 Juden und rund 350.000 Nichtjuden, zumeist Araber (nicht mitgezählt die Juden von Jerusalem, die ebenfalls Bürger des Staates sein werden). Zusammen mit den Juden von Jerusalem wird die Gesamtbevölkerung des jüdischen Staates zum Zeitpunkt seiner Errichtung bei etwa 1 Million Menschen liegen, davon 40 Prozent Nichtjuden. Eine solche Zusammensetzung bietet keine *tragfähige Grundlage für einen jüdischen Staat*. Diese Tatsache muss man in aller Klar-

22- Siehe *Rede Ben Gurions vor dem Zentralkomitee der Histadrut*, 3. Dezember 1947, zitiert nach Michael Bar Zohar, *Ben Gurion: Eine politische Biographie*. (In hebräischer Sprache) Tel Aviv 1977, Bd. 2, S. 641

heit und Schärfe erkennen. Eine solche Zusammensetzung gibt uns nicht einmal die absolute Sicherheit, dass die Kontrolle in den Händen der jüdischen Mehrheit bleiben wird.[23]

Wie Ben Gurion weiter betonte, müsse Jerusalem zum wissenschaftlichen, pädagogischen, kulturellen und künstlerischen Zentrum des jüdischen Volkes gemacht werden - während es in der Resolution geheißen hatte, Jerusalem sei unter internationale Kontrolle zu stellen und der jüdische Bevölkerungsanteil in der Stadt und ihrer Umgebung müsse erhöht und wirtschaftlich gestärkt werden. Er appellierte an seine Gesinnungsgenossen, sich jeder aufreizenden Propaganda zu enthalten, wie sie etwa von den Revisionisten betrieben wurde, die die Resolution zurückgewiesen hatten und ihre Übergriffe in arabisch bewohnte Gebiete hinein verstärkten. Er beschwor sie ferner, sich der UN-Entschließung zu fügen und auf die Möglichkeit einer friedlichen jüdisch-arabischen Zusammenarbeit zu vertrauen. Und an dieser Stelle fügte er seine vielsagende Bemerkung ein, dass Zustände nie endgültig seien, »nicht für Regierungen, nicht für Grenzen und nicht für internationale Abkommen«.

Die Jewish Agency erklärte (unter dem Vorsitz Ben Gurions) prompt ihre Bereitschaft mit der UN-Palästinakommission zusammenzuarbeiten, die der Sicherheitsrat mit der praktischen Durchführung der Teilung beauftragt hatte. Damit wurden die Arabische Liga und die palästinensische Führung ausmanövriert, die die Zusammenarbeit mit der Kommission verweigerten und sich deshalb dem Vorwurf der Zuwiderhandlung gegen UN-Beschlüsse aussetzten. In der Praxis beschränkte sich die Kooperation der Jewish Agency freilich auf formale offizielle Kontakte; sie war nicht mit irgendwelchen praktischen Bemühungen verbunden, die Teilungsresolution, sei es dem Geist oder dem Buchstaben nach, in die Tat umzusetzen.

Menachem Begin, der Führer der Untergrund-Irgun, erklärte rundheraus: »Die Zweiteilung unseres Heimatlandes ist ungesetz-

23- Ibid.

lich. Sie wird niemals anerkannt werden.«[24] Während er indes weiterhin nachdrücklich die Vision eines Staates zu beiden Seiten des Jordan proklamierte, erklärte er sich mit einem kleineren jüdischen Staat in einem Teil Palästinas unter der Bedingung einverstanden, dass dieser Staat sofort nach dem Erlöschen des britischen Mandats (vorgesehener Termin: 15. Mai 1948) formell ins Leben treten müsse. Er war sich sicher, dass mit der Gründung des jüdischen Staates eine weitere territoriale Ausdehnung möglich würde, allerdings nur »nach viel Blutvergießen«.[25] Die Herut-Partei Begins. 1948 im Geist des Revisionismus gegründet, trat für einen jüdischen Staat zu beiden Seiten des Jordan ein, selbst wenn dies mit »Blut und Feuer« erkämpft werden müsse.[26] (Als Begin 1977 schließlich Premierminister von Israel wurde, demonstrierte er seine Abneigung gegen die UN-Teilungsresolution, indem er das zur Tradition gewordene Presse-Festessen, das der Premierminister bis dahin am 29. November jeden Jahres gegeben hatte, ersatzlos strich.)

Keine zionistische Fraktion nahm jemals Abschied von der Vorstellung und dem Bestreben, eines Tages die Einheit Palästinas - genauer gesagt Israels - wiederherstellen zu können. Die religiösen Parteien erhoben ohnehin offenen Anspruch auf ganz Palästina, unter Berufung auf die religiöse Bedeutung solcher heiligen Stätten wie Hebron. Schechem (Nablus) und anderer biblischer Orte.[27] Auch die Parteien der Linken waren sich im Festhalten an der Idee eines vereinigten Staates einig. Nur fünf Tage nach der Verabschiedung der UN-Resolution wandte sich die Gruppierung Ahdut Haavodah, für die die Unteilbarkeit des jüdischen Staates ein absoluter historischer wie geistlicher Imperativ war, gegen die Ansicht, dass »die Teilung der beste oder kürzeste Weg zur Verwirklichung [...]

24- Menachem Begin, *Im Untergrund: Schriften und Dokumente.* (In hebräischer Sprache) Tel Aviv 1977, Bd. 4, S. 70

25- Aviezer Golan und Schlomo Nakdimon, *Begin.* (In hebräischer Sprache) Jerusalem 1978, S. 172

26- Begin, *Im Untergrund*, Bd. 3. Tel Aviv 1975, S. 77; Bd. 4, S. 327-332 und passim.

27- *UN Weekly Bulletin*, 22.)uli 1947, S. 12

des Zionismus« sei, und erklärte, ihre Mitglieder würden »nicht aufhören, für die Einheit des Heimatlandes zu kämpfen«.[28] Haschomer Hatzair war seit jeher gegen eine Teilung und für einen Zweivölkerstaat eingetreten und akzeptierte die Teilungsresolution, aber nur in der Hoffnung, die von der UNO projektierte Wirtschaftsunion zwischen dem jüdischen und dem arabischen Staat auf palästinensischem Boden werde die beiden Völker Letztlich zu einer Nation und zu einem friedlichen und gleichberechtigten Miteinander zusammenführen. Im Januar 1948 erklärte Jaakov Hasan, ein Wortführer der Haschomer-Hatzair-Bewegung, in seinen Augen sei die Wiedererrichtung des Staates Israel »eine der großen motivierenden Kräfte unseres Lebens«. Er warnte allerdings vor Abenteurertum und Eroberungsstimmung und forderte ein Bündnis aller fortschrittlichen Kräfte; sie sollten zusammen »für die Einheit des Landes durch gütliches Übereinkommen zwischen den beiden Völkern wirken« und »eine Front zur Überwindung der Teilung durch Aufbau, Frieden und Vereinbarung« bilden.[29]

Das Ja zur UN-Teilungsresolution war also, kurz gesagt, ein Paradebeispiel für zionistischen Pragmatismus. Es war die taktische Billigung eines Kompromisses, in dem man einen wichtigen Schritt in die richtige Richtung sah, ein Sprungbrett für eine weitere Expansion, sobald die Bedingungen dafür günstig waren. Und in der Tat vollzogen sich in der Zeit zwischen dem UN-Votum am 29. November 1947 und der Unabhängigkeitserklärung des Staates Israel am 14. Mai 1948 einige Entwicklungen, die mithalfen, jene günstigen Umstände herbeizuführen, die es dem unfertigen jüdischen Staat ermöghchen sollten, seine Grenzen zu erweitern.

Da war vor allem die Feindseligkeit der arabischen Palästinenser und der arabischen Staaten, die nicht erkannten, dass sie durch eine

28- Siehe Jael Jischai *The Idea of the Indivisibility of the Country: Ideology in the Test of Reality*, in: *Die Kunst des Möglichen in der West Bank und in Gaza.* (In hebräischer Sprache) Givat Haviva 1979: Tzur, *From the Partition.* S. 62

29- Ibid.

Verweigerung der Zusammenarbeit den diplomatischen und politischen Prozeß nicht aufhalten konnten, der längst im Gang war. Ihnen blieb nur die Zuflucht in einen schwächlichen bewaffneten Widerstand übrig. Auf die Verabschiedung der UN-Teilungsresolution reagierten die Vertreter der arabischen Staaten, die dagegen gestimmt hatten, mit dem Auszug aus der UN-Vollversammlung. Am 2. Dezember traten die Palästinenser aus Protest gegen die Resolution in einen dreitägigen Streik, und die Arabische Liga, die eine Woche später in Kairo zusammentrat, erklärte die Teilung Palästinas für ungesetzlich. In verschiedenen Teilen des Landes kam es zu bewaffneten Konflikten. In Jerusalem und Umgebung organisierten sich palästinensische Kampfgruppen, und auch ungefähr dreitausend arabische Freiwillige aus anderen Ländern ließen sich für die Arabische Befreiungsarmee unter Fawzi al-Quawukji mobilisieren. (Währenddessen waren im Jischuw schon einen Tag nach der UN-Abstimmung alle Juden im Alter von 17 bis 25 Jahren von der Hagana zur Musterung einberufen worden.)

Gewiß trugen die Briten zur weiteren Destabilisierung bei, indem sie es ablehnten, irgendwelche Maßnahmen zu ergreifen, die nicht sowohl von Juden als auch von Arabern gebilligt würden. Das führte dazu, dass sie einerseits keine Verantwortung für die Aufrechterhaltung von Gesetz und Ordnung übernahmen - von einigen begrenzten Gebieten abgesehen -, sich andererseits aber auch weigerten, ihre Mandatshoheit an die UN-Instanzen abzutreten oder überhaupt mit ihnen zusammenzuarbeiten. Im März 1948 wüteten überall im Land Kämpfe, und die UNO schien nicht in der Lage, eine wirksame Kontrolle auszuüben. Auf internationaler Ebene trug auch der Kalte Krieg zur Brisanz des Konflikts in Palästina bei. So taten beispielsweise die Vereinigten Staaten, die eine sowjetische Mitsprache im Nahostkonflikt um jeden Preis verhindern wollten, alles, um die Befugnisse der Palästinakommission, deren Vorsitzender zu dieser Zeit ein Osteuropäer war, zu beschneiden.

Es kann kein Zweifel bestehen, dass diese historischen Faktoren zu der katastrophalen Entwicklung der Dinge im Anschluß an die UN-Abstimmung beitrugen. Eine nicht weniger wichtige Rolle spielten aber auch die Äußerungen und Maßnahmen der zionistischen Führer, die jede Gelegenheit nutzten, um aus militärischen Konflikten territoriales Kapital zu schlagen und die so erzielten Gewinne dann mit politischen Mitteln abzusichern. Die Jewish Agency machte sich örtliche Kampfhandlungen zunutze, um die von der UNO markierten Grenzen des jüdischen Staates »zu verbessern«. In Galiläa und an der Linie Tel Aviv-Jerusalem gelang es jüdischen Truppen, Gebiete zu besetzen, die laut UN-Teilungsplan für den arabischen Staat oder als internationale Zonen vorgesehen waren. Außerdem stellte die Entscheidung der Zionisten, den Staat Israel nicht am 1. Oktober 1948 auszurufen, wie die Resolution es festgelegt hatte, sondern schon am 14. Mai, unmittelbar nach Erlöschen des britischen Mandats, einen Versuch dar, die eroberten Gebiete als Teil des neuen Staates zu behalten, den Grenzen, mit den Worten Ben Gurions, von »einer Position der Stärke aus« eine feste Form zu geben.[30]

Am 12. Mai fand in der Volksverwaltung - dem 13köpfigen provisorischen Regierungs- und Gesetzgebungsgremium des Jischuw - eine Debatte über die Frage statt, ob die Grenzen des Staates Israel in der Unabhängigkeitserklärung konkret beschrieben werden sollten oder nicht. Ben Gurion hatte Vertretern der Mapai früher am selben Tag erklärt, er wolle sich nicht durch irgendeine Erklärung festlegen: »Wenn die UNO in dieser Sache keine Rolle spielt und sie [die arabischen Staaten] Krieg gegen uns führen und wir sie besiegen, [...] warum sollten wir uns dann festlegen?« Mit fünf gegen vier Stimmen schloß die Volksverwaltung sich diesem Standpunkt an: Die Grenzen des Staates sollten in der Unabhängigkeitserklärung nicht erwähnt werden. Ben Gurion erhielt den Auftrag, den Entwurf Scharetts. der lang und blumig war und »auch den Teilungsplan der Vereinten Nationen erwähnte«, zu überarbeiten. Ben Gurion »strich jeden Hinweis

30- Joram Nimrod, *Struktur der israelisch-arabischen Beziehungen 1947-1950* (Dissertation in hebräischer Sprache) Universität Jerusalem 1985, S. 20

auf den Teilungsplan« und verlieh dem Text »mehr Kraft, Klarheit und Kühnheit«.[31] Dies war der Text der am Freitag, dem 14. Mai, um 4 Uhr nachmittags verlesen wurde und die Geburt des unabhängigen Staates Israel für Mitternacht dieses Tages verkündete.

Einen ganz anderen Text legte der Vertreter der Jewish Agency in Washington, Elijahu Epstein, am selben Tag Präsident Truman vor: »Ich habe die Ehre, Ihnen mitzuteilen, dass der Staat Israel als unabhängige Republik innerhalb der Grenzen proklamiert worden ist, denen die Vollversammlung der Vereinten Nationen bei ihrer Entschließung vom 29. November 1947 zugestimmt hat.«[32] Epstein kabelte Scharett am folgenden Tag, er habe »uneingeschränkte Zusicherungen abgegeben, dass Israel die Grenzen vom 29. November respektieren wird. Dies gilt ungeachtet der Notwendigkeit für militärisches Handeln.«[33] Chaim Weizmann persönlich hatte Truman am 13. Mai erklärt, vom morgigen Tag an werde »der jüdische Staat [...] die Verantwortung für die Aufrechterhaltung von Gesetz und Ordnung *innerhalb der Grenzen des jüdischen Staates* [...] und für die Erfüllung der Verpflichtungen des jüdischen Staates gegenüber den anderen Nationen der Welt in Übereinstimmung mit dem Völkerrecht übernehmen«.[34]

Epstein war sich wohl der Diskrepanz bewußt, die zwischen seiner Erklärung gegenüber dem amerikanischen Präsidenten und dem Beschluß der Volksverwaltung bestand, Grenzen nicht zu erwähnen, denn er erläuterte Scharett am selben Tag in einer Depesche, dass Freunde im Weißen Haus ihm empfohlen hätten, die Grenzen vom 29. November zu erwähnen. »Die Umstände machten es erforderlich, mir diesen Schritt anzumaßen und die Verantwortung dafür zu über-

31- Bar Zohar, *Ben Gurion*, S. 161 ff (englische Ausgabe. London 1978, S. 161 f). Im folgenden wird, wenn nicht anders angegeben, die hebräische Ausgabe dieses Buches zitiert.

32- DFPI, Bd. I,Dok. 1, S. 3

33- Ibid., Dok. 2, S. 4

34- PDD, Dok. 504, S. 788

nehmen«, teilte er mit.[35] In der Tat waren etliche Vorstandsmitglieder der Jewish Agency über die Diskrepanz bestürzt. Berl Locker, ihr Londoner Vertreter, kabelte am 21. Mai an Scharett:

> Sehr wichtig, baldmöglichst offizielle Erklärung zu veröffentlichen, dass Israel am 29. November festgelegte Grenzen akzeptiert, keinen Teil des (dem arabischen Staat) zugesprochenen Territoriums und der besetzten Gebiete beansprucht. Verteidigungsmaßnahmen werden aufgehoben, sobald Friede wiederhergestellt, und wir werden Jerusalem-Entscheidung respektieren. Tatsache, dass Unabhängigkeitserklärung in diesem Punkt nicht explizit gegen uns.[36]

Auch Abba Eban, damals Mitglied der Vertretung der Jewish Agency bei den Vereinten Nationen, machte sich Sorgen, weil die Vereinigten Staaten den neuen Staat nur de facto, aber nicht de jure anerkannt hatten. Wie er Scharett am 24. Mai aus New York kabelte:

> Unklarheit in Erklärung bezüglich Grenzen wird [von] Delegationen ausführlich kommentiert und [von] Gegnern ausgeschlachtet, verzögert womöglich Anerkennung und schmälert Wirkung schon gewährter. Empfehlen dringend, Grenzen Israels in öffentlicher Verlautbarung gemäß November-Resolution zu definieren, mit Hervorhebung dass dies in [...] Unabhängigkeitserklärung gemeint [...][37]

Mosche Scharett fiel als dem ersten Außenminister Israels die Aufgabe zu, sich für eine allgemeine Unterstützung und Anerken-

35- DFPL Bd. 1, Dok. 1, S. 4

36- Ibid.. Dok. 55. S. 56

37- Ibid., Dok. 69, S. 70. Zwei Tage zuvor hatte Eban in einer für den UN-Sicherheitsrat bestimmten Denkschrift zur Politik Israels die Nichterwähnung der Grenzen damit gerechtfertigt, dass in gewissen »außerhalb des israelischen Staatsgebiets gelegenen Teilen Palästinas« militärische Operationen »zur Abwehr von Aggressionen und als Bestandteil unseres im wesentlichen defensiven Plans erforderlich seien, nämlich zu verhindern, dass diese Gebiete als Aufmarschzonen für Angriffe auf Israel benutzt werden«.

nung des neuen Staats einzusetzen. Einige Monate nach der Unabhängigkeitserklärung bot er folgende Erklärung für die zweideutige israelische Position an: Der UN-Teilungsplan sei davon ausgegangen, 1) dass entweder die Teilung friedlich durchgeführt oder eine UN-Intervention stattfinden werde, 2) dass in Palästina ein separater arabischer Staat errichtet und 3) dass Jerusalem unter internationale Verwaltung gestellt werde.[38] Wie er weiter ausführte, sei nicht eine dieser Voraussetzungen eingetreten. Somit habe Israel auf Veränderungen an den Grenzen vom 29. November und auf das Recht, diese Grenzen zu verteidigen, bestehen müssen.[39] Dieses Argument wurde in der israelischen Propaganda geschickt eingesetzt, aber es war unehrlich: Die Jewish Agency hatte nie die Absicht gehabt, die Errichtung eines selbständigen, wirtschaftlich mit Israel verbundenen arabischen Staates zuzulassen.

In den Anfängen der zionistischen Siedlungstätigkeit in Palästina reichte die Haltung, die die Mehrheit der zionistischen Parteien gegenüber der einheimischen arabischen Bevölkerung einnahm, von völliger Nichtzurkenntnisnahme (»das Land ohne Volk für das Volk ohne Land«) über Gleichgültigkeit und Gönnerhaftigkeit bis zur kaltblütigen Ablehnung ihrer nationalen Rechte. Solche Haltungen waren - und sind - die andere Seite der zionistischen Behauptung, die Juden allein hätten Anspruch auf ganz Palästina. Gewiß veränderten sich Einstellungen, die zu Beginn des Jahrhunderts aus der Unkenntnis der europäischen Zionisten über Araber rührten, als jüdische Siedler sich der Tatsache gegenübersahen, dass im Land ihrer Träume schon andere Leute wohnten. Das war aber nicht die Regel. Jabotinsky beispielsweise nahm das Nationalbewußtsein der Palästinenser einfach nicht zur Kenntnis. Sich mit den Arabern zu arrangieren, war seiner Ansicht nach weder wünschenswert noch notwendig; der Konflikt mit ihnen war naturgemäß und unvermeidlich und konnte nur durch den Bau einer »eisernen Mauer« gelöst

38- Ibid., Anhang, S. 63

39- Siehe DFPI, Bd. 2, Dok. 4, S. 8

werden - eines militanten, homogenen jüdischen Staates in seinen geschichtlichen Grenzen, das heißt, zu beiden Seiten des Jordan. Er hielt jede Annäherung zwischen Arabern und Juden für eine »organische und geschichtliche Unmöglichkeit«, und somit ist es nicht verwunderlich, dass gerade die revisionistischen Gruppen eine maßgebliche Rolle bei den Unruhen und blutigen Zusammenstößen der Jahre 1929 und 1936 spielten, die so viel zur Verschärfung der jüdisch-arabischen Spannungen beitrugen. Ben Gurion verurteilte die Umtriebe der Revisionisten öffentlich und widersetzte sich ihrer Beteiligung an der Regierung und ihrer Aufnahme in nationale Körperschaften. Andererseits teilte er, soweit es die Araber betraf, die Grundauffassungen des Revisionismus, sowohl was die Gebietsansprüche für den Staat Israel als auch was die Aussiedlung der arabischen Bevölkerung anging. Da die Araber sich, so argumentierte er, mit einem Teilungsplan, der die Zionisten zufriedenstellte, nie einverstanden erklären könnten, müsse über die Grenzen des neuen Staates in einer militärischen Kraftprobe entschieden werden. Auch wenn es eine Reihe von Gruppen gab, die sich für friedliche Koexistenz und friedliche Zusammenarbeit einsetzten, dominierte doch am Vorabend der israelischen Unabhängigkeitserklärung im Jischuw und in der zionistischen Führung eine Denkrichtung, die sich einem Palästinenserstaat widersetzte.

Da die Zionisten mit aller Macht einen selbständigen Palästinenserstaat zu verhindern suchten, ist auch erklärlich, warum sie sich auf diplomatischer Ebene so sehr um die Haschemiten-Herrscher Faisal und später Abdallah bemühten, deren Traum von einem großsyrischen Reich die Existenz eines separaten Palästinenserstaates ebenfalls ausschloß. Wie die Verlautbarungen der Jewish Agency an die Vereinten Nationen vor dem 29. November 1945 zeigen, erkannten die zionistischen Führer, selbst wenn sie eine Teilung Palästinas hinnahmen, nicht emsthaft die Gründung eines Palästinenserstaates als notwendige Folge an. Sie verwiesen vielmehr oft und gerne auf das 1919 geschlossene Abkommen zwischen Faisal und Weizmann als ein Musterbeispiel für arabisch-jüdische Beziehungen. Dieses Abkommen sah die Errichtung eines Vereinten Arabischen Königreichs vor, das Faisal unter britischer Kuratel regieren sollte. Im Gegenzug hätten die Araber die zionistische Siedlungstätigkeit in Palästina fördern und dafür wiederum von den Juden mit politischer und finanzieller Unterstützung belohnt werden sollen.

Gemessen an der Realität, war der Glaube an die Errichtung eines Haschemiten-Königreichs reines Wunschdenken, mit den sozialen und wirtschaftlichen Tatsachen der Region ebenso unvereinbar wie mit den weltpolitischen Realitäten. Als Faisal 1919 mit Weizmann die Vereinbarung schloß, räumte er ein, dass die Araber ihre nationale Unabhängigkeit erlangen müssten. Aber er fügte auch hinzu: »Falls die geringste Abwandlung oder Abweichung geschehen sollte, werde ich mich nicht mehr an ein einziges Wort dieser Vereinbarung gebunden fühlen.«[40] Zwischen den Weltkriegen teilten sich Frankreich und Großbritannien das »Vereinigte Arabische Königreich« in Einflußsphären auf, woraufhin Faisal sich von jeglicher Verpflichtung gegenüber den Zionisten lossagte. Unterdessen vollzogen sich in der arabischen Welt tiefgreifende gesellschaftliche Veränderungen, deren Folgen nicht einmal die Franzosen und die Briten in den Griff bekommen sollten. Dennoch spielte das Haschemiten-Projekt im strategischen Denken der Zionisten weiterhin eine vorrangige Rolle.

Als Weizmann am 28. Oktober 1947 vor dem Ad hoc-Ausschuß der UNO für die Palästinafrage die Teilung Palästinas und die Gründung eines jüdischen Staates als »die einzige mögliche Lösung, die endgültig zu sein verspricht und Arabern wie Juden Gleichberechtigung bietet« bezeichnete, erinnerte er ausdrücklich an den Vertrag, den er mit »König Faisal von Irak« abgeschlossen habe.[41] Diesem

40- George Antonius, *The Arab Awakening*, New York 1965. Anhang F, S. 439

41- Zum Zeitpunkt des Vertragsschlusses war Faisal in Wirklichkeit Fürst von Hedschas; 1919 proklamierte er sich zum König von Syrien, wurde 1920 von den Franzosen hinausgeworfen und wurde 1921 König von Irak.

Vertrag zufolge würden die Araber, sobald die arabische Welt vom kolonialen Joch befreit war, den Juden das Recht zur Besiedlung und Entwicklung Palästinas Seite an Seite mit dem (vereinigten arabischen Staat einräumen. Seiner Ansicht nach, fügte er hinzu, sei »diese Bedingung [die Befreiung der arabischen Welt] jetzt erfüllt.«[42]

In ähnlichem Zusammenhang verwies auch Scharett in seiner Stellungnahme vor den Vereinten Nationen darauf, dass Faisal 1919 erklärt habe, die Araber betrachteten »die zionistische Bewegung mit höchster Sympathie« und hielten die Vorschläge der Zionistischen Weltorganisation für »bescheiden und angemessen«. Gefragt, warum die palästinensischen Araber, anders als Faisal, gegen die jüdische Einwanderung seien, beschwor Scharett die »damals verheißene und jetzt erreichte Unabhängigkeit der Araber in weiten Gebieten« und fügte hinzu, palästinensischer Widerstand wehre sich nicht gegen eine »Harmonisierung der jüdischen und arabischen Bestrebungen innerhalb eines weiteren Rahmens«.[43]

Die jüdischen Führer wussten natürlich ganz genau, dass die Araber keineswegs »eine Nation« waren und dass es überall in der arabischen Welt - in Ägypten, Syrien, dem Irak, Saudi-Arabien und nicht zuletzt in Palästina - tiefe Aversionen gegen die Haschemiten und ihre britischen Schirmherren gab. Die zionistische Führung hatte freilich auch nur wenig Interesse daran, sich wirklich um eine gütliche Verständigung mit den arabischen Nationalbewegungen zu bemühen, die um ihre Befreiung vom kolonialen Joch kämpften. Man glaubte, die kurzfristigen Ziele - möglichst intensive jüdische Einwanderung und Siedlungstätigkeit in Palästina - am schnellsten erreichen zu können, indem man an der Haschemiten-Option festhielt und sich weiterhin auf das Mitspielen der Briten verließ. In diesem Sinne waren die zionistischen Führer willens, aus den Konflikten und Rivalitäten innerhalb der nationalistischen Bewegungen der arabischen Welt Kapital zu schlagen und die Haschemiten wei-

42- UN Weekly Bulletin, 28. Oktober 1947, S. 565

43- Ibid., 20. Mai 1947, S. 554 ff

terhin politisch und auch finanziell zu unterstützen.

Nach dem Tod Faisals im Jahr 1933 übernahm sein Bruder Abdallah für die Zionisten die Rolle des Vorzeige- Arabers. Abdallah war, wir erinnern uns, zum Dank für seine Mithilfe bei der Verjagung der osmanischen Türken im Ersten Weltkrieg von den Briten mit der Herrschaft über das von Palästina abgetrennte Transjordanien betraut worden. Auch er träumte von einem von den Haschemiten regierten Vereinigten Arabischen Königreich und war somit in den Augen der Zionisten derjenige arabische Führer, der mit ihnen das größte gemeinsame Interesse daran hatte, das Entstehen eines selbständigen arabischen Staates auf dem Boden Palästinas zu verhindern. Kontakte zwischen der zionistischen Führung und Abdallah bestanden sowohl vor als auch nach der Vorlage der UNSCOP-Empfehlungen, doch wurden sie wohlweislich geheimgehalten. Am 18. Juli 1947 fanden Gespräche statt zwischen Jaakov Schimoni vom Arabien-Referat der Jewish Agency und Fawzi al-Sharif, einem Verwandten von König Abdallah. Die beiden handelten eine vorläufige Übereinkunft aus, derzufolge die Haschemiten die Teilung Palästinas und die Errichtung eines jüdischen Staates befürworten, wohingegen die Juden für die Haschemiten finanzielle Unterstützung erlangen und versuchen würden, die amerikanische Regierung davon zu überzeugen, dass ein Haschemiten-Herrscher in Saudi-Arabien den amerikanischen Interessen dienlicher sein würde als der gegenwärtige König Ibn Saud.[44]

Im August 1947 reiste der Abdallah nahestehende palästinensische Politiker Omar Sidqi Dajani auf Kosten der Jewish Agency nach Europa, um den UNSCOP-Mitgliedern darzulegen, dass und warum er für die Teilung Palästinas war und den arabischen Teil des Landes für sich selbst haben wollte.[45] Am 17. November kam es an der nördlichen Grenze zu einem Treffen zwischen Abdallah und Golda Meir, Ezra Danin und Elijahu Sasson, alle von der Jewish Agency. Nach

44- Sasson an Scharett, 22. März 1948, CZA, S25/3909

45- Schimoni an Meir. 27. Juni 1947. CZA S25/3960

Darstellung von Danin und Sasson erklärte Abdallah: »Es gibt keinen Konflikt zwischen uns und euch, sondern nur zwischen uns und den Briten, die euch hergebracht haben, und zwischen euch und den Briten, die euch jetzt im Stich lassen. Jetzt, da die Briten sich zurückziehen und ihr stärker geworden seid, stehen wir uns von Angesicht zu Angesicht gegenüber, und ich bin zu einer Teilung bereit, die mir in den Augen der Araber keine Schande macht.« Wie der König Golda Meir versicherte, würde er »den abgeteilten jüdischen Staat nicht angreifen, sehr wohl aber das arabische Palästina annektieren«.[46]

Wie Frau Meir berichtete: »Wir konnten ihm nicht versprechen, ihm dabei zu helfen, in das Land einzudringen, da wir verpflichtet waren, uns an die UN-Resolution zu halten, in der - wie wir seit langem wussten - von der Errichtung zweier Staaten in Palästina die Rede war. Wir sagten ihm, wir sähen uns nicht in der Lage, ihnen bei einem Verstoß gegen diesen Beschluß aktiv zu helfen. Falls er imstande und willens sei, uns und die Welt vor vollendete Tatsachen zu stellen, würde die traditionelle Freundschaft zwischen uns weiterbestehen, und wir würden bestimmt eine gemeinsame Sprache für eine angemessene Regelung der Interessen auf beiden Seiten finden.«[47] Im April 1948 kam es noch einmal zu einer Begegnung zwischen Abdallah und einem Vertreter Israels, und auch dieses Mal kam man überein, »dass Abdallah die Kontrolle über das arabische Palästina zufallen würde, falls er die Bemühungen, einen jüdischen Staat aufzubauen, nicht behinderte«.[48]

Ihre eigene Version vom Panarabismus half den Zionisten, den Plan, die arabischen Bewohner Palästinas in benachbarte Länder

---

46- Amin Abdallah Mahmud, *King Abdallah and Palestine* (Diss.), Georgetown University 1972, S. 90-93

47- Golda Meirs Bericht an das People's Council, 12. Mai 1948, ISA, 51702, S. 4

48 Schimoni an Meir, 27. Juni 1947, CZA S25/3960 372. Um diese Zeit wurden die Briten verdächtigt, sie wollten das Chaos und den Bürgerkrieg in Palästina für ihre eigenen Zwecke ausnützen, indem sie nämlich Abdallah und seinen Truppen halfen, die Kontrolle über Jerusalem und den Negev zu erringen, so dass eine Landverbindung zwischen Gaza und dem Irak erhalten bliebe. Die Jewish Agency hoffte, durch den Abschluss einer Vereinbarung mit Abdallah diesen vermuteten britischen Plan hintertreiben und Abdallah zu größerer Unabhängigkeit verhelfen zu können.

abzuschieben, moralisch zu rechtfertigen. Dies lief darauf hinaus, dass sie das den Palästinensern in der UN-Resolution zugesprochene Recht auf nationale Souveränität leugneten. Die arabischen Palästinenser selbst verfolgten, so wurde unterstellt, panarabische Ziele. (Sie dachten in der Tat panarabisch, aber nicht, weil sie sich mit einem bestimmten arabischen Land identifiziert hätten. Vielmehr suchten sie die Hilfe der arabischen Welt, um sich selbst gegen die zionistische Bedrohung zu schützen.) In den Augen der zionistischen Führer waren die palästinensischen Araber kein Volk mit legitimen nationalen Rechten, sondern eine »arabische Bevölkerung«, die man in ein anderes arabisches Land verlegen konnte. Vor dem Ad hoc-Ausschuß der UNO bezeichnete Scharett die Palästinenser als »Teilelement eines größeren Ganzen, das über ausgedehnte Lebensräume, Souveränität und Unabhängigkeit verfügt«.[49] Die klassische Aussage zu diesem Thema stammte von dem einflußreichen amerikanischen Rabbi und Zionistenführer Abba Hillel Silver, der am 14. Oktober 1947, ebenfalls vor dem Ad hoc-Ausschuß, erklärte: »Es hat in Palästina zu keiner Zeit eine politisch oder kulturell abgegrenzte oder identifizierbare arabische Nation gegeben. Palästina schied nach der arabischen Eroberung aus der Geschichte aus und trat als eigenständiger Faktor erst wieder in Erscheinung, nachdem der Völkerbund das Recht der Juden auf eine nationale Heimstätte in dem Land international anerkannt hatte.«[50]

Der Gedanke der »Bevölkerungsverlegung« war eine logische Folge derartiger Überlegungen. Eine solche großangelegte Umsiedlung hatte, obwohl nie zur offiziellen Politik erklärt, im Denken der Zionisten stets eine zentrale Rolle gespielt. Ben Gurion hatte 1937 für die Annahme des Peel-Plans geworben, weil dieser neben einer Ausweitung des jüdischen Siedlungsgebiets auch die - freiwillige oder zwangsweise - Umsiedlung von Teilen der arabischen Bevöl-

49- Siehe Anne Sinai und I. Robert Sinai, *Israel and the Arabs; Prelude to the Jewish State*. New York 1972, S. 220 f

50- UN Weekly Bulletin, 14. Okt. 1947. S. 477

kerung nach Transjordanien vorsah. Auch zehn Jahre später noch, als die Teilung Palästinas vor der Tür stand, sprach sich Ben Gurion unbeirrt zugunsten solcher politischer und militärischer Lösungen aus, die auf eine Verdrängung der Palästinenser anstelle von diplomatischen Kompromißlösungen hinausliefen.

So hatte beispielsweise der UNSCOP-Ausschuß, um die friedliche Verwirklichung des Teilungsbeschlusses zu erleichtern, ursprünglich eine zweijährige Übergangsphase - bis September 1949 - vorgeschlagen. Erst dann sollten die beiden neuen Staaten, der israelische und der palästinensische, ausgerufen werden. Während dieser Übergangszeit hoffte der UNSCOP-Ausschuß, die Wirtschaflsunion zustande zu bringen, die man als unerläßlich für das Funktionieren des Teilungsplans erachtete. Eine gemeinsame Wirtschaftskommission sollte für das Zustandekommen einer Zollunion, eines einheitlichen Währungssystems und eines gemeinsamen Betriebs von Eisenbahnen, Häfen, Flughäfen sowie Post und Telegraphendiensten sorgen. Solche Regelungen würden, so hoffte man, die beiden in Palästina lebenden Völker einander näherbringen und ihre Zusammenarbeit sicherstellen.[51] Zugleich hätten sie dazu beitragen können, dass das palästinensische Volk sich trotz des von seinen politischen Führern propagierten Widerstands allmählich mit der Teilung abfinden würde.

Ben Gurion lehnte jedoch eine Übergangsphase kategorisch ab. Ihm ging es, wie er am 30. September 1947 an Scharett kabelte, darum, so schnell wie möglich die provisorische Regierung einzusetzen und den Staat sogleich nach Ablauf der britischen Mandatsherrschaft zu gründen und auszurufen, auch wenn dies ein einseitiges Vorgehen erforderte.[52] Ben Gurions Widerstand gegen eine Übergangsphase rührte daher, dass er den Gedanken eines Palästinenserstaates überhaupt ablehnte. Dies zeigt sich nicht nur in dem, was er tat, sondern in dem, was er unterließ. Ein palästinensischer Staat

51- *UN Yearbook: 1947-1948*. Lake Success. N. Y . 1949, S. 230

52- Siehe Joram Nimrod, auch ISA 2180/5

würde nicht lebensfähig sein ohne eine Wirtschaftsunion, die ihm beträchtliche Einkünfte aus Zöllen und staatlichen Dienstleistungen geliefert und die Beteiligung des industriell fortgeschritteneren jüdischen Staates an gemeinsamen Entwicklungsprogrammen ermöglicht hätte. Solche Pläne hätten vielleicht auch einflußreiche palästinensische Kreise dazu gebracht, die Teilung mit größerem Wohlwollen zu betrachten, da sie ihren eigenen Interessen genützt hätte. In den Akten der Jewish Agency jedoch, die damals schon ein straff organisierter »Staatskörper« mit der erwiesenen Fähigkeit zu langfristigen Planungen war, findet sich nicht der geringste Hinweis darauf, dass irgendwelche Planungen und Vorkehrungen für die Errichtung der von der UNO vorgesehenen Wirtschaftsunion getroffen worden wären. Das wirtschaftliche Forschungsinstitut der Jewish Agency, das sich mit der Frage beschäftigte, warnte im Gegenteil vor den Gefahren, die sich aus einer wirtschaftlichen Verbindung zwischen einer modernen, relativ stark industrialisierten Wirtschaft und einem halbfeudalen, rückständigen, landwirtschaftlich geprägten Umland für jene ergeben könnten. Dieses Umland würde von Zollregelungen und jüdischen Hilfszahlungen ungemein profitieren, während erstere unter den Problemen des Zustroms billiger Arbeitskräfte, des Schwarzmarktes, der Spekulation und anderer illegaler wirtschaftlicher Betätigungen leiden würde. Nach Ansicht des Institutsdirektors Alfred Bonne würde der jüdische Staat mit seiner eigenen wirtschaftlichen Entwicklung, insbesondere im Zusammenhang mit der zu erwartenden verstärkten Einwanderung, genügend Probleme bekommen. (Bonne war übrigens der wirtschaftspolitische Verbindungsmann der Jewish Agency zum UNSCOP-Ausschuß.)[53]

Was einmal ein hervorstechender Grundsatz der zionistischen Propaganda gewesen war - Stolz auf den günstigen Einfluß innerhalb der arabischen Gesellschaft -, hatte sich jetzt plötzlich in eine »Gefahr« für die Zukunft des jüdischen Staates verwandelt. Der mögliche Zuzug arabischer Palästinenser in jüdisch besiedel-

53- Akten Eliezer Kaplan, CZA, 553/385, 2186, 2175,1461; ISA, Block 41, Akten 23, 78, 389

te und erschlossene Gebiete galt nicht mehr als ein zu förderndes Ziel, sondern als etwas, das tunlichst verhindert werden sollte. Am 6. November 1947 teilte der amerikanische Außenminister George Marshall seinem UNO-Botschafter in einer Note mit, die Vorschläge der Jewish Agency sähen nur eine »sehr begrenzte Art« von Wirtschaftsunion vor, und im Grunde scheine es sogar so, als »zielten die Vorschläge der Agency darauf ab, eine wirtschaftliche Trennung herbeizuführen«.[54]

Die militärischen Vorkehrungen für ihren Versuch, einen palästinensischen Staat zu hintertreiben, trafen die Zionisten mit ihrem sogenannten Plan Dalet, den die Hagana am 10. März 1948 kundtat. Dieser Plan sah die Besetzung bestimmter Gebiete in Galiläa sowie an der Strecke Tel Aviv-Jerusalem vor. Gebiete, die entweder für den palästinensischen Staat oder für die unter internationale Kontrolle gestellte Zone vorgesehen waren. Im einzelnen war in dem Plan die Rede von der »Vertreibung der einheimischen arabischen Bevölkerung über die Grenzen im Falle eines Widerstandes gegen unsere Angriffe« sowie von der »Verteidigung [...] jüdischer Siedlungen in arabischen Gebieten, einschließlich der ›vorübergehenden‹ Besetzung arabischer Stützpunkte auf der anderen Seite der Grenze«. Wie man rückblickend erkennt, zielte der Plan auf nichts anderes ab als auf Annexionen - die Zerstörung arabischer Dörfer, an deren Stelle anschließend jüdische Dörfer entstehen sollten.[55]

Auch hier unterließ es Ben Gurion, eine entschiedene Haltung einzunehmen, denn die Beziehung zwischen der Hagana und den jüdischen Terrorgruppen war alles andere als klar. Ihre Aktionen wurden zwar von der zionistischen Führung offiziell als unmoralisch verurteilt, aber es wurde auch nichts gegen sie unternommen. Im April 1948 drangen Streitkräfte der Irgun in Jaffa ein, das jenseits der Grenzen des vorgesehenen jüdischen Staates lag. Scharett kabelte zweimal, am 19. und 25. April, aus New York an Ben Gurion und

54- FRUS. 1947, Bd. 5, S. 1241

55- Bar Zohar, *Ben Gurion*, S. 704

erkundigte sich, »ob wir noch Herr der Lage sind«. Er fühlte sich als israelischer UN-Botschafter unter diesen Umständen in einer unhaltbaren Lage und beklagte sich darüber, dass »meine Anfrage wegen der Dissidenten unbeantwortet bleibt«.[56] Ben Gurion fand zwar harte Worte für die »Dissidenten«, unternahm aber erst nach Gründung des Staates Israel wirksame Schritte, um ihre Kampfverbände aufzulösen. Er hätte dies schon früher tun können, wenn es ihm opportun erschienen wäre, doch das war offensichtlich nicht der Fall. Immerhin gelang es den Terroristen, den Krieg in Gebiete hineinzutragen, die offiziell nicht für den Judenstaat vorgesehen waren. Indem er sie gewähren ließ, konnte Ben Gurion einerseits das israelische Territorium vergrößern und andererseits zugleich diejenigen verurteilen, ohne die es diese Expansion gar nicht hätte geben können. Erst als sie die Autorität des frischgebackenen Staates zu untergraben drohten, machte Ben Gurion ihren Umtrieben ein Ende.

Die einzige Fraktion innerhalb des Zionismus, die das Selbstbestimmungsrecht der arabischen Palästinenser anerkannte, war die Mapam-Partei; um genauer zu sein, die Haschomer-Hatzair-Gruppierung innerhalb derselben, die weiterhin den Gedanken eines Zweivölkerstaates propagierte. Es gab zwar noch zwei weitere politische Kräfte, die diese Linie verfochten: die Kommunisten und die Gruppe Brit Schalom, aber die einen waren keine Zionisten und die andere war keine Partei, sondern eine lose Vereinigung von Intellektuellen. Nur während einer kurzen Zeitspanne im Jahr 1948 zogen einige ernst zu nehmende zionistische Führer die Möglichkeit eines eigenständigen Palästinenserstaates in Erwägung, in der Hoffnung, damit den Teufelskreis von Gewalt und Blutvergießen, der so viele Menschenleben forderte, beenden zu können. Im März gelang es palästinensischen Verbänden in Jerusalem, die jüdischen Teile der Stadt vom übrigen Jischuw abzuschneiden, so dass ihnen Lebensmittel, Wasser und andere Dinge des täglichen Bedarfs ausgingen, und die jüdischen Konvois zu stoppen, die die abgeschnit-

56- PDD, Dok. 394. S. 653; Dok. 411, S. 674 f

tenen Gebiete mit dem Nötigsten zu versorgen suchten. Genau in diesem Augenblick legten Eliahu Sasson, Arabienexperte der Jewish Agency, und Chaim Berman, Sekretär ihres politischen Referats, einen Plan vor, der einen radikalen Wandel der zionistischen Politik vorsah.[57] Nach dieser »Skizze einer Politik gegenüber den arabischen Staaten« sollten der jüdische und der arabische Staat demokratische Republiken innerhalb der Grenzen werden, die die Teilungsresolution vorschrieb. Beide Länder sollten der UNO beitreten und miteinander ein Zwanzig-Jahres-Abkommen über wirtschaftliche, politische und militärische Zusammenarbeit schließen. Der jüdische Staat würde dem arabischen jährliche Hilfszahlungen in einer von der internationalen Völkergemeinschaft festzulegenden Höhe leisten. Beide würden eine abgestimmte Außenpolitik betreiben, und keiner von ihnen würde ein Abkommen mit irgendeinem dritten Staat schließen, ohne zuvor den anderen konsultiert zu haben. Beide würden feierlich erklären, dass sie nicht die Absicht hegten, ihr Staatsgebiet auf Kosten des anderen oder auf Kosten dritter Staaten zu vergrößern. Beide würden für den Weltfrieden eintreten und versuchen, eine neutrale Haltung zu bewahren. Beide würden den Wunsch äußern, der Arabischen Liga beizutreten, sei es als Vollmitglieder oder als Assoziierte. Der jüdische Staat würde bei der Industrialisierung der arabischen Volkswirtschaft mithelfen, und die israelische Industrie würde sich mit der Industrie in Palästina und den anderen arabischen Ländern abstimmen, um ein Konkurrieren auf dem Weltmarkt zu vermeiden. Der jüdische Staat würde sich in Konflikte zwischen arabischen Staaten nicht einmischen, sondern der Arabischen Liga bei der Beilegung solcher Konflikte helfen. Eine bilaterale Kommission würde nach einiger Zeit die Grenzen der beiden Staaten überprüfen und dort, wo es für beide Seiten vorteilhaft oder für eine Seite lebenswichtig erschien, Berichtigungen vorschlagen. Der jüdische Staat würde durch geeignete Gesetze die vollständige Gleichberechtigung seiner arabischen Bürger gewähr-

57- Ibid., Dok. 273, S. 456 ff

leisten und würde in Fällen, in denen israelische Gesetze auf die einhellige Ablehnung der Araber stießen, die Beschlüsse der Arabischen Liga akzeptieren.[58]

Dieser Plan mag Ausdruck der verzweifelten Lage in dem damals belagerten jüdischen Teil Jerusalems gewesen oder der Enttäuschung über das wirkungslose Abkommen mit Abdallah entsprungen sein, dessen Isolation immer deutlicher wurde und der in der arabischen Welt immer mehr an Einfluß verlor. Ben Gurion hielt von dem Plan überhaupt nichts: dies ist daraus zu ersehen, dass sein enger Mitarbeiter Schimoni für Abdallah als wichtigste Figur in ihrer Arabienpolitik eintrat. Jedenfalls scheint niemand für die Vorschläge gekämpft oder wirklichen Druck zugunsten einer Änderung ausgeübt zu haben. Doch als Eliahu Sasson, der namhafteste Arabienkenner der Jewish Agency und auf sehr vertrautem Fuß mit Abdallah, den Vorschlag machte, die Haschemiten fallenzulassen und statt dessen auf eine »palästinensische Option« zu setzen, wurde deutlich, dass dies eine realistische Möglichkeit war.

Die zionistische Führung war pragmatisch genug einzusehen, dass ein jüdischer Staat in ganz Palästina mit 1,3 Millionen arabischen und 650.000 jüdischen Einwohnern unmöglich war. Gleichwohl war ihre Zustimmung zum UN-Teilungsplan bei ihren ganzen Gebietsansprüchen und ihrem Widerstand gegen einen palästinensischen Staat eine eher formelle als echte Angelegenheit. Ihr Abkommen mit Abdallah dagegen machte einen »zionistischen« Sinn: Es gab ihnen die Möglichkeit, sowohl ihre Grenzen »zu verbessern« als auch die Gründung eines palästinensischen Staates zu hintertreiben. Die Gefahr, damit eine militärische Intervention der arabischen Staaten zu provozieren, war in gewissem Sinn keine, denn ein solcher Angriff würde den jüdischen Staat von seiner Verpflichtung gegenüber der UN-Teilungsresolution befreien.

Die militärische Intervention der arabischen Staaten, schon nach der UN-Teilungsresolution angedroht, folgte unmittelbar auf die

58- Ibid.

israelische Unabhängigkeitserklärung. Am 15. Mai 1948 ging der Bürgerkrieg in den Unabhängigkeitskrieg über, der bis zum Januar 1949 dauern sollte.

Fünf Tage nach Beginn der Kampfhandlungen ernannte ein UN-Ausschuß den Grafen Folke Bernadotte zum Friedensvermittler für Palästina und erteilte ihm die Vollmacht, für das Funktionieren lebenswichtiger Betriebe zu sorgen, die heiligen Stätten zu schützen und auf eine friedliche Beilegung des Konflikts hinzuarbeiten. Nachdem Bernadotte eine Reihe von Vorschlägen gemacht hatte, wurde er am 17. September von Angehörigen der Untergrundgruppe LEHI in Jerusalem ermordet. Seine Empfehlungen und seine Ermordung zusammen stürzten Israel in eine schwere Krise.[59]

Graf Bernadottes Vorschläge orientierten sich weitgehend an der Lage auf dem Schlachtfeld: Ägypten hielt den Gazastreifen besetzt, die Irakis standen in Nablus, Abdallah war Herr über das Jordan-Westufer und den arabischen Teil Jerusalems, einschließlich der Altstadt. Anderswo war der palästinensische Widerstand gegen die israelischen Streitkräfte zusammengebrochen. Westgaliläa, Haifa, Jaffa, Ramla, Lydda und Nazareth waren in jüdische Hand gefallen, Hunderttausende arabischer Palästinenser verjagt worden. Da das im Teilungsplan ursprünglich den Arabern zugeteilte Westgaliläa sich in jüdischem Besitz befand, schlug Bernadotte vor, im Tausch dafür den Negev, der ursprünglich den Juden zugesprochen worden, jetzt aber durch ägyptische Streitkräfte abgeriegelt war, den Arabern zu überlassen. Er forderte nachdrücklich, allen palästinensischen Flüchtlingen die Möglichkeit zur Rückkehr in ihre Heimat zu geben. Er entfernte sich in einem weiteren Punkt wesentlich vom UN-Teilungsplan, als er vorschlug, den künftigen Palästinenserstaat an Transjordanien anzuschließen, ganz Jerusalem (das infolge der Kämpfe in militärische Sektoren zersplittert war) unter die Kontrolle der Vereinten Nationen zu stellen, sowie Juden und Arabern Jerusalems gewisse Autonomierechte zu gewähren. Außerdem sollte

59- UN Yearbook: 1947-1948. S. 432 ff

die UNO, wenn Juden und Araber zu keiner Einigung kämen, mit Unterstützung der Vereinigten Staaten und Großbritanniens beiden Seiten eine Friedensregelung verordnen.

Da Bernadotte seine Vorschläge im Namen der UNO vorlegte und sie von Großbritannien und den USA unterstützt wurden, konnte Israel sie nicht einfach zurückweisen. Wie Michael Comay von der Jewish Agency vermerkte: »Ein Konflikt zwischen der UNO und uns bereitet vielen amerikanischen Freunden Sorge. Die amerikanische Palästinapolitik muss irgendwie mit der anglo-amerikanischen Solidarität gegen Rußland verknüpft werden.«[60] Für Israel gehe es darum, einen Weg zu finden, wie man die mit den eigenen Zielen übereinstimmenden Vorschläge bejahen und die anderen ablehnen könne.[61] Positiv zu bewerten sei, dass Westgaliläa in das israelische Hoheitsgebiet einverleibt worden sei und ein eigenständiger Palästinenserstaat wegfalle, da die arabischen Gebiete Transjordanien zugerechnet werden sollten. Auf dem Negativkonto stünden der Verlust des Negev, wodurch das Staatsgebiet Israels um mehr als die Hälfte schrumpfen und ein Gebiet verlorengehen würde, das in den Augen der Juden von großer Bedeutung für die künftige wirtschaftliche Entwicklung und den Handel ihres Staates war; ferner die Rückkehr der arabischen Flüchtlinge und der Plan, Jerusalem unter UN-Verwaltung zu stellen. Diese negativen Aspekte würden dem Hauptziel Israels im Weg stehen, ein möglichst großes Gebiet für einen homogenen jüdischen Staat zu erringen.

Somit lehnten die Israelis die Bernadotte-Vorschläge nicht gänzlich ab, sondern wandten sich nur gegen bestimmte Punkte. Von erstrangiger Bedeutung war es für Israel, den Negev zu behalten; hier gelang es den Zionisten, sich die Ost-West-Spannungen zunutze zu machen. Die sowjetische Unterstützung Israels basierte vor allem auf dem Wunsch, die imperialistische Hegemonialmacht Großbritannien aus ihrer Vormachtstellung im Nahen Osten zu verdrängen.

60- DPFI, Bd. 2, Dok. 142, S. 181 ff

61- Ibid., Dok. 4, S. 9

Die Israelis sagten den Russen, wenn man den Arabern den Negev überließe, würde dies praktisch bedeuten, dass man den Briten eine Operationsbasis zur Verfügung stellte. Die UdSSR unterstützte daraufhin den israelischen Anspruch auf den Negev. Zur gleichen Zeit erklärten die Israelis jedoch den Amerikanern, diese würden, wenn sie den Israelis in punkto Negev in den Rücken fielen, den jungen Staat den Russen in die Arme treiben.

Bei den Verhandlungen über die Bernadotte-Vorschläge vor den UN-Gremien im Herbst und Winter 1948 stellten die israelischen Diplomaten unter Führung Scharetts ihre Verhandlungskunst und Gerissenheit unter Beweis. Im Kampf gegen die Bernadotte-Vorschläge wurde Scharett zusehends zum entschiedenen Verfechter der Teilung Palästinas; der neue Plan breche, so führte er aus, mit der UN-Resolution, indem er auf das Konzept eines selbständigen palästinensischen Staates verzichte und die arabischen Gebiete dem transjordanischen Staat angliedere. In diesem Sinn schrieb er am 10. Oktober an Eytan: »Wir zögen es entschieden vor, wenn der arabische Teil Palästinas ein selbständiger palästinensischer Staat würde, aber wir sollten andere mögliche Entwicklungen nicht aus dem Auge verlieren.«[62] Und am 5. November schrieb er an Golda Meir, damals Botschafterin Israels in Moskau: »Unsere offizielle Position ist, dass wir einen eigenständigen Palästinenserstaat vorziehen, aber durch unsere militärischen Eroberungen, die noch nicht beendet sind, haben wir dessen Territorium verkleinert und seine Bevölkerung (durch die Flüchtlinge) vergrößert.«[63] Im Zusammenhang mit dem Vorschlag, den arabischen Teil Palästinas mit Transjordanien zu vereinigen, deutete er die Möglichkeit eines neuen taktischen Manövers an: »Wir haben es mit Verhandlungen nicht eilig; so können wir unsere starke Verhandlungsposition bewahren und der russischen Position Rechnung tragen.« (Die Russen sprachen sich in allen ihren Unterredungen mit israelischen Diplomaten für einen pa-

62- Ibid., Dok. 20, S. 46

63- Ibid., Dok. 107, S. 141 ff

lästinensischen Staat neben dem Staat Israel aus, aber lehnten einen Anschluß der arabischen Gebiete an Transjordanien ab.) Die Israelis konnten nicht voraussetzen, dass alle ihre Gebietsansprüche von den Russen automatisch gebilligt würden. Die sowjetischen UN-Vertreter hatten Israels Gebaren im Zusammenhang mit Westgaliläa in Frage gestellt: Wie könne Israel den Negev - den es nicht militärisch unter Kontrolle hatte - unter Berufung auf die UN-Resolution vom 29. November für sich beanspruchen und zugleich unter Verstoß gegen dieselbe Resolution Anspruch auf ganz Galiläa erheben, das es unter Anwendung militärischer Gewalt besetzt hatte? Scharett erwiderte, dass Israel, falls und wenn ein arabischer Staat geschaffen würde und »in ein Bündnis mit uns eintritt, (...) mit ihm über die Grenzen verhandeln und vielleicht etwas zurückgeben wird«.[64]

Die gedankliche Akrobatik, die Scharett bei der Frage eines eigenständigen Palästinenserstaates entwickelte, war schwer durchschaubar. Einmal sagte er nie etwas darüber, wie oder wo ein solcher Staat entstehen könnte oder sollte. Das Jordan-Westufer war für ihn immer nur ein geographischer Begriff, nicht aber ein möglicher territorialer Grundstein für einen selbständigen Staat, noch dazu, da das für die Palästinenser in Frage kommende Gebiet - wie er Frau Meir berichtet hatte - fortlaufend kleiner wurde. Außerdem war er nicht gewillt, dem einzigen bestehenden politischen Organ der Palästinenser, der in Gaza tagenden Konstituierenden Versammlung (den Vorsitz hatte der Mufti, und Ahmad Hilmi Pascha hatte sie zum Premierminister und Jamal al-Husaini zum Außenminister gewählt), irgendeine Geste der Anerkennung zu zeigen, tagte doch dieses Gremium auf ägyptisch besetztem Boden und unter ägyptischer Regie. Andere palästinensische Optionen wurden nicht ernsthaft in Erwägung gezogen.

In einem Brief vom 2. November 1948 an Sasson berichtete Schimoni über ein Treffen mit Scharett; dieser habe, so schrieb er, das Nahost-Referat des israelischen Außenministeriums angewie-

64- Ibid., Scharett an israelische UN-Delegation, 15. Oktober 1948, Dok. 28, S. 60

sen, mit den Arabern im arabischen Teil Palästinas Kontakt aufzunehmen und »Mittel und Wege zu finden, wie man diese Araber dazu bringen kann, eine unabhängige Regierung auszurufen«. Mehrere Sendboten wurden ausgeschickt, und die Antworten, mit denen sie zurückkamen, waren »günstig und sehr optimistisch«. Seiner eigenen Darstellung zufolge hatte Schimoni Scharett gefragt, was man denn nun den Arabern raten solle, die ihrer eigenen politischen Führer samt und sonders überdrüssig seien und Frieden schließen wollten. »Sollten sie ganz offen eine palästinensische Regierung ausrufen? Mit Abdallah? Gegen Abdallah? Eine Exilregierung in Israel? Sollten sie sich gegen Abdallah erheben? Sollten sie eine Widerstandsbewegung organisieren? Sollten sie den Boden für eine israelische Machtergreifung bereiten?« Die militärische Lage verändere sich, so fuhr er fort, von einem Tag zum anderen, und es entstehe der Eindruck, dass Ben Gurion »es vorzieht, alle diese Probleme mit Waffengewalt zu lösen«. In den Augen Schimonis blieb diese Unterredung völlig ergebnislos. Im Gegensatz zu Schimoni vertrat Scharett die Auffassung, benutze man die »Drohung eines selbständigen arabischen Staates und sinnvolle Aktivitäten in diese Richtung, werde dies Israel in den Verhandlungen mit Abdallah und mit Ägypten einen entscheidenden Vorteil verschaffen«. Für irgendwelche konkreten Schritte gegenüber den Palästinensern erteilte Scharett jedoch »keine bestimmten Weisungen, und die Verhandlungen und Diskussionen werden weitergehen«.[65]

Ganz offensichtlich hatte Scharett keine Skrupel, die Idee eines Palästinenserstaates als politische Spielkarte und sonst nichts einzusetzen; eine ernsthafte politische Absicht, dieses Ziel zu erreichen, bestand nicht. Zwar gab es innerhalb der palästinensischen Araber Gruppen und Persönlichkeiten, die bereit waren, sich für dieses Ziel einzusetzen, und gewiß nahmen auch einige von Scharetts Beratern die Sache ernst. Aber der Zug war längst in die andere Richtung abgefahren. Übrigens wurde die Taktik, so zu tun, als sei man für

65- Ibid., Dok. 92, S. 126 f

die Errichtung eines Palästinenserstaats, nicht nur in der Zeit der Bernadotte-Initiative angewandt. Scharett spielte dasselbe Spiel später in den Waffenstillstandsverhandlungen mit Abdallah und mit der UN-Versöhnungskommission für Palästina, die in den Jahren 1949, 1950 und 1951 zwischen Israel und den arabischen Staaten zu vermitteln suchte, auch um das Flüchtlings- und das Grenzproblem zu lösen. In beiden Fällen diente das »Nichtzustandekommen« eines palästinensischen Staates als Vorwand und Rechtfertigung für die gewaltsame Ausweitung des israelischen Staatsgebiets.

Die tragische Ironie bei dieser unlauteren Strategie war, dass der Gedanke eines palästinensischen Staates, den Scharett immer nur als taktischen Winkelzug, als Propagandatrick benutzte, in der Tat eine reale Möglichkeit war.

Für Ben Gurion stand mittlerweile außer Frage, wie sich das Hauptziel der israelischen Politik, größtmögliche territoriale Ausdehnung, am besten erreichen ließ. Die Möglichkeiten waren ebenso klar wie die Hindernisse. Den UN-Teilungsplan akzeptieren hieß Westgaliläa aufgeben. Die Bernadotte-Vorschläge zu akzeptieren, bedeutete, den Negev aufzugeben und die Flüchtlinge wieder zurückkehren zu lassen. Mit den Arabern Frieden zu schließen, würde einen noch höheren Preis kosten: Die UNO mochte die israelische Forderung nach Grenzkorrekturen (unter Berufung auf militärische Erfolge) akzeptieren; von den Arabern war dies nicht zu erwarten. In den Augen Ben Gurions war daher der militärische Weg der zwar riskanteste, aber auch der verheißungsvollste.

Am 26. September 1948 schlug er der provisorischen Regierung einen Überfall auf das Jordan-Westufer vor.[66] Dem Operationsplan nach, den er in seinem Tagebuch detailliert beschreibt, sollten die israelischen Truppen »Bethlehem und Hebron [einnehmen], wo rund hunderttausend Araber leben. Ich gehe davon aus, dass die meisten Araber von Jerusalem, Bethlehem und Hebron ebenso die Flucht ergreifen würden wie die Araber von Lydda, Jaffa, Tiberias und Safad

66- Ben Gurion, *Kriegstagebücher*, 26. Sept. 1948, S. 722, Nr. 8. und S. 726

und dass wir den gesamten Gebietsstreifen bis zum Jordan kontrollieren werden.«[67] In einem anderen Tagebucheintrag heißt es: »Es ist nicht undenkbar, [...] dass es uns gelingt den Weg zum Negev, nach Elat und zum Toten Meer zu erobern und uns den Negev zu sichern; ferner den Korridor nach Jerusalem von Norden und Süden her zu verbreitern; den Rest von Jerusalem zu befreien und die Altstadt zu übernehmen; das ganze mittlere und westliche Galiläa zu besetzen und *die Grenzen des Staates in alle Richtungen vorzuschieben.*«[68] Die provisorische Regierung lehnte den Vorschlag Ben Gurions unverzüglich ab, aus Sorge, es könne sonst das gute Verhältnis Israels zur UNO und zu den Vereinigten Staaten in die Brüche gehen. Hier wie dort war die Erbitterung über die Ermordung Bernadottes noch groß, und eine militärische Operation Israels hätte die Überzeugung erhärtet, dass die israelische Regierung etwas mit dem Mordanschlag zu tun gehabt hatte.[69] Ben Gurion war und blieb jedoch der Überzeugung, Israel gerate in »endlose Schwierigkeiten«, werde sein Plan abgelehnt.[70]

Mitte November 1948 bekundeten alle arabischen Staaten ihr Interesse an einer Beendigung des Krieges. Abdallah brauchte den Frieden, um seine Eroberungen im arabischen Teil Palästinas zu konsolidieren. Die Ägypter hatten, wie Scharett am 5. November an Golda Meir schrieb, mit den Israelis in Paris Kontakt und inoffizielle Gespräche aufgenommen.[71] Den Irakis ging es darum, ihre Streitkräfte vor Winterbeginn wenigstens teilweise nach Hause zu holen; sie fürchteten, ein Weiterkämpfen gegen Israel werde dessen Überlegenheit offenkundig machen und zu Unruhen im eigenen Land

67- Bar Zohar, *Ben Gurion*, S. 823

68- Ben Gurion, *Kriegstagebücher*, 27. Sept. 1948, S. 726

69- Siehe Dan Kurzman, *Ben Gurion: Prophet of Fire*. New York. 1983, S. 299-303; siehe auch Bar Zohar, *Ben Gurion*, S. 181

70- Bar Zohar, *Ben Gurion*. S. 823 826

71- Siehe Anm. 62

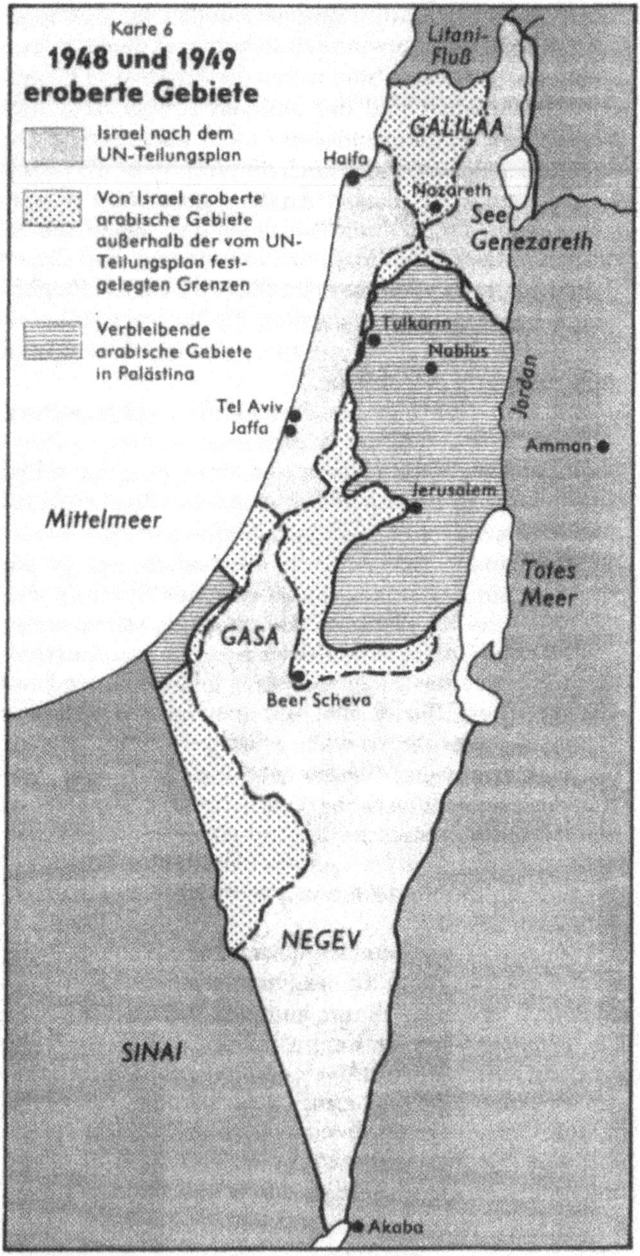
Karte 6
1948 und 1949
eroberte Gebiete
Israel nach dem
UN-Teilungsplan
Von Israel eroberte
arabische Gebiete
außerhalb der vom UN-
Teilungsplan fest-
gelegten Grenzen
Verbleibende
arabische Gebiete
in Palästina
Litani-
Fluß
GALILÄA
Haifa
Nazareth
See
Genezareth
Tulkarm
Nablus
Jordan
Tel Aviv
Jaffa
Amman
Jerusalem
Mittelmeer
Totes
Meer
GASA
Beer Scheva
NEGEV
SINAI
Akaba

führen.[72] Ben Gurion war jedoch, wie Schimoni schon angedeutet hatte, noch nicht zum Frieden bereit. Sein Hauptziel blieb, das israelische Staatsgebiet über die von der UN-Teilungsresolution gesetzten Grenzen hinaus zu erweitern und diese Gebietsgewinne zu konsolidieren. Erst dann wollte er in Friedensverhandlungen eintreten.

Nachdem sein Plan, auf der West Bank einzumarschieren, von der israelischen Regierung verworfen worden war, leitete Ben Gurion militärische Operationen im Negev ein, mit dem Ziel, die ägyptischen Stellungen entlang der Majdal-Hebron-Linie zu zerschlagen, die die jüdischen Siedlungen im Süden von Lieferungen aus dem Norden abschnitten. Es gelang israelischen Einheiten, die kampfstärkste ägyptische Division in Faluja einzuschließen und für vier Monate von jeglichem Nahrungs-, Wasser- und Medikamentennachschub abzuschneiden. Die ägyptischen Truppen durften erst abziehen, nachdem Ägypten sich bereit erklärt hatte, über einen Waffenstillstandsvertrag zu verhandeln.

Israels militärische und politische Strategie hatte Erfolg gehabt (Karte 6). Die Ägypter waren militärisch besiegt, die israelische Souveränität im Negev war hergestellt und der Vorschlag Bernadottes, dieses Gebiet den Arabern zu überlassen, war ein für allemal vom Tisch der UNO verschwunden. Westgaliläa blieb in israelischer Hand. Die Verhandlungen mit Ägypten begannen am 13. Januar 1949, der Waffenstillstand wurde am 24. Februar unterzeichnet. Die anderen arabischen Staaten folgten auf dem Fuße: Libanon unterschrieb am 23. März, Transjordanien (von jetzt an Jordanien genannt) am 3. April, Syrien am 20. Juli. In diesen Verträgen hieß es, die vereinbarten Grenzziehungen beeinträchtigten nicht die »Rechte, Ansprüche und Standpunkte der an dem Konflikt beteiligten Parteien in einer endgültigen Friedensregelung«, da sie nicht mehr seien als von militärischen Notwendigkeiten diktierte Demarkationslinien. Dank einer beschleunigten jüdischen Einwanderung und Besiedlung gehörten Westgaliläa und der Negev jedoch sehr bald

72- Sasson an Schimoni, 10. Nov. 1948, DFPI, Bd. 2, Dok. 126, S. 161 f

ganz zum jüdischen Staat.

Ein rundes Jahr später faßte Ben Gurion die Ergebnisse des militärischen Vorgehens zusammen: »Die Resolution vom 29. November hatte dem jüdischen Staat 14.920.000 Dunams zugestanden; jetzt haben wir die Herrschaft über 20.662.000 Dunams. Unsere Grenzen sind zwar noch nicht von der UNO, aber von Ägypten, Transjordanien, Syrien und dem Libanon anerkannt worden.«[73]

Die meisten Historiker haben den Erfolg der israelischen Strategie darauf zurückgeführt, dass die Israelis sich vordringlich darum kümmerten, sich mit Waffengewalt territoriale Zugewinne zu sichern und diese zu konsolidieren. In diesem Sinn waren die Ängste und Klagen der Palästinenser und der anderen Araber über den israelischen »Expansionismus« nicht unbegründet. Im nachhinein hat es jedoch auch den Anschein, als hätten sie mit ihrem aus diesen Ängsten geborenen Widerstand gegen die Teilung Palästinas und gegen die israelische Staatsgründung dazu beigetragen, dass dieser Expansionismus zu einer sich selbst erfüllenden Prophezeiung wurde. Als sie versuchten, die Teilung mit Gewalt abzuwenden, verloren sie alles und blieben besiegt und gedemütigt auf der Strecke.

Man kann allerdings aus dieser Kette von Ereignissen nicht schließen, dass die Palästinenser mit ihrem Fanatismus, ihrem Extremismus und ihrer Militanz selbst schuld seien, wenn ein palästinensischer Staat nicht zustande kam. Bei einer solchen Schlußfolgerung, von vielen Analytikern gezogen, wird übersehen, dass es ein wesentlicher Bestandteil der israelischen Strategie war, die arabische Bevölkerung Palästinas als Mitbewerber um dasselbe Gebiet, ja als dessen Bewohner, auszuschalten und ihnen das Recht auf einen selbständigen Staat abzusprechen. Dieses Ziel war den Israelis wichtiger als der Friede. Der Versuch, es zu erreichen, machte, wie sich zeigte, den Frieden geradezu unmöglich. Der israelisch-palästinensische Konflikt schlug nunmehr in eine israelisch-arabische Konfrontation um, die immer heftiger wurde und von einem fieberhaften Rüstungswett-

73- Ben Gurion, *Kriegstagebücher*, 2. Aug. 1949. S. 999

lauf und fünf Kriegen in vierunddreißig Jahren gekennzeichnet ist.

Was Israel auch damals unternommen hätte, es hätte immer weitreichende Konsequenzen gehabt. Die politische Lage war instabil und komplex, anfällig für Druck von jeglicher Seite. Da war auf der einen Seite der Kalte Krieg zwischen Ost und West, auf der anderen die Rivalität zwischen den USA und Großbritannien. Da gab es interarabische Gegensätze zwischen den Haschemiten und den Ägyptern (die von Syrien und Saudi-Arabien unterstützt wurden). Und da gab es Konflikte zwischen den Palästinensern selbst, von denen einige in Abdallah den Hüter ihrer Rechte und ihres Besitzes sahen, während andere ihre Hoffnungen auf Ägypten setzten. Doch Israel entschied sich dafür, langfristige Konsequenzen außer acht zu lassen und nur seine unmittelbaren strategischen Ziele zu verfolgen. So hat es militärische faits accomplis geschaffen.

Dabei gab es innerhalb der zionistischen Führung keine Meinungsunterschiede, allenfalls eine Art Arbeitsteilung. Ben Gurion konzentrierte sich auf die Beschaffung von Waffen, den Aufbau einer modernen, gut organisierten Armee und die Planung militärischer Operationen. Scharett kümmerte sich um die Außenpolitik und die völkerrechtliche, politische, strategische und moralische Rechtfertigung der israelischen Politik gegenüber den Großmächten und innerhalb der Vereinten Nationen. Seine Aufgabe war es, die politischen Risiken zu minimieren und ein Maximum an politischer Unterstützung für Israel zu mobilisieren. Ihm oblag es, die Aufnahme Israels in die UNO zu bewerkstelligen und solche UN-Beschlüsse zu verhindern, die geeignet schienen, die Legitimität der israelischen Eroberungen und der israelischen Politik gegenüber den Palästinensern in Zweifel zu ziehen. Und Scharett und seinen Mitarbeitern gelang es in glänzender Weise, eine breite und kontinuierliche internationale Unterstützung für Israel zu erringen.

Im Jahr 1956, als Scharett Premierminister und Ben Gurion Verteidigungsminister war, stieß Ben Gurion mit seinen Plänen für den Suezkrieg auf den entschlossenen Widerstand Scharetts. Ben

Gurion hatte in Vorverhandlungen über den Krieg mit den französischen Regierungsvertretern Guy Mollet und Christian Pineau eine Aufteilung Jordaniens vorgeschlagen: Die West Bank sollte an Israel fallen, die East Bank an den Irak. Der Irak würde sich in einem Friedensvertrag mit Israel verpflichten, die palästinensischen Flüchtlinge aufzunehmen. Ben Gurion sprach sich ferner dafür aus, dass Israel den südlichen Libanon bis zum Litani-Fluß annektieren und dass im Restlibanon ein christlicher Staat etabliert werden sollte.[74] Da Scharett sich diesen Plänen widersetzte, zwang Ben Gurion ihn zum Rücktritt. Scharett schrieb in sein Tagebuch:

> Ich habe gelernt, dass man den Staat Israel in unserer Generation nicht ohne Täuschung und Abenteurertum regieren kann. Dies sind historische Fakten, an denen nichts zu ändern ist. [...] Am Ende wird die Geschichte sowohl die Strategien der Täuschung als auch die Taten des Abenteurertums rechtfertigen. Alles was ich weiß, ist, dass ich, Mosche Scharett, zu einer solchen Politik nicht fähig bin und daher nicht zum Führer dieses Landes tauge.[75]

Und doch war Scharett, wie wir gesehen haben, in den entscheidenden Phasen der Geburt des Staates Israel ein aktiver, wenn auch manchmal widerwilliger Akteur dieser Strategien der Täuschung.

Die außerordentlich scharfen Auseinandersetzungen zwischen Ben Gurion und Scharett in der Suez-Frage ließen in den folgenden Jahren die Legende entstehen, diese beiden politischen Führer hätten zwei verschiedene Denkschulen repräsentiert: Scharett sei derjenige gewesen, der sich eher als Ben Gurion um das Ansehen Israels

74- Ben Gurion, *Kriegstagebücher*, 22. Okt. 1956 (unveröffentlicht); siehe Bar Zohar, *Ben Gurion*, S. I234 f; Mosche Dajan, *The Story of My Life*, London 1976, S. 228

75- Mosche Scharett, *Persönliche Tagebücher* (In hebräischer Sprache), Tel Aviv 1978,16. Nov. 1956, Bd. 7, S. 1958; siehe auch Gabriel Sheffer, *Die Konfrontaüon zwischen Mosche Scharett und David Ben Gurion*, in: ders. *Der Zionismus und die Arabische Frage*. (In hebräischer Sprache) Jerusalem 1979. S. 126

bei der Gemeinschaft der Völker und um die Reaktionen der Großmächte auf die militärischen Abenteuer Israels Sorgen gemacht habe. Mosche Dajan, einer der treuesten Gefolgsleute Ben Gurions, machte für ihre Differenzen gegensätzliche Auffassungen über die Rolle der Außenpolitik sowie auch Persönlichkeitsunterschiede verantwortlich. Ben Gurion stand in seinen Augen für Schwuing, Tatkraft, Führerschaft, Konzentration auf das Wesentliche und furchtlose Entschlossenheit im Angesicht der Gefahr; Scharett hingegen für Kompromiß, übermäßige Vorsicht und den Hang, sich mit dem Möglichen und nicht mit dem Erstrebenswerten zu begnügen.[76]

Doch der einzige wirkliche Unterschied zwischen den beiden betraf nicht die strategischen Ziele, sondern lediglich die taktischen Manöver unter sich rapide ändernden Bedingungen. Scharett stellte Ben Gurions Auffassung, militärische faits accomplis seien die Grundlage für politische Erfolge, im Grunde nicht in Frage. Ben Gurion war sich des begrenzten Wertes militärischer Stärke durchaus bewußt. »Wir müssen bereit sein, den militärischen Faktor zu aktivieren«, schrieb er, jedoch »zur rechten Zeit und am rechten Ort«.[77] Als er nach Ende des Unabhängigkeitskriegs von einem jungen Schriftsteller gefragt wurde, weshalb er nicht das ganze Land befreit habe, antwortete er: »Es hätte die Gefahr bestanden, dass wir uns eine feindselige arabische Mehrheit auf den Hals geladen hätten [...] wir mit den Vereinten Nationen und den Mächten aneinandergeraten wären und dass die Staatskasse es nicht verkraftet hätte.« Er versäumte jedoch nicht, zu betonen, dass »wir trotzdem ein sehr großes Gebiet befreit haben, viel größer, als wir es für möglich hielten. [...] Jetzt müssen wir zwei oder drei Generationen lang arbeiten. [...] Was den Rest betrifft, so werden wir später weitersehen.«

Ben Gurion, der Pragmatiker par excellence, kannte den Unterschied zwischen dem Möglichen und Unmöglichen zu einem bestimmten Zeitpunkt in der Geschichte, aber seine Zukunftsvision

76- Mosche Dajan, zitiert nach Sheffer, *Zionism*, S. 101

77- Ben Gurion, *Kriegstagebücher*, 27. Sept. 1948, S. 726

gab er nie auf. 1937, zehn Jahre vor der UN-Teilungsresolution, hatte er in einer Debatte über den Peel-Plan seine Auffassungen klargestellt: »Das Ja zur Teilung verpflichtet uns nicht zum Verzicht auf Transjordanien. Man kann von niemandem verlangen, dass er auf seine Vision verzichtet. Wir werden einen Staat in den heute festgelegten Grenzen akzeptieren - aber die Grenzen der zionistischen Vision sind Sache des jüdischen Volkes, und kein äußerer Faktor wird sie beschränken können.«[78] 1949 lieferte Ben Gurion den Beweis dafür, dass seine Worte nicht Schall und Rauch waren.

78- Ben Gurion, *Memoiren*, Bd. 4, S. 151

ZWEITER MYTHOS

Die arabischen Palästinenser lehnten eine Teilung Palästinas kategorisch ab und folgten dem Aufruf des Muftis von Jerusalem, dem jüdischen Staat den totalen Krieg zu erklären; dies zwang die Juden, sich auf eine militärische Lösung einzulassen.

»Sie, die überwältigende Mehrheit von ihnen, wollen nicht gegen uns kämpfen.«

David Ben Gurion[1]

»Meiner Meinung nach akzeptiert die Mehrheit der palästinensischen Massen die Teilung als fait accompli und glaubt nicht an die Möglichkeit, sie überwinden oder verhindern zu können.«

Ezra Danin[2]

So wie der Mufti von Jerusalem, Hadschi Amin al-Husaini, Scharen von Palästinensern in die Schlacht gegen ein kleines, um die Verteidigung der Grundsätze der UN-Teilungsresolution kämpfendes Häufchen von Juden führt, sieht das alles nach einem vereinfachenden Manichäismus aus: Die Mächte der Finsternis und des Bösen stürzen sich auf die (zahlenmäßig natürlich unterlegenen) Kräfte des Lichts und des Guten. Dieses Bild erwies sich in der Tat als geeignet, den Israelis ein hohes Maß an internationaler Unterstützung und Sympathie zuzuführen, und es hat die Einstellung mehrerer israelischer Generationen geprägt. Was sich nach der UN-Resolution vom 29. November vollzog, wurde rückblickend zur Legende vom »Generalangriff der einheimischen Araber« stilisiert.[3] Um Mosche Dajan zu zitieren: »Die palästinensischen Araber bliesen, unterstützt von staatlich besoldeten Freischärlern aus Nachbarländern, sogleich zur Attacke, in der Hoffnung, die

1- FDD, Ben Gurion an Scharett, 4. März 1948, Dok. 274, S. 460

2- Ibid., Dok. 90, S. 128

3- Schmuel Katz, *Battleground*, New York 1973, S. 18

Teilungsresolution null und nichtig machen zu können. Fünfeinhalb Monate lang wütete im Land die Gewalt.«[4]

Es trifft gewiß zu. dass die arabischen Palästinenser sich gegen die UN-Teilungsresolution zur Wehr setzten. Sie empfanden es als »einseitige und unerträgliche« Zumutung, dass den Juden, die 35 Prozent der Bevölkerung Palästinas stellten, 55 Prozent des Territoriums zugesprochen worden waren. Außerdem wurde damit der vorgesehene Palästinenserstaat vom Roten Meer und von Syrien abgeschnitten und hatte nur einen Zugang zum Mittelmeer: die Enklave Jaffa. Walid Khalidi schrieb dazu:

> Die Palästinenser sahen nicht ein, weshalb sie für den Holocaust bezahlen sollten (das schlimmste Verbrechen gegen die Menschheit, begangen in Europa von Europäern). [...] Sie sahen nicht ein, weshalb es für die Juden nicht zumutbar sein sollte, als Minderheit in einem geeinten Palästinenserstaat zu leben, während es für knapp die Hälfte des palästinensischen Volkes - der eingeborenen Mehrheit auf dem Boden ihres Vaterlandes - zumutbar sein sollte, über Nacht zu einer fremdbeherrschten Minderheit zu werden, wie der Teilungsplan es für den neuen jüdischen Staat vorsah.[5]

Die politische Führung des palästinensischen Volkes, das Arab Higher Committee (AHC), nahm zur Frage der Teilung bekanntlich eine völlig kompromißlose Haltung ein. Ihre Mitglieder hatten den UNSCOP-Ausschuß bei seinem »Ortstermin« in Palästina offiziell boykottiert (sich mit ihm aber anschließend in Beirut zu einem Gespräch getroffen). Als Jamal al-Husaini am 3. September 1947 vor dem Ad hoc-Ausschuß der UNO die arabische Position ausführlich darlegte, erklärte er unter anderem, es sei »offensichtlich die heilige Pflicht der Araber Palästinas, ihr Land gegen jede Aggression zu verteidigen, auch gegen das aggressive Vorgehen der

4- Dajan, *Story of My Life*, S. 80

5- Walid Khalidi, *Before Their Diaspora*, Washington D.C. 1984, S. 305 f

Zionisten, die sich mit Gewalt eines Landes bemächtigen wollen, das ihnen nicht gehört.« Das AHC lehnte schließlich sowohl die Empfehlungen der UNSCOP-Mehrheit (Teilungsplan) als auch die der Minderheit (Staatenbund-Plan) ab und forderte einen sich über ganz Palästina erstreckenden arabischen Staat, der demokratisch regiert werden, allen seinen Bürgern gleiche Rechte zuerkennen und die legitimen Rechte und Interessen aller Minderheiten garantieren würde.[6]

So sehr das AHC sich öffentlich ins Zeug legte, in der eigenen Bevölkerung hatte es keinen großen Rückhalt, und als der Mufti von Jerusalem nach der Teilungsresolution um Freiwillige für seine Armee des Heiligen Krieges warb, verweigerte sich die Mehrheit der arabischen Palästinenser seinem Aufruf. In der Tat war es so, dass vor der einseitigen Unabhängigkeitserklärung Israels viele palästinensische Persönlichkeiten und Gruppen mit dem Mufti und seiner politischen Partei nichts zu tun haben wollten und diverse Versuche unternahmen, einen Modus vivendi mit den Zionisten zu finden. Doch Ben Gurions zäher Widerstand gegen die Errichtung eines Palästinenserstaates machte die Opposition gegen die Blut- und Donner-Politik des Muftis zunichte.

Schon damals war klar, dass im arabischen Lager keinerlei Einmütigkeit über die weiteren politischen Strategien herrschte. Die arabische Welt mag in der UN-Resolution einen Wendepunkt ihrer Geschichte und einen Testfall von höchster Bedeutung gesehen haben, aber weder die arabischen Staaten noch das palästinensische Volk stellten eine in sich geschlossene Einheit dar. Die Behauptung der israelischen Geschichtsschreibung, der freudigen Zustimmung des Jischuw zum Teilungsplan habe eine entschiedene Ablehnung auf arabischer Seite entsprochen, ist daher irreführend.[7]

6- UN Yearbook: 1947-1948. S. 232 f

7- Siehe Chaim Herzog, *The Arab-Israeli Wars*, New York 1982, S. 11, wo die Reaktion der Juden, die »den Beschluß freudetrunken aufnahmen«, mit der der arabischen Länder kontrastiert wird, die »die Resolution ablehnten und ihre Entschlossenheit, dagegen zu kämpfen, bekanntgaben«.

Um die Situation Ende 1947 in Palästina richtig beurteilen zu können, muss man sich über gewisse Veränderungen klar werden, die sich im Lauf der vorausgegangenen fünfzig Jahre in und mit dem palästinensischen Volk vollzogen hatten. Der palästinensische Nationalismus war jüngeren Datums als der Zionismus, dessen Anfänge in der zweiten Hälfte des 19. Jahrhunderts liegen. Bis zum Ersten Weltkrieg schwebte den politischen und geistigen Führern der Palästinenser, ebenso wie denen der syrischen, libanesischen, irakischen und saudi-arabischen Brudervölker, die Errichtung eines geeinten gesamtarabischen Staates vor, der sich von den Grenzen der Türkei bis zum Persischen Golf erstrecken und von der Haschemiten-Dynastie regiert werden würde. Die Palästinenser hofften, ihre nationalstaatlichen Bestrebungen im Rahmen dieses umfassenderen Projekts verwirklichen zu können.

Schon in den Jahren des Ersten Weltkriegs erkannten die Palästinenser jedoch, dass sie mit einem besonderen Problem zu tun hatten: einer unvermeidlichen Konfrontation mit der zionistischen Bewegung, die in Palästina Grund und Boden erwarb und jüdische Siedlungen errichtete. Man versuchte, dieses Problems dadurch Herr zu werden, dass man Seite an Seite mit den Syrern aktiv um die Schaffung eines Vereinigten Arabischen Königreichs mit Damaskus als Hauptstadt kämpfte. In den arabischen Aufständen von 1916 und 1919 spielten Palästinenser eine maßgebliche, im allgemeinen sehr unterschätzte Rolle. Sie hatten Einfluß in den Geheimgesellschaften, die zu Beginn des Jahrhunderts die ersten Träger der arabischen Nationalbewegung gewesen waren. So hatte beispielsweise Jamal al-Husaini von Jerusalem dem 1909 in Istanbul von arabischen Beamten, Diplomaten und Intellektuellen gegründeten »Literarischen Club« (al-Muntada al-Adabi) angehört. Salim Abd al-Hadi von Jenin, Hafiz al-Said von Jaffa und Ali Nashashibi von Jerusalem waren aktive Mitglieder der 1912 in Kairo gegründeten Osmanischen Dezentralisierungspartei gewesen. Die beiden ersteren wurden im Ersten Weltkrieg von den Türken wegen angeblich landesverräterischer nationalistischer Betätigung angeklagt und erhängt. Awni Bey Abd al-Hadi von Jenin und Rafiq Tamimi von Nablus gehörten zu den sieben Gründern der »Jungarabischen Gesellschaft« (al-Fatah), der bedeutendsten arabischen Geheimgesellschaft, die die maßgebliche Drahtzieherin des arabischen Aufstands war und aus der 1919 die »Arabische Unabhängigkeitspartei« (Hizb al-Istiqlal al-Arabi) hervorging.[8]

Mit der Besetzung Palästinas durch die Briten endeten vier Jahrhunderte osmanisch-türkischer Herrschaft, und wenig später legitimierten die Briten mit der Balfour-Deklaration die Ziele der zionistischen Siedlungspolitik in Palästina. Großbritannien und Frankreich, vom Völkerbund als Mandatsmächte eingesetzt, wurden zu den beherrschenden Machtfaktoren im Nahen Osten. Doch die Aufteilung in Machtsphären, die sie vornahmen, vermochte dem Traum von einem vereinigten arabischen Staat nichts anzuhaben. Eine Gruppe syrischer und palästinensischer Führer entsandte in der Absicht, eine Lanze für die Unabhängigkeit und Einheit Arabiens zu brechen, eine Delegation zum Völkerbund in Genf, mit dem libanesischen Drusen Shakib Arslan und dem Palästinenser Ihsan al-Jabari an der Spitze. Um ihre Ziele zu verbreiten, gaben sie eine Monatszeitschritt heraus: *La Nation Arabe*.

Die zionistischen Führer glaubten unbeirrt daran, wenn sie das arabische Einheitsstreben unterstützten, könnten sie die Araber dazu bringen, sich den zionistischen Plänen für einen jüdischen Staat in Palästina zu fügen. Im Herbst 1934 ließ Ben Gurion sich zu einem Treffen mit Arslan und Jabari herbei. Er stellte ihnen für den Fall, dass sie einem sich über ganz Palästina erstreckenden jüdischen Staat zustimmten, die Unterstützung der Zionistischen Bewegung für die Errichtung eines arabischen Staatenbundes in Aussicht, der auch Palästina einschloß. Die Araber reagierten auf dieses »Angebot« mit Verblüffung, Angst und Wut. La Nation Arabe hob in ihrer Ausgabe vom Dezember 1934 die Doppelzüngigkeit der zionistischen Politik hervor, als sie auf den deutlichen Gegensatz zwischen

8- George Antonius, *The Arab Awakening*, London 1961, S. 108 ff

Ben Gurions privaten Äußerungen und den offiziellen zionistischen Verlautbarungen hinwies, in denen von der Forderung nach einem jüdischen Staat nicht die Rede war.[9]

Während die arabischen Nationalisten allesamt an dem Gedanken eines arabischen Einheitsstaats festhielten, sahen sie sich in der alltäglichen politischen Praxis gezwungen, sich auf den Kampf um wirtschaftliche und politische Unabhängigkeit von den Kolonialmächten Großbritannien und Frankreich zu konzentrieren. Diese unmittelbaren Interessen führten zur Spaltung und Auflösung der syrisch-palästinensischen Delegation in Genf. Für die Palästinenser wurde es zum vordringlichen Anliegen, ihre Unabhängigkeit zu erringen, solange sie noch die Mehrheit in der Bevölkerung darstellten.

Unter diesen Umständen wurde die palästinensische Nationalbewegung geboren. Sie hatte schnell großen Zulauf, da die jüdischen Landkäufe und Siedlungen ungemein zunahmen, aber auch, weil die britische Mandatsmacht durch ihre Kapitalanlagen die kapitalistische Entwicklung förderte und weil die wirtschaftlichen und sozialen Strukturen sich in der palästinensisch-arabischen Gesellschaft selbst veränderten. Durch die Urbanisierung und das Wachstum der Städte entstanden eine neue Kaufmannsklasse und ein neues Akademikertum - Journalisten, Anwälte, Ärzte. Auch in den ländlichen Regionen betraten neben den herkömmlichen Grundbesitzern und Pachtbauern zwei neue Gruppen die Bildfäche: Zitruszüchter und besitzlose Landarbeiter. Eine Gewerkschaftsbewegung bildete sich, und zahlreiche Intellektuelle aus der bürgerlichen Mittelschicht fühlten sich zu sozialistischen und kommunistischen Lehren hingezogen. Alle diese Entwicklungen, die ganz allgemein zu einem neuen Gefühl der nationalen Zusammengehörigkeit beitrugen, brachten gesellschaftliche Strukturen hervor, die einen selbständigen palästinensischen Staat lebensfähig machen konnten. Dabei herrschten innerhalb der Führungselite der arabischen Palästinenser

9- Siehe Ben Gurio, *My Talks with Arab Leaders*, Jerusalem 1972, S. 35-39: *La Nation Arabe*. Dez. 1934, Nr 2

tiefe Gegensätze. Besonders ausgeprägt war die traditionelle Rivalität zwischen den beiden Dynastien der Husainis und der Nashashibis. Erstere hatten seit Mitte des 19. Jahrhunderts das Amt des Muftis von Jerusalem für sich beansprucht, der als oberste Autorität für moslemisches Recht und moslemische Justiz die Macht hatte, den Kadis (Richtern) Instruktionen für die Rechtsprechung zu erteilen. Kamal Effendi al-Husaini, der das Muftiamt nach dem Ersten Weltkrieg innehatte, steuerte der neuen britischen Mandatsmacht gegenüber einen gemäßigten Kurs und konnte deshalb das Amt zu einer Bastion nationaler Führerschaft ausbauen.

Die Briten schafften es dann durch politische Manöver, dass die beiden Familien sich politisch gegeneinanderstellten. Zu Beginn des britischen Mandats regierte in Jerusalem ein Bürgermeister, der ebenfalls der Husaini-Dynastie angehörte: Musa Pascha Kazim; als er sich 1920 der offenen Unterstützung nationalistischer Aktivitäten schuldig machte, ersetzten ihn die Briten durch Raghib Bey al-Nashashibi, so dass die beiden wichtigsten Machtpositionen nunmehr unter den beiden Familien aufgeteilt waren.

Nach dem plötzlichen Tod von Kamal Effendi im Jahr 1921 brachten die Briten dessen Halbbruder Hadschi Amin al-Husaini ins Amt des Muftis und übergingen dabei den Nashashibi-Kandidaten. Ein Jahr später stärkte die britische Militärregierung die Position Hadschi Amins weiter, indem sie ihn zum Präsidenten des neu konstituierten obersten moslemischen Scharia-Rates ernannte, der nicht nur über alle persönlichen Statusfragen entschied, sondern dank seiner Oberaufsicht über religiöse Stiftungen und seiner landesweiten Ernennungsbefugnis auch über beträchtliche finanzielle Macht gebot.

So waren es in den nachfolgenden Jahren weniger die äußeren Feinde wie Briten oder Zionisten, sondern mehr die innere Rivalität zwischen den Husainis und Nashashibis, die der nationalen Elite der arabischen Palästinenser am meisten Sorge bereitete. Als der palästinensische Nationalismus schließlich im arabischen Aufstand 1936-39 zum Ausbruch kam, zeigte sich, dass seine Führer nicht aus den Reihen jener traditionellen Herrscherdynastien kamen, sondern dass es sich dabei um die Protagonisten einer echten Volksbewegung handelte, die von »Basisgruppen« in den Städten und Dörfern ausging. Die Unzufriedenheit der Bevölkerung zeigte sich in einem Generalstreik, einem Wirtschaftsboykott, politischen Demonstrationen und Guerilla-Aktivitäten. Die politischen Parteien der arabischen Welt scharten sich um ein gemeinsames Programm und forderten einen unverzüglichen Stopp der jüdischen Einwanderung, ein Verbot von Grunderwerb durch Juden, die Beendigung der britischen Mandatsherrschaft und die Proklamation eines unabhängigen palästinensischen Staates. Allerdings waren sie sich alles andere als einig, was die Unterstützung der praktischen Schritte im Verlauf des Aufstands betraf.

Zwischen 1932 und 1935 wurden fünf neue politische Parteien aufgebaut, vorwiegend zur Unterstützung der traditionellen Führung. Als erste entstand 1932 die Arabische Unabhängigkeitspartei (Istiqlal). Sie war in gewissem Sinn ein Sonderfall, stellte sie doch nur den lokalen Ableger der alten, zwischen 1919 und 1925 aktiv gewesenen Istiqlal-Bewegung dar, die Intellektuelle aus syrischen, jordanischen und palästinensischen Grundbesitzer-Dynastien umfasste. Die Istiqlal attackierte die halbfeudale arabische Aristokratie, forderte die Abschaffung osmanischer Ehrentitel wie Pascha und Bey und trat dafür ein, die arabische Jugend und die arabischen Frauen in den Kampf um die Unabhängigkeit einzubeziehen. Die anderen vier Parteien waren jedoch fest in den überkommenen dynastischen und gesellschaftlichen Strukturen verankert. So ging die 1931 gegründete Arabische Partei Palästinas (Hizb al-Arabi al-Falastin) unter Führung von Jamal al-Husaini, einem Vetter des Muftis von Jerusalem, auf die Husainis zurück und vertrat die Interessen der Großgrundbesitzer und Großkaufleute. Radikal in ihrem Nationalismus und panarabisch in ihrer Philosophie, hatte sie den Vorzug, über die Einkünfte religiöser Stiftungen verfügen und bei der Ernennung sämtlicher religiöser Beamter, von Richtern und Schriftführern bis zu Lehrern und Krankenhausverwaltern mitreden zu können. Ebenfalls mit den Husainis verflochten war die im gleichen Jahr von Husain al-Khalidi gegründete Reformpartei (Hizb al-Islah).

Auf der anderen Seite der arabisch-palästinensischen Spaltung stand Raghib Bey al-Nashashibi, der kurz zuvor bei der Jerusalemer Bürgermeisterwahl von Khalidi besiegt worden war, an der Spitze der bedeutendsten oppositionellen Gruppierung, der Partei der Nationalen Verteidigung (Hizb al-Difa' al-Watani). Ein Unterschied zwischen der Nashashibi-Partei und den Husaini-Parteien bestand darin, dass erstere eine eher städtische Anhängerschaft hatte, zu der Kaufleute, Geschäftsinhaber, höhere Beamte, Bürgermeister und auch Zitruszüchter gehörten. Während diese Gruppe gegenüber den Briten und den Zionisten eher gemäßigt auftrat, stand hinter ihren antizionistischen Verlautbarungen eindeutig der Wunsch, die Husainis in diesem Punkt zu übertrumpfen. Der Nationale Block (al-Kutla al-Watani), besser unter dem Namen Tulkarm-Opposition bekannt, wurde 1935 gegründet und stand unter der Führung von Abd al-Latif Salah, Grundbesitzer in Tulkarm und ebenfalls ein Rivale der Husainis.

Im Frühjahr 1936, am Vorabend des Generalstreiks, der das Signal zum arabischen Aufstand geben sollte, trafen sich die Führer dieser fünf Parteien und konstituierten das erste Arab Higher Committee (AHC). Zu den weiteren Gründungsmitgliedern des AHC gehörten Muhammad Yakub al-Ghusayn, ein Grundbesitzer aus Ramla, der den paramilitärischen »Jugendkongreß«-Verband (Futuwah) leitete, Ahmad Hilmi Pascha, Gründer und Vorsitzender der Arabischen Nationalbank, Alfred Rock, Katholik aus Jaffa und Vizepräsident des »Jugendkongresses«, sowie Yakub Faraj, ein griechisch-orthodoxer Christ aus Jerusalem. Während Hilmi ein Gefolgsmann der Istiqlal war, gehörten Ghusayn, Rock und Faraj dem Lager der Husainis an. Das Übergewicht der Husainis wurde zusätzlich dadurch abgesichert, dass Hadschi Amin al-Husaini, Mufti von Jerusalem und Präsident des Obersten Moslemischen Scharia-Rats, zum Vorsitzenden des AHC ernannt wurde.

Der sechsmonatige Generalstreik wurde von allen Gruppen der palästinensischen Gesellschaft - Moslems, Christen und Drusen - mitgetragen. Das AHC unterstützte ebenfalls den Streik, hielt sich aber auch alle möglichen Hintertüren offen. So lehnte das Komitee es beispielsweise ab, Angestellte der Regierung zu entlassen, da die Husaini-Fraktion nicht den Einfluß ihrer verschiedenen Anhänger an solchen Posten, insbesondere im Obersten Moslemischen Scharia-Rat, verlieren wollte. Aus ähnlichen Gründen weigerten sich die Nashashibis, einen Streik der Bürgermeister und Gemeindeangestellten zu befürworten - hier wären weitgehend ihre Anhänger betroffen gewesen. Großgrundbesitzer wie Awni Bey Abd al-Hadi und Yakub al-Ghusayn drängten, als die Erntezeit für die Zitrusfrüchte herannahte, den Streik zu beenden. Unterstützt von Hadschi Amin und Raghib Bey al-Nashashibi sowie von weiteren arabischen Führern in Transjordanien, Saudi-Arabien, dem Irak und Jemen, forderte das AHC in einem förmlichen Appell »das Ende des Streiks und der Unruhen«. Es versuchte ferner, Bauern und Arbeiter von der Teilnahme an Demonstrationen und am bewaffneten Widerstandskampf abzubringen. Die Nashashibis beispielsweise fürchteten, ein bewaffneter Aufstand könne sich gegen sie selbst wenden, und einige ihrer Gefolgsleute arbeiteten mit der britischen Obrigkeit gegen die Aufständischen zusammen.[10]

Während dieses Generalstreiks ernannte die britische Regierung die Peel-Kommission, die die Aufteilung des Landes in einen jüdischen und einen arabischen Staat vorschlug - mit der Begründung, die Interessen dieser beiden Volksgruppen seien unvereinbar. Die Reaktion der Zionisten auf die Peel-Vorschläge war, wie wir gesehen haben, ambivalent. Das AHC hingegen lehnte sie kategorisch ab, aber auch in diesem Punkt war es mit der Einmütigkeit innerhalb dieses Gremiums bald vorbei. Als der Mufti zur Fortsetzung des Aufstandes aufrief, zogen sich die Nashashibis, die eher gemäßigt dachten und für Verhandlungen eintraten, aus dem AHC

10- Pamela Smith, *Palestine and the Palestinians*, New York 1984. S. 67

zurück. Im Verlauf der fortgesetzten Kampfhandlungen zwischen Juden, Arabern und Briten - die dabei alle beträchtliche Verluste erlitten - wurde das AHC von den Briten für illegal erklärt und die meisten seiner Mitglieder verhaftet. Einige wurden auf die Seychellen im Indischen Ozean, andere nach Südrhodesien verbannt. Wieder andere, darunter der Mufti, konnten in den Libanon, nach Syrien oder in den Irak fliehen.

In den Jahren des Zweiten Weltkriegs taten sich der Mufti und andere palästinensische Größen mit dem irakischen Nationalistenführer Raschid Ali al-Gaylani zusammen. Nachdem sein Versuch fehlgeschlagen war, im Mai 1941 einen Aufstand gegen die Briten zu organisieren, floh der Mufti in die Türkei und den Iran und fand später Zuflucht in Berlin, wo er sich für die deutsche Propaganda einspannen ließ und jugoslawische Moslems für die deutsche Wehrmacht zu rekrutieren versuchte. Nach dem Krieg war er in Frankreich interniert, und Jugoslawien forderte seine Auslieferung, um ihn als Kriegsverbrecher anzuklagen. Er konnte sich jedoch absetzen und traf am 19. Juni 1946 wohlbehalten in Kairo ein. Hier wurde er als persönlicher Gast von König Faruk empfangen, während in Palästina zu seinen Ehren Massenprozessionen und Demonstrationen stattfanden.[11]

Der Krieg hatte in der palästinensischen Gesellschaft selbst tiefgreifende Veränderungen bewirkt. Zehntausende besitz- und arbeitslose arabischer Bauern hatten bei Armeestützpunkten und in Kasernen, beim Eisenbahnbau, in Ölraffinerien und in der wachsenden Zahl von Industriebetrieben Arbeit gefunden, die Rüstungsmaterial lieferten. Viele verschuldete Bauern hatten dank der höheren Preise, die sie in den Kriegsjahren für ihre Produkte erzielten, ihre Gläubiger ausbezahlen können. Die zunehmende Verstädterung und der allgemeine Wirtschaftsaufschwung hatten ein politisches Klima geschaffen, durch das der Einfluß der Husainis zurückgedrängt worden war. Die Nashashibis, die den Briten gegenüber eine

11- Ben Zion Dinur, Yehuda Slucki, Schaue Avigur, Jitzhak Ben Zvi, Yisrael Galili, *Geschichte der Hagana* (In hebräischer Sprache), Tel Aviv 1972. S. 1198

versöhnliche Politik betrieben hatten, verloren etliche prominente Familienmitglieder durch Attentate und schränkten ihre politische Aktivität ein. Dagegen war die Istiqlal immer aktiver geworden, und mit der Liga für Nationale Befreiung (Usbat al-Taharrur al-Watani) war eine neue demokratisch-nationalistische Partei mit starkem Rückhalt bei Intellektuellen, Arbeitern und Bauern entstanden.

Die Verschiebungen in der politischen Weltlage verfehlten nicht ihre Wirkung auf die arabischen Intellektuellen und Arbeiter. Als sich 1943 der Erfolg der sowjetischen Gegenoffensive gegen Deutschland und der Sieg der Alliierten abzuzeichnen begann, schossen Diskussionsgruppen, progressive Zirkel, akademische Arbeitsgruppen und Gewerkschaften aus dem Boden. In ihren Programmen und Publikationen forderten sie einen höheren Lebensstandard, bessere Arbeitsbedingungen, Meinungsfreiheit und demokratische Wahlen. Dieser Prozeß war natürlich nicht auf Palästina beschränkt. Auch im Libanon, in Syrien, im Irak und in Ägypten traten antiimperialistische Organisationen und Zeitschriften auf den Plan, die für soziale Reformen, Bodenreformen, Demokratie, eine Neubewertung sozialistischer Ideen und ein neues Verhältnis zur Sowjetunion eintraten. In Ägypten beispielsweise gab die von Henri Curiel geführte Demokratische Bewegung für Nationale Befreiung (HADITU) eine Tageszeitung namens *Al-Jamahir* heraus und organisierte Streiks und Demonstrationen gegen das Faruk-Regime. Es war dies übrigens die erste arabische Linkspartei, die für die Teilung Palästinas eintrat und die chauvinistische Propaganda der Arabischen Liga, die zum Krieg gegen den Zionismus aufrief, verurteilte.

Die neuen sozialen Bewegungen in Palästina sahen sich allerdings mit komplizierten Problemen konfrontiert. Kämpften sie im Inneren gegen die starre Ordnung der traditionsbehafteten arabischen Gesellschaft an, so mussten sie sich nach außen sowohl mit den britischen Mandatsherren als auch mit einer auf unbeschränkte Einwanderung, Besiedlung und Staatsgründung eingeschworenen jüdischen Gemeinschaft auseinandersetzen. Die daraus erwachsenden Spannungen machten ein autoritäres Führertum nach traditionellen Maßstäben unmöglich.

Als gegen Ende des Zweiten Weltkriegs die Vereinigung der arabischen Staaten, die Arabische Liga, entstand, versuchte man das AHC als einheitliche Regierungsinstanz wiederherzustellen. Eine vom syrischen Premierminister Jamil Mardam geleitete Sonderdelegation wurde nach Palästina entsandt, damit sie den dortigen politischen Parteien half, eine Abordnung für die Vorbereitungsgespräche der Liga zu wählen, die im Oktober 1944 in Alexandria stattfinden sollten. Es gelang Mardam nicht, das AHC, wie es vor dem Krieg bestand, wiederherzustellen. Die Husainis und die Istiqlal lehnten jede Zusammenarbeit ab. Die gegenüber den Briten gemäßigt auftretende Istiqlal sah im Weißbuch von 1939 und in der Hilfestellung, die die Briten bei der Gründung der Arabischen Liga leisteten, Zeichen dafür, dass London dabei war, auf Distanz zur Balfour-Deklaration zu gehen. Mardam umging das Problem, indem er beide Gruppen außen vor ließ und zum Vertreter der Palästinenser Musa al-Alami erkor, einen Juristen, der in Cambridge studiert hatte und in Palästina als Kronanwalt der Mandatsmacht fungierte. Alami hatte vor dem Krieg den Mufti unterstützt, war aber wesentlich gemäßigter als dieser. In den dreißiger Jahren hatte er an Gesprächen mit Ben Gurion und Scharett sowie mit Judah L. Magnes, dem Präsidenten der Hebräischen Universität, und Pinchas Rutenberg, dem Begründer der Palästinensischen Elektiizitätswerke, teilgenommen. Die beiden letzteren gehörten zu den führenden Zionisten, die von der Notwendigkeit einer jüdisch-arabischen Zusammenarbeit überzeugt waren. Das Problem der Araber bestand in den Augen Alamis darin, dass die arabische Gesellschaft »altmodisch, schwerfällig und in sich uneinigt war«.[12]

12- Musa al-Alami, *The Lesson of Palestine*, in: *Middle East Journal 3* (Herbst 1949), S. 373-405. Im Auftrag des AHC setzte Alami ein Landentwicklungsprojekt in Gang, das Geldmittel für den Erwerb von Grund und Boden zur Verfügung stellte. Damit sollten weitere Landverkäufe an Juden unterbunden werden. Mit diesem konstruktiven Ansatz geriet Alami schnell in Gegensatz zum Arabischen Nationalfonds der Istiqlal, der 1945 mit der gleichen Zielrichtung

Wenn auch Alami als einziger Vertreter der Palästinenser zu den Gesprächen der Arabischen Liga geladen wurde, kam es dennoch erneut zu Machtkämpfen, in denen die Husainis verzweifelt versuchten, ihre führende Stellung wiederzugewinnen. 1944 reorganisierten sie ihre Partei, ließen ein Zentralkomitee und einen nationalen Vorstand wählen, eröffneten in den größeren Städten Parteibüros und setzten mit Hilfe der in Jaffa erscheinenden Tageszeitung Al-Difaa und dem Pro-Husaini-Jugendkongreß eine intensive Propagandakampagne in Gang. Als Mardam im November 1945 zum zweiten Mal den Versuch unternahm, eine Versöhnung zwischen den Husainis und der Istiqlal herbeizuführen, erlitt er erneut Schiffbruch. Das neue AHC geriet unter die Kontrolle der Husainis, und die anderen Parteien zogen sich daraus zurück.

In der Absicht, wieder die Annäherung an die traditionelle palästinensische Führungselite zu suchen, gestatteten die Briten dem Vetter des Muftis, Jamal al-Husaini, der bereits der Führung des ersten AHC angehört hatte, Anfang 1946 die Rückkehr nach Palästina. Jamal übernahm die Führung eines dritten AHC - wobei er das Präsidentenamt für den Mufti, Hadschi Amin, offenließ, dessen Image als unermüdlicher Kämpfer für die Unabhängigkeit Palästinas und die Einheit der arabischen Welt unter seiner Kollaboration mit den Nazis nicht gelitten hatte - und beförderte Alami nicht nur aus Amt und Würden, sondern auch handgreiflich aus seinem Amtssitz hinaus. Aber auch mit Unterstützung der Arabischen Liga gelang es dem neuen AHC nicht, den wachsenden Widerstand gegen die Führungsrolle der Husainis niederzuhalten. Die Istiqlal und andere Gruppen, darunter die Nashashibis, traten erneut aus dem AHC aus und bildeten eine Gegenorganisation, die Arab Higher

---

und mit beträchtlichem Rückhalt in der Bevölkerung ins Leben gerufen worden war. Während sich der Fonds jedoch hauptsächlich dem Aufkauf des Grundbesitzes verschuldeter Bauern widmete, zielte das Alami-Projekt darauf ab, moderne landwirtschaftliche Anbaumethoden durchzusetzen und für einen höheren Lebensstandard in den arabischen Dörfern zu sorgen; auf diese Weise sollte der wirtschaftliche Druck gemildert werden, der so viele palästinensische Bauern überhaupt erst zum Landverkauf zwang.

Front. Zu den Parteigängern der Front zählten führende palästinensische Persönlichkeiten wie Husain al-Khalidi, Ahmad Hilmi Pascha und Raghib Bey al-Nashashibi sowie die arabischen Kommunisten, die dafür eintraten, gemeinsam mit den Juden gegen die Briten zu kämpfen und sie zum Abzug zu zwingen.

Vor dem Hintergrund einer sich zuspitzenden politischen und militärischen Situation gelang es der Arabischen Liga Mitte 1946, Mitglieder des dritten AHC und der Arab Higher Front um den Tisch eines neuen, vierten AHC zu versammeln. Als die Briten 1947 das Palästinaproblem an die Vereinten Nationen abtraten, hatten die Husainis mit Unterstützung der Arabischen Liga ihre Position der Stärke innerhalb des AHC, die nach wie vor die quasi-offizielle Regierung der palästinensischen Araber war, zurückgewonnen. Als die entschiedensten Befürworter eines unabhängigen Palästinenserstaates brachten sie zum Ausdruck, was die meisten oder gar alle Palästinenser dachten und wollten. Dies brachte indes die Opposition gegen ihren Vormachtanspruch nicht zum Schweigen. Ihre inneren Gegner regten sich heftiger denn je. Wie die linken Wortführer Emile Tuma und Tawfiq Tuhi dem Haschomer-Hatzair-Mann Aaron Cohen sagten: »Viele von denen, die zum Mufti gehen und sich vor ihm verbeugen, sind seine Gegner.«[13]

Von internen Konflikten zerrissen und hoch über denen thronend, die zu vertreten es vorgab, versagte das AHC völlig vor seinem selbstgestellten Anspruch, das palästinensische Volk zu führen: es erwies sich als unfähig, die Kluft zwischen ungezügelter Rhetorik und praktischer Tat zu überbrücken. Bei jeder wirklichen Nagelprobe erwies es sich als ohnmächtig.

So folgte das AHC beispielsweise Anfang 1946 dem Vorbild der Arabischen Liga und rief zum Wirtschaftsboykott gegen die Erzeugnisse von Jüdisch-Palästina auf, in der Hoffnung, so die jüdische Wirtschaft schwächen und dafür der Industrie und dem Handel der arabischen Palästinenser Auftrieb geben zu können. Nach

13- Aaron Cohen, *Berichte an Jaakov Riftin*, 23. Dez. 1947, HHGH 3/13.90. Siehe auch Nimrod, S. 36

den langen Jahren der kriegsbedingten materiellen Entbehrung war die Durchsetzung eines solchen Boykotts schwierig, und bald entwickelte sich unter der Hand ein System, wie jüdische Produkte in arabische Länder geschmuggelt und unter falschem Etikett verkauft wurden. Obwohl das AHC mit rücksichtslosem Terror gegen Araber vorging, die geschäftliche oder politische Kontakte zu Juden aufrechterhielten, blieb der Boykott wirkungslos. Die Kampagne war eher ein Zeichen von Schwäche als von Stärke.

Gerade weil das AHC nicht die neu empordrängenden gesellschaftlichen und politischen Kräfte repräsentierte, ging es gegen diese Elemente, die seine Vormachtstellung gefährdeten, besonders rücksichtslos vor. Die Husainis setzten alle denkbaren Mittel ein, um das Emporkommen einer anderen politischen Führung zu verhindern. Darwish al-Husaini, beredter Befürworter einer Zusammenarbeit mit den Juden, wurde im November 1946 ermordet, und Sami Taha, den altgedienten Führer der Palästinensischen Union Arabischer Arbeiter, ereilte im September 1947 dasselbe Schicksal, weil er versucht hatte, seine Gewerkschaft aus der Bevormundung des AHC herauszuführen. Wenige Tage vor seiner Ermordung hatte er zu seinen Mitarbeitern gesagt: »Egal, ob es viele oder wenige Juden geben wird, wir werden mit ihnen zusammenarbeiten müssen.«[14] Sein Nachfolger hatte nichts Eiligeres zu tun, als dem AHC seine Loyalität zu versichern. Das AHC arbeitete nicht nur mit Terror, Mord, Einschüchterung und Denunziation, sondern knüpfte auch Kontakte zum Nachrichtendienst der Jewish Agency, offenbar um die Namen der »Kollaborateure« zu erfahren. Schimoni räumte im Januar 1983 in einem Gespräch mit dem israelischen Forscher Joram Nimrod ein, dass diese seltsame Zusammenarbeit »mit unseren schlimmsten Feinden« drei Jahre gewährt hatte. Auf jüdischer Seite stand hinter dieser Kooperation die Überzeugung Ben Gurions - schon 1938 geäußert, dass es im Sinne der zionistischen Sache vorteilhafter sei, wenn die Palästinenser weiterhin von dem extre-

14- Geschichte der Hagana. S. 1201

mistischen Mufti repräsentiert und geführt würden, als wenn sie eine gemäßigtere Führung bekämen. »Vertrauen wir auf den Mufti«, wurde zu seiner Devise.[15]

Aber der traditionelle Einfluß des AHC war nicht das einzige Hindernis, weshalb sich keine neue, demokratisch legitimierte Führung herausbildete. Die Politik der Zionisten spielte hierbei ebenso eine Rolle. Das Biltmore-Programm hatte nicht nur den Hoffnungen der Palästinenser auf Selbstbestimmung einen schweren Dämpfer versetzt, sondern das Ende der bis dahin offiziell verkündeten jüdischen Bereitschaft zu einem Kompromiß mit den Arabern signalisiert. In der Biltmore-Konzeption tauchte das AHC - in den Augen der Juden wegen der Zusammenarbeit des Muftis mit Hitler ohnehin diskreditiert - nicht mehr als Verhandlungspartner auf. Es diente den zionistischen Diplomaten vielmehr nur noch als schlagender Beweis dafür, dass der palästinensische Nationalismus terroristisch und reaktionär sei. Auch hatte man sich nie sonderlich bemüht, nach möglichen anderen Partnern unter den Palästinensern zu suchen. Zur gleichen Zeit zementierten antiarabische Terrorakte der oppositionellen jüdischen Untergrundbewegungen, der Irgun und der LEHI, die arabische Solidarität und fachten die Flammen des Extremismus und der Rachsucht an. Hinter dem jüdischen Terrorismus stand nicht eine Lust am Töten an sich, sondern ein ideologisches Credo und eine politische Strategie. Irgun und LEHI waren die militärischen Seitenäste von Jabotinskys Revisionistischer Partei, die das Ziel verfolgte, ganz Palästina für die Juden zu erobern. Die Vergiftung des arabisch-jüdischen Verhältnisses war ein integraler Bestandteil ihrer Politik, und es gelang ihnen in den zwanziger und dreißiger Jahren mit ihren geplanten Provokationen und ihren willkürlichen Bombenattentaten tatsächlich, Haß und Spannungen zwischen den beiden Völkern zu schüren.[16]

15- Nimrod, S. 67 f, auf Band genommene Gespräche mit Schimoni vom Jan. 1983

16- Siehe Israelisches Verteidigungsministerium, *Geschichte des Unabhängigkeitskrieges* (In hebräischer Sprache), Tel Aviv 1949. S. 94, 117

Dass gemäßigte Führer in diesem Klima nicht ans Ruder kamen, überrascht kaum. Zum einen waren die AHCMitglieder durch ihre Verfolgung und schließliche Deportation in den Augen ihrer Landsleute zu selbstlosen, ganz der nationalen Sache hingegebenen Patrioten geworden. Zum anderen war es für einen einflußreichen Palästinenser, selbst wenn es im palästinensischen Volk beträchtliche Opposition gegen den Mufti und seine Gefolgsleute gab, nahezu selbstmörderisch, öffentlich Kritik an der Politik des AHC - an dessen kategorischem und kompromißlosem Nein zur Teilung Palästinas - zu üben. Jede solche Kritik wäre als Hochverrat gebrandmarkt worden. Daher flüchteten sich die oppositionellen Elemente, obwohl mit Taktik und Strategie des AHC nicht einverstanden, in eine Politik des passiven Abwartens. Sie legten Lippenbekenntnisse zum wortgewaltig behaupteten Standpunkt des AHC - keine Teilung! - ab und warteten auf eine günstigere Gelegenheit, ihr Nicht-Einverständnis mit ihren traditionellen Führern offen auszusprechen.

Einige mit den Nashashibis verbundene Angehörige der politischen Elite knüpften beispielsweise Kontakte zu König Abdallah, von dem sie glaubten, er werde in der weiteren Entwicklung der Dinge eine wichtige Rolle spielen. Andere namhafte Palästinenser unterhielten, wie bereits erwähnt, heimliche Kontakte zur Jewish Agency, so beispielsweise Umar Sidqi Dajani. Einige fortschrittlicher gesinnte Gemäßigte, darunter auch Alami, pflegten Verbindungen zur Magnes Ihud-Gruppe, die für einen Zweivölkerstaat eintrat, und zu palästinensischen Juden wie Elijahu Elijaschar, der seit vielen Jahren wirtschaftliche und kulturelle Kontakte zu arabischen Kaufleuten, Geschäftsleuten und Plantagenbesitzern pflegte. Arabische Gewerkschaftsführer und die Gründer der kommunistisch orientierten Liga für Nationale Befreiung knüpften Verbindungen zum jüdischen Gewerkschaftsverband Histadrut und zur Kibbuzbewegung Haschomer Hatzair, die ebenfalls gegen die Teilung und für die Errichtung eines Zweivölkerstaats war.

Diese breit gefächerte Bündnisstruktur deutet auf ein weiteres schwieriges Problem hin, mit dem die Opposition konfrontiert war: Bei aller gemeinsamen Gegnerschaft gegen den Mufti verhinderten ihre sonstigen unterschiedlichen Auffassungen eine politische Zusammenarbeit. Alami hielt zum Beispiel überhaupt nichts von der politischen und militärischen Strategie des AHC. Er glaubte nicht, dass eine militärische Lösung des Konflikts irgend etwas bringen würde, da die arabischen Staaten nicht bereit seien, für die Palästinenser zu kämpfen oder sie auf andere Weise wirksam zu unterstützen. (Als Vertreter der Palästinenser bei der Arabischen Liga wusste Alami sehr genau, wovon er sprach.) Gleichwohl wandte er sich gegen eine Teilung, im Gegensatz zu Dajani, der den Teilungsplan und das Projekt einer Vereinigung des arabischen Teils von Palästina mit Transjordanien befürwortete. Nimr al-Hawari, der Vorsitzende der Arabischen Jugendbewegung (Najada), war ebenfalls mit einer Teilung einverstanden und strebte eine Wirtschaftsunion zwischen dem arabischen und dem jüdischen Palästina an.

Diese und andere Persönlichkeiten wie Hafiz Hamid Allah, Suleiman Tuqan, Yusuf Haikal und Hairi Hamad hielten Kontakt miteinander und führten Sondierungsgespräche mit Abdallah und der Jewish Agency. Aber sie machten zu keiner Zeit den Versuch, eine schlagkräftige politische Partei und eine bewaffnete Miliz auf die Beine zu stellen, was die Voraussetzung für eine aussichtsreiche Konfrontation mit dem Mufti gewesen wäre. Dass sie dies nicht zuwege brachten, lag nicht allein an ihrer gesellschaftlichen und politischen Zersplitterung. Man muss sich vor Augen halten, dass die meisten dieser Männer Großgrundbesitzer, Geschäftsleute oder Dorfälteste waren, die »etwas zu verlieren hatten«. Viele andere waren »Exilpalästinenser«, das heißt, sie gehörten zu denen, die 1947 ihr Land verließen, weil sie von Unruhen und Krieg unbeheiligt bleiben wollten.

Es gab unter den oppositionellen Kräften jedoch eine, und nicht die unbedeutendste, die sich nach Kräften bemühte, eine politische Alternative zum Mufti aufzubauen, Krieg und Blutvergießen zu verhüten und den Weg zu einer friedlichen Verwirklichung der UN-

Teilungsresolution zu ebnen. Es war dies die im September 1943 von linken palästinensischen Arabern zur politischen und propagandistischen Unterstützung der Weltkriegs-Alliierten gegründete Liga für Nationale Befreiung. Mit Tawfiq Tubi und Emile Tuma an ihrer Spitze verfügte die Liga über eine breite Anhängerschaft in den unteren Schichten und bei den Intellektuellen, und ihre Führung bildete einen repräsentativen Querschnitt durch Sippen, Dynastien und Generationen sowie durch sämtliche Religionen der arabischen Welt. Die Liga stellte das Recht der Honoratioren und der Oberhäupter der angesehenen Familien in Frage, sich selbst als die Führer politischer Parteien zu präsentieren, und setzte sich für eine Reorganisation des AHC auf demokratischer Grundlage ein. Sie forderte, neben anderem, Rede-, Presse-, Versammlungs- und Koalitionsfreiheit, einen höheren Lebensstandard für die Bauern und die städtische Unterschicht, Reformen im Arbeitsrecht, im Schul- und Gesundheitswesen sowie mehr Rechte für Frauen.[17]

Was die nationale Frage betraf, so trat die Liga in ihrem ersten Parteiprogramm für die Unabhängigkeit Palästinas und seine Befreiung vom imperialistischen Joch ein. Wie andere arabische Parteien, forderte auch sie zunächst ein Ende der jüdischen Einwanderung und des Landerwerbs. Aber in der programmatischen Aussage, dass »in einem freien arabischen Vaterland alle Minderheiten friedlich zusammenleben könnten«, unterschied sich die Liga grundlegend von jenen radikalen arabischen Nationalisten, die gleiche Bürgerrechte allenfalls jenen Juden (und ihren Nachkommen) gewähren wollten, die vor der Balfour-Deklaration nach Palästina eingewandert waren. Die Liga lehnte ferner antijüdische Boykottaktionen und den Einsatz terroristischer Mittel ab und war die einzige politische Kraft im arabischen Lager, die sich gegen jede Einmischung anderer arabischer Staaten in die Angelegenheiten Palästinas wandte. We-

17- Siehe die von der Liga in ihrer Wochenzeitung *Ittihad* im Mai 1944 und danach publizierten Kommentare und Leitartikel. Ihr Aktionsprogramm präsentierte sie am 9. September 1947 in einer der Vereinten Nationen unterbreiteten Sonderveröffentlichung. Siehe auch J. C. Hurewitz, *The Struggle for Palestine*, New York 1976, S. 188 f

gen solch anderer Einstellungen wurde die Liga für Nationale Befreiung im Juni 1946 aus dem neugebildeten AHC ausgeschlossen.

Das hinderte die Liga nicht daran, noch bis Anfang 1947 mit den nationalistischen Parolen aller anderen arabischen Parteien zu wetteifern, indem sie beispielsweise die Juden aufforderte, ihre Ansprüche auf staatliche Eigenständigkeit aufzugeben und sich der arabischen Befreiungsbewegung anzuschließen. Dann jedoch stellte sich die Sowjetunion offiziell hinter die jüdischen Bestrebungen in Palästina, und die Liga sah sich gezwungen, eine andere Position zu beziehen. Das sowjetische Ja zu einem Zweivölkerstaat, oder wenn sich dies als nicht zu verwirklichen erweisen sollte, zu einer Teilung Palästinas, verkündete und begründete Außenminister Andrej Gromyko auf einer Sondersitzung der UN-Vollversammlung im April 1947. Fünf Monate später wurde bei einer Konferenz der kommunistischen Parteien in Warschau, auf der die Kominform ins Leben gerufen wurde, die Parole von der Unterstützung nationaler Befreiungsbewegungen überall auf der Welt ausgegeben. Unter diesen Vorzeichen konnte die arabische Linke sich nicht mehr gegen das Selbstbestimmungsrecht auch der Juden wenden - besonders, nachdem Gromyko sich ausdrücklich dafür stark gemacht hatte. Ungeachtet dessen lehnte die Liga es ab, vor dem UNSCOP-Ausschuß Stellung zu beziehen, da das AHC sich offiziell gegen eine Zusammenarbeit mit diesem Gremium ausgesprochen hatte. Obwohl die Liga aus dem AHC ausgeschlossen worden war, bestand die Befürchtung, ein Verstoß »gegen die nationale Disziplin werde der Liga als Massenpartei den Todesstoß versetzen«.[18]

Im November 1947 trafen die Führer der Liga in Beirut mit Halid Bakdash zusammen, dem Generalsekretär der syrischen KP und Vorsitzenden der Kominform für den Vorderen Orient. Er erklärte

18- Cohen, *Berichte an Riftin*, 5. Dez. 1947, HHGH. Die Liga informierte den UNSCOP-Ausschuß jedoch im September 1947 durch eine eigens herausgegebene Schrift über ihren Standpunkt. Und auch die jüdischen Kommunisten, die ein ähnliches Programm verfochten, machten Aussagen über die Positionen ihrer arabischen Gesinnungsgenossen. Zwischen den beiden Parteien bestanden allerdings zu dieser Zeit keine organisatorischen Verbindungen.

ihnen, dass für die Kommunisten nunmehr das Ringen zwischen der UdSSR und dem Westen Vorrang haben müsse und dass vor diesem internationalen Hintergrund keine kommunistische Partei der arabischen Welt sich gegen eine Teilung Palästinas wenden dürfe.

Bislang hatte die Liga erklärt, der von Gromyko verkündete Standpunkt der UdSSR sei für sie nicht bindend; nach dem Treffen in Beirut änderte sie jedoch ihre Haltung in der Teilungsfrage, und ihre Zeitung schwenkte auf die neue Linie um. Während ihres Aufenthalts in Beirut trafen die Vertreter der Liga auch mit Leuten aus der AHC-Führung zusammen und forderten bei dieser Gelegenheit die Demokratisierung der arabischen Nationalbewegung. Man bereitete ihnen zwar einen kühlen Empfang, anerkannte jedoch ihre Stärke und ihr Ansehen in Palästina. Wie sie nach ihrer Rückkehr berichteten, hatten sie den Eindruck gewonnen, dass der Mufti vor Abdallah - dem arabischen Rivalen, der ihm seine Führungsrolle streitig machte - größere Angst hatte als vor den Zionisten.[19]

Nachdem die UNO die Teilungsresolution verabschiedet hatte, investierte die Liga einen Großteil ihrer Kraft in das Bemühen, den Ausbruch eines Bürgerkriegs zwischen Juden und Arabern - und später dessen Verschärfung - zu verhindern. Sie versuchte, unter der palästinensischen Bevölkerung die Bereitschaft zur Selbstverteidigung zu organisieren und Stimmung gegen Provokateure zu machen, die »den Interessen des ausländischen Imperialismus und arabischer Reaktionäre dienen«.[20]

Im Dezember 1947 kam es zu einem Treffen von Liga-Mitgliedern mit Arabienexperten von Haschomer Hatzair, bei dem eine stärkere Zusammenarbeit zwischen den beiden Gruppen befürwortet wurde. Tuma und Tubi berichteten, das AHC wolle keinen Krieg in Palästina, und die arabischen Staaten seien an einer Intervention nicht interessiert. Dem Mufti gehe es, wie sie meinten, darum, die Guerillaaktivitäten gegen die Juden und das allgemeine

19- Ibid.

20- Ibid. 374

Klima von Konflikt und Unruhe im Lande bis zur nächsten Sitzungsperiode der UN-Vollversammlung aufrechtzuerhalten, die seiner Überzeugung nach den Teilungsplan widerrufen würde.[21] Die Liga-Führer wiesen darauf hin, dass viele Palästinenser zwar mit der Teilung Palästinas einverstanden seien, jedoch Angst davor hätten, dass die Juden in ihrem eigenen Staat arabische Beamte und Arbeiter entlassen, arabische Kauf- und Geschäftsleute übermäßig besteuern und Grund und Boden beschlagnahmen würden. Die wohlhabenden arabischen Palästinenser seien bereits dabei, sich aus gemischten Städten abzusetzen und in rein arabische Städte in Palästina oder im Libanon zu übersiedeln.

Bei einem weiteren Treffen mit Haschomer-Hatzair-Vertretem, ebenfalls noch im Dezember 1947, bekräftigte die Liga ihr Einverständnis mit dem Teilungsplan und bezeichnete es als ihre gegenwärtige Hauptaufgabe, einen jüdisch-arabischen Krieg zu verhüten, gefährliche Provokationen, die den Interessen des Imperialismus und der arabischen Reaktion dienten, zu unterbinden und in den arabischen Siedlungen für eine wirksame Selbstverteidigung zu sorgen. In der Vergangenheit habe die Liga, wie sie erläuterten, in der jüdischen Einwanderung ein Vehikel des Imperialismus gesehen, jetzt aber betrachte man sie als wirtschaftliches Problem innerhalb des jüdischen Staates, und man gehe davon aus, dass nicht erlaubt werde, bei der Einwanderung die Aufnahmefähigkeit des jüdischen Staates zu überschreiten. Sie hielten den Zionismus nach wie vor für eine reaktionäre Bewegung, seien aber bereit, auch fortschrittliche

---

21· Die arabischen und palästinensischen Führer wussten sehr genau über die amerikanischen Ängste vor einer sowjetischen Durchdringungspolitik im Nahen Osten Bescheid. Sie wiesen das State Department warnend darauf hin, dass es zur Durchsetzung der UN-Teilungsresolution der Stationierung von UN-Truppen bedürfen und dass es unmöglich sein werde, die Sowjetunion dabei zu übergehen. Der Mufti glaubte wie viele andere daran, dass Unruhen und Guerilla-Aktivitäten in Palästina das State Department dazu bewegen würden, mit um so größerem Nachdruck einen Widerruf der Teilungsresolution zu betreiben, und dies traf durchaus auch zu. Am 19. März 1948 stellten die USA den Antrag, der Sicherheitsrat solle den Vollzug der Resolution vorläufig einstellen und sich statt dessen dem Gedanken einer zeitlich begrenzten UN-Treuhandschaft für Palästina, »die einer endgültigen politischen Lösung nicht hinderlich ist«, zuwenden. Hurewitz, *Struggle for Paiestine*, S. 312

Kräfte in ihrer Mitte anzuerkennen, und da sich somit im Jischuw ein »qualitativer Wandel« vollzogen habe, schätze man nun auch die jüdische Gemeinschaft im ganzen anders ein.

Die Liga-Vertreter machten ihre Gesprächspartner von Haschomer Hatzair darauf aufmerksam, dass die arabische Linke sich in einer schwierigeren Lage befinde als ihre jüdischen Gesinnungsgenossen, da sie innerhalb ihrer eigenen Nationalbewegung gegen den Strom schwimmen müsse. Ihrer Vorstellung nach würde jedoch irgendwann eine gemeinsame Partei der arabischen und der jüdischen Linken entstehen, und unter diesem Gesichtspunkt müsse es im Interesse der fortschrittlichen jüdischen Kräfte liegen, die arabische Linke als künftige Partnerin in einem demokratischen jüdischen Staat zu stärken.

Man sollte die Bedeutung dieser Gedankengänge nicht unterschätzen. Eine solche Fühlungnahme mit jüdischen Organisationen konnte nur auf Grundlage eines gewissen Mindestmaßes an politischer Übereinstimmung gewagt werden. Die Liga für Nationale Befreiung war in der Tat im arabisch-palästinensischen Lager die einzige Adresse, unter der die Juden hoffen konnten, Verbündete zu finden. Sie war, um es präziser zu sagen, die einzige politische Adresse. Zweifellos gab es arabische Kaufleute und Bankiers, Immobilien- und Grundbesitzer, denen aus materiellem Eigeninteresse sehr daran gelegen war, einen *Modus vivendi* mit den Juden zu finden, aber die Liga war die einzige politische Kraft mit Rückhalt bei den Massen, die sich den Juden und ihren politischen Organisationen als Partner bei der gemeinsamen Verwirklichung des Teilungsplans anbot.

Vierzig Jahre später fällt es schwer Humboldthain, Gustav Meyer Allee 4, 13355 Berlin die damalige politische Stärke der Liga genau zu bestimmen. In fast der gesamten einschlägigen Literatur wird sie einfach nicht zur Kenntnis genommen, ganz im Sinne der zionistischen Führung, die sich seinerzeit beharrlich weigerte, die Liga als Keimzelle einer neuen, alternativen politischen Führung für das palästinensische Volk anzuerkennen. Es gibt aber mehrere Indizien, die darauf hindeuten, dass die Liga eine ernst zu nehmende Kraft darstellte. Als sie sich nach der Gründung des Staates Israel mit den jüdischen Kommunisten zur Israelischen Kommunistischen Partei zusammenschloß, war sie die zahlenmäßig stärkste organisierte politische Kraft der arabischen Palästinenser in Israel. Als Scharett am 8. August 1948 dem Minister für nationale Minderheiten, Bechor Shitreet, allgemeine politische Weisungen erteilte, regte er unter anderem an, einen Vertreter der Liga zuzulassen, der bei der Schaffung arabischer Einrichtungen mitwirke, sofern dadurch nicht andere wichtige Kreise ausgeschlossen würden. Er gab Shitreet allerdings die Mahnung mit: »[Die Liga] darf nicht die alleinige Kontrolle erhalten.«[22]

Dass Scharett, wie widerwillig auch immer, das politische Gewicht der Liga richtig einschätzte, läßt sich auch aus der Antwort ablesen, die er einem Mapam-Vertreter gab, der ihm vorgehalten hatte, er habe nicht genug unternommen, um die Bildung eines Palästinenserstaates auf der West Bank durchzusetzen. »Wissen Sie auch, was für eine Regierung wir in diesem Staat hätten?« versetzte Scharett. »Eine Kommunistenregierung.«[23]

Ein weiteres Indiz für die starke Stellung der Liga in der palästinensischen Gesellschaft war die Rolle, die sie in Abdallahs transjordanischem Staat spielte, nachdem dieser die West Bank annektiert hatte. Um die Opposition in diesem Gebiet gegen das rückständige Feudalsystem Abdallahs zu entschärfen, sah der König sich genötigt, ein politisches Programm zu verkünden, das eine ganze Reihe der gesellschaftlichen und politischen Forderungen der Liga aufgriff. So enthielt es beispielsweise die Forderung nach einem auf »vernünftigen volkstümlichen Grundlagen« beruhenden Schul- und Ausbildungswesen, nach einer Wirtschaftsreform mit dem Ziel, den »Lebensstandard des Fellachen und Arbeiters zu erhöhen«, und nach einer Sozialgesetzgebung, die die Arbeitsbedingungen regulieren und

22- DFPI, Sp. I.Dok. 436, S.498

23- Mapam, *Politischer Ausschuß*, 13. Jan. 1948, MGH

die Rechte der Arbeiter absichern sollte.[24] Abdallah verbot die Liga 1948 und fuhr schweres repressives Geschütz gegen ihre Mitglieder auf; gleichwohl wurden 1951 zwei von ihr unterstützte Kandidaten ins Parlament gewählt. Aus der Liga ging später die Kommunistische Partei Jordaniens hervor.[25]

Wenn dies die divergierenden Tendenzen und Richtungen innerhalb der palästinensischen Elite waren, wie sahen dann die Einstellungen und Überzeugungen der breiten Bevölkerungsmasse aus? Der von Israel gepflegte Mythos, die Führer der arabischen Palästinenser seien sich in ihrer kompromißlosen Ablehnung einig gewesen, geht Hand in Hand mit der ebenso irreführenden Behauptung, ihre Gefolgschaft, das palästinensische Volk, habe sich mit Begeisterung in den Krieg gegen den jüdischen Staat gestürzt.

Kein Zweifel, die Mehrheit des palästinensischen Volkes war gegen die Teilung ihres Heimatlands und bereit, für die Errichtung eines unabhängigen palästinensisch-arabischen Staates zu kämpfen. Es ist jedoch gleichermaßen klar, dass sie von einem Krieg um jeden Preis gegen die Juden nichts wissen wollten und dass sie allmählich einsehen lernten, dass die Teilung unvermeidlich und unumstößlich war. Die Beweise hierfür sind so überwältigend, dass sich die Frage stellt, wie der Mythos von einem Heiligen Krieg der Palästinenser gegen die Juden überhaupt entstehen und sich so lange halten konnte. Ein Grund dafür dürfte, neben der in dieser Hinsicht äußerst wirksamen israelischen Propaganda, darin liegen, dass die Araber nach ihrer Niederlage von 1948 nur ungern zugaben, dass sie zuvor bereit gewesen waren, sich unter gewissen Voraussetzungen mit der Tatsache der Teilung abzufinden. Wie auch immer, man braucht, um den Mythos zu zerstören, nur auf die Äußerungen zionistischer Führer aus jener Zeit zurückzugreifen. So ist beispielsweise im Kriegstagebuch Ben Gurions unter dem Datum vom 1. Januar 1948 von

24- König Abdallah, *My Memoirs Completed*, Washington D. C. 1954, S. 21

25- Smith, *Palestine*, S. 186

der Schwäche des Muftis und von seinem Bemühen die Rede, seine Gegner nicht gegen sich aufzubringen. Ben Gurion wusste auch, dass in Wirklichkeit nur vierhundert Palästinenser in Syrien militärisch ausgebildet wurden und dass die vom syrischen Rundfunk verbreiteten Zahlen nicht stimmten.[26] Der israelische Arabien-Experte Ezra Danin berichtete drei Tage später, dass trotz der Passivität der Gegner des Muffis »die Mehrheit der palästinensischen Massen die Teilung als ein fait accompli akzeptiert und nicht an die Möglichkeit glaubt, sie verhindern oder überwinden zu können.«[27]

Bei der Zusammenkunft eines außenpolitischen Gesprächskreises am 3. März 1948 in Paris verwies Emile Najar von der Jewish Agency darauf, dass Volksaufstände der arabischen Palästinenser ausgeblieben seien und dass bislang nicht eine einzige jüdische Siedlung von ihnen angegriffen worden sei.[28] Wie Ben Gurion notierte, bot Fawzi al-Qawukji, der Befehlshaber der arabischen Freiwilligenverbände, die nach ihrer Ausbildung in Syrien im Januar 1948 in Palästina eindrangen, Verhandlungen mit der Jewish Agency über einen Teilungsplan an, bevor er das Signal zum Kampf gab.[29] Wie Ben Gurion in seinem Tagebuch ferner festhielt, dachten die arabischen Bewohner von Westgaliläa, das ursprünglich dem arabischen Staat hätte zugeteilt werden sollen, nicht daran zu kämpfen.[30]

Die eindeutigste Aussage Ben Gurions findet sich in einer Mitteilung an Scharett vom 14. März: »Es steht jetzt ohne den geringsten Zweifel fest dass, wenn wir es einzig und allein mit den Palästinensern zu tun hätten, alles in Ordnung wäre. Sie, die überwältigende Mehrheit von ihnen, wollen nicht gegen uns kämpfen, und in ihrer Gesamtheit sind sie auch nicht in der Lage, es mit uns aufzunehmen, selbst beim jetzigen Stand unserer Organisation und

26-Ben Gurion, *Kriegstagebücher*, 1. Jan. 1948, S. 97,113

27- PDD, Dok. 90, S. 128

28- PDD, Dok. 245,5.410

29- Ben Gurion, *Kriegslagebücher*, 28. Jan. 1948, S. 187

30- Ibid., 19. Feb. 1948, S. 253

Ausrüstung.« Ben Gurion malte in seinem Bericht statt dessen die Gefahr eines bewaffneten Konflikts mit den Briten aus, von denen er argwöhnte, sie wollten ihre Truppen auch nach Ablauf ihres Mandats noch in Palästina belassen.[31]

Die Palästinenser wollten demnach den Krieg nicht, und in Ermangelung eines offiziellen Sprachrohrs, durch das sie ihre Haltung hätten manifestieren können, versuchten sie den Gefahren des Krieges durch das einzige ihnen zu Gebote stehende Mittel vorzubeugen: Vereinbarungen am Ort mit ihren jüdischen Siedlungsnachbarn, dass sie keine Angriffe, Provokationen und andere feindselige Handlungen unternehmen wollten. Hunderte solcher »Nichtangriffspakte« wurden geschlossen. Die Vertragspartner waren arabische Dörfer und benachbarte jüdische Kibbuzim und Moschavim, oder auch die jüdischen und arabischen Belegschaften an gemeinsamen Arbeitsstätten wie Seehäfen, Kasernen, Ölraffinerien oder Post und Eisenbahn, und schließlich auch jüdische und arabische Geschäftsleute, Händler, Plantagenbesitzer usw. Um nur zwei konkrete Beispiele zu nennen: Der einflußreiche Palästinenser Nimr Hawari handelte im Herbst 1947 ein Nichtangriffsabkommen zwischen Tel Aviv und Jaffa aus, und im Dezember desselben Jahres berichtete Danin an Ben Gurion, Sidqi Tabari aus Tiberias habe dem Kibbuz Degania ebenfalls einen Vertrag dieser Art angeboten. Danin hatte den Eindruck, dass »wir dies an vielen Orten machen könnten«.[32]

Es gibt kaum Veröffentlichungen über diese spontan zustandegekommenen Vereinbarungen. Wenn dagegen irgendwo Unruhen und Tumulte ausbrachen, beschuldigte jede Seite lautstark die andere, die Spannungen verschärft und die Feindseligkeiten begonnen zu haben. Zahlreiche Akten mit Dokumenten über diese Nichtangriffspakte liegen noch heute unzugänglich in den Geheimarchiven des Staates Israel, der Jewish Agency, der israelischen Armee, der

31· PDD, Dok. 274. S. 460. Interessanterweise ist diese Bemerkung in der englischen Fassung des Dokuments, die sich im PDD-Ergänzungsband, S. 21, findet, nicht enthalten.

32· Nimrod, S. 67-68; Ben Gurion, *Kriegstagebücher*, 25. Dez. 1947, S. 74

Histadrut und der Kibbuz-Bewegung. Es sind jedoch genügend Einzelheiten bekanntgeworden, um den sicheren Schluß zuzulassen, dass die Mehrheit der arabischen Palästinenser eine Eskalation der Gewalt bis hin zum totalen Krieg nicht wollte. Eine Bestätigung dafür liefert auch die offizielle Geschichte der Hagana, zu deren Herausgebern so erstklassig informierte Hagana-Führer wie Shaul Avigur und Jitzhak Ben Zvi (Ben Gurions enger Mitarbeiter, der später zum zweiten Staatspräsidenten Israels gewählt wurde) gehören. Die Bewegung, nachbarschaftliche Nichtangriffspakte zu unterzeichnen, breitete sich über das ganze Land aus; die meisten arabischen Dörfer im Scharon-Gebiet, der Umgebung von Jerusalem (hier beispielsweise die Ortschaften Deir Jassin und Silwan), im nördlichen Galiläa und im Negev schlossen sich der Initiative an, und auch in Haifa und Tiberias wurden ähnliche Initiativen ergriffen.[33]

Fast alle Arabien-Experten der Jewish Agency, gleich wo sie politisch standen, stimmten darin überein, dass die meisten Palästinenser, besonders die Bauern und die städtischen Immobilienbesitzer, an einem Krieg gegen die Juden nicht interessiert waren. Eliahu Sasson kabelte am 2. Dezember 1947 an Scharett, alle bislang registrierten Terrorakte von arabischer Seite seien von den Schergen des Muftis begangen worden - gegen den Willen der Mehrheit der arabischen Palästinenser - um der bevorstehenden Konferenz der Arabischen Liga den Beweis dafür zu liefern, dass eine militärische Konfrontation mit dem Zionismus unvermeidlich sei, und dass daher die arabischen Staaten verpflichtet seien, den Palästinensern moralische, politische, finanzielle und militärische Hilfe zu leisten.[34]

Die eingangs dieses Kapitels zitierten Überlegungen Ben Gurions und Danins wurden von vielen anderen geteilt, so etwa von Jaakov Schimoni vom Arabien-Referat der Jewish Agency und von Oberst Roscher Lund, einem für die UNO tätigen Militärexper-

---

33. Ben Gurion, *Kriegstagebücher*, 15. Jan. 1958, S. 184 f

34. Siehe ISA. 93.03/2267/4

ten.[35] Auch der Chef der Hagana, Yisral Galili, äußerte die Vermutung, dass, abgesehen von einigen hundert Anhängern des Muftis, die Mehrheit der arabischen Palästinenser keinen Krieg wolle. Er nahm die Feststellung zum Anlaß, um vor der gefährlichen Situation zu warnen, die entstehen könnte, wenn Zusammenstöße und Provokationen den gewohnten Lebensrhythmus durcheinanderbringen und Tausende von Arabern in Arbeitslosigkeit und existentielle Unsicherheit stürzen würden. Genau dies trat ein, aber die Rivalität zwischen den Husainis und den Nashashibis verhinderte sogar dann noch jedes wirksame gemeinsame Vorgehen gegen die Juden.[36]

Schon die allerersten bewaffneten Zusammenstöße zwischen jüdischen und arabischen Streitkräften machten deutlich, dass die arabische Seite für einen Krieg überhaupt nicht gerüstet war; jedes Stadtviertel oder Dorf musste selbst sehen, wie es zurechtkam. Aus Darstellungen in der bereits erwähnten Geschichte der Hagana geht hervor, dass es den arabischen Palästinensern, die Waffen besaßen, mehr darum ging, ihr Dorf oder Stadtviertel zu verteidigen, als loszuziehen und den Kampf mit den jüdischen Streitkräften zu suchen. Dass die arabischen Dörfer befestigt und ihre Einwohner bewaffnet wurden, geschah zunächst vor allem aus Angst vor Angriffen der Juden. Dörfer, die sich nicht stark genug fühlten oder in der Nähe größerer jüdischer Siedlungen lagen, zogen es vor, mit ihren jüdischen Nachbarn Nichtangriffspakte zu schließen, in denen beide Seiten versprachen, weder von sich aus feindselige Handlungen vorzunehmen, noch solche Handlungen durch von außen kommende Elemente zu dulden.[37] Wie ernst die zionistischen Führer diese spontane »Friedensbewegung« nahmen, läßt sich aus einer Debatte ersehen, die am 25. Januar 1948 zwischen Ben Gurion und seinen politischen und militärischen Beratern stattfand. Der Vertreter des Verbandes der Jüdischen Landwirte sprach sich für die Unterzeich-

---

35· PDD. Dok. 900. S. 128; Dok. 261, S. 437; Dok. 274, S. 460

36· Siehe Flapan, *Zionism*, S. 299 f

37· *Geschichte der Hagana*, S. 1361

nung von Nichtangriffspakten aus, zumindest im Zitrus-Anbaugebiet in der Küstenebene zwischen Haifa und Rehovot. Reuven Schiloah (vormals Zaslani), Levi Eschkol und Jitzhak Sadeh pflichteten ihm bei. Dajan und Galili meldeten Widerspruch an; in dieser Region seien die Juden, so argumentierten sie, zahlenmäßig überlegen, und der Abschluss von Nichtangriffspakten würde den Arabern die Möglichkeit geben, mehr Leute, Lebensmittel und Waffen nach Galiläa, Jerusalem und in den Negev zu schaffen und somit diese Bastionen arabischer Stärke noch auszubauen. Ben Gurion scheute vor einer eindeutigen Haltung zurück und sprach sich dafür aus, sondierende Gespräche über diese Verträge zu führen, gab zugleich aber sein Mißtrauen zu erkennen, da er davon überzeugt war, dass sie gebrochen würden. Offenbar war seine Hauptsorge, dass solche Friedensabkommen die Fähigkeit des Jischuw beeinträchtigen würden, die Araber in der militärischen Konfrontation zu schlagen, die seiner Überzeugung nach der einzige Weg war, den Konflikt zu lösen.[38]

Als das AHC als Antwort auf die UN-Teilungsresolution den Juden den Krieg erklärte, wurden auf örtlicher Ebene Ausschüsse gebildet, die die Kriegführung organisieren sollten. In manchen dieser Ausschüsse hatten die Anhänger des Muftis oder andere extremistische Elemente das Sagen, die die militärische Konfrontation suchten. In anderen Komitees behielt der Widerwille gegen die militärische Konfrontation die Oberhand. Man fürchtete Repressalien, und zudem hatte sich herausgestellt, dass die meisten Angriffe auf jüdische Siedlungen oder Stadtviertel erfolglos blieben. Das wiederum führte dazu, dass die arabischen Krieger sich darauf verlegten, individuelle Terrorakte zu begehen, die Verkehrs- und Transportwege der Juden unsicher zu machen oder kleine jüdische Kampfeinheiten zu überfallen, die sich in rein arabische Gebiete hineingewagt hatten. Wie die Autoren der Geschichte der Hagana schreiben, zogen die arabischen Palästinenser es vor, »sich ihre Kräfte für den Entscheidungskampf aufzusparen, der ausbrechen würde, sobald die Briten aus Palästina

38- Ben Gurion, *Kriegstagebücher*, 25. Jan. 1948, S. 184 f, 17. Feb. 1948, S. 249 f abzögen«. Zugleich bestätigen sie jedoch, dass die Araber zu diesem Zeitpunkt schon besiegt waren. Noch vor dem Abzug der Briten besetzten die Juden arabische Städte, deren Einwohner entweder flüchteten oder vertrieben wurden.[39]

Die in den Städten aufgestellten arabischen Nationalgarden waren, wie die Hagana-Chronisten einräumen, undisziplinierte Organisationen, die ihre eigenen Leute nicht wirklich im Griff hatten. Es gab nur unregelmäßige Patrouillen, Plünderungen kamen nicht selten vor, und hin und wieder wurde eine Mine gelegt. In einem Bericht von Ende März 1948 heißt es, die Garnisonen in den arabischen Städten seien wenig kampfkräftig, ihre Bewaffnung bestehe lediglich aus etlichen alten Flinten, sowie einigen wenigen Maschinengewehren und Handgranaten.[40]

Ein weiterer für das Versagen der örtlichen arabischen Kampftruppen verantwortlicher Faktor waren die anarchischen Zustände, die in den arabischen Gebieten nach dem Abzug der britischen Ordnungsmacht Einzug hielten. Arabische Polizisten suchten mitsamt ihren Waffen das Weite, entweder um sich bewaffneten Banden anzuschließen oder ihre Gewehre zu verkaufen - zu einem Preis, der ihnen den Gegenwert eines Jahreseinkommens einbrachte. Die wachsende Zahl der bewaffneten Banditen und der Diebesbanden, die sich die verworrene Lage zunutze machten, war eines der wirksamsten Motive für die Flucht großer Teile der Mittel- und Oberschicht.[41]

»Im ganzen gesehen, bewahrte die einheimische arabische Bevölkerung eine ziemlich passive Haltung. Die Anzahl derjenigen, die dem Aufruf des Muftis folgten und sich freiwillig zum Kampf meldeten, überstieg zu keinem Zeitpunkt die Dreitausend. Die Zahl seiner Anhänger war sicherlich größer; Massentumulte und Demonstrationen gegen jüdische Terrorakte zeugen davon. Aber die regulären Kampftruppen des Muftis waren und blieben relativ unbedeutend. Erwähnt

---

39. Geschichte der Hagana. S. 1361

40. Ibid., S. 1362

41. Ibid., S. 1363

werden müssen noch die rund tausend Palästinenser, die sich der von Fawzi al-Qawukji proklamierten Arabischen Befreiungsarmee anschlossen, einer Truppe, die indes zu keiner Zeit auf die Unterstützung der einheimischen Bevölkerung zählen konnte.[42]

Aus dieser Situation ergaben sich für die Hagana, für den Sicherheitsausschuß des Jischuw und für den zionistischen Nationalrat einige komplexe Fragen: Wie war das, was sich hier vollzog, zu bewerten - war es ein Krieg, waren es bürgerkriegsähnliche Zusammenstöße, oder waren es bloße Unruhen? Und was war die angemessene Reaktion auf arabische Überfälle: mit aller Härte zurückschlagen, sich auf die Bestrafung von Unruhestiftern und Provokateuren beschränken, oder mit massiven Repressalien und ohne Rücksicht auf unvermeidliche Opfer unter den unbeteiligten Zivilisten gegen jene Dörfer vorgehen, die dem Feind wirklich oder vermeintlich als Stützpunkt dienten? Und sollte dem Jischuw daran gelegen sein, diejenigen palästinensischen Kräfte, die gegen den Mufti opponierten und zum Kampf gegen ihn bereit waren, zu stärken? Wenn ja, wie?

Zu wichtigen Debatten über diese Fragen kam es Anfang Januar 1948. Die Protokolle zeigen, dass es zwei klar geschiedene Meinungsrichtungen gab. Die eine wollte sich die Schwäche und Passivität der Araber zunutze machen und alles tun, um den Zerfall der arabischen Gesellschaft zu beschleunigen und »mehr Land und weniger Araber« für den Staat Israel zu gewinnen. Die andere wollte eine Entschärfung der Spannungen erreichen, um die Chancen für eine friedliche Verwirklichung der UN-Teilungsresolution nicht zu verspielen.

Yigael Yadin, Operationschef der Armee, hielt es für notwendig, gemäß den Regeln des »totalen Kriegs« vorzugehen: Offensive Operationen waren seiner Ansicht nach nicht nur dann gerechtfertigt, wenn sie Reaktionen auf arabische Angriffe oder Überfälle waren. Er erntete mit dieser Ansicht heftigen Beifall von Dajan, der nicht einsah, weshalb man zwischen dem Mufti und seinen Gegnern einen Unterschied machen sollte. Entschiedenen Widerspruch gegen

42· Ibid., S. 1364

diese Auffassung legte Joschua Palmon ein, ein Arabien-Experte, der später bei den Waffenstillstandsverhandlungen mit Syrien und dem Libanon der israelischen Delegation angehörte.[43] Diese Meinungsunterschiede spiegelten nicht irgendwelche Denkschulen für militärische oder politische Taktik und Strategie oder die politischen Anschauungen ihrer Fürsprecher wider; sie sind offenbar in erster Linie eine unmittelbare Reaktion auf besondere Situationen gewesen. So schlug beispielsweise Sasson einmal vor, durch einen umfassenden militärischen Schlag das gesamte arabische Wirtschaftsleben im Lande, einschließlich des Personen- und Güterverkehrs, lahmzulegen.[44] Bei einer anderen Sitzung hingegen beschwerte er sich über willkürliche Übergriffe gegen Araber, die geeignet seien, den Einfluß des Muftis zu verstärken.[45]

Am Ende behielten die Falken die Oberhand; eine Entwicklung, für die weitgehend der Einfluß Ben Gurions ausschlaggebend war. Obwohl es zwischen ihm und der Militärführung gelegentlich kriselte, blieb seine Autorität unangefochten. In den konkreten Diskussionen enthielt er sich zwar einer Parteinahme und zog es vor, eine vermittelnde Rolle zu spielen, aber er war der unerschütterlichen Überzeugung, der Extremismus des Mufüs werde Israel irgendwann einen hinreichenden moralischen Vorwand für die Berichtigung der in der Teilungsresolution festgelegten Grenzen liefern. Man kann nur mutmaßen, wie anders die Entwicklung verlaufen wäre, hätte sich der unumstrittene Zionistenführer den gegenteiligen Standpunkt zu eigen gemacht.

Der in diesem Kapitel behandelte Mythos vom einmütigen Extremismus der Palästinenser ist nicht nur für sich genommen irreführend, sondern auch geeignet, die entscheidenden Unterschiede zwischen dem arabischen Aufstand von 1936-39 und den Ereignissen von 1947 und 1948 zu verwischen. In den dreißiger Jahren

43· Ben Gurion, *Kriegstagebücher*, 1. Nov. 1948. S. 101 f

44· Ibid., 22. Dez. 1947. S. 67

45· Ibid.. 1. Jan. 1948. S. 9B f

beteiligten sich die Massen des palästinensischen Volkes an einem Kampf um populäre Ziele und zwangen die politische Führung, sich auf ein gemeinsames Programm zu einigen und das erste Arab Higher Committee (AHC) zu bilden. Dass es sich bei diesem Aufstand um eine Massenbewegung handelte, davon zeugen die Berichte der britischen Mandatsmacht: 10.000 Über- und Angriffe begingen arabische Kämpfer zwischen 1936 und 1939, darunter 1325 Angriffe auf britische Soldaten und Polizisten, 1.400 Sabotageakte gegen Ölleitungen und 930 Angriffe auf jüdische Bürger und Siedler. Nahezu 2850 Kämpfer wurden dabei von britischen Soldaten getötet, Tausende verwundet, und mehr als 9.000 weitere erlitten bei anderen Kampfhandlungen oder Zusammenstößen Verletzungen. Die kämpfenden Einheiten konnten der Unterstützung durch die Bevölkerung sicher sein und fanden jederzeit Zuflucht und Schutz in den Dörfern. Dementsprechend genoß auch das AHC die Unterstützung aller Schichten der arabischen Gesellschaft, ja die radikale Politik, die das AHC betrieb, wurde durch den Druck von unten aus der Bevölkerung erzeugt und wurzelte in der Unzufriedenheit mit elenden Lebensbedingungen und nicht etwa in der Lust, sich mit den Briten auf Leben oder Tod anzulegen. Wie stark dieser Druck von unten war, zeigte sich im Juni 1936, als alle ranghöheren arabischen Beamten, Richter, Anwälte, Inspektoren, Mediziner und Schulleiter Palästinas - insgesamt 150 Persönlichkeiten - eine Proklamation unterzeichneten. Darin wurden die Forderungen des AHC nach einem Stopp der jüdischen Einwanderung, einem Verbot des Landverkaufs an Juden und nach Bildung einer nationalen Regierung unterstützt, die einer Volksvertretung gegenüber verantwortlich sein sollte.

Ein ganz anderes Bild bot sich 1947 und 1948: untereinander zutiefst zerstrittene politische Parteien, die kein gemeinsames Programm hatten, und eine Volksmasse, die keinerlei Druck auf ihre politischen Vertreter ausübte und nicht bereit war, sich in einen Heiligen Krieg zu stürzen. Als das AHC die ranghöheren Beamten aufforderte, nach Erlöschen des britischen Mandats die Verwaltung der arabischen Gebiete in die eigenen Hände zu nehmen, kam keine Reaktion. Die meisten der Angesprochenen zogen es vor, ihre Ämter niederzulegen oder sogar ins Ausland zu gehen, bis der erwartete Sturm abgeklungen sein würde. (Die Juden hatten im Gegensatz dazu seit Beginn des britischen Mandats eine funktionierende Selbstverwaltung aufgebaut. Die ranghöheren jüdischen Beamten, die bis 1948 in der Mandatsverwaltung gearbeitet hatten, stellten sich danach den Selbstverwaltungsorganen des Jischuw zur Verfügung.) Dazu kam, dass die beim Volk populäre Liga für Nationale Befreiung nach Kräften versuchte, solche Provokationen und Unruhen zu verhindern, die einen totalen Krieg zwischen Juden und Arabern hätten auslösen können. Man kann die begründete Mutmaßung wagen, dass die jüdische Führung, so sie nur gewollt hätte, sowohl auf politischer als auch auf militärischer Ebene den arabischen Palästinensern gegenüber eine andere Politik hätte betreiben können, als sie es tat. Wie die Belege zeigen, bestand innerhalb der zionistischen Führung trotz der in diesem Punkt sehr wohl bestehenden Meinungsverschiedenheiten keine Bereitschaft, Alternativen zu erkunden. Ben Gurion hatte das letzte Wort, und er unternahm nichts, um die oppositionellen jüdischen Gruppen Irgun und LEHI an den terroristischen Aktivitäten zu hindern, mit denen sie in der entscheidenden Phase vor der Gründung des israelischen Staates Haß und Rachsucht säten. Scharett war zwar viel daran gelegen, dass der gute Ruf des Zionismus und des Jischuw in der Weltöffentlichkeit erhalten blieb, aber er war nicht der Mann, für dieses Ziel eine Konfrontation mit Ben Gurion zu riskieren.

Niemand kann mit Sicherheit behaupten, dass eine andere Politik der Zionisten zu anderen geschichtlichen Ergebnissen geführt, dass sie beispielsweise den Bürgerkrieg und die arabische Invasion verhindert hätte. Es scheint mir aber wichtig, festzuhalten, dass den dokumentarischen Zeugnissen zufolge die objektiven Bedingungen für eine alternative Politik gegenüber den arabischen Palästinensern von Anfang an gegeben waren. Die Chance wurde jedoch von den jüdischen Führern, Zivilisten wie Militärs, bewußt nicht wahrgenommen. Die Motive dafür können nur ideologischer Natur gewesen sein.

Das Versäumnis, sich nicht um eine friedliche Verwirklichung des UN-Teilungsplans bemüht zu haben, forderte einen hohen Preis. Zwar wurde der israelische Staat schließlich geboren, aber er war das Kind eines kostspieligen und grausamen Krieges. Die Palästinenser wurden, anstatt ihre nationale Unabhängigkeit zu erringen, zu einem Volk von Flüchtlingen. Folglich verschärfte sich der Konflikt und verwandelte schließlich den ganzen Nahen Osten in ein Gebiet der Instabilität, der Gewalt und des Krieges. Beide Völker zahlen bis heute, jedes auf seine eigene Weise, den Preis für dieses Versäumnis.

DRITTER MYTHOS

Die Flucht der Palästinenser aus dem Land, sowohl vor als auch nach der israelischen Staatsgründung, setzte ein als Reaktion auf einen Aufruf der arabischen Führung, das Land vorübergehend zu verlassen, um dann mit den siegreichen arabischen Armeen zurückzukehren. Sie traten die Flucht an trotz der Bemühungen der jüdischen Führüng, sie zum Bleiben zu veranlassen.

»Yigael Allon fragte Ben Gurion, was mit der Zivilbevölkerung geschehen solle. Ben Gurion machte eine Handbewegung, die man nur als »Fortjagen« deuten konnte. »Fortjagen« ist ein Ausdruck, der einen harten Klang hat. Psychologisch war das eine der schwierigsten Maßnahmen, die wir ergriffen. Die Bewohner von Lydda gingen nicht freiwillig. Es gab keinen anderen Weg, als Gewalt und Warnschüsse einzusetzen, um die Bewohner dazu zu bringen, dass sie die 20 oder 25 Kilometer bis zu der Stelle marschierten, wo sie auf die Arabische Legion trafen.«

Jitzhak Rabin[1]

Der teils freiwillige, teils erzwungene Exodus der Palästinenser setzte am 29. November 1947, dem Tag der Verabschiedung der UN-Teilungsresolution, ein und hielt auch nach Unterzeichnung der Waffenstillstandsvereinbarungen im Sommer 1949 weiter an. Zwischen 600.000 und 700.000 arabische Palästinenser wurden vertrieben oder flohen aus den Gebieten, die für den jüdischen Staat vorgesehen oder von jüdischen Truppen im Verlauf der Kämpfe besetzt worden waren und später de facto in Israel eingegliedert wurden. Während und nach ihrem Abzug unternahmen die Juden alles Erdenkliche - von der Einebnung ganzer Dörfer bis zum Erlaß einschlägiger Gesetze, um ihnen eine Rückkehr so gut wie unmöglich zu machen.

1- *Diensttagebuch*, zitiert nach David Shipler, New York Times. 22. Okt. 1979

Der massive Umfang der Fluchtbewegung kam für viele jüdische Führer überraschend, während sie mit einem gewissen Exodus, wie wir sehen werden, gerechnet hatten.

Der Judenstaat, wie er im UN-Teilungsplan vorgesehen war, hätte über 300.000 arabische Einwohner gehabt, darunter 90.000 Beduinen.[2] Bedenkt man noch diejenigen Gebiete, die für den arabischen Palästinenserstaat vorgesehen gewesen, nun aber von den Juden erobert worden waren {Westgaliläa, Nazareth, Jaffa, Lydda, Ramla, die Landstriche südlich von Jerusalem und die Dörfer im Arabischen Dreieck Zentralpalästinas), wären mindestens weitere 300.000 Araber hinzugekommen. Die zionistischen Führer befürchteten, eine so große Zahl von Nichtjuden werde die Stabilität des neuen Staates sowohl in militärischer als auch in gesellschaftlicher Hinsicht gefährden, ersteres weil man diese Bürger als eine potentielle fünfte Kolonne für die Streitkräfte der feindseligen arabischen Nachbarstaaten betrachtete, letzteres weil gewichtige islamische und christliche Minderheiten den jüdischen Charakter des neuen Staates in Frage stellen würden. Daher registrierten viele Zionisten die Flucht von bis zu 700.000 arabischen Einwohnern aus palästinensischen Dörfern und Städten im Verlauf des Jahres 1948 mit Erleichterung. Chaim Weizmann sprach sicherlich vielen aus dem Herzen, als er dies als eine »wundersame Vereinfachung des Problems« bezeichnete.[3] Wie kurzsichtig diese Einschätzung war, hat die Geschichte längst bewiesen. Durch den Exodus der Palästinenser wurde der Konflikt noch schlimmer und komplizierter, und er ist bis heute das Haupthindernis bei der Suche nach Frieden geblieben.

2· Der UNSCOP-Ausschuß faßte laut seinem Teilungsplan einen jüdischen Staat mit 497.000 arabischen Bewohnern und 90.000 Beduinen ins Auge: der endgültige Teilungsplan, den die UN am 29. November 1947 verabschiedeten, schlug Jaffa und Beer Scheva als Enklaven dem arabischen Staat zu, wodurch die Zahl der arabischen Bewohner Israels sich um rund 180.000 vermindert hätte (nach Schätzungen, die bei diversen UN-Anhörungen vorgelegt wurden). Siehe UNSCOP-Report an die UN-Vollversammlung, UN-Dokumente. Zweite Sitzungsperiode, Supp. 11. *Ad Hoc Committee on the Palestine Question*, summarische Sitzungsprotokolle, 25. Sept.-25. Nov. 1947, S. 19-24

3· Rony E. Gabbay, *A Political Study of the Arab-Jewish Conflict: The Arab Refugee Problem*. Genf 1959, S. 110

Die Araber führten die Massenflucht auf einen gezielten Plan der Zionisten zurück, die Bevölkerung durch Einschüchterung, Terror und nackte Gewalt aus dem Land zu treiben. Die Zionisten wiesen alle Verantwortung von sich und behaupteten, das AHC habe die palästinensische Zivilbevölkerung aufgerufen, den Weg für das arabische Heer freizumachen und sich von den Kriegsschauplätzen fernzuhalten, bis die Kämpfe vorbei und die Zionisten besiegt seien. Dokumente, die erst in jüngster Zeit freigegeben wurden, werfen ein neues Licht auf die Thematik.

Beginnen wir mit der zionistischen Version - die sich in allen offiziellen zionistischen Geschichtswerken und Propagandaschriften, sowie in sämtlichen Selbstdarstellungen des Staates Israel findet - derzufolge die Israelis den Massenexodus nicht zu verantworten, sondern im Gegenteil alles in ihrer Macht stehende unternommen hatten, um ihm Einhalt zu gebieten. Die überzeugendsten Belege für diese Behauptung finden sich in Unterlagen über die Vorgänge in Haifa, wo der jüdische Bürgermeister Schabatai Levy und Abba Khoushi, der Vorsitzende des Arbeiterrats, die panische Flucht der Araber dadurch zu stoppen suchten, dass sie sie drängten, den Kampf aufzugeben und sich der Hagana zu ergeben. Im April 1948 entsandte Ben Gurion Golda Meir als seine Sondergesandte nach Haifa, mit dem Auftrag, sich in diese Bemühungen einzuschalten. Sie war erfolglos. Die Hagana besetzte daraufhin in Zusammenarbeit mit Irgun-Einheiten die arabischen Teile Haifas und vertrieb die Bewohner aus ihren Häusern. Die von der Hagana gestellten Bedingungen für einen Waffenstillstand waren für die Palästinenser so demütigend, dass das Arabische Nationalkomitee von Haifa sich nicht in der Lage sah, sie zu akzeptieren. Nach schweren Verlusten und ohne Aussicht auf Ersatz oder Verstärkung durch andere palästinensische Kampfeinheiten oder reguläre Truppen arabischer Nachbarstaaten, wandten sich die Palästinenser von Haifa hilfesuchend an die britischen Streitkräfte und baten sie, ihnen bei der Evakuierung ihrer Leute zu Lande und zu Wasser nach Akkra und in den Libanon behilflich zu sein.[4]

Der Ben Gurion-Biograph Michael Bar Zohar schreibt dazu: »Die Aufrufe an die Araber, zu bleiben, Goldas Mission und andere, ähnliche Gesten entsprangen politischen Erwägungen, waren jedoch nicht Ausdruck seiner [Ben Gurions] wahren Überzeugung. In internen Diskussionen, in Weisungen an seine Leute ließ der "alte Mann" keine Zweifel an seiner Auffassung: Je weniger Araber im Staatsgebiet zurückblieben, desto besser.«[5] Ben Gurion selbst schrieb, nachdem die Massenflucht der Palästinenser eingesetzt hatte, in sein Tagebuch: »Wir müssen jedem Araber, der hierbleibt, bürgerliche und menschliche Gleichberechtigung gewähren.« Aber: »Es ist nicht unsere Aufgabe, uns Gedanken über die Rückkehr der Araber zu machen.«[6]

Die Behauptung, der Exodus sei auf »Befehl von oben« geschehen, also von der arabischen Führung gesteuert worden, erwies sich, obwohl ihre Unglaubwürdigkeit auf der Hand lag, viele Jahre lang als propagandistisch wirksam. Dass die palästinensische Führung ihre Bevölkerung aufgerufen habe, ihre Ländereien zu verlassen, um für die einfallenden arabischen Heere den Weg freizumachen und später wieder zurückzukehren, um mit ihnen zusammen den Sieg zu feiern, war eine Unterstellung, die sowohl der militärischen Logistik als auch der menschlichen Logik Hohn sprach. Die arabischen Truppen, die von weit her kamen, um in den arabischen Gebieten Palästinas zu operieren, brauchten nichts dringender als eine sie unterstützende einheimische Bevölkerung, die ihnen Lebensmittel, Treibstoffe, Wasser, personelle Verstärkungen und Informationen hätte liefern können.

In Tausenden von Dokumenten, die das Zionistische Zentral- und das Israelische Staatsarchiv in jüngster Zeit veröffentlicht haben, findet sich ebensowenig ein Beleg für die Richtigkeit der israe-

4- Walid Khalidi, *Why Did the Palestinians Leave?*, London, Arab Information Centre, Papier Nr, 3

5- Bar Zohar, *Ben Gurion*, S. 702 f

6- Ben Gurion, *Kriegstagebücher*, 1. Mai 1948, S. 382

lischen Behauptungen, wie in den Kriegstagebüchern Ben Gurions. Diese jetzt freigegebenen Dokumente beweisen, dass die »Befehl-von oben« Theorie falsch ist und zeugen im Gegenteil von erheblichen Anstrengungen des AHC und der arabischen Staaten, die Fluchtbewegung einzudämmen.

Am 3. Januar 1948, in der Anfangsphase des palästinensischen Exodus, berichtete das Arabien-Referat der Jewish Agency in einer Meldung über Besorgnisse auf arabischer Seite: »Der arabische Exodus aus Palästina, hauptsächlich in westlich gelegene Länder, hält an. Dem Höheren Arabischen Vollzugsrat [gemeint ist das AHC] ist es neuerdings gelungen, eine strenge Überwachung derjenigen, die in arabische Länder in Nahost ausreisen wollen, zu installieren.«[7] Vor der israelischen Unabhängigkeitserklärung empfahl der politische Ausschuß der Arabischen Liga bei seiner Sitzung im libanesischen Sofar den arabischen Staaten, »ihre Tore für [...] Frauen, Kinder und alte Leute zu öffnen, falls die Ereignisse in Palästina dies notwendig machen«.[8] Das AHC wandte sich jedoch entschieden gegen die Ausreise von Palästinensern und verweigerte sogar die Ausstellung von Visa an Frauen und Kinder.[9]

Andere Dokumente zeigen, mit welch untauglichen Mitteln die Zionisten Kapital aus den Vorgängen zu schlagen versuchten. Als Scharett anfragte, welche Erklärung er für die Massenflucht in Lake Success (New York) bei der UNO-Tagung im April 1948 vortragen solle, erhielt er von Sasson, dem Leiter des Arabien-Referats der Jewish Agency, die Antwort, diese Flucht sei nicht das Ergebnis von Angst und Schwäche, sondern sei von den Husainis organisiert. In einer der politischen Propaganda dienenden Erklärung nannte Sasson fünf Motive für dieses vermeintliche Manöver der Husainis:

7- PDD, Dok. 239, S. 402

8- Siehe CZA, S25/9007, zitiert nach Joram Nimrod in Al-Hamishmar. 10. April 1985; ISA, 179/18, 1. März 1948

9- Siehe Khalidi, *Why did the Palestinians Leave?* Dieser Aufsatz enthält zahlreiche bislang unbekannte Details, die auf einer äußerst sorgfältigen Analyse jüdischer, arabischer und anderer Quellen beruhen.

1) die Juden in ein schlechtes Licht zu setzen; 2) die arabischen Staaten zum Eingreifen zu zwingen; 3) eine Rechtfertigung für deren Intervention zu schaffen; 4) die Anwerbung weiterer arabischer Freiwilliger zu fördern, die Chaos und Panik verbreiten sollten; und 5) den Briten die Möglichkeit zu geben, sich zu ihrem eigenen Nutzen als Unterstützer des arabischen Kampfes gegen den Zionismus zu präsentieren.[10]

Scharett war zweifellos besorgt, wie sehr die Massenflucht wohl die öffentliche Meinung gegen Israel beeinflussen würde; andererseits sah er auch die Vorteile. Am 25. April kabelte er an Reuven Schiloah, den ranghöchsten Arabien-Spezialisten im Stabe Ben Gurions: »Schlage vor, ausreisende Araber zu warnen - keine Garantie für Rückkehr.«[11] Zwei Wochen später lieferte er in seinen Gesprächen mit dem amerikanischen Außenminister George Marshall und dessen Mitarbeitern Robert Lovett und Dean Rusk eine neue Erklärung für das »erstaunliche Phänomen« der »arabischen Massenabwanderung aus dem jüdischen Staat und selbst aus einigen angrenzenden Gebieten«, an der nach seiner Schätzung zwischen 150.000 und 200.000 Menschen beteiligt waren. Zwar nannte er Angst als eins der möglichen Motive für den Exodus, verwies aber zusätzlich auf die besiegten arabischen Truppen, die diesen Exodus »bewußt förderten«, um »ihre Niederlage in einem weniger schimpflichen Licht erscheinen zu lassen, indem sie die Juden als einen weit schrecklicheren Gegner darstellen, als sie es in Wirklichkeit waren«.[12]

In dieser neuen Version der »Befehl-von-oben«-Theorie ging es also nicht mehr um die Räumung des Kriegsschauplatzes und die anschließende Rückkehr im Windschatten der siegreichen arabischen Armeen, sondern darum, die Schimpflichkeit der erlittenen Niederlage zu vertuschen. Auch diese Theorie scheint wenig plausibel, berücksichtigt man, dass, wie Scharett im selben Brief mitteilte,

10· PDÜ, Dok, 408, 23. April 1948, S. B70

11· Ibid., Dok. 410. S. 674

12· Ibid., Dok. 483, S. 758, 761

»die arabischen Regierungen unter der Last, eine Masse von Flüchtlingen ernähren, kleiden und unterbringen zu müssen, ächzen, da sie auf diese Aufgabe vollkommen unvorbereitet waren«.[13]

Um ihre Behauptung zu stützen, die arabischen Führer selbst hätten zur Massenflucht aufgerufen, verwiesen die israelischen und zionistischen Propagandisten beständig auf angebliche Verlautbarungen des AHC, in denen es etwa hieß: »In sehr kurzer Zeit werden die Armeen unserer arabischen Bruderländer Palästina vom Land, vom Meer und aus der Luft angreifen und überrennen und die Rechnung mit den Juden begleichen.«[14] Tatsächlich wurden einige Erklärungen dieser Art veröffentlicht, aber dies geschah in der Absicht, der panischen Flucht der Menschen aus den Dörfern und Städten Einhalt zu gebieten. Sie waren außerdem als Warnung an die Adresse derjenigen Palästinenser gedacht, die bereit waren, die Teilung ihres Landes als unwiderruflich hinzunehmen und den Kampf dagegen einzustellen: Wenn, so die Botschaft, die arabischen Armeen siegreich einmarschierten, um es den Juden heimzuzahlen, würden diese Kollaborateure zu Geiseln in der Hand der Juden werden.

In der Praxis bewirkten diese AHC-Verlautbarungen das Gegenteil dessen, was sie bezweckten: Sie schürten die Panik und die Bereitschaft zur Flucht.[15] Es gab indes viele andere Aussagen, die nicht so leicht falsch auszulegen waren. Nach Angaben des Arabienexperten der Mapam, Aaron Cohen, waren die arabischen Führer sehr schlecht auf die für die Massenflucht verantwortlichen »Fünftkolonner und Gerüchteköche« zu sprechen.[16] Als der Exodus von April 1948 an exorbitante Ausmaße annahm, appellierten sowohl der Generalsekretär der Arabischen Liga, Abd al-Rahman Azzam Pascha, als auch König Abdallah öffentlich an die Palästinenser, ihre Heimstätten nicht

13- Ibid.. Dok 483, S. 761

14- Aaron Cohen, *Israel und die arabische Welt* (In hebräischer Sprache), Tel Aviv 1964. S. 433

15- Ibid., S. 39, 41

16- Ibid., S. 460

zu verlassen.[17] Fawzi al-Qawukji, der Befehlshaber der Arabischen Befreiungsarmee, wurde angewiesen, die Fluchtbewegungen notfalls mit Gewalt zu unterbinden und für den Rücktransport der Geflohenen Transportmittel zu requirieren. Die arabischen Regierungen beschlossen, nur Frauen und Kindern die Einreise zu erlauben, Männer im wehrfähigen Alter (das heißt, zwischen 18 und 50 Jahren) dagegen zurückzuweisen.[18] Mohammed Adib al-Umri, stellvertretender Direktor des Rundfunksenders Ramallah, beschwor die Palästinenser aus Jenin, Tulkarm und anderen Städten im Arabischen Dreieck (das Gebiet zwischen Nablus, Tulkarm und Jenin), die von den Israelis beschossen und bombardiert wurden, in ihrer Flucht innezuhalten.[19] Am 10. Mai verbreitete Radio Jerusalem über sein arabisches Programm eine Anordnung des AHC und arabischer Militärkommandeure, die Massenflucht aus Jerusalem und Umgebung zu unterbinden.

Wie palästinensische Quellen außerdem offenbaren, hatte das AHC schon früher, im März und April, in Rundfunksendungen aus Damaskus die Bevölkerung aufgefordert, an Ort und Stelle zu bleiben, und die Weisung verbreitet, alle Palästinenser im wehrfähigen Alter müssten aus den arabischen Nachbarländern nach Hause zurückkehren. Auch sämtliche palästinensische Beamten wurden aufgefordert, die Stellung zu halten.[20]

Weshalb hatten diese Beschwörungen so wenig Wirkung? Um so wirkungsvoller waren dafür die Unterdrückungs- und Abschreckungsmaßnahmen der Zionisten, die von wirtschaflicher und psychologischer Kriegführung bis zur systematischen Vertreibung der arabischen Bevölkerung durch reguläre Truppen reichten.

Damit soll freilich nicht behauptet werden, dass diese Taktiken von den Zionisten gezielt geplant worden wären, wie die Araber es unterstellten. Man muss sich darüber klar sein, dass die offiziellen

---

17· 17 Ibid., S. 461

18· Siehe Mutzeiri, *Haaretz*, 10. Mai 1948

19· Menachem Kapeliuk, *Davar*. 6. Nov. 1948

20· Khalidi, *Why did the Palestinians Leave?*, S. 5

Entscheidungsinstanzen des jüdischen Staates - die provisorische Regierung, der Nationalrat und der Vorstand der Jewish Agency - über eine systematische Vertreibung der Palästinenser weder diskutierten noch einen solchen Plan guthießen; vermutlich wäre jeder Vorschlag solcherart kritisiert und abgelehnt worden. In diesen Gremien übten liberale, fortschrittliche und sozialistische Kräfte starken Einfluß aus. Die ganze zionistische Bewegung, von links bis rechts außen, hatte immer wieder betont, das jüdische Volk, das als nationale und religiöse Minderheit in fremden Ländern stets unter Verfolgung und Diskriminierung zu leiden gehabt habe, werde in seinem eigenen Staat ein Vorbild für den fairen Umgang mit Minderheiten sein. Die zionistische Bewegung sah sich nach ihrem eigenen Bekunden immer in der vordersten Front des Kampfes für die Rechte nationaler Minderheiten. Sie hatte ja schließlich 1917 zu den Initiatoren und Organisatoren des Minderheitenkongresses in Helsingfors gehört, bei dem für die nationalen Minderheiten in den neuen europäischen Staaten, die nach Ende des Ersten Weltkriegs entstehen würden, völlige Gleichberechtigung sowie kulturelle, religiöse und nationale Autonomie gefordert worden waren.

In den Diskussionen mit der britischen Regierung und später mit dem UNSCOP-Ausschuß und vor der UN-Vollversammlung hatten die Jewish Agency und der Jischuw feierlich zugesichert, dass sie die Rechte der Palästinenser respektieren würden. Weizmann hatte erklärt: »Die Juden werden sich nicht an den Rechten und am Territorium der Araber vergreifen.«[21] Noch im Oktober 1947 versicherte Scharett der Vollversammlung, mit der Teilung würden »zwischen 400.000 und 500.000 Araber in den jüdischen Staat integriert werden«, und hatte hinzugefügt, diese Menschen würden »vom Kontakt mit der fortschrittlichen jüdischen Mehrheit profitieren«.[22]

Als jedoch die Massenflucht einmal eingesetzt hatte, leisteten die jüdischen Führer ihr Vorschub. Scharett verkündete beispiels-

21- *UN Weekly Bulletin*. 22. Juli 1947, S. 220

22- Ibid., 28. Okl, 1947, S. 565

weise, Israel werde eine massenhafte Rückkehr der Palästinenser nicht zulassen.[23] Cohen erklärte im Oktober 1948: »Der arabische Exodus war nicht Teil eines vorbedachten Plans.« Er räumte jedoch ein, dass »die Flucht zum Teil Folge der offiziellen Politik war. [...] Nachdem sie einmal eingesetzt hatte, wurde die Flucht aus sowohl militärischen als auch politischen Gründen von den wichtigsten jüdischen Instanzen gefördert.«[24]

Wie die jetzt zugänglichen Dokumente beweisen, wurde die Flucht weit mehr als nur »gefördert«. Die israelischen Militärführer schienen von der Flucht der Palästinenser überhaupt nicht überrascht zu sein. Ben Gurion erklärte am 16. Juni 1948 in einer Rede vor der provisorischen Regierung Israels: »Drei Dinge sind bis jetzt geschehen: a) die Invasion der regulären Armeen der arabischen Staaten; b) unsere Fähigkeit, diese regulären Armeen abzuwehren; und c) die Flucht der Araber. Nichts davon hat mich überrascht.«[25]

Die engsten Mitarbeiter und Berater Ben Gurions waren in dieser Periode die Führer der Hagana, der Generalstab der neu formierten Israelischen Verteidigungskräfte (IDF), die Vorstandsmitglieder der Jewish Agency und des Siedlungs-Referats des Jewish National Fund, die Arabien-Experten der Jewish Agency sowie die für Erwerb und Produktion von Waffen zuständigen Hagana-Experten. Diese Leute waren nicht nur für die Planung des Krieges und der Verteidigungspolitik zuständig, sondern faßten auch die wichtigsten Beschlüsse für die Grenzen des jüdischen Staates, die Zahl und den Standort neuer jüdischer Siedlungen, die demographische Struktur der verschiedenen Bezirke und schließlich auch für die Geschicke der arabischen Einwohner. Sie waren die wirklichen Entscheidungsträger. Nicht alle Mitglieder dieser Führungsmannschaft Ben Gurions waren sich darin einig, wie mit den innerarabischen Gegnern

23· Scharett an Zaslani (Schiloah), 26. April 1948. PDD, Dok. 410, S. 674; Scharett an John MacDonald (US-Konsul in Jerusalem). UN Weekly Bulletin. 28. Okt. 1947, S. 565

24· Cohen, *Bericht an Mapam, politischer Ausschuß*, Okt. 1948. MGH

25· Ben Gurion, *Kriegstagebücher*, 16. Juni 1948. S. 524

des Muftis umzugehen sei, wie der künftige Status der arabischen Gebiete aussehen sollte oder nach welchen Grundsätzen beim Landerwerb und in der Entschädigungsfrage zu verfahren sei. Einig waren sie sich jedoch darin, dass die Araber nur die Sprache der Gewalt verstanden und dass jeder auf einen Kompromiß hinzielende Vorschlag von ihnen als Zeichen der Schwäche gedeutet würde. Vor allem aber machten sie sich die Überzeugung Ben Gurions zu eigen, dass der Staat Israel bevölkerungsmäßig homogen und geographisch so groß wie möglich sein sollte.

Genaueres kann über die Diskussionen und Planungen in der engsten Führungsspitze leider nicht berichtet werden, da die einschlägigen Akten noch im Ben-Gurion-Archiv und im Archiv der IDF unter Verschluß liegen und von einigen Debatten und Beschlüssen noch nicht einmal transkribierte Protokolle existieren. Was an Dokumenten aus anderen Archiven sowie an veröffentlichten Tagebüchern vorliegt, liefert zwar nicht den Beweis dafür, dass es einen bestimmten Plan oder präzise Anweisungen für die Vertreibung der Palästinenser gab, aber die darin enthaltenen Indizien und Anhaltspunkte zeigen eindeutig, dass die Hagana und später die IDF bewußt und systematisch darauf hinwirkten, die Zahl der im jüdischen Staat lebenden Araber auf ein Minimum zu reduzieren und möglichst viel von ihrem Grund und Boden, ihren Wohnstätten und Vermögenswerten Gebrauch zu machen, damit die jüdischen Einwanderermassen aufgenommen werden konnten.[26]

Zweifellos suchten zahlreiche Palästinenser aus eigenem Entschluß das Weite. Zehntausende von Geschäftsleuten, Grundbesitzern, Dorfältesten, Bürgermeistern und Angehörigen der geistigen Elite, die über die Mittel verfügten, sich und ihre Familien vom Kriegsschauplatz zu entfernen, taten dies. Tausende andere - Beamte, Akademiker und Facharbeiter - zogen die Auswanderung in ein arabisches Land dem Leben in einem jüdischen Staat vor, wo sie glaubten, mit Arbeitslosigkeit und Diskriminierung rechnen zu

26- Cohen, *Im Angesicht des arabischen Exodus* (in hebräischer Sprache), in: L'Abdul Haavodah. Jan. 1948 müssen. Fast die Hälfte der arabischen Einwohner Haifas Übersiedelte nach Nazareth, Akkra, Nablus und Jenin, bevor ihre Stadt am 23. April 1948 von der Hagana besetzt wurde. Die arabischen Stadtviertel von Wadi Nisnas und Karmel waren fast ganz verwaist. (Diese freiwillige Abwanderung in Gebiete, die für den Palästinenserstaat vorgesehen waren, wurde von manchen Beobachtern als Beleg dafür gedeutet, dass die Betreffenden die von der UNO vorgeschlagene Teilung als nicht mehr abwendbare Tatsache akzeptierten und das Beste aus der Situation zu machen suchten.)[27]

Hunderttausende andere jedoch ergriffen in Angst und Schrecken panisch die Flucht, und wieder andere wurden von jüdischen Truppen regelrecht vertrieben. Truppen, die unter der Führung Ben Gurions nach der UN-Teilungsresolution die Vertreibung planten und ausführten.

Die Bilanz dieser Politik wird aus den Schätzungen des IDF-Nachrichtendienstes deutlich: Am 1. Juni 1948 waren 370.000 Palästinenser sowohl aus den jüdischen als auch aus den von den Juden eroberten arabischen Landesteilen geflohen. Davon waren 55 Prozent infolge jüdischer Angriffe auf arabische Siedlungszentren (Dörfer, Klein- und Großstädte), 15 Prozent wegen terroristischer Akte der Irgun und der LEHI und etwa 2 Prozent in Reaktion auf Flüsterpropaganda (psychologische Kriegführung) geflüchtet; 2 Prozent waren von israelischen Truppen vertrieben worden, bei weiteren 10 Prozent war ein allgemeines Angstgefühl das Motiv für die Flucht. 84 Prozent aller Flüchtlinge verließen das Land also unter dem mehr oder weniger direkten Einfluß israelischer Maßnahmen, nur 5 Prozent auf Anweisung arabischer Instanzen. Die verbleibenden 11 Prozent sind in dieser Schätzung nicht ausgewiesen; es könnte sich dabei um diejenigen handeln, die freiwillig gingen. (Die Bilanz erfaßt nur rund 50 Prozent aller Geflohenen, da im Lauf der darauffolgenden sechs Monate noch einmal eine gleich

27· loseph Weitz, *Tagebücher* (In hebräischer Sprache), Jerusalem 1951, 26. März 1948, Bd. 4, S. 257; 17. August 1949, S. 358

hohe Zahl von Menschen das Land verließ.)[28]

Noch einmal: Nach allem, was wir wissen, gab es keine ausdrücklichen Anweisungen, die palästinensische Bevölkerung zu vertreiben. In sämtlichen offiziellen Verlautbarungen der zionistischen Bewegung wie auch der provisorischen Regierung und von Januar 1949 an der israelischen Regierung - und in allen diesen Organen spielte Ben Gurion eine Hauptrolle - wurde der arabischen Minderheit eine faire Behandlung versprochen. Auch zögerte Ben Gurion angesichts der nicht seltenen Fälle, in denen arabische Dörfer brutal zerstört und ihre Bewohner fortgejagt wurden, nicht, die Ausschreitungen, Plünderungen, Vergewaltigungen und Morde, die dabei begangen wurden, öffentlich zu verurteilen, und andere Kabinettsmitglieder taten es ihm nach.

Wie Ben Gurion jedoch wirklich darüber dachte, daraus machte er im privaten Kreis keinen Hehl. So forderte er beispielsweise am 19. Dezember 1947: »Wir [müssen] das System der aggressiven Verteidigung anwenden; auf jeden arabischen Angriff müssen wir mit einem entscheidenden Schlag antworten: den Ort zerstören oder die Bewohner vertreiben und den Ort für uns in Besitz nehmen.«[29] Er erklärte weiter: »Wenn wir in den Kampf gehen, [...] müssen wir stark und grausam sein und dürfen uns durch nichts aufhalten lassen.«[30] Auch ohne ausdrückliche Befehle verstanden die Befehlshaber und Soldaten der israelischen Streitkräfte, worum es »realpolitisch« ging, und verhielten sich entsprechend.

Dass Ben Gurion doch das Ziel verfolgte, möglichst viele Araber aus dem Territorium des jüdischen Staates zu entfernen, läßt sich kaum bezweifeln, wenn man sich die Vielfalt der Methoden vergegenwärtigt, deren er sich zur Erreichung dieses Ziels bediente: militärische Aktionen zur Störung oder Zerstörung des arabischen Wirt-

---

28· Benny Morris, *The Causes and Character of the Arab Exodus from Palestine*, in: *Middle Eastern Studies* 22/1, Jan. 1986, S. 9 ff

29· Ben Gurion, *Kriegstagebücher*, 19. Dezember 1947, S. 37 f

30· Bar Zohar, *Ben Gurion*, S. 680

schafts- und Güterverkehrs, so dass die Bevölkerung der palästinensischen Städte nicht mehr mit Lebensmitteln und Rohstoffen versorgt werden konnte; psychologische Kriegführung, von der »freundlichen Warnung« bis zur unverblümten Einschüchterung und Ausnutzen des Schreckens, den die jüdischen Untergrund-Terroristen verbreiteten; aber am entscheidendsten war die Zerstörung ganzer Dörfer durch israelische Truppen und die Vertreibung ihrer Bewohner.[31]

In einer Tagebucheintragung vom 11. Dezember 1947 notierte Ben Gurion über die Gesamtwirkung der wirtschaftlichen, militärischen und psychologischen Kriegführung der Zionisten:

> Araber in heller Flucht aus Jaffa und Haifa. Beduinen auf der Flucht aus dem Scharon. Die meisten suchen Zuflucht bei Verwandten. Dorfbewohner kehren in ihre Dörfer zurück. Auch führende Köpfe sind auf der Flucht, die meisten von ihnen bringen ihre Familien nach Nablus, Nazareth. Die Beduinen wandern in arabische Gebiete ab. Unsere »Freunde« [Berater] meinen, dass jedesmal, wenn wir gegen die Araber einen harten Schlag mit vielen Toten und Verletzten führen, die Reaktion ein Segen [für uns] ist. Die Angst der Araber wird dadurch größer, die proarabische Unterstützung von außen wird unwirksam. In welchem Ausmaß wird die Unterbrechung des Güterverkehrs den Arabern schaden? Die Fellachen [Bauern] werden nicht darunter leiden, wohl aber die Stadtbewohner. Die Landbewohner wollen sich an den Unruhen nicht beteiligen, es sei denn, sie würden mit Gewalt hineingezogen. Eine energische Reaktion [unsererseits] wird die Bauern in ihrer Weigerung, sich an der Schlacht zu beteiligen, bestärken. Josh Palmon [Arabienexperte und Berater Ben Gurions] glaubt, dass Haifa und Jaffa wegen Hungersnot bald menschenleer sein werden. Schon während der Unruhen von 1936-39 kam es in Jaffa beinahe zu einer Hungersnot.[32]

31- Auch mit finanziellen Anreizen wurde der Exodus der Araber gefördert; siehe Weitz Tagebücher

32- Ben Gurion Kriegstagebücher. 11. Dez. 1947, S. 37 f

Wenige Tage später widmete sich Ben Gurion in einem Brief an Scharett wirtschaftlichen Fragen. »Der wichtige Unterschied zu 1937«, schrieb er, »besteht in der stärker gewordenen Anfälligkeit der Wirtschaft der arabischen Städte. Haifa und Jaffa sind uns auf Gedeih und Verderb ausgeliefert. Wir können sie ›aushungern‹; der motorisierte Güterverkehr, der auch in ihrem Leben zu einem wichtigen Faktor geworden ist, wird weitgehend von uns kontrolliert.«[33]

Als die Israelis die städtischen Bastionen der palästinensischen Bevölkerung vernichteten und die umliegenden Dörfer willentlich oder unwillentlich evakuierten, zerstörten sie in vielen Teilen des Landes, besonders in den größeren städtischen Siedlungszentren, die ganze Struktur des palästinensischen Lebens. Die Berater Ben Gurions empfahlen, die arabischen Geschäfte zu schließen, die Fabriken vom Rohstoffnachschub abzuschneiden und weitere solcher Maßnahmen. Der Operationschef der Armee, Yadin, riet: »Wir müssen den Transport und den Handel der Araber lähmen und sie auf dem Land und in den Städten unter Druck setzen. Das ist die Methode, um sie zu entmutigen.«[34] Sasson schlug vor, »den arabischen Handelsverkehr zu schädigen, selbst wenn darunter der jüdische Handel leiden sollte. Wir können es verkraften, sie nicht. [...] Wir sollten nicht da und dort zuschlagen, sondern mit einem Schlag gegen das ganze Transportwesen, den ganzen Handel usw.«[35]

Ezra Danin sprach von einem »vernichtenden Schlag«, der gegen ihre »Transportmittel (Busse, Lastwagen, mit denen Lebensmittel transportiert werden, und Privatautos) [...] [und gegen ihre] wirtschaftlichen Anlagen [geführt werden muss]: den Hafen von Jaffa (Schiffe versenken); Schließung der Geschäfte; Abschneiden ihrer Verbindungen zu benachbarten Ländern; Schließung arabischer Fabriken durch Lieferblockade für Rohstoffe und Zement.« Etwas später sprach er sich dafür aus, Jaffa zur belagerten Stadt zu machen.

33-PDD. Dok. 45, 14. Dez. 1947. S. 60

34- Ben Gurion, *Kriegstagebücher*, 22. Dez. 1947. S. 67

35- Ibid.

Das einzige Zugeständnis, über das er zu diskutieren bereit war, betraf die Ausfuhr von Zitrusfrüchten über den Hafen von Jaffa.[36]

Auch Yigael Allon, Oberbefehlshaber der Palmach-Sturmtruppen der Hagana, riet zu wirtschaftlichen Maßnahmen: »Es ist nicht immer möglich, zwischen Gegnern und Neutralen zu unterscheiden. [...] Es ist unmöglich, zu vermeiden, dass Kinder verwundet werden - weil es unmöglich ist, sie von den anderen zu trennen, wenn man in jedes Haus eindringen muss. Die Araber schreiten jetzt zur Selbstverteidigung, und es gibt Waffen in jedem Haus. Wir können jetzt nur zu extremen Strafmaßnahmen greifen. Der Ruf nach Frieden wird als Zeichen der Schwäche erscheinen. Erst wenn wir einen entscheidenden Schlag geführt haben, können Friedensaufrufe etwas bringen. Wir müssen ihre Wirtschaft zerschlagen.«[37]

Es schien klar absehbar, dass die Araber, wenn sie erst einmal ohne Nahrung, ohne Arbeit und ohne jegliche Sicherheit dastanden, sich in großer Zahl zur Flucht entschließen würden, insbesondere nachdem ihre offiziellen Führer sich fast alle schon vor Beginn der Kämpfe abgesetzt hatten.

Bereits am 5. Januar 1948 konnte Ben Gurion in seinem Tagebuch einige Erfolge der wirtschaftlichen Kriegführung gegen die arabische Bevölkerung Haifas aufzählen: »[Ihr] Handel ist weitgehend vernichtet, viele Geschäfte sind geschlossen. [...] die Preise bei den Arabern steigen.« Er vermerkte, bis zu zwanzigtausend Araber seien bereits weggezogen, darunter ein großer Teil der Wohlhabenderen, denen zweifellos durch die israelischen Maßnahmen die wirtschaftliche Grundlage entzogen sei.[38]

Da Ben Gurion von der Wirksamkeit einer Strategie zur Zerstörung der arabischen Wirtschaft überzeugt war, überwachte er fortwährend die Ergebnisse dieser Politik. Am 11. Januar 1948 vertraute er seinem Tagebuch den Inhalt eines abgehörten Telefongesprächs

36- Ibid., 11. Dez. 1947, S. 38

37- Ibid., 1.Jan. 1948,5.102

38- Ibid., 5. Jan. 1948, S. 114

zwischen dem AHC-Sekretär und ehemaligen Bürgermeister von Jerusalem, Husain al-Khalidi und dem Bankier Farid Bey in Haifa an. Farid Bey hatte Khalidi über die verzweifelte Lage in Jerusalem und Haifa ins Bild gesetzt. »Du hast keine Vorstellung, wie schwer es draußen ist«, entgegnete Khalidi, auf die Lage der im Ausland weilenden arabischen Führer anspielend. Farid Bey antwortete: »Und hier sterben [die Araber] Tag für Tag.« »In Jaffa ist es noch schlimmer«, berichtete Khalidi. »Alles ist auf der Flucht.«[39]

Am selben Tag teilte Sasson König Abdallah mit, die Palästinenser von Haifa, Jaffa und Jerusalem seien mit »Hunger, Arbeitslosigkeit, Angst, Terror« konfrontiert.[40] Zwei Tage später, am 13. Januar, erstattete Khalidi dem Mufti Bericht über die Krise: »Die Lage hier ist äußerst schwierig«, meldete er aus Jerusalem. »Es gibt keine Leute, keine Disziplin, keine Waffen und keine Munition. Dazu sind keine Konserven und Lebensmittel vorhanden. Der Schwarzmarkt floriert. Die Wirtschaft liegt darnieder. [...) Das ist die reale Lage, es gibt kein Mehl, keine Nahrung. [...] Jerusalem wird immer menschenleerer.«[41]

Das Sterben der arabischen Städte in Palästina war ein *fait accompli*. Die Rechnung Ben Gurions war aufgegangen. Wie er selbst erklärte:

> Das strategische Ziel [der jüdischen Streitkräfte] war die Zerstörung der städtischen Gemeinden, die die organisiertesten und politisch bewusstesten Teile des palästinensischen Volkes waren. Dies wurde nicht durch Häuser- und Straßenkämpfe in den großen und kleinen Städten bewerkstelligt, sondern durch die Eroberung und Zerstörung der ländlichen Siedlungen in der Umgebung der meisten Städte. Diese Taktik führte zum Zusammenbruch und zur Kapitulation von Haifa, Jaffa,

39· Ibid.. 11. Jan. 1948, S. 134

40· PDD, Dok, 100. S. 145

41· Ben Gurion, *Kriegstagebücher*. 15. Jan. 1948. S. 156

Tiberias, Safad, Akkra, Bet Schean, Lydda, Ramla, Majdal und Beer Scheva. Von Transportmitteln, Lebensmitteln und Rohstoffen abgeschnitten, gerieten die städtischen Gemeinden in einen Prozeß des Zerfalls, des Chaos und Hungers und sahen sich zum Aufgeben gezwungen.[42]

Das militärische Vorgehen gegen die Araber einschließlich der »Eroberung und Zerstörung ländlicher Gebiete« war Teil des bereits im Anfangskapitel erwähnten »Plans Dalet« der Hagana. Dieser im März 1948 eingesetzte Plan D trat offiziell erst am 14. Mai in Kraft, nach der Proklamation des Staates Israel.[43] Die Grundsätze des Plans waren eindeutig: »Aktivitäten gegen feindliche Siedlungen, die [...] in der Nähe unserer Hagana-Einrichtungen liegen, damit aktive [arabische] Streitkräfte sie nicht benutzen konnten.« Diese Aktivitäten umfassten die Zerstörung ganzer Dörfer, die Bekämpfung und Vernichtung bewaffneter Feinde und, im Falle von Widerstand bei Durchsuchungen, die Vertreibung der Bevölkerung aus dem Staatsgebiet.[44]

Auch Transport- und Verkehrswege, die von den arabischen Truppen benutzt werden konnten, standen auf der Abschußliste. Wie Yadin ein Vierteljahrhundert später in einem Interview erklärte: »Der Plan verfolgte den Zweck, das Territorium des Staates zu sichern, was die palästinensischen Araber anging, die Verkehrswege und die benötigten Stützpunkte.«[45] Yadin und seine Mitarbeiter zählten neun operative Varianten auf, darunter »Blockade der Verbindungsstraßen des Feindes von seinen Stützpunkten zu Zielorten innerhalb des jüdischen Staats« oder »Kontrolle der für die Juden wichtigen Hauptschlagadern des Verkehrs und Zerstörung der in

42. Ibid.

43. Bar Zohar bezeichnet dies als den ersten Operationsplan der IDF, wenn er auch schon vor der Slaatsgründung entstand, *Ben Gurion*, Bd. 2, S. 703 f. In der englischen Ausgabe ist dieses Material nicht enthalten,

44. Uri Millstein, *Hadashot*, 11. Jan. 1985; siehe auch das Gespräch Millsteins mit Yadin in *Davar Hashavuah*, 10. März 1982; *Geschichte der Hagana*, S. 1955-1960

45. Yadin, zitiert nach Millstein, *Davar Hashavuah*, 10. März 1982

ihrer Nähe gelegenen arabischen Dörfer, damit diese nicht als Stützpunkte für Angriffe auf den Verkehr benutzt werden können.«[46]

In dem Plan war auch von der »vorübergehenden« Eroberung und Besetzung arabischer Stützpunkte jenseits der Grenzen Israels die Rede. Er enthielt detaülierte Richtlinien für das Vorgehen bei der Eroberung arabischer Viertel in Städten mit gemischter Bevölkerung, besonders wenn diese Städte an wichtigen Verkehrswegen lagen, sowie für die zwangsweise Evakuierung der Bewohner dieser Viertel in die nächstgelegene arabische Stadt.

Auch die psychologischen Aspekte der Kriegführung wurden nicht vergessen. Einen Tag nach Inkrafttreten des Plans D zitierte die libanesische Zeitung Al-Hayat ein Flugblatt, das aus der Luft abgeworfen worden war und die Unterschrift des Hagana-Kommandos für Galiläa trug:

> Wir wollen nicht gegen einfache Menschen kämpfen, die in Frieden leben möchten, sondern nur gegen die Armeen und Truppen, die zum Einmarsch nach Palästina bereitstehen. Daher [...] müssen alle Menschen, die diesen Krieg nicht wollen, zusammen mit ihren Frauen und Kindern fortgehen und sich in Sicherheit bringen. Dies wird ein grausamer Krieg sein, ohne Gnade oder Mitleid. Es gibt keinen Grund, weshalb Sie sich selbst in Gefahr bringen sollten.[47]

Wie grausam und gnadenlos dieser Krieg geführt wurde, war bereits am Beispiel des Massakers von Deir Jassin deutlich geworden. Dieses Dorf lag in einem überwiegend jüdisch besiedelten Gebiet unweit von Jerusalem und hatte, wie bereits erwähnt, schon 1942 mit seinen jüdischen Nachbarsiedlungen einen Nichtangriffspakt geschlossen. Aus diesem Grund hatte das Dorf beim Ausbruch der

---

46- Ibid.

47- Khalidi: *Why did the Palestinians leave?*, S. 3

Kämpfe das AHC nicht um Schutz gebeten.[48] Am 9. April 1948 überfielen jedoch Irgun- und LEHI-Kämpfer das Dorf und richteten ein kaltblütig und vorsätzlich geplantes Blutbad an. In einem Artikel in der New York Times von 1979 über die spätere zwangsweise Räumung von Lydda und Ramla verwies David Shipler auf Dokumente des Roten Kreuzes und des britischen Nachrichtendiensts, die belegen, dass in Deir Jassin israelische Terroristen »Männer, Frauen und Kinder an die Wand stellten und erschossen«. Deir Jassin gehöre damit zu den schrecklichen Ortsnamen der Weltgeschichte. Als die Mörder ihr Werk vollbracht hatten, plünderten sie das Dorf und suchten das Weite.[49]

Die Brutalität des Überfalls auf Deir Jassin schockierte die Öffentlichkeit in Israel und auf der ganzen Welt, säte Panik bei der palästinensischen Bevölkerung und führte dazu, dass im ganzen Land unbewaffnete Zivilisten von Haus und Hof flohen. David Schaltiel, Hagana-Kommandant in Jerusalem, verurteilte die Ermordung arabischer Zivilisten auf das schärfste. Er behauptete, die terroristischen Splittergruppen hätten hier keine militärische Operation durchgeführt, sondern sich eines der friedlichen Dörfer in dem Gebiet vorgenommen, von dem seit Beginn der Kampfhandlungen nie irgendein Angriff ausgegangen sei. Nach Angaben der Irgun jedoch hatte Schaltiel den Überfall gutgeheißen. Wie der Historiker der Hagana,Aryeh Jitzhaki, Jahre später schrieb, sei das Unternehmen von Deir Jassin nach dem Schema von Dutzenden von Angriffen ausgeführt worden, die die Hagana und Palmach damals unternommen hätten, wobei Häuser voller alter Leute, Frauen und Kinder in die Luft gejagt worden seien.[50] (Weniger bekannt als Deir Jassin, aber nicht weniger brutal war das Massaker, das ehemalige LEHI-

48· PDD, Anmerkungen des Hrsg., S. 625

49· Shipler, *New York Times*, 22. Okt. 1979; siehe auch J. Bowyer Bell, *Terror Out of Zion*, New York 1977, S. 296; Dan Kurzman, *Genesis 1948*, New York 1972, S. 148; sowie Larry Collins und Dominique Lapierre, *O Jerusalem*, New York 1972, S. 248

50· Aryeh Jitzhaki, *Yediot Ahranot*, 14. April 1985

Mitglieder am 29. Oktober 1948 in Duweima bei Hebron anrichteten und das erst 1984 durch Recherchen des israelischen Journalisten Yoela Har-Shefi bekannt wurde.[51])

Khalidi, der Ex-Bürgermeister von Jerusalem, nannte den Überfall auf Deir Jassin eine sinnlose Tat, besonders angesichts der Friedfertigkeit dieses Dorfes und seiner guten Beziehungen zu seinen jüdischen Nachbarn.[52] Aus einer anderen Warte betrachtet, ergab sie aber sehr wohl einen Sinn: Dieses »Unternehmen« sorgte nämlich bei der arabischen Bevölkerung für größere Panik als alles, was bis dahin geschehen war. Die meisten Historiker sind der Auffassung, dass das Massaker von Deir Jassin der unmittelbare Anlaß für die Massenflucht der Palästinenser aus Haifa am 21. April und aus Jaffa am 4. Mai gewesen sei und dass es auch den endgültigen Zusammenbruch des militärischen Widerstands der Palästinenser eingeleitet habe. Aus der Sicht der Irgun war es ein extremer, aber konsequenter Ausdruck ihres ideologischen Credos und ihrer politischen Strategie zur Sicherung ganz Palästinas als Lebensraum für das jüdische Volk. Und Ben Gurion verurteilte zwar das Massaker mit entschiedenen Worten, unternahm aber nichts, um die Aktivitäten der auf eigene Faust vorgehenden jüdischen Untergrundgruppen zu unterbinden. Ihre geplanten Provokationen und willkürlichen Anschläge und Überfälle hatten stets den erwünschten Nebeneffekt, die nationalen Spannungen zu verschärfen.[53] Am 30. Dezember 1947 beispielsweise, einen Monat nach Verabschiedung der UN-Teilungsresolution und drei Monate vor Deir Jassin, warf ein Irgun-Kommando in der Raffinerie von Haifa eine Handgranate in eine Gruppe arabischer Arbeiter; es gab sechs Tote und 42 Verletzte. Wie anderswo, hatten auch hier die jüdischen und die arabischen Arbeiter längst ein Abkommen für den friedlichen Umgang miteinander geschlossen,

51· Nimrod in Al-Hamishmar 10. April 1985

52· PDD, Dok. 3 76, S. 625, Nr 1

53· Siehe Israelisches Verteidigungsministerium, *Geschichte des Unabhängigkeilskrieges* (in hebräischer Sprache), Tel Aviv 1959. S. 94, 117

und beide Seiten hatten sich bis dahin auch daran gehalten. Nach dem Handgranaten-Anschlag nahmen die arabischen Arbeiter blutige Rache und töteten 41 jüdische Arbeiter; die Hagana übte wiederum Vergeltung, indem sie das bei Haifa gelegene arabische Dorf Balad al Shaykh überfiel und dabei 17 Menschen tötete und 33 verwundete. Auf diese Weise hatten die Irgun-Provokateure mit ihrem Anschlag nicht nur innerhalb der Belegschaft der Raffinerien Zwietracht gesät, sondern eine Eskalation der Gewalt und der Feindseligkeiten in der gesamten Region Haifa in Gang gesetzt.

Am 4. Januar 1948 verübte die Irgun mit Hilfe einer Autobombe einen Sprengstoffanschlag auf das Verwaltungszentrum von Jaffa; 26 arabische Zivilisten fanden dabei den Tod. Drei Tage später starben bei der Explosion einer Irgun-Bombe am Jaffa-Tor in Jerusalem 25 arabische Zivilisten. Alle diese Provokationen ließen dasselbe Muster erkennen: Jedesmal übten die Araber blutige Vergeltung, woraufhin die Hagana, die zuvor jeweils die Anschläge der Irgun und der LEHI verurteilt hatte, empört aufschrie und ihrerseits mit einer »Gegenvergeltung« antwortete.

Nach dem Massaker von Deir Jassin sandte Ben Gurion im Namen der Jewish Agency eine Sonderbotschaft an König Abdallah, in der er jede Verantwortung für den Überfall zurückwies und die Täter als Verbrecher brandmarkte; zugleich lehnte er es jedoch ab, Strafmaßnahmen gegen die Untergrundkämpfer zu ergreifen oder weitere »unautorisierte« Aktionen dieser Gruppen durch geeignete Vorkehrungen zu unterbinden, wie es beispielsweise Jaakov Riftin von Haschomer Hatzair und Mosche Scharett forderten. Scharett ersuchte, wir erinnern uns, Ben Gurion telegraphisch um eine Stellungnahme, als im selben Monat die Irgun weit in das Gebiet von Jaffa eindrang, das dem arabischen Staat zugesprochen war; doch erhielt er darauf keine Antwort.

Dass Ben Gurion jederzeit in der Lage gewesen wäre, den jüdischen Terrorgruppen das Handwerk zu legen, steht außer Zweifel. Er bewies dies beispielsweise im Juli 1948 - nach der israelischen

Staatsgründung -, als auf seinen Befehl hin die Altalena, ein mit Freiwilligen und Waffen für die Irgun beladenes Schiff, versenkt wurde. Hätte das Schiff in Israel angelegt, so hätte dies einen Bruch des Waffenstillstandsabkommens bedeutet, das die Regierung unterzeichnet hatte, und damit ihre Autorität, ebenso wie die der IDF, untergraben. In dieser Situation war Ben Gurion bereit, den Tod zahlreicher Juden in Kauf zu nehmen und selbst einen Bürgerkrieg zu riskieren, um die terroristischen Gruppen in die Knie zu zwingen. Er forderte sie ultimativ auf, ihre Verbände aufzulösen, ihre Waffen abzuliefern, in die regulären Streitkräfte der IDF einzutreten und sich deren Befehlsgewalt zu unterwerfen. Diese Forderungen wurden schließlich erfüllt.

Was die Hagana betraf, so vermied sie es, Massaker wie das von Deir Jassin zu begehen; aber auch sie war entschlossen, die arabische Bevölkerung zu vertreiben und ihr eine Rückkehr unmöglich zu machen, und bediente sich dazu der zwar nicht so blutigen, aber gleichwohl wirksamen Mittel der Zerstörung von Wohnstätten und Sachwerten, der Einschüchterung und der Flüsterpropaganda. Mit Feuer, Dynamit und mit der Verminung der übrigbleibenden Ruinen hatten die IDF es bis Ende des Krieges von 1947/48 geschafft, 350 arabische Dörfer und Kleinstädte in den für den jüdischen Staat von vornherein vorgesehenen oder von den Juden im Krieg eroberten Gebieten zu entvölkern und einzuebnen. Tausende und Abertausende von Häusern, Werkstätten, Lagerhallen, Viehställen, Kinderheimen und Gärten wurden zerstört, Vieh geraubt bewegliches Inventar entweder beschlagnahmt oder verbrannt. Dieses Vorgehen, bei dem mit äußerster Gründlichkeit und Effizienz zu Werke gegangen wurde, war militärisch nicht zu begründen, da die meisten der betroffenen Ortschaften nicht Schauplatz bewaffneter Kämpfe gegen die jüdischen Streitkräfte waren und die Mehrheit ihrer Einwohner ohnehin aus Angst vor einem »neuen Deir Jassin« die Flucht ergriffen hatte oder den »freundschaftlichen Ratschlägen« jüdischer Nachbarn gefolgt war. Wie Palmach-Befehlshaber Allon fünf Tage vor der israelischen Staatsgründung erklärte: »Wir suchten nach Mitteln und Wegen, die Zehntausenden von Arabern, die in Galiläa geblieben waren, ohne Anwendung von Gewalt zur Flucht zu veranlassen, denn im Falle einer arabischen Invasion wären sie uns in den Rücken gefallen.«[54] Er ließ daher das Gerücht verbreiten, alle Dörfer in der Umgebung des Huleh-Sees würden in Schutt und Asche gelegt, und die Araber täten gut daran, zu fliehen, solange noch Zeit sei.

Interessante Details zu dieser Politik fanden sich in den Tagebüchern von Joseph Weitz, einem idealistisch gesinnten Sozialdemokraten und engen Weggefährten der Kibbuz-Bewegung. Als Direktor des Siedlungs-Referats des Jewish National Fund beschäftigte Weitz sich während eines Großteils seines Lebens damit, in ganz Palästina Grund und Boden für jüdische Siedlungen zu kaufen. Viele Jahre kämpfte er für die Aussiedlung derjenigen arabischen Pachtbauern, deren Fluren »im Herzen« jener jüdischen Gebiete lagen, die jener National Fund von abwesenden Grundbesitzer-Effendis zusammengekauft hatte. Diese Aussiedlung sollte seiner Meinung nach entweder durch die Zahlung von Entschädigungen oder durch »andere Mittel« vorangetrieben werden. Im März 1948 legte er dem Hagana-Oberbefehlshaber Galili einen Plan für die Aussiedlung der Araber aus Dörfern auf jüdischem Staatsterritorium in benachbarte Länder vor. Er forderte, dass zugleich eine mit allen einschlägigen Vollmachten ausgestattete Behörde geschaffen werden müsse, die die enteigneten arabischen Vermögenswerte verwalten und ihre weitere Nutzung kontrollieren sollte.[55] Galili, Danin und Sasson, mit denen Weitz über seinen Plan diskutierte, waren im Prinzip einverstanden, hegten jedoch gewisse Bedenken, soweit es die Besitzer von Zitrus-Plantagen betraf. Dass von einer ganz und gar freiwilligen Abwanderung der Araber nicht die Rede sein konnte, geht aus den Notizen von Weitz ziemlich klar hervor. An einer Stelle schrieb er beispielsweise: »Heute werden Balad al-Shaykh und Arab Yagur

54- Von Khalidi nach einer hebräischen Quelle zitiert; siehe *Why Did the Palestinians leave?*, S. 42

55- Weitz, *Tagebücher* 2. März, S. 28-31; März 1948, S. 257-260

geräumt.«[56] Er bezeugt auch aus eigener Anschauung, dass die Dörfer nicht im Kampfgetümmel des Krieges zerstört worden seien: »In der Bucht von Haifa sah ich die Ländereien, von denen die [Familie] Huwarni evakuiert wurden; die meisten von ihnen waren schon weg. Im nördlichen Teil wurden die Baracken abgerissen und der Boden umgepflügt. Im Süden muss die Sache noch zu Ende gebracht werden. Krieg ist eben Krieg.«[57] Beeindruckt von der Massenflucht besuchte er auf Anregung Ben Gurions die von den jüdischen Truppen besetzten Gebiete, um Pläne für den Bau neuer jüdischer Siedlungen auf den Ruinen arabischer Dörfer zu machen.[58] Weitz richtete einen Sonderetat für die »Ausbesserung« der verwaisten arabischen Dörfer ein: Die Ruinen sollten von Bulldozern eingeebnet und mit Erde bedeckt werden, so dass alle Spuren ihrer einstigen arabischen Bewohner ausgelöscht wurden.

Welchen Reim soll man sich auf die Tatsache machen, dass viele von denen, die diese Politik der verbrannten Erde gegenüber den arabischen Palästinensern förderten und mit praktizierten, »eigentlich« Anhänger liberaler und sozialistischer Ideen, ja in vielen Fällen sogar Mitglieder eines Kibbuz waren?

Sicherlich hatte der Zeitdruck gewisse Auswirkungen auf ethische Überlegungen. Es herrschte das allgemeine Gefühl, die Chancen für einen jüdischen Staat bestünden jetzt oder nie. Zu dieser Haltung, die teilweise von der Weltlage nach dem Zweiten Weltkrieg und den ganzen revolutionären Veränderungen überall herrührte, gesellte sich verstärkend die Furcht, dass die historische UN-Teilungsresolution möglicherweise widerrufen werden könnte, wenn es nicht schnell genug ginge. Ben Gurion brachte dieses Gefühl der Dringlichkeit klar zum Ausdruck, als er sagte, die acht Monate zwischen der UN-Resolution und der Beendigung des britischen Mandats wögen für die Juden gleich schwer wie irgendwelche acht oder

56· Ibid., 24. April 1948

57· Ibid., 26. April 1948, S. 273

58· Ibid., 2. Mai 1948

achtzig oder achthundert Jahre ihrer Geschichte.[59]

Außerdem lagen die militärischen und strategischen Vorteile einer Politik der verbrannten Erde so deutlich auf der Hand, dass selbst liberale und sozialistisch eingestellte Befehlshaber und ihre Truppen in der Lage waren, jegliche Skrupel über Bord zu werfen. Die erste palästinensische Fluchtwelle erwies sich als wirksamer Stolperstein für die militärische Planung der arabischen Führer. Da die Flüchtlinge ohne Nahrungsmittel und andere lebensnotwendige Dinge waren, stürmten und plünderten sie arabische Geschäfte, nisteten sich in Militärlagern ein und wurden zu einem schweren Klotz am Bein der Zivil - und Militärverwaltungen. Das Problem verschärfte sich nach dem Eintreffen von Qawukjis Arabischer Befreiungsarmee noch, da auch deren Soldaten Lebensmittel, Treibstoff, Fahrzeuge und Quartiere benötigten und häufig mit Gewalt beschlagnahmten. Die daraufhin einsetzende panische Massenflucht trug, wie Berichte über die Vorgänge in Akkra, Nablus, Jenin, Tulkarm und Gaza zeigen, ein gut Teil dazu bei, dass die arabischen Streitkräfte den vordringenden jüdischen Truppen so wenig Widerstand zu leisten vermochten.«[60]

Auch grundsätzlichere Gesichtspunkte beeinflußten die Entscheidungen, die zur Politik der verbrannten Erde führten. Bei den Vorstellungen der gesellschaftlichen, wirtschaftlichen und kulturellen Wiedergeburt des jüdischen Volkes war für arabische Bestrebungen einfach kein Raum. Der Zionismus, der sich im Europa des ausgehenden 19. Jahrhunderts entwickelt hatte, war von den damals verbreiteten Bewegungen für nationale Befreiung und für Sozialreformen beeinflußt worden. Dazu gehörte auch die revolutionäre Bewegung Russlands. Der Zionismus hatte einen entschieden romantischen Zug, der bewirkte, dass viele der ersten Siedler erst in dem Augenblick, als sie Palästina betraten und mit der dortigen Realität konfrontiert wurden, begriffen, dass in diesem Land schon ein ande-

59· Rede vor dem Mapai-Zentralkomitee, zitiert nach Geschichle der Hagana. S. 1471

60· Ben Gurion, *Kriegstagebücher*, 15. Juli 1948. S. 589

res Volk lebte. Die ideologischen Strategien, die die einzelnen zionistischen Fraktionen für den Umgang mit dieser palästinensischen Bevölkerung entwickelten, reichten von einer fast völligen Nicht-zur-Kenntnisnahme bis zu programmatischen Vorschlägen für eine friedliche Zusammenarbeit und Koexistenz mit ihr. Aber selbst für diejenigen linken Zionisten, die auf einen sozialistischen, jüdisch-arabischen Staat in ganz Palästina hinarbeiteten, stand stets fest, dass die beiden Völker im Alltag ihre eigenen Wege gehen würden, dass es also keine Vermischung geben würde, sondern eine Art ›Rassentrennung«, wenn auch ohne gegenseitige Diskriminierung. Für die meisten in Palästina siedelnden Juden waren die arabischen Palästinenser immer eine Randerscheinung; auch wenn sie zahlenmäßig die Mehrheit darstellten, spielten sie für das jüdische gesellschaftliche und politische Leben keine Rolle. Man nahm ihre Anwesenheit eigentlich nur zur Kenntnis, wenn sie einmal zu den Waffen griffen und versuchten, sich gegen die, wie sie es sahen, zionistischen Eroberer zur Wehr zu setzen, die es auf ihr Land und ihr Eigentum abgesehen hatten. Was für die Palästinenser legitime Notwehr war, empfanden die Zionisten als gewaltsame Störung des friedlichen Aufbauwerks der jüdischen Siedler. Diese eigenartige Enge des Blickwinkels ermöglichte es vielen Juden, sich einerseits als revolutionäre Sozialisten zu fühlen, andererseits aber die Präsenz und die Rechte eines anderen Volkes zu ignorieren oder absolut geringzuschätzen.

Die Selbstgerechtigkeit, mit der die Juden sich über allgemein gültige ethische Normen hinwegsetzten, erhielt dadurch noch weiteren Auftrieb, dass sie die Wut und Rachsucht, die sie gegen die Nazis empfanden, auf die Araber projizierten. Gefördert wurde dieser Übertragungsmechanismus durch eine Propaganda, die die Araber beständig als Anhänger Hitlers hinstellte. Am 8. August 1947 erklärte Ben Gurion vor dem Zionistischen Aktionskomitee in Zürich: »Das Ziel der arabischen Angriffe gegen den Zionismus ist nicht Raub, Terror oder die Verhinderung des weiteren Gedeihens des zionistischen Werks, sondern die völlige Vernichtung des Jischuw.

Es sind nicht irgendwelche politischen Gegner, die vor uns stehen werden, sondern die Schüler, ja die Lehrer Hitlers, die behaupten, es gebe nur ein Mittel, die jüdische Frage zu lösen, nur ein Mittel, die totale Vernichtung.«[61] Das Thema von den »Schülern Hitlers« zog sich wie ein roter Faden durch die Reden Ben Gurions, und dies, obwohl gleichzeitig ernsthafte Kontakte zu arabischen und palästinensischen Führern über einen *Modus vivendi* gepflegt wurden.

Dieses Thema paßte zu der vorherrschenden Überzeugung, die arabische Gegnerschaft und Feindseligkeit gegenüber dem Zionismus sei unwiderruflich und eine friedliche Koexistenz mit Arabern daher ein Ding der Unmöglichkeit. Wie Ben Gurion kurz nach der Gründung des israelischen Staates erklärte: »Die Araber können die Existenz Israels nicht akzeptieren. Diejenigen, die sie akzeptieren, sind nicht normal. Die beste Lösung für die in Israel lebenden Araber wäre, zu gehen und in den arabischen Staaten zu leben - im Rahmen eines Friedensvertrags oder einer Umsiedlung.«[62] Diese Auffassung gab die traditionelle Einstellung der Mehrheit der politischen und intellektuellen israelischen Elite sowie der großen Mehrheit des jüdischen Volkes in Israel wieder. Dies erklärt, warum die Zahl derer so klein war, die gegen die Zerstörung arabischer Dörfer und die Vertreibung ihrer Bewohner protestierten, ebenso, weshalb diese Proteste so kleinlaut vorgebracht wurden.

Für Ben Gurion wie für die Mehrheit der jüdischen Bewohner Palästinas war die Massenflucht der Palästinenser in einem Augenblick, da die Gründung des israelischen Staates vor der Tür stand, eine höchst willkommene Entwicklung. Man kam dadurch der angestrebten völkischen und religiösen Homogenität des jüdischen Staates näher, und trotz vieler aufrichtiger gegenteiliger Beteuerungen hatte man gehofft, dass dies durch den Krieg erreicht werde. Ben Gurion bekundete am 5. Februar seine tiefempfundene Freude darüber, dass Jerusalem nun wieder eine jüdische Stadt sei: »Seit

61- Sitzungsprotokolle des Zionist Action Committee, Zürich, 8. Aug. 1947, CZ\

62- Bericht an Mapam, politischer Ausschuß, 14. März 1951, von Riftin, MGH

Jerusalem von den Römern zerstört worden ist, war es nie wieder so jüdisch wie heute. In vielen arabischen Vierteln im Westteil der Stadt sieht man keinen einzigen Araber mehr. Ich glaube nicht, dass sich daran etwas ändern wird.«[63] Als er Haifa nach der arabischen Massenflucht zum ersten Mal zu Gesicht bekam, war er bestürzt. Er hatte das Gefühl, »eine tote Stadt, die Leiche einer Stadt« vor sich zu haben, »ein erschreckender und phantastischer Anblick«, wie er seinem Tagebuch anvertraute. Aber auch hier lagen die Vorteile der Situation auf der Hand: »Was in Haifa passiert ist, kann in anderen Teilen des Landes geschehen, wenn wir am Ball bleiben. [...] Es kann sein, dass sich in den nächsten sechs oder acht Monaten des Krieges große Veränderungen im Lande vollziehen, und nicht alle zu unserem Nachteil. Bestimmt wird es große Veränderungen in der Zusammensetzung der Bevölkerung des Landes geben.«[64]

In dem Augenblick, da die israelische Staatsgründung proklamiert wurde, gaben die arabischen Regierungen das Signal zu einer militärischen Invasion gegen den neuen Staat. Diejenigen Araber, die nach dem 15. Mai noch in Israel geblieben waren, galten nun als »Sicherheitsproblem«, als eine potentielle fünfte Kolonne, auch wenn sie sich bis dahin am Krieg nicht beteiligt hatten und in der Hoffnung im Land geblieben waren, sie könnten dort, wie es in der israelischen Unabhängigkeitserklärung verheißen worden war, in Frieden und Gleichberechtigung leben. Allein die wohlklingenden Formulierungen in diesem Dokument hatten mit den wirklichen, realpolitischen Anschauungen Ben Gurions nichts gemein. Für ihn war das Problem nicht damit gelöst, dass die Israelis die Gebiete, die er als unentbehrlich für die Lebensfähigkeit des neuen Staates betrachtete, unter ihre Kontrolle gebracht hatten, sondern bestehen blieb das Problem ihrer Bewohner. Am 11. Mai schrieb er in sein Tagebuch, er habe Anweisung erteilt, »arabische Inseln in jüdisch

63· Ben Gurion, *Kriegstagebücher*, 6. Feb. 1948, Reden vor dem Mapai-Parteirat, S. 210 f

64· Ibid.

besiedelten Gebieten zu zerstören«.[65]

Die schlimmste Vernichtung dieser »arabischen Inseln« geschah zwei Monate nach der Unabhängigkeitserklärung. Am 12. und 13. Juli 1948 wurden in Lydda und Ramla nicht weniger als 50.000 Palästinenser aus ihren Häusern getrieben. In den Augen Ben Gurions stellten Lydda und Ramla eine besondere Gefahr dar, da auf Grund ihrer Nähe eine Zusammenarbeit zwischen dem ägyptischen Heer, das schon das Kibbuz Negbah in der Nähe von Ramla angegriffen hatte, und der Arabischen Legion zustande kommen könnte, die den zentralen Polizeiposten von Lydda in ihre Gewalt gebracht hatte. Im Verlauf der »Operation Danny«, in der die beiden Städte von IDF-Einheiten besetzt wurden, stellte sich dann aber heraus, dass eine solche Zusammenarbeit nicht bestand.

In Lydda fand der Exodus zu Fuß statt. In Ramla stellten die IDF Busse und Lastwagen zur Verfügung. Ursprünglich waren »nur« alle männlichen Bewohner zusammengetrieben und in ein eingefriedetes Gelände gesperrt worden, aber dann waren einige Schüsse zu hören, die Ben Gurion als Beginn einer Gegenoffensive der Arabischen Legion deutete; daraufhin ließ er unverzüglich die Verhaftungsaktion stoppen und ordnete die schleunige Evakuierung aller arabischen Bewohner einschließlich der Frauen, der Kinder und der Alten an.[66] Zur Rechtfertigung erklärte er lapidar: »Diejenigen, die gegen uns Krieg führen, müssen nach ihrer Niederlage die Folgen tragen.«[67]

Sobald die Bewohner verschwunden waren, gingen die israelischen Soldaten daran, die beiden Städte zu plündern; die Offiziere konnten es nicht verhindern. Zu jener Zeit gab es keinen militärischen Apparat, der mit diesem Problem hätte fertig werden können. Selbst Soldaten einer Elitetruppe wie der Palmach, die sich in der Mehrzahl aus langjährigen oder angehenden Kibbuz-Angehörigen rekrutierte, mischten mit und stahlen mechanische und landwirt-

65· Ibid.. 11. Mai 1948, S. 409

66· Elhanan Oren, *Auf dem Weg in die Großstadt* (in hebräischer Sprache), Tel Aviv 1976

67· Ibid.

schaftliche Geräte. Die Palmach-Soldaten standen in dem Ruf, selbst in der Hitze des Gefechts eine höchst disziplinierte Truppe von hoher moralischer Qualität zu sein. Dieser ehrenwerte Anspruch, ausgedrückt durch die Devise »Reinheit der Waffen«, gilt, mit wie viel oder wenig Berechtigung auch immer, bis heute als Erziehungsmaxime für israelische Soldaten. Dass die Palmach-Leute nicht so sehr für sich selbst als für ihre Kibbuzim stahlen, mag die Sache in ihren Augen besser gemacht haben, sicherlich aber nicht in den Augen der Bestohlenen.

Es war dies nicht das erste Mal, dass israelische Soldaten sich der Plünderung schuldig machten und natürlich waren Plünderung und Diebstahl kein auf die Streitkräfte beschränktes Problem. Auch jüdische Zivilisten fanden nichts dabei, in arabischen Städten und Dörfern, die von ihren Bewohnern verlassen worden waren, plündern zu gehen. Ben Gurion hatte sich schon vor den Ereignissen von Ramla und Lydda besorgt über dieses Phänomen geäußert. Am 16. Iuni schrieb er: »Es gibt in unseren Reihen moralische Mängel, von denen ich nie geglaubt hätte, dass sie existieren: Ich meine die massenhaften Plünderungen, an denen sich alle Gruppen der Bevölkerung beteiligt haben. Das ist nicht nur ein moralischer Mangel, sondern ein schwerer militärischer Mangel.«[68] Sechs Wochen zuvor, am 1. Mai, hatte er festgehalten. dass sich in Haifa berufsmäßige Diebe an den von der Irgun angefangenen Plünderungen beteiligten und dass Beutestücke auch im Besitz von Hagana-Befehlshabern aufgetaucht seien. Er äußerte sich auch über andere unappetitliche Aspekte des militärischen Alltags: »Es wurde Jagd auf Araber gemacht; sie wurden ergriffen, geschlagen und auch gefoltert.« Im Oktober erfuhr er von großangelegten Plünderungen in Beer Scheva durch Hagana-Truppen, ein Anzeichen dafür, dass seine früheren Ermahnungen offensichtlich nichts gefruchtet hatten.[69] Bei aller moralischen Entrüstung konnte er sich jedoch nicht dazu durchrin-

68· Ben Gurion, *Kriegstagebücher*, 16. Juni 1948, S. 524

69· Ibid., 1. Mai 1948, S. 378; 27. Okt. 1948, S. 780. Siehe auch *Bell Terror*, S. 301 ff

gen, die Plünderer verfolgen und bestrafen zu lassen oder gar den Vertreibungen ein Ende zu machen. Im ganzen wurden nur sehr wenige Soldaten und Zivilisten wegen Plünderns oder wegen willkürlicher Tötung Unschuldiger angeklagt.

Ein anderer Bericht, der von Jitzhak Rabin, seinerzeit Kommandeur einer Brigade und später israelischer Premierminister, hebt die Brutalität des Vorgehens hervor, wie sie in den Reaktionen der israelischen Soldaten zum Ausdruck kam: »In große psychische Not wurden die Männer gestürzt, die an der Vertreibungsaktion teilnahmen. Darunter waren Absolventen der Jugendbewegung, denen Werte wie internationale Solidarität und Menschlichkeit eingeimpft worden waren. Die Vertreibungsaktion verstieß gegen alle Normen, an die sie gewöhnt waren. Es gab einige, die sich weigerten, mitzumachen. [...] Es bedurfte nach der Aktion langwieriger Propagandabemühungen, [...] um ihnen zu erklären, weshalb wir gezwungen waren, zu so harten und grausamen Maßnahmen zu greifen.«[70] Diese Darstellung Rabins (die in der hebräischen Ausgabe der Zensur zum Opfer fiel, aber in einem Artikel von David Shipler in der New York Times nachzulesen ist), ist noch in anderer Hinsicht bedeutsam: Sie weist unmißverständlich auf den Verantwortlichen für die Operation - Ben Gurion.

In Nazareth nahmen die Ereignisse einen anderen Verlauf, aber auch hier wird deutlich, dass die Vertreibung zu einem klaren Plan gehörte. Am 16. Iuli 1 948, drei Tage nach der Räumung von Lydda und Ramla, kapitulierte die Stadt Nazareth vor den IDF-Truppen. Unterzeichnet wurde das Übergabeabkommen auf israelischer Seite von dem befehlshabenden Offizier, dem kanadischen Juden Ben Dunkelman und Brigadegeneral Chaim Laskov (der später zum Stabschef der IDF aufrückte). Das Abkommen enthielt die Zusicherungen, dass die Zivilbevölkerung unbehelligt bleiben werde; am nächsten Tag übergab Laskov Dunkelman den Befehl, die Bevölkerung zu evakuieren. Die Schilderung Dunkelmans wirft ein aufschlussreiches

70· Shipler, *New York Times*, 22. Okt. 1979

Licht auf die Politik der IDF: »Ich war überrascht und bestürzt [...] Ich sagte ihm [Laskov], ich würde nichts derartiges tun; nachdem wir versprochen hatten, das Wohl der Bevölkerung der Stadt zu sichern, sei eine solche Maßnahme überflüssig und schädlich.«

Als Laskov erkannte, dass Dunkelman nicht bereit war, den Befehl auszuführen, ging er. Zwei Tage später wurde Dunkelman aus Nazareth abberufen. »Ich war mir sicher«, schrieb er, »dass diese Verfügung etwas mit meinem Widerstand gegen den "Evakuierungs" befehl zu tun hatte. Aber obwohl ich aus Nazareth weg versetzt wurde, scheint es, dass mein Ungehorsam nicht ohne Wirkung war. Er gab offenbar dem Oberkommando Zeit, sich noch einmal Gedanken zu machen, und anscheinend kam es zu dem Schluß, dass es tatsächlich ein Fehler wäre, die Bewohner von Nazareth zu vertreiben. Soweit ich weiß, war danach nie wieder von einer "Evakuierung" die Rede, und die arabischen Einwohner konnten weiter in der Stadt leben.«[71]

Das »Problem der Einwohner« wurde auf noch zwei weitere Weisen behandelt: Es wurde eine Militärverwaltung eingerichtet und die alte zionistische Idee einer großflächigen »Umsiedlung« der Bevölkerung wiederaufgenommen.

In allen Gebieten, die von der UNO für den arabischen Staat bestimmt, aber im Verlauf der Kampfhandlungen von jüdischen Truppen besetzt worden waren, führte Ben Gurion Militärverordnungen ein. Nach der Staatsgründung im Mai 1948 wurde daraus die offizielle Militärverwaltung. Sie wurde später auf die arabischen Gebiete innerhalb des jüdischen Staates ausgedehnt. Das hatte zur Folge, dass achtzig Prozent der arabischen Einwohner Israels unter der Herrschaft von Militärgouverneuren lebten, die ihre Weisungen vom Generalstab und aus dem Verteidigungsministerium erhielten. Die Militärverwaltung leitete ihre Hoheitsbefugnisse aus der Notstandsgesetzgebung ab, die die britische Mandatsregierung 1936 erlassen hatte, um den arabischen Aufstand zu unterdrücken, und von der sie später, vor allem 1946 und 1947, auch ausgiebigen Gebrauch gemacht

71- Peretz Kidron, Gespräch mit Ben Dunkelman, Haolam Hazeh. 9. Jan. 1980

hatte, um gegen die jüdische Widerstandsbewegung vorzugehen.

Diese Notstandsgesetze verliehen der Armee und ihren Militärgouverneuren die Macht, eine weitgehende Kontrolle über das Leben, den Besitz, die Arbeit und die Bewegungsfreiheit der in ihrem Hoheitsgebiet lebenden Zivilisten auszuüben. Die verantwortlichen Beamten konnten Personen ohne richterliche Anordnung, ohne Angabe von Gründen und für unbegrenzte Zeit festnehmen oder einsperren, sie des Landes verweisen, ihren Besitz einziehen oder zerstören und ihnen verbieten, zu arbeiten oder dieses oder jenes zu tun. Außerdem hatten sie die Vollmacht, ganze Gebiete auf unbegrenzte Zeit abzuriegeln. All dies wurde unter Berufung auf die Staatssicherheit gerechtfertigt, und die Militärverwaltung war nicht verpflichtet, ihre Maßnahmen vor irgendeinem Richter zu begründen. Tatsächlich war die Militärverwaltung laut Order des Verteidigungsministeriums immun gegen jegliches Eingreifen des Parlaments oder der Justiz. Somit lag die wichtigste Aufgabe, auf die Beziehungen zwischen Juden und Palästinensern einzuwirken, in den Händen Ben Gurions und der Streitkräfte. Die Knesset, das Kabinett und die Gerichte konnten in diesen Dingen nur mitreden, wenn Ben Gurion ihre Unterstützung für andere, größere Vorhaben brauchte. Trotz häufiger Proteste - Kabinettsmitglieder, Knesset-Abgeordnete, Journalisten und andere Persönlichkeiten des öffentlichen Lebens äußerten bei vielen Gelegenheiten heftige Kritik an den Praktiken der Militärverwaltung, und in verschiedenen Foren wurden kritische Fragen dazu aufgeworfen -,blieben die Machtbefugnisse der Militärs bis nach 1965 unangetastet; erst dann wurden sie von der Knesset aufgehoben.[72] (Nach dem Sechstagekrieg von 1967 wurden die besetzten Gebiete unter eine ähnliche Militärverwaltung gestellt.)

Das Konzept des Bevölkerungstransfers war zwar immer ein Lieblingskind der zionistischen Vordenker, wurde aber zu keiner

72- Ben Gurion, *Kriegstagebücher*, 8. Mai 1948, S. 400; 15. Juli 1948, S. 589, Anm. 5; 5. Aug. 1948, S. 639; 8. Aug. 1948, S. 639; 10. Nov. 1948, S. 807; DFPI, Bd. 1. Dok. 406, S. 442

Zeit Bestandteil der offiziellen israelischen Politik.[73] Ben Gurion erklärte 1937, diese Konzeption - die bei den Arabern prompte und heftige Empörung hervorrief - sei moralisch und ethisch gerechtfertigt und stelle nichts anderes dar als die Fortsetzung eines ohnehin stattfindenden, naturgemäßen Vorgangs der Verdrängung der Araber durch die Juden.[74] Ben Gurion, der sich auf die Empfehlungen der Peel-Kommission für die Umsiedlungspläne bezog, plante seinen nächsten Schritt: »Wir müssen die Araber hinauswerfen und uns an ihre Stelle setzen.« Er fügte einschränkend hinzu, dies sei nicht die von ihm bevorzugte Lösung, »denn alle unsere Bestrebungen beruhen auf der Voraussetzung - die sich in unserer ganzen Praxis bestätigt hat -, dass in Palästina genügend Platz für uns und die Araber ist.« Wenn aber die Araber von letzterem nicht überzeugt seien »und wir Gewalt anwenden müssen - nicht um den Arabern den Negev und Transjordanien wegzunehmen, sondern um uns das Recht zu sichern, in diesen Gebieten zu siedeln -, dann verfügen wir über die dazu nötigen Gewaltmittel.«[75]

Der Gedanke, den »Transfer« durchzuführen, kam Ben Gurion, wie bereits erwähnt, nach der Flucht der Araber aus Haifa im April 1948. In der Praxis bot das Konzept des Transfers - mit dem ursprünglich ein Bevölkerungsaustausch gemeint gewesen war - eine logische Grundlage für die Vertreibung. Unter dem Mantel eines hypothetischen Austauschs sollten die schon vertriebenen Palästinenser als Ersatz für die jüdischen Einwanderer aus arabischen Ländern angesehen werden. Das Projekt wurde konkreter am 5. Juni, als Joseph Weitz vom Siedlungsreferat des Jewish National Fund diesen Weg vorschlug, um das von Graf Bernadotte aufgeworfene Problem der Rückkehr der Flüchtlinge anzugehen.[76]« Ben Gurion ernannte einen Transfer-Ausschuß, bestehend aus Weitz, Danin und dem

73· Siehe Flapan, *Zionism*, S. 302

74· *New Judea*. London, Aug.-Sept. 1937, S. 220

75· Ibid.

76· Weitz, *Tagebücher*, 5. Juni 1948, S. 298

Kartographen Zaiman Lipschitz. Der wichtigste Grundgedanke in den Empfehlungen, die Ben Gurion im Oktober 1948 vorgelegt wurden, war, dass die Anzahl der Araber in der Bevölkerung Israels nicht fünfzehn Prozent überschreiten solle. Zu jenem Zeitpunkt entsprach das rund 100.000 Personen.[77]

Eine Woche, nachdem er den Ausschuß berufen hatte, erklärte Ben Gurion der Jewish Ageny: »Ich bin für eine Zwangsumsiedlung; ich sehe darin nichts Unmoralisches.« Er halte es zwar, so meinte er, aus taktischen Gründen für unklug, diesen Vorschlag jetzt öffentlich zu machen, aber »wir müssen das Prinzip der Zwangsumsiedlung aufstellen, ohne auf ihrer sofortigen Durchführung zu bestehen«[78] Er sah keinen Widerspruch zwischen einer Zwangsumsiedlung und dem Zustandekommen eines jüdisch-arabischen Friedens, den er stets als eines der wichtigsten Ziele der zionistischen Bewegung bezeichnete.

Der Ausschuß drehte und wendete das Problem der palästinensischen Flüchtlinge hin und her und legte Ben Gurion seine Arbeitsergebnisse am 26. Oktober vor. Man beeilte sich, zu versichern, dass die Flüchtlinge - es waren nach Schätzung des Ausschusses rund 506.000, und zwar ziemlich genau zur Hälfte Land- und zur Hälfte Stadtbewohner - aus eigenem Antrieb weggegangen seien und ihre Rückkehr aus zwei Gründen nicht in Frage komme: erstens, weil sie eine fünfte Kolonne darstellen würden, und zweitens, weil enorme Geldbeträge - mehr, als Israel je aufbringen könne - aufgewendet werden müssten, um sie wieder einzugliedern. Hingegen sollten diejenigen Araber, die sich zum Bleiben entschieden, geduldet werden (solange ihr Bevölkerungsanteil nicht die 15 Prozent überschritt) und volle bürgerliche Gleichberechtigung genießen. Die bereits geflohenen Palästinenser sollten, so der Vorschlag des Ausschusses, von den jeweils zuständigen arabischen Regierungen in Syrien, Irak, Transjordanien oder, soweit es sich um Christen handelte, im Libanon angesiedelt werden. Ihre Wiederansiedlung müsse von verschie-

77· Ben Gurion, *Kriegstagebücher*, 18. Aug. 1948, S. 652 ff; 27. Okt. 1948, S. 776

78· Ben Gurion, *Sitzungsprotokolle des Vorstands der Jewish Agency*, 12. Juni 1948, CZA

denen nationalen und internationalen Organisationen finanziert werden, und Israel müsse ihnen für zurückgelassene Vermögenswerte Entschädigung bezahlen. Der Ausschuß erörterte die seiner Ansicht nach wünschenswerte Möglichkeit, Juden aus dem Irak und aus Syrien nach Israel zu holen, stellte aber auch die skeptische Frage, was geschehen würde, wenn die arabischen Länder sich weigerten, die Flüchtlinge aufzunehmen. Ungeachtet aller Unwägbarkeiten sprach der Ausschuß sich am Ende entschieden dafür aus, keine Flüchtlinge über die Grenze zurückkehren zu lassen, auch nicht in grenznahe Dörfer, und erklärte, die Araber müssten für sich selber sorgen.[79]

Ben Gurion beschäftigte sich mit diesen Vorschlägen und schrieb in sein Tagebuch, er sei dagegen, die irakischen und syrischen Juden in die Diskussion mit einzubeziehen; außerdem halte er es für besser, die Flüchtlinge in einem einzigen Land anzusiedeln, vorzugsweise im Irak, aber ganz bestimmt nicht in Transjordanien.[80]

Ben Gurion sah in der Entwicklung der türkisch-griechischen Beziehungen ein historisches Vorbild: »Die Griechen und die Türken waren mehr als vierhundert lahre lang verfeindet. Nach dem letzten Krieg, in dem die siegreichen Türken die Griechen aus Anatolien vertrieben, vereinbarten sie freundschaftliche Beziehungen zueinander und unterzeichneten einen Friedensvertrag. Das ist auch zwischen uns und den Arabern möglich«, notierte er in sein Tagebuch.[81] Dieses Grundkonzept - Friede als selbstverständliche Folge des Transfers - schwebte Ben Gurion offenbar als Zukunftsaussicht für die jüdisch-arabischen Beziehungen vor. Und der Exodus der arabischen Palästinenser im Jahr 1948, wie immer er zustande gekommen war, bestärkte ihn zweifellos in der Überzeugung - die zahlreiche andere führende Persönlichkeiten der Jewish Agency teilten -, dass die »Rückkehr« der Juden in ihre Urheimat und die großangelegte Einwanderung und Besiedlung mit einer Aussiedlung der arabischen

79. Siehe Anm. 77

80. Ben Gurion, *Kriegstagebücher*, 26. Okt. 1948. S, 776 f

81. Ibid., Rede bei der Sitzung der provisorischen Regierung am 16. Juni 1948. S. 526

Einwohner in die benachbarten Länder einhergehen müsse.[82]

Hinter den Maßnahmen, mit denen die Israelis dafür sorgten, dass der Exodus der Araber aus Israel weiterging, stand die Entschlossenheit, keinem der Geflohenen die Rückkehr zu gestatten. Sämtliche zionistischen Führer - ob Ben Gurion, Scharett oder Weizmann - stimmten in diesem Punkt überein. Wie Ben Gurion schrieb: »Wenn wir siegen, werden wir nicht das ägyptische oder syrische Volk vernichten, aber wenn wir scheitern und Schiffbruch erleiden, werden sie uns auslöschen; da das so ist, können wir nicht zulassen, dass sie an die Orte, aus denen sie weggegangen sind, zurückkehren. [...] Ich kann die Formulierung nicht akzeptieren, dass wir sie nicht zur Rückkehr ermuntern sollten: *Ihre Rückkehr muss [...] um jeden Preis verhindert werden.*«[83] Am 5. Juli 1948 übermittelte Scharett dem israelischen UNO-Botschafter Abba Eban die folgende Instruktion: »Was Araber betrifft, die Wohnorte in Israel verlassen haben, bitte unsere Haltung kategorisch klarmachen: Ihre Rückkehr kommt nicht in Frage, solange Krieg andauert, wobei Dauer Waffenstillstand einschließt, und nach dem Krieg hängt sie ab von allgemeiner Regelung.«[84] Wie er in einem Brief an Michael Comay, Generalsekretär des israelischen Außenministeriums, erläuterte, würde die Rückkehr der Flüchtlinge Israel eine »fünfte Kolonne, Nachschubbasen für äußere Feinde und Gefahren für Gesetz und Ordnung im Inneren [bescheren] [...] Ausnahmen können nur in Härtefällen gemacht werden.«[85]

Und in einem Brief an Weizmann machte Scharett am 22. August 1948 deutlich: »Wir sind entschlossen, unnachgiebig zu bleiben, solange der Waffenstillstand andauert. Wenn erst einmal die Rückflut einsetzt, wird es unmöglich sein, sie aufzuhalten, und sie wird sich als

82· Siehe Anm. 62

83· Ben Gurion, *Kriegstagebücher*, Rede bei der Sitzung der provisorischen Regierung am 16. Juni 1948. S. 525

84· DFPl. Bd. 1. Dok. 329. S. 334

85· Ibid.. Dok. 357. S. 374

unser Untergang erweisen. Auch im Hinblick auf die Zukunft sind wir ähnlich entschlossen - ohne einstweilen irgendwelche Türen formell zuzuschlagen -, alle Möglichkeiten auszuloten, wie wir uns der starken arabischen Minderheit, die uns einst bedrohte, ein für allemal entledigen können.« Er wies darauf hin, dass durch die dauerhafte Neuansiedlung »israelischer« Araber in den benachbarten Ländern zusätzliches Land in Israel für siedlungswillige Juden frei werde.[86]

Einige Monate später schrieb Weizmann an den amerikanischen Präsidenten Truman, Israel sei sich zwar sehr wohl des Problems der arabischen Flüchtlinge und seiner Verpflichtungen als Staat bewußt, sehe aber die Lösung nicht in einer Wiedereingliederung der Geflohenen, sondern in ihrer Neuansiedlung. »Als Wissenschaftler, der sich mit dem Problem befasst hat, kenne ich die im Nahen Osten vorhandenen Entwicklungsmöglichkeiten«, schrieb Weizmann und wies darauf hin, dass beispielsweise im Irak »massive Chancen für Entwicklung und Fortschritt« bestünden und dass es im nördlichen Syrien und im westlichen Transjordanien Gebiete gebe, in denen die Flüchtlinge angesiedelt werden könnten.[87]

Eban, damals einer der jüngeren Diplomaten Israels, stieß in einer Mitteilung an Scharett vom 27. April 1949 ins gleiche Horn. Er sah im Flüchtlingsproblem die direkte Folge eines von den arabischen Staaten gegen Israel vom Zaun gebrochenen Krieges. Es handelte sich in seinen Augen zwar um ein humanitäres Problem, aber um eines, das sich von den anderen offenstehenden Fragen zwischen Israel und den arabischen Staaten nicht trennen ließ. Israel sei sehr dazu bereit, zur Lösung des Problems beizutragen, erklärte er Scharett, aber im Zentrum möglicher Lösungen müßte eine Ansiedlung der Flüchtlinge in Nachbarländern stehen. Auch Eban prophezeite, dass eine Rückkehr der Flüchtlinge zu »einem schweren Minderheitenproblem in Israel« führen würde, weil dadurch »Massen von Arabern unter [die] Herrschaft [einer] Regierung kämen, die sich

86- Ibid.. Dok. 352, S. 369

87- DFPI. Bd. 2, 26. April 1949. Dok. 599. S. 592

zwar einer aufgeklärten Minderheitenpolitik verpflichtet fühlt, aber nichts Verwandtes mit diesen Arabern in Sprache, Kultur, Religion, Gesellschaft und Wirtschaftsform hat«. Könnten sie sich dagegen unter einer Regierung wieder ansiedeln, die ihnen in Mentalität und Tradition enger verbunden wäre, so könne dies, wie er mutmaßte, zu einer »reibungslosen Eingliederung« führen.[88]

Ben Gurion hielt an der Politik der Verringerung der Zahl der in Israel lebenden Araber auch nach der Unterzeichnung der Waffenstillstandsverträge mit den arabischen Staaten fest. Eine gewaltsame Vertreibung kam zwar nicht mehr in Frage, aber die Militärverwaltung verfügte, wie schon angedeutet, über genügend Mittel und Wege, um zahlreiche arabische Bewohner davon zu »überzeugen«, dass es für sie das beste sei, auszuwandern - besser jedenfalls, als sich von den neuen Herren demütigen und schikanieren zu lassen. Beispiele dafür lieferten die unweit von Gaza gelegenen Dörfer Faluja, Iraq al-Manshiya und Majdal, wo 1950 zwischen Juni und September 1859 Palästinenser um die Genehmigung ersuchten, mit ihren Angehörigen nach Gaza ausreisen zu dürfen. Wie Eban im Oktober vor dem UN-Sicherheitsrat erklärte, seien diesen Arabern in erster Linie die strengen Sicherheitsbestimmungen ein Dorn im Auge, die wegen der grenznahen Lage dieser Dörfer erforderlich seien und ihnen den Kontakt zu ihren Verwandten in Gaza erschwerten. Majdal war übrigens ein Dorf, bei dem die Histadrut gehofft hatte, sie könne es durch den Aufbau von Genossenschaften zu einem Aushängeschild für »aufgeklärte Araberpolitik« machen.

Eine subtilere Form des Drucks wurde durch die Gesetzgebung zum Eigentum ausgeübt, insbesondere durch das 1950 verabschiedete Gesetz über das Eigentum abwesender Personen. In diesem schon im Dezember 1948 erstmals als Entwurf vorgelegten Gesetz hieß es, alle Araber, die ihren Wohnort zwischen dem 29. November 1947 und dem 1. September 1948 verlassen hätten, um sich entweder außerhalb Palästinas oder in von aktiven arabischen

88· Ibid., Dok. 514, S. 596

Streitkräften besetzten Teilen Palästinas niederzulassen, würden als abwesende Personen betrachtet, deren Vermögenswerte vom sogenannten Treuhänder für Feindvermögen (alsbald umbenannt in Treuhänder für das Eigentum abwesender Personen) beschlagnahmt werden könne. Auch diejenigen Araber, die bei Verwandten Zuflucht gesucht oder sich aus umkämpften Gebieten in Sicherheit gebracht hatten, galten als abwesende Personen. Mit diesem Gesetz wurde nebenbei eine neue Klasse von Staatsangehörigen geschaffen: die »anwesenden Abwesenden« (nifkadim nohahim), israelische Bürger arabischer Abstammung, die alle staatsbürgerlichen Rechte, das Wahlrecht für die Knesset eingeschlossen, ausüben durften, mit einer einzigen Ausnahme: Über ihr Eigentum durften sie nicht verfügen. Auf diese Weise beschlagnahmte der Treuhänder zwei Millionen Dunam Land, das später der israelischen Entwicklungsbehörde zur Verfügung gestellt wurde. Interessanterweise wurde dieses Gesetz von niemand anderem vorgeschlagen und formuliert als von Mosche Scharett, dem viele eine liberale und menschliche Haltung gegenüber den Arabern zuschrieben. Ein anderes, diesmal von den Osmanen entlehntes Gesetz räumte dem Landwirtschaftsminister die Möglichkeit ein, jedes nicht bebaute Stück Land zu beschlagnahmen. Bedenkt man, dass die Militärverwaltung die Befugnis hatte, jederzeit ohne Angabe von Gründen ein Gelände abzusperren und damit seine landwirtschaftliche Nutzung zu unterbinden, so kann man sich vorstellen, wie leicht im Zusammenspiel dieser beiden Behörden Enteignungen durchzusetzen waren.[89]

Einen detaillierten Bericht darüber, wie wichtig »verwaister« arabischer Grund und Boden für die Eingliederung neuer jüdischer Einwanderer in Israel war, gab Joseph Schechtman, ein Experte für Bevölkerungstransfer, der maßgeblich am Mythos vom »freiwilligen« Exodus der Araber mitgestrickt hat. »Der Umfang dieses Grundeigentums«, schrieb er 1952, sei »sehr beträchtlich«:

89· Elias Koussa in *Ner*, Bd. 2, Nr 18-21, 13. Juli 1951. S. 26 f

2.990.000 Dunams (ca. 296.000 ha) ehemals in arabischem Besitz gewesenes Land, darunter Oliven- und Orangenhaine, Weinberge, Zitrusplantagen und Obstgärten anderer Art, waren nach der Massenflucht der Araber völlig verwaist. Von diesem arabischen Grund und Boden waren 2.070.270 Dunams von guter, 136.530 von mittlerer und 751.730 von schlechter Bodenqualität. Zusätzlich wurden in Städten und Dörfern 73.000 Wohnräume in verlassenen arabischen Häusern sowie 7.800 Läden, Werkstätten und Lagerräume herrenlos.

Bankguthaben von insgesamt bis zu 5 Millionen Palästina-Pfund, von Flüchtlingen in arabischen und nichtarabischen Banken zurückgelassen, wurden von der israelischen Regierung eingefroren. All dieses bewegliche und unbewegliche Eigentum »abwesender« Araber wurde dem staatlichen »Treuhänder« überstellt. Schechtman beschrieb weiter, was mit diesen Vermögenswerten geschah:

> Man kann die ungeheuer wichtige Rolle kaum überschätzen, die diese Masse an herrenlosem arabischen Eigentum bei der Ansiedlung Hunderttausender jüdischer Einwanderer, die seit der Staatsgründung im Mai 1948 nach Israel gekommen sind, gespielt hat. In 47 neuen ländlichen Siedlungen, die auf den Flächen verlassener arabischer Dörfer entstanden, hatten im Oktober 1949 schon 25.255 Einwanderer eine Bleibe gefunden. Im Frühjahr 1950 waren vom Treuhänder bereits eine Million Dunams an jüdische Siedlergruppen und einzelne Landwirte für den Anbau von Feldfrüchten verpachtet worden. Auch größere Bodenflächen, die abwesenden Arabern gehören, sind für den Gemüseanbau an alteingesessene und neue jüdische Siedler verpachtet worden. Allein im Süden sind 15.000 Dunams Weinberge und Obstbaumplantagen an genossenschaftliche Siedlungen verpachtet worden: Flächen in ähnlicher Größe sind von der Jemeniten-Vereinigung, dem Bauern-

verband und der Siedlungs- und Wiedereingliederungsbehörde für Soldaten gepachtet worden. Die Jewish Agency und die Regierung konnten dadurch Millionen Dollar einsparen. Während es sonst durchschnittlich 7.500 bis 9.000 Dollar kostete, eine Einwandererfamilie an einem neuen Wohnort ansässig zu machen, kostete dasselbe in einem verlassenen arabischen Dorf nicht mehr als 1.500 Dollar (750 Dollar für Reparaturen, 750 Dollar für Vieh und Ausrüstung). Auch verlassene arabische Wohnquartiere in Städten sind nicht leer geblieben. Ende Juli 1948 waren in vom Treuhänder verwalteten Gebäuden 170.000 Personen, vor allem Neueinwanderer und Ex-Soldaten, untergebracht, dazu rund 40.000 ehemalige landwirtschaftliche Pächter sowohl jüdischer als auch arabischer Volkszugehörigkeit; ferner wurden 7.000 Läden, Werkstätten und Lagerräume an Neuankömmhnge abgegeben. Die Existenz dieser arabischen Häuser - die leerstanden und bezugsfertig waren - hat das größte unmittelbare Problem weitgehend gelöst, mit dem die israelische Verwaltung angesichts des Einwandererstroms konfrontiert war. Auch die finanziellen Lasten der Eingliederung wurden dadurch spürbar gemindert.«[90]

Der »Bevölkerungsaustausch« war also, kurz gesagt, Wirklichkeit geworden. Gab es eine nennenswerte Opposition gegen diese offizielle Politik? In zahlreichen Fällen protestierten liberale und fortschrittliche Kreise, wenn gewaltsame Vertreibungen palästinensischer Dorf- oder Stadtbewohner ruchbar wurden, gegen diese Verletzung elementarer Menschenrechte. Berichte über solche Vertreibungen, über brutale Übergriffe, Plünderungen und über das schreckliche Leid derer, die gezwungen wurden, unter Zurücklassung ihrer Habseligkeiten die Heimat zu verlassen, wurden von Augenzeugen weitergegeben, darunter religiöse Würdenträger, Ärzte und Krankenschwestern, Lehrer, Journalisten, Quäker, Mitarbeiter des

90· Joseph Schechtman, *The Arab Refugee Problem*, New York 1952, S. 95 f, 100 f

UN-Vermittlers Graf Bernadotte und Angehörige des Internationalen Roten Kreuzes, die nach Beendigung der Kämpfe in Palästina tätig wurden. Ihre Berichte und ihre Appelle an die internationalen Instanzen, dem Blutvergießen ein Ende zu setzen und den Opfern zu Hilfe zu kommen, führten zu stürmischen Diskussionen nicht nur in der Weltpresse, sondern auch im britischen Parlament und im amerikanischen Kongress. Die Flüchtlingstragödie stand sogar im Mittelpunkt des Berichts und der Empfehlungen von Graf Bemadotte.[91]

Die ersten innerisraelischen Proteste kamen von Hagana-Mitgliedern in den Kibbuzim und Moschavim und in regionalen Behörden und Organisationen, die mit der Aufsicht über die öffentliche Ordnung und Sicherheit befasst waren. Bis ins Frühjahr 1948 hinein hatte man diese Leute angehalten, sich um gute Beziehungen und den Abschluss von Nichtangriffspakten mit ihren arabischen Nachbarn zu bemühen, um dem Aufruf Hadschi Amin al-Husainis zum bewaffneten Widerstand den Wind aus den Segeln zu nehmen. Die Politik der Vertreibung und Aussiedlung kam für sie überraschend, und die damit einhergehende antiarabische Propaganda irritierte und beunruhigte sie. Ein typischer Ausdruck ihrer Reaktion war ein Brief, den Yitzhak Avira, einer der Gründer des Kibbuz Moaz Haim im Beisan-Tal, an Eszra Danin schrieb: »In letzter Zeit«, hieß es darin, »hat sich in der Öffentlichkeit eine neue Stimmung durchgesetzt - "Die Araber sind nichts", "Alle Araber sind Mörder", "Wir sollten sie alle umbringen", "Wir sollten alle ihre Dörfer verbrennen", usw. usw. [...] Es liegt mir fem, die Araber in Schutz zu nehmen, aber man muss das jüdische Volk daran hindern, in einem folgenschweren Extremismus zu versinken.«[92] Die Antwort Danins spricht für sich selbst:

> Krieg ist eine komplizierte und unsentimentale Angelegenheit. Wenn das Oberkommando der Meinung ist, es könne

---

91- FRUS. 1948, *Bericht des UN-Vermittlers für Palästina*, A/648. 9. Sept. 1948; siehe auch DFPI, Bd. 1. Dok. 239, S. 234, Dok. 380, S. 412, Dok. 406, S. 442, Dok. 424, S. 473 f

92- ISA, 29. Juli 1948. 2570/11. Zitiert nach Joram Nimrod in *Al-Hamishmar*, 13. Juni 1985

> seine Ziele durch Zerstörung, Mord und menschliches Leid schneller erreichen - ich würde mich nicht dagegen sperren. [...] Wenn sie mit den Menschen von Lydda und Ramla Mitleid gehabt und sie aus menschlichen Gründen an Ort und Stelle belassen hätten, hätte die Arabische Legion Tel Aviv erobert. [...] Was die Minderheit anbelangt, die hierbleiben wird, so bin ich der tiefen Überzeugung, dass im Interesse beider Völker eine absolute Trennung geboten ist. Ich würde daher alles in meiner Macht Stehende tun, um diese Minderheit so klein wie möglich zu halten. Wir haben keine andere Wahl, als mit dem Strom zu schwimmen, auch wenn es gelegentlich eine stinkende und schmutzige Brühe ist.[93]

Aber es gab viele Stimmen des Protests, und sie kamen überwiegend von den gleichen Leuten, die immer schon für eine aktive Versöhnung mit den Arabern eingetreten waren, so etwa die von Judah L. Magnes geleitete Ihud-Gruppe. Protest war auch von Kibbuz-Mitgliedern zu hören, die miterlebten, wie arabische Nachbarn, zu denen sie jahrelang freundschaftliche Beziehungen gepflegt hatten, brutal vertrieben wurden. Junge Menschen, Schriftsteller und Journalisten protestierten, die im Verlauf der Kämpfe mit ansehen mussten, wie die arabischen Bewohner aus ihren Dörfern und Städten und schließlich aus ihrem Land vertrieben wurden. Es gab Proteste gegen Plünderungen, Vergewaltigungen und willkürliche Morde, Proteste innerhalb der Mapai, innerhalb der Regierung und in der Knesset. Aber die einzigen politischen Kräfte, die konsequent gegen die Politik der Vertreibung ankämpften, waren die Kommunistische Partei und die Mapam.

Die Kommunistische Partei, die wertvolle Kontakte mit den arabischen Kommunisten von der Liga für Nationale Befreiung unterhielt, war im Jischuw wegen ihrer Opposition gegen Zionismus, jüdische Einwanderung und Besiedlungspolitik stets eine geächtete und isolierte Randgruppe gewesen. Die einzig bedeutungsvolle

93- Ibid., 16. Aug. 1948

Stimme der Opposition war daher die Mapam. Aus den Kibbuz-Organisationen Haschomer Hatzair und Ahdut Haavodah hervorgegangen, umfasste die im Januar 1948 gegründete Mapam die meisten israelischen Sozialisten und Kibbuzler und war zu jener Zeit die zweitgrößte Partei des Landes. Aus ihr rekrutierte die Hagana die meisten ihrer höheren Offiziere, und auch das personelle Rückgrat der Palmach bestand aus Mapam-Gefolgsleuten. Ihr Wahlspruch »Für den Zionismus, für den Sozialismus und für die Freundschaft der Völker« erschien Tag für Tag als Kopfzeile auf dem Titelblatt ihrer Zeitung *Al Homischmar*. Die Mapam stellte zwei Minister der provisorischen Regierung und galt in der Histadrut und im Lande als die einzige Alternative zur Mapai. (Bei der ersten Knesset-Wahl im Januar 1949 erreichte die Mapam knapp fünfzehn Prozent der Stimmen.) An ihrer verdienstvollen zionistischen Vergangenheit war nicht zu rütteln: Mapam-Mitglieder hatten in allen wichtigen Bereichen der israelischen Staatsgründung eine maßgebliche Rolle gespielt - bei der Siedlungstätigkeit, im zionistischen Erziehungswesen, bei der Einwanderung und bei der Verteidigung. Andererseits bewies die Mapam die meiste Sensibilität gegenüber den Problemen der jüdisch-arabischen Beziehungen. Sie war für eine friedliche Zusammenarbeit zwischen Juden und Arabern sowohl innerhalb des jüdischen Staates als auch in dem Gebiet als Ganzem und trat für einen selbständigen Palästinenserstaat ein, wie ihn die UN-Teilungsresolution vorgesehen hatte.

Die beiden Mapam-Minister in der provisorischen Regierung leisteten heftigen Widerstand gegen die Politik von Ben Gurion und Weitz - gegen die »verbrannte Erde«, gegen die »Ausbesserung« verlassener Dörfer, gegen den »Bevölkerungstransfer«. Aaron Zisling, Minister für Landwirtschaft, sah die katastrophalen Folgen dieses »politischen Vernichtungsfeldzugs« gegen die Palästinenser voraus:

> Wir schwenken auf einen Kurs zu, der jede Hoffnung auf eine friedliche Allianz mit Kräften, die im Nahen Osten unsere

Bündnispartner sein könnten, aufs Schlimmste gefährden wird. [...] Hunderttausende von Arabern, die man aus Palästina hinausjagen und im luftleeren Raum zappeln lassen wird - wobei es gar nicht auf den Grad ihres eigenen Verschuldens ankommt - werden lernen, uns zu hassen. Die arabischen Söhne dieses Landes haben nicht gekämpft. Das waren Ausländer. Von jetzt an aber werden die eingeborenen Söhne dieses Landes [...] den Krieg gegen uns führen [...] Was man in der Hitze des Gefechts, in den Wirren des Krieges tut, ist eine Sache. Aber wenn man es einen Monat später kaltblütig weiterhin tut, aus politischen Gründen und vor aller Augen, dann ist das etwas ganz anderes. Und ich spreche jetzt nicht nur von moralischen, sondern auch von politischen Bedenken.[94]

Vom 25. bis zum 27. Mai 1948 - während die Kämpfe noch in vollem Gang waren, der Exodus der Araber aber schon weitgehend beendet war - trat der politische Ausschuß der Mapam zusammen, um über einen Aufruf zum Protest gegen die offizielle Regierungspolitik zu beraten. Die neun Beschlüsse, die das Gremium verabschiedete, verurteilten die Vertreibung der Araber aus dem nunmehr im Aufbau begriffenen Staat und forderten die kriegsunwilligen Araber in Israel auf, im Land zu bleiben und sich mit für den Frieden einzusetzen. Der Protest richtete sich auch gegen die nicht kriegsbedingte Zerstörung arabischer Dörfer und die ungesetzliche Beschlagnahme von Fabriken und anderen Produktionsstätten aus dem Besitz geflohener Araber; der Ausschuß forderte die Registrierung aller konfiszierten arabischen Vermögenswerte einschließlich der Feststellung ihres realen Verkehrswerts. Er forderte die Regierung auf, sich um die Not der zahlreichen arabischen Bürger des jüdischen Staates zu kümmern, die zu Flüchtlingen geworden waren, nach der Herstellung des Friedens die Flüchtlinge zur Rückkehr aufzufordern und all denen, die sich nichts hatten zuschul-

94. Protokolle der provisorischen Regierung, 16. Juni 1948, *Akte Zisling* (Yad Tabenkin)

den kommen lassen, ihr Eigentum zurückzugeben. In den beiden abschließenden Beschlüssen wurden die Parteimitglieder, die aktiv am Kriegsgeschehen beteiligt waren, aufgefordert, die »Reinheit der Waffen« zu bewahren; außerdem wurde der Rücktritt Ben Gurions vom Amt des Verteidigungsministers verlangt.[95]

Die Mischung aus aggressivem Protest und vorsichtiger Zurückhaltung, die sich in diesen Beschlüssen offenbarte, war Ausdruck der Gegensätze zwischen den beiden widerstreitenden Gruppen innerhalb der Partei - denen, die die Rechtmäßigkeit der Kampagne gegen die Araber bejahten, und denen, die sie verneinten. Diese Gegensätze lassen sich auch aus den im politischen Ausschuß geführten Diskussionen herauslesen, die im übrigen zwingende Belege dafür liefern, dass der Exodus der Araber weitgehend das Werk der Israelis war.

Die Diskussion wurde von Aaron Cohen, dem Leiter des Arabien-Referats der Mapam, eröffnet. Cohen, Mitglied des Kibbuz Haschomer Hatzair, erklärte, von den 352.000 Arabern, die zum Zeitpunkt der UN-Teilungsresolution im November 1947 auf dem Territorium des jetzigen israelischen Staates gelebt hätten, seien nur noch 50.000 übrig. »Was sich heute vollzieht«, sagte er, »ist die Zerstörung der Lebensgrundlage jener arabischen Palästinenser, die geflüchtet sind und irgendwann zurückkehren werden wollen.«

Eine Reihe weiterer Sprecher von Haschomer Hatzair berichteten mit allen Anzeichen der Empörung über das, was sich draußen im Lande zutrug. Eliezer Bauer, Mitarbeiter des Arabien-Referats der Partei, kritisierte scharf das Vorgehen der Streitkräfte: »Es liegt auf der Hand, dass Kriegsgerät beschlagnahmt werden muss. aber [die Armee] nimmt sich schlechthin alles - Metall, Holz, Baumaterialien, Autos, Haushaltsgeräte, Nähmaschinen usw. Nach den Beschlagnahmungen werden Verordnungen veröffentlicht, die es untersagen, das Eigentum der in ihren Häusern verbliebenen Araber anzutasten.« In den Dörfern Abu Zrik und Abu Shusha im Jesreel-Tal seien, so berichtete er weiter, alle Bewohner verhaftet oder fortgejagt

95· Mapam, *Resolutionen*, 25.-27. Mai 1948, MGH

und dann der Befehl erteilt worden, die Dörfer bis zum letzten Haus und bis zum letzten Stein zu sprengen. Bauer übte Kritik an einigen ranghohen in den Streitkräften dienenden Mapam-Mitgliedern, die sich an solchen Aktionen beteiligt hätten; er erklärte, seine Kritik richte sich nicht gegen das, was sie in der Hitze des Gefechts, sondern gegen das, was sie danach getan hätten.

Jaakov Hasan, einer der führenden Köpfe sowohl der Mapam als auch von Haschomer Hatzair, verurteilte die unmenschliche Behandlung der Araber leidenschaftlich. »Das Phänomen, dass Bauern aus ihrem Land fliehen, ist ohne Parallele; so etwas hat es [im Krieg] weder bei den Russen, noch bei den Polen noch bei den Deutschen gegeben«, erklärte er. »Alle Teile der israelischen Öffentlichkeit, vom Kibbuz-Mitglied bis zum einfachsten Bürger, haben Anteil daran, und wir werden für das, was hier geschieht, einen schmerzhaften politischen und moralischen Preis zahlen.« Er bezog sich auf die Vorgänge in dem Dorf Abu Shusha unweit seines eigenen Kibbuzes Mischmar Haemek, wo ihm jedes einzelne Haus vertraut war. Es gebe, so erklärte er, unter den dortigen Arabern einige Provokateure, aber auch andere, die Israel die Loyalität bewahrt hatten. »Weshalb sind ihre Häuser nicht verschont worden?« fragte er.

Hasan betonte weiterhin, dass die israelische Politik sich nicht danach richten könne, was die Araber den Israelis »vielleicht angetan hatten«. Die Plünderungen, Vergewaltigungen und willkürlichen Erschießungen in arabischen Dörfern Galiläas, an denen sich auch Hagana-Angehörige beteiligt hatten, ließen sich, so meinte er, durch die Erschießung eines einzigen Soldaten unterbinden. Er wandte sich entschieden gegen die Auffassung, die israelische Armee könne auch nicht besser sein als alle anderen Armeen auf der Welt. »Hier dringt ein Gift in unser aller Leben ein, das auch nach Ende des Krieges weiterwirken wird.« Am Ende dieser Entwicklung könne, so warnte Hasan, so etwas wie ein jüdischer Faschismus stehen, und wenn es den Israelis nicht gelinge, in ihrem Land eine vereinigte jüdisch-arabische Arbeiterbewegung aufzubauen, laufe Israel Gefahr, sich zu einem Staat wie Südafrika zu entwickeln.

Noch zerknirschter war Meir Jaari, der zweite führende Vertreter von Haschomer Hatzair, in dessen Augen die Mapam durch ihr viel zu langes Schweigen ihre eigene Zukunft aufs Spiel gesetzt hatte. Er zeigte unbarmherzig die Kluft zwischen den Grundsätzen im Mapam-Programm und einigen Ansichten, die in der Debatte geäußert worden waren, und dazu meinte er: »Wenn manche sagen: >Jaffa ist ein Gefahrenherd, weil es nahe bei Tel Aviv liegt<, oder:) Es ist gut, dass sie von hier fliehen« - wenn also alles, was uns stören könnte, ausgemerzt werden muss, dann müssen die Araber ausgemerzt und aus dem ganzen [jüdischen] Palästina hinausgeworfen werden, und man braucht dann auch nicht mehr zwischen Freund und Feind zu unterscheiden. Manche haben gefragt: >Wer hat sie geheißen, zu fliehen?< Sie sind aus Angst geflohen, aber sowohl die Briten als auch die Juden haben nachgeholfen.« Er fügte hinzu, während es unziemlich sei, mitten in der Schlacht über Armeekommandeure hinter ihrem Rücken zu reden, gebe es haarsträubende Berichte über einen Befehl, »bei keinem über vierzehn Jahre alten Araber Gnade walten zu lassen«.

Ein anderer Redner erklärte, die britischen Soldaten, die in den Jahren 1946 und 1947 in den Kibbuzim nach Hagana-Waffen gesucht hätten, hätten mehr menschliches Mitgefühl gezeigt als die israelischen Soldaten. In einem anderen Beitrag wurde die Strategie der Hagana mit der der Irgun verglichen.

Die anwesenden Vertreter von Ahdut Haavodah zogen die Berichte über die Vorgänge im Land nicht in Zweifel, bewerteten die Dinge aber anders. Der Krieg habe, so erklärten sie, seine eigene Bedeutung und seine eigenen Regeln, und die schlössen auch Dinge ein, die in jeder anderen Situation als moralisch unvertretbar gelten würden. Wie Avraham Levite, einer der beiden Parteisekretäre, einräumte, war die Einschließung Jaffas »vom Standpunkt absoluter Werte aus sehr unmenschlich«. Gleichwohl könne er »jeden Akt der Eroberung und das Auslöschen jeder arabischen Ansiedlung, wenn von den

Notwendigkeiten des Krieges diktiert, als Ausdruck höchster moralischer Verantwortung und politischer Notwendigkeit rechtfertigen und bejahen«. Zwar müsse, wie Levite einräumte, »jede ungesetzliche Handlung, jeder Diebstahl und jedes Plündern entschieden bekämpft werden, einschließlich der Verhängung von Todesstrafen«, aber vor dem Hintergrund dessen, worum es ging, sei das unmoralische Verhalten von Soldaten im Grunde ein »zweitrangiges Problem«.

Jitzhak Ben Aaron wandte sich dagegen, die ganze Armee an den Pranger zu stellen. Selbst bei den Palmach-Einheiten gebe es Fälle von Fahnenflucht, Feigheit und Befehlsverweigerung. Man könne ein arabisches Dorf nicht erobern, ohne es zu zerstören. »Und wir müssen Orte, in denen die Araber sich mit Gewalt festkrallen, befreien, ohne sie allerdings zur Flucht zu zwingen.« Was aber die Dörfer auf der Strecke nach Jerusalem betreffe, so habe man seiner Überzeugung nach keine andere Wahl, als sie alle auszulöschen.

Jitzhak Tabenkin, ideologischer Wortführer der Hameuhad-Gruppe innerhalb von Ahdut Haavodah, berichtete, dass es in seinem Kibbuz Ein Harod eine Einheit gebe, die die »naive Kompanie« genannt werde, weil sie sich an Plünderungen nicht beteilige. »Wir sind zweifellos menschlicher als unsere Gegner«, erklärte er, »und achtzig Prozent der für die Streitkräfte Verantwortlichen sind über den Mangel an menschlicher Solidarität und Brüderlichkeit zwischen Juden und Arabern ebenso besorgt wie wir. Aber im Krieg passieren viele schlimme Dinge, und diese Art von Dingen kommt in jeder Armee vor. Wir sollten daraus nicht den Schluß ziehen, dass unsere Mitglieder zum Bösen neigen.« Wie Ben Gurion machte sich auch Tabenkin mehr Sorgen über die moralische Verfassung der israelischen Soldaten als über das, was den Palästinensern angetan wurde.

»Krieg ist Krieg«, meinte Tabenkin, »und unsere Entscheidung, dass die Araber in Zukunft gleichberechtigte Bürger [Israels] sein werden, kann nicht die Richtschnur für unser Verhalten im Krieg sein. Der Staat, den wir errichten, ist für uns die Grundlage unseres Handelns, was auch unser Verhalten gegenüber den Arabern einschließt. Und die Lebensfähigkeit des Landes ist das Kriterium, weil wir mit den Arabern, und sie mit uns, in einem ungeteilten Land zusammenleben werden.« Tabenkin glaubte nicht an die Unantastbarkeit von Grenzen, weder was die biblischen, von Moses verkündeten noch was die in der Balfour-Deklaration oder im Peel-Plan oder die am 29. November 1947 von der UN-Vollversammlung proklamierten Grenzen betraf. »Der Krieg beweist, dass die Teilungsresolution nur ein Fetzen Papier ist«, rief er aus. Er sei mit dem, was im UN-Teilungsplan über eine Wirtschaftsunion stehe, durchaus einverstanden, aber jetzt herrsche eben Krieg, und im Krieg »muss man ein so großes Territorium wie möglich erobern«.

Welche Schlüsse lassen sich aus dieser Mapam-internen Diskussion ziehen? Von erstrangiger Bedeutung ist zunächst einmal die Tatsache, dass sie überhaupt stattfand. Offensichtlich erkannten die Parteimitglieder, dass die israelische Armee versuchte, möglichst viele Araber aus dem Staatsgebiet hinauszudrängen, und dass sie dabei keinen Unterschied zwischen »freundlich« und »feindlich« gesinnten Arabern machte; ferner, dass sie dafür sorgte, dass die geflohenen Araber nicht zurückkehren konnten; und schließlich, dass hier eine im Grunde »politische Politik« mit militärischen Argumenten gerechtfertigt wurde.

Wie die Diskussion darüber hinaus zeigte, konnte die Mapam, so stark sie in der Armeeführung auch vertreten war, die Entwicklung der Dinge nicht aufhalten, ja manche Mitglieder der Partei mögen sogar an dieser Entwicklung mitverantwortlich gewesen sein. Ben Gurion nannte sogar das von ihm berufene Gremium, das sich um Flüchtlinge und Eindringlinge kümmern sollte, »Ausschuß für Entfernung und Vertreibung« (vaadat akirah v'girush) - die Herausgeber seiner Kriegstagebücher waren jedoch dafür, daraus einen »Ausschuß für Evakuierung und Bevölkerung« zu machen.[96] Die praktische Durchführung der Aufgaben lag vollständig in den Händen der Streitkräfte. Obwohl über die Hälfte der Truppenkommandeure

96· Tom Segev, *The First Israelis*, New York 1985, S. 59

Mapam-Mitglieder waren, befolgten sie ihre Befehle widerstandslos. Einige spielten eine aktive Rolle bei der Vertreibung arabischer Dorf- und Stadtbewohner; namentlich waren dies Anhänger der von Ahdut Haavodah vertretenen Position, dass man sich die Chance des Krieges zunutze machen müsse, um das Territorium des jüdischen Staates auszuweiten und den Teilungsplan hinfällig werden zu lassen. Die größten Vertreibungsaktionen wurden von den Mapam-Angehörigen Yigael Allon, Mosche Carmel und Jitzhak Rabin geleitet: Allon befehligte die Aktionen in Westgaliläa und später, zusammen mit Schimon Avidan, im Negev; Carmel war im Norden aktiv. Rabin in Lydda und Ramla. In der letzten Phase des Unabhängigkeitskrieges legte Allon Ben Gurion einen fertig ausgearbeiteten Plan für die militärische Besetzung der West Bank vor, mit der Begründung, der Jordan sei unter strategischen Gesichtspunkten die bestmögliche Grenze. Er glaubte, ein beträchtlicher Teil der dort wohnhaften arabischen Bevölkerung werde sich, um dem Kriegsgeschehen auszuweichen, nach Osten zurückziehen. »Unsere Offensive muss der [arabischen] Armee und den Flüchtlingen einen Weg zum Zurückweichen offenlassen. Es wird uns ein leichtes sein, die Gründe - oder genauer gesagt, die Vorwände - zur Rechtfertigung unserer Offensive zu finden, wie wir es bisher getan haben.«[97] Ben Gurion verwarf den Plan, obwohl er wenige Monate zuvor etwas Ähnliches vorgeschlagen hatte.[98] Jetzt, da ein Waffenstillstand mit Ägypten vor der Tür stand und König Abdallah auf einen Friedensvertrag drängte, hätte ein Einmarsch in die West Bank zu einer direkten Konfrontation mit Großbritannien sowie zu einem politischen Konflikt mit den Vereinigten Staaten geführt, die daran interessiert waren, dass im Nahen Osten britische Stützpunkte als Bastionen gegen ein weiteres Vordringen der Sowjetunion bestehenblieben.

Die Gegensätze zwischen Ahdut Haavodah und Haschomer

97- Jeroham Cohen, *Licht des Tages und der Dunkelheit*, (in hebräischer Sprache), Tel Aviv. 1969, S. 271-274

98- Tzur, *From the Partition*. S. 67

Hatzair in der Frage, welchen Status und welche Rechte man den Palästinensern zubilligen solle (und ob arabische Mitbürger Mitglieder der Mapam werden könnten), führten schließlich zur Spaltung, und die Ahdut-Haavodah-Fraktion schied aus der Mapam aus.[99] Aber auch in der Haschomer-Hatzair-Fraktion gab es, allen anderslautenden ideologischen Verlautbarungen zum Trotz, Leute, die sich bei militärischen Operationen gegen die palästinensische Bevölkerung schuldig machten. Sie waren nicht immun gegen die allgemein um sich greifende Euphorie, die aus der Aussicht auf einen jüdischen Staat ohne Araber - und der damit verbundenen Möglichkeit, »herrenloses« Eigentum übereignet zu bekommen - resultierte. Haschomer Hatzair spielte bekanntlich bei der Besiedlung des Landes eine besonders aktive Rolle. Obwohl die Organisation sich öffentlich für einen Zweivölkerstaat einsetzte, beteiligte sie sich aktiv am Aufbau von Kibbuzim auf dem Gebiet geräumter arabischer Dörfer. Darüber hinaus sprach sich die Mapam offiziell dafür aus, aus Gründen der militärischen Sicherheit jüdische Bauern in arabischen Dörfern entlang der libanesischen Grenze anzusiedeln, und befürwortete auch noch einige andere nicht mit der UN-Resolution im Einklang stehende Maßnahmen wie die Annektierung Rafihas und des Gazastreifens oder die Einverleibung Jerusalems in den Staat Israel (mit der einzigen Ausnahme der Heiligen Stätten, die unter internationale Verwaltung gestellt werden sollten). Die Errichtung weiterer jüdischer Siedlungen im Umkreis von Jerusalem auf arabischem Terrain lehnte die Mapam ab, hatte aber nichts gegen solche Neuansiedlungen auf nichtarabischem Grund und Boden einzuwenden.[100]

Innerhalb der Haschomer-Hatzair-Fraktion der Mapam und insbesondere innerhalb des Kibbuzverbandes Haschomer Hatzair selbst wurden über alle diese Fragen quälende Debatten geführt, während

99· 1954, nach der Spaltung, ging Ahdut Haavodah eine Koalition mit ihrer Mutterpartei Mapai ein, und 1967 vereinigten sich die beiden zur Arbeitspartei. Dreieinhalb Jahrzehnte später ist es noch immer derselbe ideologische Streitpunkt, der die Arbeiterpartei von der Mapam trennt: die unterschiedliche Haltung zu den Rechten der Palästinenser.

100· Mapam, *Resolutionen*, 1948, 1949, MGH

die Partei von außen, gleichermaßen von rechts wie von links, heftig angegriffen wurde. Die Kritiker warfen den Leuten von Haschomer Hatzair Heuchelei und Inkonsequenz vor, weil sie auf der einen Seite gegen die Vertreibung der Palästinenser agitierten und auf der anderen Seite auf beschlagnahmtem arabischem Territorium siedelten.

Wie schmal der Grat war, auf dem Haschomer Hatzair wandelte, wurde in den Auseinandersetzungen über die Vorgänge in Bir-Am deutlich, einem christlichen Dorf nahe der libanesischen Grenze. Wie in einer Anzahl anderer Dörfer im nördlichen Galiläa - Nebi Rubin, Tarbiha und Ikrit -, wurden auch in Bir-Am die Einwohner aus Sicherheitsgründen evakuiert und weiter nach Süden verfrachtet. Ursprünglich wollte die Armee die Menschen von Bir-Am in den Libanon evakuieren, aber ein jüdischer Freund hatte sich eingeschaltet und sich an den Militärgouverneur und an den Minderheitenminister Behor Schitreet gewandt. Dies hatte zur Folge, dass nur eine vorübergehende, auf zwei Wochen begrenzte Evakuierung der Einwohner in das etwas weiter südlich gelegene Dorf Jish angeordnet wurde. Wie Ben Gurion am 16. November 1948 seinem Tagebuch anvertraute, hatte Mosche Carmel, Oberbefehlshaber im nördlichen Militärbezirk und als solcher für Evakuierungen verantwortlich, mehrere Tausend arabische Palästinenser aus diesen Dörfern über das restliche Galiläa verteilt. Carmel rechtfertigte sein Vorgehen mit militärischen Argumenten; dann besann er sich eines anderen und versprach, damit aufzuhören, betonte aber, er werde eine Rückkehr der Dorfbewohner nicht zulassen. Zur Begründung verwies er darauf, dass wegen des Krieges an der Nordgrenze entlang strikte Ausgangssperren verhängt werden müssten.[101]

Aus militärischer Sicht war diese Rechtfertigung, gelinde gesagt, dürftig. An der Nordfront waren die israelischen Streitkräfte nämlich schon in den Libanon eingedrungen und hielten eine Reihe jenseits der Grenze gelegener Dörfer besetzt. Der wahre Grund scheint der gewesen zu sein, dass man an der Nordgrenze anstelle der arabischen

101- Ben Gurion, *Kriegstagebücher*, 16. Nov. 1948, S. 828

Dörfer eine Reihe von Kibbuzim ansiedeln wollte. Und in der Tat wurde der zu diesen Dörfern gehörige Grund und Boden alsbald verschiedenen Kibbuzim und Moschavim übereignet - einer davon war der zum Haschomer-Hatzair-Verband gehörende Kibbuz Bar-Am.

Die Leute aus dem arabischen Dorf Bir-Am, deren ausgezeichnetes Verhältnis zu den Juden bekannt war, weigerten sich, auf ihr Recht zur Rückkehr in die eigenen Häuser zu verzichten, und auch die Bewohner von Ikrit folgten ihrem Beispiel und wehrten sich. Allein, weder den Menschen von Bir-Am noch denen von Ikrit war es je vergönnt, in ihr Dorf zurückzukehren, obwohl sie seither zahllose Male an die Bezirksregierung, die Knesset, den Staatspräsidenten und das oberste israelische Gericht appelliert haben und es weiterhin tun. Die Stimmen vieler Israelis und vieler internationaler Persönlichkeiten, die sich für das Recht dieser Dorfbewohner auf Rückkehr einsetzten, stießen auf taube Ohren. An Weihnachten 1951, zehn Tage bevor das oberste israelische Gericht über die Klage der evakuierten Einwohner von Ikrit beraten sollte, drangen israelische Armee-Einheiten in das Dorf ein und sprengten alle Gebäude außer der Kirche in die Luft. Am 16. September 1953 flog, während ein Aufruf zugunsten des Dorfes Bir-Am im Gange war, die israelische Luftwaffe einen Bombenangriff auf das Dorf und machte es dem Erdboden gleich. Die israelische Politik war in dieser Beziehung immer sehr konsequent. Nachdem im August 1972 Israelis, dieses Mal eine Gruppe von Schriftstellern und Gelehrten, heftig protestiert hatten, verweigerte die damalige Premierministerin Golda Meir den Menschen von Bir-Am die Erlaubnis, in ihr Dorf zurückzukehren - mit dem Argument, dies sei gleichbedeutend mit der Anerkennung eines Rückkehranspruchs der arabischen Flüchtlinge.[102]

In der Kontroverse über Bir-Am wurde der Kibbuz Bar-Am zur Zielscheibe heftiger öffentlicher Kritik und zum Symbol zionistischer Eroberungspolitik und Heuchelei. Diese Reaktion war sehr ei-

102. Golda Meirs Treffen mit Intellektuellen auf Bir-Am fand im August 1972 statt und wurde in der israelischen Presse ausführlich behandelt.

genartig, bedenkt man, dass dieser Kibbuz von den insgesamt 16.000 beschlagnahmten und verteilten Dunams nur 800 erhalten hatte und dass nur die Mitglieder dieses Kibbuz' die Rückkehr der Bewohner von Bir-Am befürworteten und die Bereitschaft äußerten, ihnen im Austausch gegen andere Siedlungsflächen ihren Grund und Boden zurückzugeben. Weder die anderen Kibbuzim, denen Land zugeteilt worden war, noch die Armee, das Verteidigungsministerium oder gar Ben Gurion wurden mit ähnlicher Kritik bedacht.

Haschomer Hatzair war nicht in der Lage, einen kompromißlosen Kampf zu führen, weil sein Eintreten für die Rechte der Palästinenser im Gegensatz zu der Realität stand, dass seine Mitglieder ihr Dasein auf dem Eigentum einer vertriebenen Bevölkerung aufbauten. Das war natürlich das Dilemma der meisten Israelis, die sich sowohl als Zionisten wie als Sozialisten oder Liberale verstanden. Die Zigtausende von Einwanderern, die in diesen Jahren aus den Flüchtlingslagern Europas und aus den arabischen Ländern nach Israel strömten, ließen sich in den von den Arabern freiwillig oder unter Zwang geräumten Städten und Dörfern nieder. Was sie dort an Gebäuden, Werkzeugen, Rohstoffen und Lagerbeständen vorfanden, trug, wie wir gesehen haben, maßgeblich zur Entschärfung der mit ihrer Eingliederung verbundenen Probleme bei. Mangels einer nennenswerten innenpolitischen Opposition konnte Ben Gurion seine Maxime, eine Rückkehr der Geflüchteten um jeden Preis zu verhindern, durchsetzen. Da somit das Flüchtlingsproblem bestehenblieb, konnte es auch nicht zu einer umfassenden Friedensregelung zwischen Israel und den arabischen Staaten kommen.

Der Mythos vom freiwilligen Auszug der Palästinenser als Antwort auf arabische »Weisungen von oben« hat sich mit erstaunlicher Zählebigkeit gehalten. Rückblickend kann man erkennen, dass der Mythos das unvermeidliche Ergebnis davon war, dass man den Palästinensern ihr Recht auf Unabhängigkeit und Eigenstaatlichkeit verweigert hatte, ein Prinzip, das die zionistische Politik von Anfang an geleitet hatte.

Wenn der Mythos anfänglich auch politisch war, wurde er bald zu einem wichtigen Pfeiler des Selbstverständnisses des neugegründeten Staates. Zunächst einmal ließen sich damit die Spuren der unschönen Methoden tilgen, die die israelischen Sieger angewandt hatten - von der Beschlagnahme von Lebensmitteln, Rohstoffen, Medikamenten und Grundstücken, bis zu Akten des Terrors, Einschüchterung und Panikmache und schließlich bis zur gewaltsamen Vertreibung -, und auf diese Weise die Schuldgefühle ersticken, die in vielen Teilen der Gesellschaft, namentlich in der jüngeren Generation, vorhanden waren. Viele derer, die Schuldgefühle empfanden, wirkten an den Operationen mit, die die Flucht der Araber auslösten. Sie befolgten selbst die Weisung, ganze Dörfer zu zerstören, Männer, Frauen und Kinder aus ihren Häusern zu treiben und sie in eine ungewisse Zukunft jenseits der Grenzen zu schicken. Viele von ihnen nahmen an Aktionen teil, bei denen alle arbeits- und wehrfähigen Männer eines Dorfes zusammengetrieben und dann zur Deportation in Lastwagen gepfercht wurden. Es war für sie nicht leicht, ihr revoltierendes Gewissen zu beruhigen.

Aber der Mythos bewährte sich nicht nur bei der Verdrängung von Schuldgefühlen, sondern auch als wirksame Waffe der politischen Kriegsführung. Er wurde zur Untermauerung der uralten zionistischen These verwandt, die Palästinenser seien kein Volk mit legitimen nationalen Bestrebungen und Rechten, sondern einfach ein Teil des arabischen Volkes, den man nach Belieben in irgendwelche bewohnbare Regionen des ausgedehnten arabischen Lebensraums abschieben könne. Ben Gurion schrieb am 4. Mai 1948: »Die Geschichte hat bewiesen, wer sich wirklich mit diesem Land verbunden fühlt und für wen es einen verzichtbaren Luxus darstellt. Bis heute ist noch keine einzige [jüdische] Siedlung, so entlegen, wehrlos oder isoliert sie auch sein mochte, von ihren Bewohnern verlassen worden, während die Araber nach der ersten Niederlage ganze Städte wie Haifa und Tiberias räumten, obwohl keinerlei Gefahr einer Zerstörung oder eines Massakers bestand.«[103]

Bei dieser Behauptung wurde verschwiegen, dass die große Mehrzahl derjenigen Palästinenser, die aus ihren Wohnungen flohen, nicht das Land verließ. Sie zogen sich vielmehr, wie viele Juden es in ähnlicher Situation auch taten, aus umkämpften Gebieten in ruhigere Zonen zurück.[104] Die spontanen Rückkehrversuche zahlreicher Palästinenser - seinerzeit von den Israelis als »Infiltration« bezeichnet (und bestraft) -, die schon vor Kriegsende einsetzten, und die hartnäckige Weigerung der Mehrheit der palästinensischen Flüchtlinge, sich in irgendwelchen arabischen Ländern »eingliedern« zu lassen, können sicherlich als Indizien dafür dienen, dass diese Menschen sehr wohl mit ihrer Heimat verbunden sind und an ihr hängen.

Der Mythos vom freiwilligen Exodus der Araber diente Israel als probates Argument bei der Weigerung, auch nur eine Teilverantwortung für das Flüchtlingsproblem zu übernehmen, ganz zu schweigen von einer Anerkennung des Rechts der Geflohenen auf Rückkehr. Das dogmatische Nein zu einer Rückkehr der Flüchtlinge half darüber hinaus mit, in der israelischen Bevölkerung den Eindruck zu erwecken, das Palästinenserproblem werde sich allmählich von selbst lösen.

Die historische Entwicklung schlug jedoch einen anderen Weg ein, und die palästinensischen Flüchtlinge wurden zum Symbol für die Enteignung, Vertreibung und die trostlose Lage des palästinensischen Volkes. Das Flüchtlingsproblem hat die Beziehungen zwischen Israel und den arabischen Staaten bis heute vergiftet. Hätte Israel das Recht der Geflohenen auf Rückkehr anerkannt, wäre dies für die arabischen Staaten das einzige Rezept gewesen, das ihnen gestattet hätte, ohne Gesichtsverlust ihre demütigende militärische Niederlage einzugestehen, auf jede weitere militärische Option gegen Israel zu verzichten und sich mit der Realität eines jüdischen

103· Ben Gurion, *Kriegstagebücher*, über die erste Sitzung des People's Council, 4. Mai 1948. S. 387

104· Bericht des Justizministers Pinchas Rosen in der Kabinettssitzung vom 20. Aug. 1950; siehe ISA 43/5543/c/3633

Staates inmitten der arabischen Welt abzufinden. Weit davon entfernt, Israel zu stabilisieren, wie die zionistischen Führer es so sehr gehofft hatten, sorgte die Existenz einer Nation von Flüchtlingen für eine beständige Eskalation der Spannungen im Nahen Osten. Viele Jahre lang verschloß die israelische Staatsführung die Augen vor der Tatsache, dass sich in den Reihen der politisch entmündigten, heimatlosen Palästinenser, die unter unsäglichen Bedingungen in Flüchtlingslagern lebten, eine radikal-nationalistische Bewegung entwickelte. Diese Bewegung, die von Verzweiflung und Terrorismus gekennzeichnet ist, ist zu einem permanent tickenden Zeitzünder für innerarabische Konflikte und zu einer der Hauptursachen für die Verschärfung israelisch-arabischer Gegensätze geworden.

In den frühen sechziger Jahren behauptete Golda Meir, damals die vierte in der Reihe der israelischen Premierminister, die palästinensischen Flüchtlinge wieder ins Land zu lassen, hieße, in Israel eine Zeitbombe aufzustellen. Sie übersah, dass die Zeitbombe auf jeden Fall da war und, wenn man sie nicht entschärfte, vor der Türschwelle Israels explodieren würde, was 1967 dann auch geschah. Fast zwanzig Jahre mussten vergehen, bevor deutlich wurde, dass das Problem der palästinensischen Flüchtlinge nicht »bloß« ein humanitäres, sondern ein nationales Problem war, dessen Lösung der einzige Schlüssel zu einer dauerhaften Beilegung des israelisch-arabischen Konflikts ist. Nach 1967 war es, Ironie des Schicksals, ausgerechnet Golda Meir, die »Sicherheitsbelange« als Rechtfertigung dafür anführte, dass Israel die West Bank und den Gazastreifen besetzte und sich damit wissentlich die Zeitbombe einer halben Million palästinensischer Flüchtlinge ins Land holte.

VIERTER MYTHOS

Alle arabischen Staaten hatten sich in ihrer Entschlossenheit, den frischgebackenen jüdischen Staat zu vernichten, vereint und taten sich am 15. Mai 1948 zusammen, um in Palästina einzumarschieren und dessen jüdische Bewohner hinauszuwerfen.

»Wir werden niemals auch nur mit dem Gedanken spielen, offiziell in den Krieg einzutreten. Wir sind nicht verrückt.«

Ägyptischer Verteidigungsminister am 12. Mai 1948[1]

Es ist schon erstaunlich, dass der Mythos von der verschworenen arabischen Einheitsfront gegen Israel sich so festsetzen konnte, wenn man sich die Fülle der Literatur vor Augen hält - darunter auch zahlreiche Forschungsarbeiten israelischer Historiker -, die immer wieder die tiefgreifenden inneren Gegensätze innerhalb der arabischen Welt im Jahr 1948 und die Vielfalt der arabischen Haltungen gegenüber Israel deutlich macht. Diese Unterschiede spielen in der Tat bei der demütigenden Niederlage der arabischen Armeen eine große Rolle. Gleichwohl ist der besagte Mythos zu einem Dogma geworden, mit dem jede israelische Generation vom Kindergarten bis zur Universität gefüttert und das von israelischen Nachrichtenagenturen und Pressestellen in aller Welt bis heute ständig bekräftigt und weiterverbreitet wird.

In einer typischen Darstellung des Unabhängigkeitskrieges aus der Feder eines namhaften israelischen Diplomaten heißt es:

> »Die Juden ins Meer treiben« - dieser Ausspruch wurde zum populären Kampfruf der arabischen Politiker, zu ihrem bevorzugten Mittel, um die Leidenschaften ihrer Anhänger anzu-

1- John und David Kimche, *Both Sides of the Hill*, London 1961, S. 153

> fachen. [...] Die Streitkräfte fünf arabischer Staaten, verstärkt durch Kontingente zweier weiterer, ausgerüstet mit modernen Panzern, Artillerie und Kampfflugzeugen, [...] marschierten von Norden, Osten und Süden in Israel ein. Dem Jischuw wurde ein totaler Krieg unter schwierigsten Bedingungen aufgezwungen.[2]

Gewiß trugen die Araber, die eine Unmenge an kriegerischer Rhetorik vom Stapel ließen, das ihre dazu bei, dass dieser Mythos immer weiterbesteht. Jedes israelische Schulkind hat von der Drohung des Generalsekretärs der Arabischen Liga, Abd al-Rahman Azzam Pascha, gehört, der Versuch, einen jüdischen Staat zu gründen, werde zu einem Blutbad führen, wie es seit den Kriegszügen der Mongolen nicht mehr vorgekommen sei.[3] Weit weniger Beachtung finden andere Tatsachen, die jedoch den verantwortlichen zionistischen Politikern seinerzeit sehr wohl bekannt waren: dass die Araber mit diesen dröhnenden Drohungen nur den Mangel an ernsthafter Planung und Vorbereitung für den Kriegsfall übertönen wollten und dass die einhellige arabische Opposition gegen einen jüdischen Staat gleichsam der Rauchschleier war, hinter dem die von inneren Konflikten zerrissene arabische Welt vergeblich versuchte, sich zu einem gemeinsamen Vorgehen zusammenzuraufen.

Eine ausgezeichnete Darstellung der Diskrepanz, die zwischen den Drohungen der Araber und ihrer Kriegsführungspotenz bestand, hat der Schriftsteller J. Bowyer Bell gegeben, der im übrigen ein Sympathisant der jüdischen Untergrundterroristen war:

> Die Ministerpräsidenten der Staaten der Arabischen Liga traten ohne irgendwelche äußeren Anzeichen von Aufregung vom 12. bis 17. Dezember 1947 in Kairo zusammen. Der nach wie vor von internen Problemen geschüttelte Irak gebärdete sich militanter denn je. Bagdad wollte, dass sofort Freiwil-

2· Jacob Tzur, *Zionism. The Saga of a National Liberation Movement*, New York 1977. S. 88 f

3· Pressekonferenz, Kairo. 15. Mai 1948; siehe auch Gabbay, *Arab-Jewish Conflict*, S. 88

ligenverbände in Marsch gesetzt werden sollten. Die arabischen Armeen sollten an den Grenzen des Mandatsgebiets aufmarschieren. Der irakische General Sir Ismail Safwat, Vorsitzender des Militärausschusses der Liga, legte Schätzungen vor, denen zufolge die Zionisten über 50.000 Soldaten mit Panzern, Artillerie und einer geheimen Luftwaffe verfügten. [...] Der militanteste Befürworter einer Intervention, der Libanese Riad al-Sulh. kam aus einem Land, das über keinerlei militärische Stärke verfügte und über dem das Damoklesschwert einer Spaltung schwebte. Der islamischste aller Staaten der Liga, Saudi-Arabien, wollte weder etwas von Freiwilligenverbänden noch von einer regulären Interventionsarmee wissen. Zwar hatte der greise König Ibn Saud seinem Sohn Faisal gesagt, er werde persönlich seine Armee nach Palästina führen, aber bei dieser Armee handelte es sich um einen buntscheckigen Haufen aus Stammeskriegern auf Kamelen. Transjordanien wollte keine Freiwilligen, besonders nicht unter dem Befehl des Muftis. Der Mufti wünschte keine Intervention regulärer Streitkräfte und schon gar nicht der transjordanischen Arabischen Legion.[4]

Niemand wird bezweifeln, dass alle arabischen Staaten ungeachtet der zwischen ihnen bestehenden lähmenden Differenzen das Streben der Palästinenser nach nationaler Selbständigkeit unterstützten und im Zionismus einhellig einen gefährlichen Gegner sahen. Sie waren gegen die massenhafte Einwanderung von Juden und gegen jüdische Landkäufe. Sie brandmarkten die 1945 von Präsident Truman und 1946 nochmals von einer britisch-amerikanischen Untersuchungskommission unterbreitete Empfehlung, 100.000 jüdische Flüchtlinge in Palästina anzusiedeln, als einen feindseligen Akt sowohl gegenüber den Palästinensern als auch gegenüber den

4. Bell, *Terror*, S. 264

arabischen Staaten in Nahost.[5] Sie drohten mit politischen und wirtschaftlichen Repressalien und mit dem Entzug aller Erdöl-Förderkonzessionen, wenn die USA weiterhin die Sache des Zionismus unterstützten. Sie boykottierten jüdische Produkte und zahlten den Palästinensern Zuschüsse für die Verbreitung antijüdischer Propaganda und für Maßnahmen zur Verhinderung von Landverkäufen an Juden.[6] Andererseits entzogen sie sich aber jeder ernsthaften Diskussion über eventuelle militärische Maßnahmen.

Bis zur Rückkehr der Husainis aus dem Exil im Jahr 1946 und dem Erscheinen der UNSCOP-Empfehlungen zur Teilung Palästinas ging die Arabische Liga noch davon aus, dass sie den Zionismus mit politischen Mitteln in die Schranken weisen könne. Wie wir gesehen haben, entschied sich die Liga bewußt für den gemäßigten Musa al-Alami als ihren Vertreter für Palästina, und so sehr sie auch die britischen Pläne zur Teilung oder zur föderativen Autonomie Palästinas ablehnte, nahm sie doch an der Ende 1946/Anfang 1947 stattfindenden Londoner Konferenz teil.

Die Zuversicht der Araber, sie könnten die Schlacht auf politischem Terrain für sich entscheiden, war nicht ganz unbegründet. Großbritannien und die Vereinigten Staaten hatten in Nahost schwerwiegende, wenn auch widerstreitende Interessen zu verteidigen, vor allem im Hinblick auf Erdöl, und beide machten sich Gedanken über die strategischen Gefahren eines weiteren sowjetischen Vordringens, zumal es in der Region antiwestliche politische Bewegungen gab, die sich eines großen Zulaufs erfreuten. Beide Mächte waren somit in gewissem Ausmaß auf den guten Willen und die Unterstützung der Araber angewiesen und würden nicht ohne weiteres Dinge tun, die die Araber ihnen übelnähmen. In der historischen UN-Debatte über die UNSCOP-Empfehlungen wurden die

5· Walid Khalidi >The Arab Perspective<. in: Wm. Roger Louis und Robert W. Stookey, *The End of the Palestine Mandate*, Austin 1986. S. 110

6· Ibid.; siehe auch: *Report der Untersuchungskommission des irakischen Parlaments über den Krieg von 1948*, (in hebräischer Sprache], Tel Aviv 1954. S. 111

arabischen Gegenvorschläge nur mit einer ganz knappen Mehrheit abgelehnt. Der syrische Antrag, die Palästinafrage an den Internationalen Gerichtshof in Den Haag zu überweisen, wurde mit nur einer Stimme Mehrheit (21:20) abgelehnt. Der arabische Vorschlag, alle Länder sollten sich an der Linderung der Not der jüdischen Flüchtlinge und der Überlebenden des Holocaust beteiligen, indem sie eine »im Verhältnis zu ihrer Fläche, ihren wirtschaftlichen Möglichkeiten und anderen relevanten Faktoren« stehende Zahl von Juden aufnähmen, blieb an der Klippe der Stimmengleichheit (16 dafür, 16 dagegen, 25 Enthaltungen) hängen.[7]

Die UN-Teilungsresolution war für die Araber ein schwerer Schock, doch waren sie fest davon überzeugt, dass sie schließlich rückgängig gemacht würde. Diese Hoffnung erhielt Auftrieb, als die Vereinigten Staaten im März und April 1948 Anstalten machten, vom Teilungsplan abzurücken und statt dessen eine Treuhänder-Lösung anzupeilen. Etliche in London und New York stationierte Diplomaten signalisierten ihren Regierungen, »die politische Schlacht gegen die Teilung [sei] bereits gewonnen«.[8]

In der jüdischen Führung machte man sich kaum Gedanken um eine mögliche militärische Aktion der Araber. Die Jewish Agency legte im März 1948 eine Denkschrift über die Absichten und Ausrüstung der Araber vor: Die arabischen Stabschefs hätten ihren Regierungen wegen der inneren Lage in den meisten arabischen Ländern von einem Einmarsch in Palästina und einem längeren Krieg abgeraten.[9] In der Tat sah sich beispielsweise Saudi-Arabien wegen eines bewaffneten Aufstandes im Jemen gezwungen, seine gesamten Streitkräfte in Alarmbereitschaft zu halten, da das saudische Herrscherhaus sich selbst und seine Landesgrenzen bedroht wähnte. Im Irak löste das vorgesehene englisch-irakische Abkommen, das den Briten gewisse wirtschaftliche und militärische Vorrechte wiedergeben sollte,

---

7- Khalidi, *The Arab Perspective*, S. 121

8- Ibid., S. 126

9- FDD. Dok. 293, S. 398-402

Massenproteste aus, die die Stabüität der Regierung zu erschüttern drohten. Und auch in Ägypten, Syrien und im Libanon schienen die prekäre Lage im Innern und die begrenzten militärischen Ressourcen keine zusätzliche militärische Kraftanstrengung zuzulassen.[10]

Diese Einschätzung deckte sich im großen und ganzen mit dem Bild, das die zionistische Führung sich von den arabischen Staaten machte: rückständig, instabil, innerlich zerstritten und von korrupten Cliquen regiert, die die Zügel der Macht durch Manipulation, Intrige und Bestechung in der Hand behielten.[11] Diese Einschätzung der arabischen Regimes traf weitgehend zu. So hatten beispielsweise die Ägypter alle Hände voll damit zu tun, sich von der kolonialen Herrschaft der Briten freizustrampeln, den Abzug der im Lande stationierten ausländischen Truppen zu erwirken und die Verfügungsgewalt über ihre eigene Wirtschaft und ihre eigenen Naturschätze zu erringen. Zu alldem kam, dass das Land unter schwerer Armut, Überbevölkerung und damit verbundenen explosiven sozialen Spannungen litt. Die auf einer einzigen Monokultur basierende ägyptische Wirtschaft brauchte nichts dringender als eine großzügige wirtschaftliche Planung, gewaltige Investitionen und Kredite, sowie eine radikale Agrarreform. Die ägyptische Gesellschaft setzte sich, wie ein Mitglied der Palästina-Kommission der UNO schrieb, aus »einer bäuerlichen Mehrheit und einer Minderheit von Grundbesitzern zusammen, die in den Extremen des Elends und des Überflusses lebten, und noch ein paar Familien, die von pseudopolitischen Parteien, dem König, der Armee und einer unantastbaren islamischen Hierarchie repräsentiert wurden«.[12]

Syrien unternahm um diese Zeit die ersten Schritte in Richtung Unabhängigkeit, nachdem 1946 die Briten und Franzosen ihre Ko-

---

10· Ibid.

11· Am 10. Juli 1947 erklärte Ben Gurion vor dem UNSCOP-Ausschuß: »Es besteht ein Unterschied zwischen einem Volk, das im 20., und einem Volk, das im 15. Jahrhundert oder teilweise vielleicht im 17. Jahrhundert lebt.«

12· Pablo de Azcarate, *Mission in Palestine: 1948-1952*, Washington. D.C.. 1966. S. 96

lonialtruppen abgezogen hatten. Es war schon ein Staat, aber noch keine Nation, und die Aufgabe, eine homogene, nationalbewusste Gesellschaft und eine funktionsfähige landesweite Verwaltung aufzubauen, erwies sich als äußerst kompliziert. Auch die syrische Wirtschaft basierte weitgehend auf der Landwirtschaft und dem Handel mit ihren Produkten, und die Bevölkerung gliederte sich in eine Anzahl ethnischer und religiöser Gruppen: sunnitische und schiitische Moslems, Drusen, Armenier und Christen. Das Ergebnis war, dass beständig innere Konflikte und Regierungskrisen schwelten und Putsche in der Luft lagen.

Im Libanon dominierten die gebildeteren, westlich orientierten christlichen Bevölkerungsteile, obgleich sie zahlenmäßig in der Minderheit waren. Sie waren eindeutig an der Entstehung eines zweiten nichtislamischen Staates in Nahost interessiert, und der libanesische Präsident Bishara al-Khuri bot bei vielen Gelegenheiten seine Dienste als Vermittler zwischen Israel und den Arabern an, unter der Voraussetzung, dass Israel bereit war, in der Region eine integrative politische und wirtschaftliche Rolle zu spielen.[13]

Vor diesem Hintergrund - und angesichts der guten Beziehungen der Zionisten zu den Regierungen Großbritanniens, Frankreichs und der Vereinigten Staaten, sowie ihres Einflusses auf die Weltmeinung - hielten die jüdischen Führer sich für stark genug, nicht nur die Interessen und die Sicherheit des jüdischen Staates gewährleisten, sondern auch Einfluß auf die politischen und wirtschaftlichen Entwicklungen in der arabischen Welt nehmen zu können.[14] Vor der Unabhängigkeitserklärung und in der Zeit unmittelbar danach sahen sie im Jischuw fast so etwas wie eine Miniatur-Supermacht, die imstande war, der politischen Entwicklung in Nahost ihren Stem-

13- Elijahu Sasson, *On the Road to Peace*,Tel Aviv 1978. S. 270. 358

14- So versuchte beispielsweise der israelische Botschafter in den USA. Elijahu (Eliat) Epstein, im Einklang mit den Vorschlägen Sassons. Druck auf Syrien, das den Block der Franc-Währungsländer verlassen hatte und US-amerikanische Kredite benötigte, sowie auf Ägypten auszuüben, das an Absatzmärkten ftir seine Baumwolle interessiert war. Siehe PDD. C. Buffer an Zeev Scharef, 10. Februar 1948. Dok. 190. S. 325

pel aufzudrücken. Anders als seine Nachbarn hatte der Jischuw eine moderne Wirtschaft, eine gut entwickelte technische Infrastruktur und eine fest zusammenhängende Gesellschaft - und er konnte sich auf die gewichtige finanzielle und politische Unterstützung der amerikanischen und europäischen Juden stützen. Nach Überzeugung des Finanzexperten der Jewish Agency, David Horowitz, würde ein jüdischer Staat mit einer Bevölkerung von 2 Millionen die wirtschaftliche Vormacht im Nahen Osten sein, eine Macht, mit der die arabischen Staaten nicht würden konkurrieren können, was immer sie auch versuchten.[15]

Angesichts der tatsächlichen Machtverhältnisse in der Region erschien die Gefahr einer vereinten arabischen Offensive mithin eher gering. An kriegerischem Wortgetöse, das nichts kostete, mangelte es freilich nicht, und die in den Sog des Exodus geratenen Palästinenser konnten daraus zumindest moralischen Trost ziehen. Die ganzen Äußerungen der Araber lieferten der Jewish Agency einen großen Teil des Rohmaterials, mit dem sie die arabischen Führer als unverbesserliche und fanatische Aggressoren hinstellen konnten. Eine eingehende Analyse der Geschehnisse zeigt jedoch, welch enorme Kluft zwischen dem verbalen Kriegsgeschrei der Araber und ihren tatsächlichen Kriegsvorbereitungen, zwischen der beschworenen Solidarität und der in Wirklichkeit bestehenden Rivalität innerhalb der einzelnen Machtgruppen bestand. Ägypten, Syrien und Saudi-Arabien verfolgten in der Tat beständig Ziele, die denen des Irak und Transjordaniens entgegengesetzt waren. Der Mufti von Jerusalem beispielsweise wurde von der ägyptischen Führung unterstützt, während Abdallah nicht nur nichts mit ihm anfangen konnte, sondern ihn als Hindernis auf dem Weg zu seinem angestrebten Haschemitenreich empfand. Ägypten und seine Verbündeten rieten im Hinblick auf ein militärisches Eingreifen zu Vorsicht und Zurückhaltung, während der Irak und Transjordanien aufs Kämpfen erpicht schienen. Ägypten erklärte noch im Mai 1948, es werde

15· DFPL Bd. 2. Dok. 282. S. 324

lediglich Freiwillige von der Moslem-Brüderschaft entsenden. Dagegen erschienen in der transjordanischen Presse im April Artikel, in denen es hieß, falls die Juden sich nicht mit dem Status von Bürgern eines arabischen Staates zufriedengäben, würde Abdallah »die Ehre« haben, Palästina zu befreien; das transjordanische Parlament habe, so hieß es weiter, bereits beschlossen, die Arabische Legion nach Palästina in Marsch zu setzen.[16] Diese Gewaltandrohung der Transjordanier trug jedoch nicht weit. Abdallah versicherte noch im selben Monat einem führenden israelischen Funktionär, er werde sich der Errichtung des jüdischen Staates nicht in den Weg stellen und werde nur die für den palästinensischen Staat vorgesehenen Gebiete besetzen.[17]

Diese divergierenden und oft widersprüchlichen Standpunkte und Aussagen spiegelten die grundlegenden Konflikte wider, die die arabische Welt entzweiten, Konflikte zwischen dem Mufti und der Arabischen Liga, zwischen den islamischen Elementen und den weltlich orientierten Kräften, sowie vor allem zwischen den probritischen Haschemiten des Irak und Transjordaniens und den antibritischen Ägyptern, Syrern und Saudis, die alle um ihre Unabhängigkeit rangen. Gewiß hatten das Palästinaproblem, die Haltung gegenüber dem Zionismus und die Frage nach der Zukunft des palästinensischen Volkes einen hohen politischen Stellenwert, aber rückblikkend wird klar, dass es für die arabischen Staaten noch wichtigere Gesichtspunkte gab. Das überragende Thema war der wiederbelebte Plan der Haschemiten, in Großsyrien ein Vereinigtes Arabisches

---

16- *Geschichte der Hagana*. S. 1370

17- Amin Abdallah Mahmoud, *King Abdallah and Palestine*, S. 92 f. Der Autor behauptet unter Hinweis auf Abdallah al-Tal, *The Tragedy of Palestine: The Memoirs of Abdallah al-Tal*, Kairo 1959. S. 65 f. am 12. April 1948 hätten sich Abdallah und Scharett im Haus von Pinchas Rutenberg in Naharayim getroffen und die Vereinbarung erneuert, derzufolge Abdallah die Herrschaft über das arabische Palästina zufallen solle, wenn er sich nicht in die Errichtung des jüdischen Staats einmische. In der israelischen Literatur findet sich kein Hinweis auf diese Unterredung, und in der Tat kann sie so nicht stattgefunden haben, da Scharett sich zu diesem Zeitpunkt am Sitz der Vereinten Nationen befand. Da al-Tal ansonsten, wie allgemein anerkannt wird, ein zuverlässiger Gewährsmann ist, muss man annehmen, dass der israelische Teilnehmer an dem Treffen, wenn es stattfand, jemand anders war.

Königreich zu errichten, das Syrien, den Irak, den Libanon und zumindest den arabischen Teil Palästinas umfassen sollte.

Die Briten unterstützten diesen Plan, ja sie waren es, die die Idee eines Vereinigten Arabischen Königreichs 1916 dem Haschemiten-Sharif von Mekka, Husain Ibn Ali, schmackhaft gemacht hatten; diese Vision hatte gewissermaßen den ideologischen Brennstoff für den großen arabischen Aufstand von 1916-20 gegen die Türken geliefert, der vier Jahrhunderte osmanischer Vorherrschaft beendet hatte. Das Königshaus der Haschemiten, dem seit alters her der Schutz des heiligen Mekka anvertraut war, führte seine Ursprünge auf den Propheten Mohammed zurück. Dank seines fürstlichen Ranges, seiner Befehlsgewalt über bewaffnete Beduinenstämme und natürlich seines Rückhalts bei der britischen Kolonialmacht hatte es in dem Aufstand eine maßgebliche, ja unersetzliche Führerrolle gespielt. Hieraus erklärt sich die Tatsache, dass die syrischen, irakischen und palästinensischen Nationalisten, die von Damaskus aus operierten, die Haschemiten als ihre Führer anerkannten, wenn es auch zwischen den beiden Lagern zu beträchtlichen Reibungen und Konflikten kam. Die Nationalisten hatten kein Bedürfnis nach einem von despotischen Stammeshäuptlingen oder diktatorischen Regimes regierten Gottesstaat. Und ein Dorn im Auge war ihnen auch die Bereitschaft der Haschemiten, mit der zionistischen Bewegung zusammenzuarbeiten und als Gegenleistung deren finanzielle und politische Unterstützung anzunehmen, wie es das Abkommen zwischen Weizmann und Faisal aus dem lahr 1919 vorsah.

Dem von den Haschemiten im März 1920 begründeten syrischen Königreich war nur eine kurze Lebensdauer beschieden. Die Franzosen hatten interveniert und die Briten zögerten, sich aus der britisch-französischen entente cordiale im Nahen Osten zu lösen; dies hatte zur Folge, dass Faisal schon im Juli 1920 von den Franzosen aus Syrien hinausgejagt wurde. 1921 machte Winston Churchill ihn zum König des britischen Mandatsgebiets Irak. Sein Bruder Abdallah wurde für die Liquidierung des syrischen Königreichs mit der Herrschaft über das arme rückständige Transjordanien entschädigt, ein dünnbesiedeltes Wüstenemirat. Für Abdallah war Transjordanien bloß eine Durchgangsstation auf dem Weg nach Damaskus. Churchill, damals Kolonialminister, hatte ihm in der Tat versprochen, er werde die Franzosen binnen weniger Monate dazu bringen, dass sie der Inthronisierung Abdallahs in Syrien zustimmten.[18]

Bis zum Zweiten Weltkrieg blieb Transjordanien in praktisch jeder Beziehung von Großbritannien abhängig, selbst was den Unterhalt und den Einsatz der Arabischen Legion betraf, die sich als die bestausgebildete und bestausgerüstete arabische Streitmacht in der Region erweisen sollte.[19] Indessen war die Haschemiten-Dynastie trotz ihrer schwindenden Chancen nicht bereit, ihren Traum von einem Vereinigten Arabischen Königreich zu begraben. Sie wusste sich darin einig mit den Briten, die in einem großsyrischen Reich ein perfektes Werkzeug für ihre strategischen Interessen sahen, und mit der zionistischen Bewegung, in deren Augen dies die Fortsetzung und Erfüllung des Weizmann-Faisal-Abkommens von 1919 war.[20]

Die Bedingungen, die der Zweite Weltkrieg im Nahen Osten geschaffen hatte, schienen neue Hoffnungen für den Traum der Haschemiten zu bergen. Nachdem die Briten im Mai 1945 den Abzug französischer Truppen aus Syrien und dem Libanon erzwungen hatten, schien der französische Einfluß in der Region gebannt. Die politische und militärische Präsenz der Briten im Nahen Osten war zu diesem Zeitpunkt fast konkurrenzlos, und so machten sie sich nun daran, die Ausbeutung der unermeßlichen Erdölvorkommen der Irakischen Petroleum-Gesellschaft zu organisieren, was unter anderem den Bau einer Pipeline und die Errichtung von Raffinerien in Syrien voraussetzte. Die Chancen für die Verwirklichung der großsyrischen Vision schienen an allen Fronten zu steigen, und Abdallah sah sich

18- König Abdallah, *My Memoirs Completed*, S. 30

19- Die Arabische Legion verzehrte pro Jahr 2,5 Millionen Pfund, obwohl der Staatshaushalt von Transjordanien nur bei 750.000 Pfund lag. Siehe Ben Gurion, *Kriegstagebücher*, 1. Jan. 1948, S. 101

20- Sasson, *On the Road to Peace*, S. 378, 382

schon als Vollender dieser historischen Aufgabe. Er versäumte keine Gelegenheit, seine Führerrolle im großen arabischen Aufstand herauszustellen, den man nicht allein für das Hedschas begonnen habe, »sondern zur Verteidigung Syriens, des Irak, des Najd [des östlichen Saudi-Arabien], des Jemen und aller anderen arabischen Länder«, und zwar mit dem Ziel, die Araber zu »einem Volk in einem Staat« zu machen und ihren verblichenen Ruhm wiederherzustellen.[21] Wie sein Vater und sein Bruder, sah auch er in einem Bündnis mit den Briten eine Garantie für Stärke und Sicherheit, und demgemäß bemühte er sich, Ägypter und Syrer zum selben Standpunkt zu bekehren.[22]

Die von den Zionisten im Anschluß an den Holocaust propagierte jüdische Masseneinwanderung und die Forderung der Juden nach einem eigenen Staat auf palästinensischem Boden fügten sich gut in das Gesamtkonzept Abdallahs ein. Wenn er sich mit den zionistischen Führern verbündete und arrangierte, hoffte er, in den Genuß finanzieller und technischer Unterstützung durch die Juden sowie politischer Unterstützung durch die Briten und Amerikaner zu kommen. Zu diesem Zweck führte er, wie wir gesehen haben, mit den führenden Leuten der Jewish Agency wie Scharett, Golda Meir, Sasson und Danin Gespräche über Möglichkeiten der Zusammenarbeit. Da er sich seiner wirtschaftlichen und militärischen Grenzen bewußt war, strebte er eine schrittweise Verwirklichung seiner Vorstellung an. Die Annektierung Palästinas sollte, wie er Sasson im August 1946 anvertraute, der erste Schritt auf dem Weg zum großsyrischen Reich sein, und zugleich ein Mittel, um »den Ruhm der Familie wiederherzustellen«.[23]

21· König Abdallah, *My Memoirs Completed,* S. 31 ff. 1950 erklärte Abdallah dem syrischen Premierminister Mazim al-Qudsi: »Ich bin der einzige noch Lebende von denen, die den Aufstand gegen die Osmanen auf die Beine gestellt haben. Wir Haschemiten waren die wichtigste Triebkraft dafür, dass die Araber sich einen Ehrenplatz erkämpft haben. Nur deshalb sind einige von euch zu Königen, Fürsten oder Präsidenten geworden.«

22· Ibid., S. 44 ff, 54. Abdallah hielt die Briten für geistig souverän und fortschrittlich und betrachtete die Vereinbarung vom Oktober 1946 zwischen Bevin und dem ägyptischen Minister als zufriedenstellend, wenn sie auch in Ägypten heftigen Protest auslöste. Er erklärt Qudsi, Großbritannien werde, falls Israel sich querlegen sollte, die transjordanische Grenze schützen.

23· Sasson, *Road to Peace,* S. 367-370

In derselben Unterredung sprach Abdallah sich für den Teilungsplan und den Anschluß des arabischen Teils von Palästina an Transjordanien aus und bat um Hilfe - auch finanzieller Art - bei der Verwirklichung seines Plans. »Als ich mich zum Gehen wandte«, erinnerte Sasson sich, »ergriff der Emir meine Hand und sagte: "Ich bin jetzt 62 Jahre alt; meine Zeitspanne ist begrenzt. Ihr habt in der ganzen arabischen Welt keinen anderen arabischen Führer, der so realistisch denkt wie ich. Es gibt für euch zwei Wege: mit mir zusammenzuarbeiten oder aber mich im Stich zu lassen."«[24] Die Jewish Agency entschied sich für die Zusammenarbeit und unterstrich ihre Bereitschaft, Abdallahs großsyrisches Projekt fortan mit regelmäßigen Hilfszahlungen an ihn zu unterstützen.[25]

Allein, 1947 lag vieles ganz anders als in den Zeiten seines Vaters nach dem Ersten Weltkrieg, und in den Augen der meisten Araber stand Abdallah eindeutig auf der falschen Seite. Während er in der Präsenz britischer Truppen an allen Ecken und Enden des Nahen Ostens eine günstige Vorbedingung für die Verwirklichung des haschemitischen Traums sah, sahen andere darin ganz im Gegenteil das Haupthindernis auf dem Weg zur arabischen Unabhängigkeit. Gewiß hatte die Vision von der Einheit der arabischen Welt für die arabischen Massen und für die Führer der nationalistischen Bewegungen nach wie vor große Anziehungskraft. Darüber hinaus verfügte Abdallah, der einzige arabische Führer, dessen Herrschaft nicht durch innere Opposition gefährdet war, offensichtlich über schlagkräftige Truppen - die Arabische Legion. Und diese würde zweifellos in jeder militärischen Konfrontation mit den Juden eine Schlüsselrolle spielen. Auf der anderen Seite wussten die arabischen Regierungen über die Kontakte Abdallahs zur Jewish Agency und seine expansionistischen Pläne Bescheid. Sie versuchten, ihn zu einer Abkehr von dieser Politik zugunsten einer stärkeren Zusammenar-

24. Ibid.

25. Abraham Sela, *From Contacts to Negotiations*, Studie 92, Schiloah-Institut, Universität Tel Aviv, Tel Aviv 1985, S. 16

beit mit der Arabischen Liga zu überreden, jedoch ohne Erfolg. Für Abdallah war das großsyrische Reich nicht bloß eine ferne Vision, sondern ein konkretes politisches Ziel, das er durch den Einsatz seiner eigenen militärischen Kräfte und mit britischer und jüdischer Unterstützung verwirklichen zu können glaubte. Das alles hatte zur Folge, dass sich zwischen Abdallah und dem Rest der arabischen Staaten eine Kluft des Mißtrauens auftat. Diejenigen Araber, die danach strebten, sich ein für allemal von britischen Besatzungstruppen und Stützpunkten sowie aus der politisch-wirtschaftlichen Vormundschaft der Engländer zu befreien, sahen in Abdallah wenig mehr als ein reaktionäres Werkzeug der britischen Politik und eine der letzten Hochburgen ihres Einflusses im Nahen Osten.

Abdallah blieb zwar aktives Mitglied der Arabischen Liga, aber sein Verhältnis zu den arabischen Staaten und zu Israel entwickelte sich ziemlich genau zum Gegenteil dessen, was die offizielle arabische Propaganda darüber sagte. Ihr zufolge war Israel der Gegner, die arabischen Staaten ein Volk von Brüdern. In der Praxis hatte Abdallah einen Rollentausch vollzogen. Schon einmal, im März 1946, war es innerhalb der arabischen Länder zu einem Konflikt über das Großsyrien-Projekt gekommen, nachdem Abdallah zum König von Transjordanien gekürt worden war und er bekräftigt hatte, er werde an dieser Vision festhalten.[26] Am 4. August 1947 schlug Abdallah, just als der UNSCOP-Ausschuß seine Empfehlungen formulierte, die Einberufung einer konstituierenden Versammlung vor, die über die Errichtung eines großsyrischen Reiches entscheiden sollte, und forderte den syrischen Präsidenten Shukri al-Quwwatli zur Teilnahme an dieser Versammlung auf. Die unverzüglich ausgebrochene Kontroverse mit König Faruk von Ägypten und König Ibn Saud von Saudi-Arabien

26· Die arabischen Regierungen witterten einen Zusammenhang zwischen dem britischen Plan einer »Kantonalisierung« (dem Morrison-Plan) und den zionistischen Teilungsplänen. Der Argwohn wuchs proportional zur Zunahme der antibritischen Stimmung in der arabischen Welt nach dem Abbruch der englisch-ägyptischen Gespräche im Dezember 1946 sowie der Spannungen zwischen Großbritannien und Syrien, zu denen es wegen der syrischen Unterstützung für die ägyptische Position kam. Siehe Khalidi, *The Arab Perspective*, S. 114

über diese Frage drängte das Palästina-Problem vorübergehend in den Hintergrund.[27] 1924 hatte Ibn Saud den Herrscher von Mekka und Medina, Sharif Husain, aus dem Hedschas verbannt und lebte seitdem in der Angst, Husain und seine Söhne, König Faisal von Irak und Emir Abdallah von Transjordanien, könnten versuchen, zurückzukehren und ihn abzusetzen. Immer wieder wandte er sich hilfesuchend an die Amerikaner und warnte sie vor einer haschemitisch-britischen Verschwörung. Er hatte das Gefühl, der Großsyrien-Plan sei gegen ihn gerichtet, und bat die USA, ihn davor zu schützen.[28]

Ein anderer, ebenso wichtiger ursächlicher Faktor für die sich auftuende Kluft zwischen Abdallah und Ibn Saud war die Rivalität zwischen Großbritannien und den USA. Die Amerikaner hatten in Saudi-Arabien enorme Investitionen gemacht, und ihre enge Zusammenarbeit mit Ibn Saud wurde zur Quelle ständiger Reibungen mit den die Haschemiten favorisierenden Briten. Dazu kam, dass die beiden Mächte um Einfluß und Förderkonzessionen in Syrien wetteiferten, wo sowohl die Irakische Petroleum-Gesellschaft als auch das saudisch-amerikanische Gemeinschaftsunternehmen Trans-Arabian-Pipeline (Tapline) Lizenzen zum Bau von Pipelines und Raffinerien zu ergattern hofften.[29]

Das alles führte dazu, dass in den Jahren 1946 und 1947 bei den Arabern die Angst vor den ehrgeizigen Plänen Abdallahs größer

27- Ibid., S. 115

28- Die großsyrische Option war häufig Gegenstand arabischer Vorstöße bei den diplomatischen Vertretern der USA und lieferte auch den Stoff für Kontroversen zwischen den USA und Großbritannien. Auf der amerikanischen Seite schwankten die Einstellungen dazu zwischen Ablehnung, passiver Billigung und partieller Unterstützung. Aber unter dem Eindruck der geschlossenen Opposition Saudi- Arabiens, Syriens und Ägyptens fanden die USA schließlich zu einer eindeutig ablehnenden Haltung; gegen den Anschluß des arabischen Teils von Palästina an Transjordanien hatten sie indes keine Einwände. 1949 beschuldigte Ibn Saud die Briten, sie führten gegen ihn einen kalten Krieg, indem sie versuchten, den Haschemiten die Herrschaft über Syrien zuzuschanzen und in der Golfregion traditionelle Stammesfehden wieder anzuheizen. Die Amerikaner sagten ihm zu, sie würden sich gegenüber London in seinem Sinn verwenden, und sie taten dies auch häufig. Siehe FRUS. 1947, S. 603 f, 738-759, 1190; FRUS, 1948, S. 1169, 1471; FRUS. 1949, S. 666. 882. 1456, 1578-1581, 1595, 1618, 1980 f; FRUS, 1950, S. 978 ff, 1098; FRUS, 1951, S. 793 f

29- Siehe Memorandum des Außenministers an den Präsidenten *Streng geheim*, Oktober 1949, FRUS, 1949. S. 184

war als die Furcht vor einem jüdischen Staat. Diese Tendenz verstärkte sich noch einmal, als seine militärischen Operationen in den Kriegsjahren 1948 und 1949 sein heimliches Zusammenspiel mit Israel offenbarten. Philip C. Jessup, zwischen 1947 und 1952 amerikanischer Botschafter bei den Vereinten Nationen, beleuchtete die Situation in Syrien in einem Bericht an den amerikanischen Außenminister, in dem er zu dem Schluß kam: »Die wirkliche Angst [...] ist nicht so sehr eine Angst vor Israel [...] [als vielmehr] die Befürchtung, dass eine Einigung zwischen Israel und Abdallah für diesen nur ein Sprungbrett wäre - und sein nächster Schritt, nach Syrien vorzudringen zu versuchen.«[30]

Während die arabischen Diplomaten öffentlich an den hergebrachten antizionistischen und antiisraelischen Parolen festhielten, machten sie in ihren Geheimgesprächen mit amerikanischen Diplomaten keinen Hehl aus ihrem Ärger über Abdallah und seinen großsyrischen Plänen. Die Araber forderten die USA sogar zu sofortigen Maßnahmen auf, um eine militärische Invasion Abdallahs in Syrien zu verhindern und die britischen Winkelzüge mit dem Ziel einer irakisch-syrischen Union zu kontern. Am Ende brachte amerikanischer Druck die Briten in der Tat dazu, ihrem Abdallah Zügel anzulegen.

Dieses Machtgerangel blieb nicht ohne Einfluß auf die Entwicklung in Palästina. Beide Seiten formulierten ihre Standpunkte zu Palästina und den Zionisten nicht nur nach grundsätzlichen, ideologischen Gesichtspunkten, sondern es ging ihnen auch um die Auswirkungen des Konflikts auf den Machtkampf zwischen den Haschemiten und ihren Gegnern. Mit anderen Worten, das »Palästinaproblem« wurde zu einem von mehreren Schlachtfeldern, auf denen der Kampf zwischen gegensätzlichen Zielvorstellungen innerhalb der arabischen Welt ausgetragen wurde. Bei aller blutrünstigen Propaganda hatte in der Tat keine der arabischen Parteien die Absicht, sich in einen Kampf um Leben und Tod mit den Juden von Palästina zu stürzen, und sie demonstrierten dies nachhaltig

30· FRUS, 1949, S, 183

dadurch, dass sie die kriegerischen Strategien des Muftis allenfalls mit Lippenbekenntnissen, nicht aber praktisch unterstützten. Das Problem war nicht die Errichtung und Existenz des Staates Israel - beide arabischen Lager waren in Wirklichkeit bereit, sich mit dieser neuen Realität unter gewissen Bedingungen zu arrangieren, wenn sie auch an den territorialen Ambitionen der Zionisten einiges auszusetzen hatten. Im Zentrum stand vielmehr die Frage nach der politischen Herrschaft. König Abdallah betrachtete den Mufti, und nicht die Juden, als seinen gefährlichsten Feind. Im Gespräch mit Sasson hatte Abdallah über seinen einzigen ernst zu nehmenden politischen Rivalen in der Region folgendes zu sagen: »Der Mufti muss bald in der Versenkung verschwmden, koste es, was es wolle.«[31] Der Mufti erwiderte diese Gefühle.[32] Ägypten, Syrien und Saudi-Arabien waren mit den Versuchen Abdallahs, den Mufti und seine Anhänger als politische Vertreter des palästinensischen Volkes auszuschalten, ganz und gar nicht einverstanden. Aber bei allen Vorbehalten gegenüber Abdallah waren die arabischen Regierungen auch auf den Mufti nicht besonders gut zu sprechen. Nach Ansicht des Generalsekretärs der Arabischen Liga, Abd al-Rahman Azzam Pascha, war der Mufti der »Menachem Begin der Araber«. Wie Azzam Pascha in einem Interview mit der britischen Journalistin Claire Hollingworth ziemlich unverblümt deutlich machte, zielte die Politik der Arabischen Liga darauf ab, »den Mufti in die Ecke zu drängen«.[33] Azzam Pascha versicherte, er selbst habe 1948 verhindert, dass ein vom Mufti und vom irakischen Premierminister Hamdi al-Pachachi ausgeheckter Plan, »die jüdischen Gemeinden

31· Siehe Sasson, *Road to Peace*, S. 372, und die Berichte über seine Unterredungen mit Emir Abdallah am 12. und 19. August 1946 in Schuna, CZA, S25/9036

32· Dies bestätigten führende Männer der Liga für Nationale Befreiung, die im November 1947 in Beirut mit ihren »Kollegen« vom AHC zusammentrafen. Wir erinnern uns daran, dass die Liga-Funktionäre nach ihrer Rückkehr nach Palästina erklärten, der Mufti habe vor Abdallah größere Angst als vor den Zionisten. Cohen, *Berichte an Riftin*, 15. Dez. 1942, HHGH

33· Zitiert nach dem Bericht von Michael Comay, CZA, S25/ 9020. Der Text des Hollingworth-Interviews wurde dem Chefredakteur der hebräischen Tageszeitung Haboker zugänglich gemacht, der den Bericht an Comay bei der Jewish Agency weitergab.

in der arabischen Welt [durch eine Serie von Pogromen] auszurotten«, in die Tat umgesetzt worden sei; mit dem Tode Pachachis habe der Mufti seinen letzten mächtigen Verbündeten in der Arabischen Liga verloren.[34] Sämtliche arabischen Botschafter bei den Vereinten Nationen versuchten mit vereinten Kräften, einen Auftritt des Muftis vor der UN-Generalversammlung in der Debatte über die UNSCOP-Empfehlungen zu verhindern. Wie der ägyptische Premierminister Ismail Sidqi Pascha in einem Gespräch mit Sasson erklärte, hielt er den Mufti für einen »Intriganten, der nur seine eigenen Interessen im Auge hat, [...] selbst wenn dabei die ganze arabische Welt in den Abgrund gerissen würde«.[35]

Auf ihrer Konferenz im Juli 1946 im libanesischen Bludan hatte die Arabische Liga etliche Anträge des Muftis abgelehnt, so etwa seine Vorschläge, eine palästinensische Exilregierung zu bilden, für die arabischen Bezirke in Palästina Gouverneure zu ernennen und eine arabische Streitmacht aus 100.000 Freiwilligen aufzustellen, die unter seinem Kommando stehen sollte. Der Mufti hatte auf die Versuche der arabischen Regierungen, sich selbst zu Sachwaltern des palästinensischen Volkes zu machen, immer schon allergisch reagiert. So bat denn auch der Vertreter des Muftis bei der Konferenz von Bludan, Jamal al-Husaini, um Hilfe für die »arabischen Völker, mit der Unterstützung der arabischen Regierungen« - ein Hinweis auf die Abneigung des Muftis und seines AHC gegen die politischen Einmischungs- und Bevormundungsversuche derer, die mit dieser Botschaft gemeint waren.[36] Erst Anfang 1948, nach der UN-Teilungsresolution, willigte die Arabische Liga in die Aufstellung einer (aus Freiwilligen rekrutierten) Arabischen Befreiungsarmee ein. Die Liga bestand jedoch darauf, diese Armee ihrem technischen Ausschuß zu unterstellen, an dessen Spitze der frühere irakische

34- Ibid.

35- Ismail Sidqi Pascha am 16. Sept. 1946, zitiert nach Sasson, *Road to Peace*, S. 374

36- Protokolle der Konferenz von Bludan, zitiert nach Khalidi, *The Arab Perspective*, S. 113

Stabschef Ismail Safwat stand.[37] Diese - höchstens 4.000 Köpfe zählende - Truppe führte Fawzi al-Qawukji ins Feld.[38]

Qawukji sah sich als Abgesandter der Arabischen Liga und glaubte, dem AHC keine Loyalität schuldig zu sein. Er und seine Offizierskollegen waren im Gegenteil ziemlich verärgert über die weitgehend auf eigene Faust operierenden lokalen palästinensischen Freischärler - die vom Mufti proklamierte Armee des Heiligen Krieges -, die schon am Tag nach der Verabschiedung der UN-Resolution den Kampf aufgenommen hatten.

Die Freiwilligenverbände der Arabischen Befreiungsarmee aus Ägypten, Syrien und dem Irak, die in Palästina eindrangen, richteten in den Städten und Dörfern, die sie besetzten, eine eigene Justiz und Verwaltung ein und erhoben Steuern - ein Schritt, der zu schweren Spannungen zwischen ihnen und der einheimischen Bevölkerung führte. Qawukji brockte sich damit auch technische Probleme ein, musste er doch feststellen, dass die Bevölkerung nicht ohne weiteres bereit war, bei der Beschaffung von Nachschub zu helfen.[39] Auf der anderen Seite lehnten die palästinensischen Freischärler es ab, sich den Anordnungen der Arabischen Liga zu fügen und Qawukji

37- Ein anderer irakischer General, Taha Hashirni, bekam den Auftrag, die Freiwilligen zu rekrutieren, und Qawukji wurde zu ihrem Operationschef ernannt. Sie alle waren skeptisch und argwöhnisch gegenüber den von den Husainis in Palästina aufgestellten Kampfgruppen, da keine von ihnen sich ihrer Befehlsgewalt unterstellte. Die Arabische Liga lehnte es ab, dem AHC grünes Licht für den Aufbau eines Verwaltungsapparats und für die Einsetzung von Gouverneuren in Palästina zu geben oder auch nur Qawukjis Arabische Befreiungsarmee dem Oberbefehl von Abd al-Qadir Husaini (dem Sohn des ehemaligen Bürgermeisters von Jerusalem, Musa Kazim al-Husaini) zu unterstellen. Abd al-Qadir, der in der entscheidenden Schlacht um Kastel bei Jerusalem im April 1948 umkam, galt als führender Kopf der vom Mufti in den Krieg geschickten »Armee des Heiligen Kampfes«. Siehe Smith, *Palestine and the Palestinians*, S. 85

38- In Geheimgesprächen mit Joschua Palmon von der Jewish Agency am 31. März 1948 erklärte Qawukji, dass er nicht mehr dieselbe Rolle spielen wolle wie 1937, als er den arabischen Aufstand angeführt hatte. Er räumte ein, er verfüge insgesamt nur über tausend Freiwillige, denen es zudem schwerfalle, mit der einheimischen Bevölkerung auszukommen. (Nur 30 Prozent waren Palästinenser). Er erklärte darüber hinaus seine Bereitschaft, mit der Jewish Agency eine Übereinkunft auf der Grundlage des Morrison-Grady-Plans auszuhandeln (eines Modells für autonome Provinzen, das Amerikaner und Briten im Juli 1946 erörtert hatten). Er ließ durchblicken, dass es ihm nichts ausmachen würde, wenn der Mufti einen tüchtigen Denkzettel abbekäme. Nimrod, S. 153. Interessanterweise schilderte Qawukji seine Unterredung mit Palmon als einen Versuch der Jewish Agency, mit ihm die Bedingungen einer jüdischen Kapitulation auszuhandeln.

39- Siehe Anm. 33

als ihren Oberbefehlshaber anzuerkennen. Sie favorisierten ihren eigenen, höchst populären Anführer, Abd al-Qadir Husaini. Die Rivalität zwischen dem Mufti und der Arabischen Liga intensivierte sich, als letztere sich weigerte, dem AHC Kredite und Zuschüsse zu bewilligen, und sich für allein zuständig für die Rekrutierung und Ausbildung der Freiwilligenverbände erklärte. Die Gegensätze in der Führung fanden ihren Ausdruck in zunehmenden Reibungen zwischen den von Qawukji geführten Verbänden der Befreiungsarmee und den AHC-Freischärlern. Der Konflikt gipfelte in der Weigerung Qawukjis, Abd al-Qadir Husaini zu Hilfe zu kommen, als dieser ihn vor der entscheidenden Schlacht mit der Hagana im April 1948 unweit von Jerusalem darum ersuchte.[40]

Es hat somit den Anschein, als sei der Bürgerkrieg in Palästina vom November 1947 bis zum Erlöschen des britischen Mandats am 15. Mai 1948 auf arabischer Seite ohne jede strategische Gesamtplanung für die verstreut operierenden palästinensischen Freischärler, die Befreiungsarmisten Qawukjis und Abdallahs Arabische Legion geführt worden. Es gab keine Zwangseinberufungen, keine Mobilmachung von Menschen und Material, kein Oberkommando, keine Koordination zwischen den kämpfenden Gruppen und Truppen.

Auf Grund ihrer politischen Differenzen und ihrer Rivalitäten untereinander waren die arabischen Führer nicht in der Lage, sich auf eine gemeinsame militärische Anstrengung zu verständigen; somit musste ihre militärische Stellung zwangsläufig eine schwache sein. Oberflächlich betrachtet, schien zwischen dem Versäumnis der arabischen Länder, jemals eine konzertierte militärische oder politische Aktion ins Auge zu fassen, und der Rivalität zwischen Abdallah und dem Mufti kein Zusammenhang zu bestehen. In

40- Einzelheiten über diese Konflikte finden sich in den Memoiren von Muhammad Nimr al-Hawari, referiert von Gabbay, *Arab-fewish Conflict*, S. 79 ff; in den Memoiren von Ahmad Shukayri, referiert in Flapan, *Zionism*, S. 298, 330: in den Memoiren von Qawukji, *Journal of Palestine Studies*, Bd. 1, Nr 4.1972. S. 27-58. und Bd. 2. Nr 1.1972, S. 3-33. Siehe auch Smith, *Palestine and the Palestinians*, S. 84 f. In keiner dieser Quellen sind die geheimen Kontakte zu und Verhandlungen mit Joschua Palmon von der Jewish Agency erwähnt.

Wirklichkeit bestand dieser Zusammenhang aber sehr wohl. Denn nicht zuletzt wegen der kräftezehrenden internen Streitigkeiten gelang es der Arabischen Liga zu keinem Zeitpunkt, alle arabischen Regierungen an einen Tisch zu bringen, um die für einen totalen Krieg erforderlichen finanziellen und personellen Aufwendungen zu beschließen oder aber solche politischen Beschlüsse zu fassen, dass der Krieg unnötig geworden wäre.

1946 in Bludan hatte Azzam Pascha erklärt, die Zeit sei noch nicht reif für militärische Vorkehrungen. Ägypten, Syrien und Saudi-Arabien rieten bei der Anwendung militärischer Mittel im Kampf gegen die Teilung Palästinas zur Vorsicht Einstimmig verabschiedeten die Konferenzteilnehmer eine geheime Empfehlung, notfalls durch die Kündigung von Erdöl-Förderkonzessionen politischen Druck auszuüben. Als aber auf der Sitzung des politischen Ausschusses der Arabischen Liga vom 16. bis 19. September 1947 im libanesischen Sofar der Irak forderte, dass diese Geheimempfehlung in die Tat umgesetzt werde, legte der Vertreter Saudi-Arabiens Widerspruch ein. Als einen Monat später das oberste Gremium der Arabischen Liga im libanesischen Aley über militärische Maßnahmen beriet, weigerte sich Ägypten, in dem technischen Ausschuß mitzuarbeiten, der das faktische Oberkommando über die arabischen Streitkräfte übernehmen sollte. Erst am 30. April 1948, zwei Wochen vor Erlöschen des britischen Mandats, traten die arabischen Stabschefs erstmals zusammen, um Pläne für ein militärisches Eingreifen auszuarbeiten.

Als nach der immer bedrückender werdenden Lage in Palästina - Massaker von Deir Yassin, Verlust von Tiberias, Räumung von Haifa, zusammenbrechender palästinensischer Widerstand, Wirkungslosigkeit der Arabischen Befreiungsarmee, Massenflucht der palästinensischen Bevölkerung - der Druck der zunehmend kritischeren öffentlichen Meinung immer stärker wurde, sahen sich die Stabschefs der arabischen Staaten schließlich gezwungen, über den Einsatz ihrer regulären Truppen zu diskutieren. Bei einer Zusammenkunft in Amman machten sie den Vorschlag, dem Oberkommando der Arabischen Liga sechs Divisionen sowie sechs Luftwaffengeschwader zur Verfügung zu stellen; nur mit einem Aufgebot dieser Größenordnung könne den israelischen Truppen Paroli geboten werden, von denen man wisse, dass sie gut ausgebildet und kampferprobt seien und dass sie bald neu ausgerüstet sein würden, unter anderem mit schweren Waffen, die bereits aus Europa unterwegs seien. Dieser Plan ging weit über das hinaus, was die arabischen Staaten an militärischen Ressourcen für den Palästinakonflikt aufzubieten in der Lage oder willens waren.[41] Der noch zögernde politische Ausschuß, der die Stabschefs für »zu ängstlich« hielt, empfahl, die militärische Intervention »mit den schon jetzt zur Verfügung stehenden Kräften« zu beginnen.[42] Der Vorsitzende des militärischen Ausschusses, Ismail Safwat, erklärte die optimistische Stimmung im politischen Ausschuß damit, dass dort die unrealistische Überzeugung geherrscht habe, »der Aufmarsch regulärer Streitkräfte und ihr wirkliches oder vorgetäuschtes Eingreifen in das Kriegsgeschehen« werde genügen, um die Großmächte zur Intervention zu veranlassen, und die Zionisten seien dann gezwungen, eine für die Araber günstigere politische Lösung zu akzeptieren.[43] Auch zu diesem späten Zeitpunkt waren die arabischen Führer also noch auf der verzweifelten Suche nach einer Zauberformel, die ihnen die Notwendigkeit eines emsthaften militärischen Eingreifens ersparen und es ihnen gleichwohl gestatten würde, das Gesicht zu wahren.

Wussten die zionistischen Führer und die politisch Verantwortlichen des Jischuw von den schweren Meinungsverschiedenheiten innerhalb der arabischen Welt und der breiten Abneigung gegen die kriegerische Option, die dort vorherrschte? Die Antwort lautet: ja. Die Arabien-Spezialisten der Jewish Agency und eine Anzahl der führenden politischen und diplomatischen Repräsentanten des Jischuw standen in beständigem Kontakt mit arabischen Politikern

41· Siehe, *Geschichte der Hagana*, S. 1370

42· Bericht des Ausschusses von Ismail Safwat, zitiert nach Khalidi, *The Arab Perspective*, S. 130

43· Ibid.

und Diplomaten. Die Unterredungen, die sie mit ihnen führten, wurden gewissenhaft an die politischen Entscheidungsträger weitergeleitet, die voraussichtlichen langfristigen Folgen verschiedener politischer Taktiken gründlich analysiert.

Sasson beispielsweise pflegte einen intensiven Meinungsaustausch mit einer Reihe hochgestellter Araber. Aus seinen Gesprächen mit dem Generalsekretär der Arabischen Liga, Azzam Pascha, und dem ägyptischen Premierminister Ismail Sidqi Pascha, später seinem Nachfolger Nuqrashi Pascha, zog Sasson den Schluß, dass Ägypten großes Interesse daran hatte, in Zusammenarbeit mit dem jüdischen Volk nach einer friedlichen Lösung des Palästinakonflikts zu suchen.

Im ganzen hatten ägyptische Geschäftsleute, Industrielle und Bankiers seit Kriegsende den Kontakt zu ihren jüdischen Berufskollegen nicht abreißen lassen. Die Ägypter waren nicht nur wegen der angestrebten Modernisierung und Industrialisierung ihrer Wirtschaft und Verwaltung an jüdischer Unterstützung interessiert, sondern auch weil sie hofften, mit Hilfe der Juden Kontakte zu amerikanischen und internationalen Banken und Unternehmen knüpfen zu können. Die Ägypter baten sogar David Horowitz von der Jewish Agency um Vorschläge, wie Ägypten sich aus dem Verbund der Sterling-Währungsländer lösen könne.[44] Sidqi Pascha, der zugleich Vorsitzender des Verbandes der Ägyptischen Industriellen war, hatte gegenüber Sasson - ebenso wie gegenüber dem britischen und dem amerikanischen Botschafter in Kairo - eingeräumt, dass der Palästina-Konflikt nur durch eine Teilung des Landes gelöst werden könne. Er bezeichnete sich selbst als einen »Geschäftsmann, nicht projüdisch oder proarabisch, sondern am Wohlergehen Ägyptens interessiert. Falls dies eine jüdisch-arabische Zusammenarbeit erforderlich macht, dann sei's drum.«[45]

Nuqrashi Pascha vertrat ähnliche Ansichten und erhob sogar Einspruch gegen arabische Kriegsdrohungen bei Konferenzen der Arabi-

44· CZA, S25/9032

45· Sasson, *Road lo Peace*, S. 365 f. 373

schen Liga. Selbst Azzam Pascha, ein erklärter Feind des Zionismus, erklärte, er werde sich für die Teilung aussprechen, falls ein arabischer Staat einen entsprechenden Antrag an die Liga stellen würde.[46]

In ihren Unterredungen mit Sasson trugen die ägyptischen Premierminister und Azzam Pascha ein ums andere Mal Ideen für eine friedliche Teilungslösung vor, die sie mittragen und verantworten könnten, solange man ihre Konzessionen nicht als abträglich für die Interessen der arabischen Welt oder als Versuch deuten könne, auf Kosten der palästinensischen Araber Zugeständnisse für Ägypten herauszuholen.[47] Azzam Pascha hatte schon vor längerer Zeit erklärt: »Die Araber sind zu weitgehenden Zugeständnissen bereit, wenn es um den jüdischen Wunsch geht, sich in Palästina eine religiöse oder auch eine materielle Heimat zu schaffen.« Am 5. Oktober 1945 hatte er in einem Interview mit der Zeitschrift *Le Progrès Egyptien* erklärt: »Wenn Sie mir garantieren könnten, dass die Übergabe Palästinas an die Juden gleichbedeutend wäre mit allgemeinem Frieden, würde ich es gerne ganz hergeben. Eine solche Lösung würde jedoch beständige Konflikte heraufbeschwören, ähnlich denen,die sich in Irland entwickelt haben. Wenn aber Grund zu der Hoffnung besteht, dass die Lösung in einer Teilung des Landes liegen könnte und dass dies den gegenwärtigen unruhigen Verhältnissen ein Ende setzen würde, dann wollen wir uns mit dieser Möglichkeit sehr sorgfältig auseinandersetzen.«[48] Diese Gedankenspiele basierten freilich durchweg auf der Voraussetzung, dass sich für alle arabischen Staaten bald die Unabhängigkeit ergeben werde, also auch auf dem Abzug der Engländer aus Ägypten, dem Verzicht der Italiener auf Libyen (das bis in den Zweiten Weltkrieg hinein italienische Kolonie gewesen war) sowie, kaum nötig zu sagen, auf dem endgültigen Abschied der Haschemiten von ihrer großsyrischen Vision.

Hält man sich alle diese Überlegungen vor Augen, fragt man

46· Ibid.. S. 364 f

47· Ibid.

48· Nach einem Bericht in *Haaretz*, 24. Oktober 1945

sich, weshalb die zionistische Bewegung so vorbehaltos auf die haschemitische Karte setzte und es ablehnte, Alternativen wie die von Ägypten vorgeschlagenen auch nur in Betracht zu ziehen.

Ben Gurion, der unangefochtene politische Führer des Jischuw und der zionistischen Bewegung, hatte die Vorstellung von einem gegen die westlichen Mächte gerichteten »arabisch-zionistischen Bündnis« stets kategorisch verworfen.[49] Er war außerdem, wie wir gesehen haben, ein überzeugter Verfechter des Biltmore-Programms, das einen sich über ganz Palästina erstreckenden jüdischen Staat vorsah. Ben Gurion hoffte, ein Bündnis mit Abdallah werde eine Umsiedlung der arabischen Palästinenser nach Transjordanien, einem sehr dünn besiedelten Land mit hoher Aufnahmekapazität erleichtern, zumal wenn die Juden Abdallah im Gegenzug Investitionen und technische Hilfe anböten. Eine solche Konstellation konnte, so seine Hoffnung, den Weg für eine jüdische Siedlungstätigkeit in ganz Palästina ebnen und eröffnete vielleicht sogar die Möglichkeit, in fernerer Zukunft auch in Transjordanien Land zu erwerben und jüdische Kolonisten anzusiedeln.

Es gab für die mangelnde Bereitschaft Ben Gurions, die ägyptische Option in Erwägung zu ziehen, auch einen innenpolitischen Grund. Er sah nämlich gerade zu diesem Zeitpunkt eine Chance, seine taktische Koalition mit den gegen den Teilungsplan agitierenden amerikanischen Zionisten dazu zu benutzen, den gemäßigteren Weizmann, der einen bewaffneten Zusammenstoß mit den Briten um jeden Preis vermeiden wollte, aus dem Amt zu drängen und Goldmann als Beauftragten der Jewish Agency in Washington abzulösen.[50] Wie schon hervorgehoben, sahen die zionistischen Entscheidungsträger in der Errichtung eines Haschemiten-Königreichs. das Transjordanien, Syrien, den Libanon und den östlichen Teil Palästinas umfasste, immer die einzige Kraft, die Vorherrschaft der für die Zionisten unbequemeren Nachbarn Ägypten und Syrien

---

49· Flapan, *Zionism*, S. 133

50· Walter Laqueur, *A History of Zionism*, London 1972. S. 574 ff

innerhalb der Arabischen Liga zu beenden. Als Sasson sich 1946 für die Zusammenarbeit mit Abdallah aussprach, begründete er dies mit der Hoffnung, auf diese Weise über kurz oder lang den Zusammenbruch des syrischen Regimes und eine Spaltung der Arabischen Liga herbeiführen zu können.[51]

Die Orientierung zum Haschemiten-Reich hin erschien also den Zionisten in mehrerlei Hinsicht als die für Israel sicherste und vorteilhafteste. Aber sie strebten dieses Ziel nicht gleichbleibend konsequent an. Zwar wurde den Verhandlungen mit Abdallah stets oberste Priorität eingeräumt, doch gab es Meinungsverschiedenheiten darüber, wie und wo genau die Akzente dieser Politik gesetzt werden sollten. Scharett hatte sich ursprünglich für ein schriftliches Abkommen ausgesprochen, von dem er hoffte, es werde sich auf die UNSCOP-Empfehlungen auswirken und die Aufteilung Palästinas zwischen Israel und Jordanien völkerrechtlich legalisieren. Ben Gurion wandte sich gegen einen solchen Vertrag mit Abdallah, der in seinen Augen gleichbedeutend mit einer endgültigen Festlegung der Grenzen Israels sein und damit die Chance für eine spätere Ausweitung des jüdischen Staates auf ganz Palästina zunichte machen würde.

Von den Gesprächen und Vereinbarungen Abdallahs mit diversen Abgesandten der Jewish Agency ist sein Treffen mit Danin im August 1947 und seine erste Begegnung mit Golda Meir, damals Leiterin des politischen Referats der Jewish Agency, von besonderer Bedeutung: sie zeigen, wie die zionistischen Führer versuchten, ihn zu manipulieren - und durch ihn die ganze arabische Welt. Wie Danin später Sasson berichtete, antwortete Abdallah auf Danins Kritik an seinen Äußerungen vor dem UNSCOP-Ausschuß: »Ich musste mich feindselig geben. (Aber) was zwischen uns abgemacht ist, bleibt abgemacht.« Er betonte, dass es ihm vor allem darum gehe, in Syrien zu regieren, »wo Anarchie vorherrscht«. Die Briten unterstützten ihn dabei aber nur halbherzig, und er habe kein Geld für einen Einmarsch nach Syrien. Danin gewann den Eindruck, Abdallah wolle die Jewish Agency um

51· Sasson an Scharett, CZA, S25/3016, 20. Nov. 1946 2270/3, zitiert nach Nimrod, S. 29

Geld angehen. »Wenn ich das Geld hätte«, sagte er, »könnte die ganze Sache morgen über die Bühne sein.«[52] Bei seiner Begegnung mit Golda Meir beteuerte Abdallah seine Bereitschaft, einen Vertrag über die Teilung Palästinas zu unterzeichnen, wenn dies zu Bedingungen geschehen könne, die ihn nicht zum Gespött oder Sündenbock der arabischen Welt machen würden. Diese Bedingung könne als erfüllt gelten, wenn die Juden sich mit einem etwas kleineren Staat zufriedengäben, als der UNSCOP-Ausschuß ihn skizziert hatte, wenn sie mit der Angliederung des arabischen Teils von Palästina an Transjordanien einverstanden und wenn sie Abdallah bei der Verwirklichung seines Großsyrien-Projekts behilflich wären.

Als Abdallah wissen wollte, welche Reaktion er zu erwarten hätte, wenn er die Hand nach dem arabischen Teil Palästinas ausstreckte, antwortete Golda Meir, man habe nichts dagegen, sofern er verspreche, seinerseits nichts gegen die Errichtung des jüdischen Staates zu unternehmen, und wenn er öffentlich erkläre, die Besetzung diene dazu, die Ordnung aufrechtzuerhalten, bis die UNO es geschafft habe, eine palästinensische Regierung einzusetzen. Abdallah reagierte ärgerlich. Er erklärte, seine Absicht sei es, den Mufti zu besiegen, woraufhin er, Abdallah, als Retter und Beschützer der Araber in Palästina einziehen und sich de facto als Herrscher etablieren werde. »Er riet uns«, berichtete Frau Meir, »mit schweren Gegenschlägen zu reagieren, falls der Mufti es wage, uns anzugreifen.« Abdallah würde dann in Palästina einmarschieren, um einen Krieg zwischen Juden und Arabern abzuwenden. Wie er Golda Meir berichtete, hatte er den Rat Azzam Paschas, seine großsyrischen Pläne auf Eis zu legen und sich auf das Palästinaproblem zu konzentrieren, in den Wind geschlagen. Das großsyrische Reich sei ein Ziel, auf das er keinesfalls verzichten könne.[53] Danin, der ebenfalls zugegen war, erklärte, viele Araber in Palästina seien gegen den Mufti und würden Abdallah als politischen Führer akzeptieren, wenn er sich ihnen anböte. Abdallah antwortete,

52- Danin an Sasson, 22. Aug. 1947, CZA. S25/3960: ISA.

53- CZA, 899/99

es sei an ihnen, die Initiative zu ergreifen; er werde sich nicht anbieten. Danin versicherte ihm, die Eingliederung der West Bank nach Transjordanien werde sich durch eine Volksabstimmung bewerkstelligen lassen, die von der UNO anerkannt werden würde. Zahlreiche taktische Differenzen führten dazu, dass Abdallah es ablehnte, seinen Namen unter irgendeine offizielle Vereinbarung zu setzen. Dennoch hatte man am Ende der Zusammenkunft eine Verständigung erreicht. Abdallah bat darum, dieses Ergebnis der Unterredung geheimzuhalten und den antijüdischen Verlautbarungen, die er in der Öffentlichkeit aus zwingenden Gründen von sich geben müsse, keine Beachtung zu schenken. Er ersuchte ferner um höhere Hilfszahlungen.[54]

Der stillschweigenden Übereinkunft gemäß sollte Abdallah den von der UNO für einen arabischen Staat »reservierten« Teil Palästinas erhalten und im Gegenzug nichts gegen die Errichtung des jüdischen Staates unternehmen. Dass Abdallah sich nicht zu einer Unterschrift unter diese Vereinbarungen durchringen konnte, paßte Ben Gurion perfekt in seine Strategie. Abdallah würde unter dem Vorwand, die Palästinenser zu retten, in den Krieg eingreifen, damit sein Ansehen in der arabischen Welt aufpolieren, jedoch die Frage der Grenzziehung offenlassen. Dies würde auf einen De-facto-Kriegszustand hinauslaufen, in dessen Verlauf die Grenzen nicht durch UN-Beschlüsse festgelegt würden, sondern durch militärisch bedingte Abmachungen zwischen Israel und Transjordanien. Dankbar nahm Ben Gurion auch Abdallahs Versprechen zur Kenntnis, nichts gegen den jüdischen Staat zu unternehmen, bedeutete dies doch, dass er die jüdischen Streitkräfte konzentriert gegen ägyptische und/oder syrische Truppen einsetzen konnte. Er war jedoch skeptisch, ob Abdallah seine Versprechen halten werde. Wie er am 8. Januar 1948 vor dem Zentralkomitee der Mapai erklärte: »Die Frage ist: Bis wann wird er zu diesem Standpunkt stehen? Er ist schließlich

54. Der Verlauf dieses Treffens ist von zahlreichen Historikern geschildert und analysiert worden. Siehe Marie Syrkin Golda Meir, *A Woman with a Cause*, New York 1963, S. 213; J. und D. Kimche, *Both Sides of the Hill*, S. 61; Kurzman, *Genesis 1948*, S. 2; Christopher Sykes, *Crossroads to Israel*, Cleveland 1965. S. 424. 429

ein Araber, und es lastet ein gewaltiger arabischer Druck auf ihm.«[55]

In Wirklichkeit dachte Ben Gurion selbst nicht daran, sich an die Zusagen zu halten, die seine Unterhändler Abdallah gegeben hatten. Er rechnete nicht damit, dass Abdallah irgendeinen Teil des arabischen Palästina freiwillig räumen werde. In seinem Tagebuch sprach er wiederholt von der Notwendigkeit eines direkten Waffengangs gegen die Arabische Legion. Er hoffte, die Legion in alle Winde zerstreuen und Abdallah dann zu territorialen Zugeständnissen zwingen zu können.

Kein Wunder, dass Abdallah dann unter dem Druck der Jewish Agency einerseits und der Arabischen Liga andererseits mehr als einmal widersprüchliche Äußerungen tat, die einen Teufelskreis gegenseitigen Mißtrauens in Gang setzten. Im Dezember 1947 teilte er dem amerikanischen Vizekonsul in Jerusalem mit, er sei entschlossen, nach dem Abzug der Briten Palästina zu besetzen.[56] Andererseits ging aus Anweisungen, die er seinem Abgesandten bei der Arabischen Liga, Premierminister Samir Rifai, erteilte, hervor, dass er offenbar mit einer federführenden Rolle der Liga bei der Errichtung des arabischen Palästinastaates einverstanden war. Letzteres paßte natürlich nicht zu dem, was er im November 1947 mit Golda Meir verabredet hatte: dass Palästina zwischen ihm und den Juden aufgeteilt werden sollte. Kein Wunder, dass den Zionisten ernstliche Zweifel an seiner Aufrichtigkeit kamen. Die Arabien-Experten der Jewish Agency freilich, die die Probleme Abdallahs kannten und wussten, wie schwer er sich tat, sein Prestige und seine Glaubwürdigkeit nach außen aufrechtzuerhalten, versuchten, diese Zweifel zu zerstreuen.[57]

Es gab allerdings auch Augenblicke, in denen selbst bei den Experten Befürchtungen aufkamen, Abdallah werde seine mit Golda Meir und Sasson getroffenen Vereinbarungen nicht einhalten. Gewiß, er hatte die Mitarbeit in der von der Arabischen Liga im

55· Bar Zohar, *Ben Gurion*, Bd. 2. S. 723

56· FRUS, 1947. S. 1318 f

57· Schimoni an Meir, PDD, Dok. 31. S. 44 f

September 1947 gebildeten Militärkommission verweigert, doch andererseits führte er mit den arabischen Staaten Verhandlungen in dieser Sache. Das Mißtrauen verstärkte sich, als bekannt wurde, dass der oberste politische Vertreter Großbritanniens in Palästina, Brigadegeneral Lloyd Clayton, sich bemühte, die Kluft zwischen Abdallah und der Arabischen Liga zu überbrücken.[58] Nach Angaben von Azzam Pascha führte Clayton mit seinen Vorschlägen eine Verständigung zwischen Abdallah und den anderen arabischen Staaten herbei, die beinhaltete, dass die Arabische Liga die Finanzierung der Arabischen Legion übernehmen würde. Im Kriegsfall sollte die Legion dann das zentralpalästinensische Bergland »schlucken« und den Zugang zum Mittelmeer bei Gaza sichern, während die Ägypter den südlichen Negev, Syrien und den libanesischen Teil Galiläas besetzen würden. Diesem Plan zufolge sollten die von den Juden besiedelten und kontrollierten Gebiete ein gewisses Maß an Selbständigkeit, nicht aber die volle nationale Unabhängigkeit erhalten. Die Details einer solchen Regelung sollten zwischen Abdallah und Weizmann auf Grundlage der Morrison-Grady-Vorschläge aus dem Jahr 1946 ausgehandelt werden.[59]

Als Scharett im Januar 1948 von dieser Verständigung zwischen England, Transjordanien und der Arabischen Liga Wind bekam, ließ er Abdallah durch Sasson und Danin ausrichten, wenn er diesen Plan unterschreibe, werde er alle seine Hoffnungen auf ein großsyrisches Reich begraben müssen. Lehne er ihn dagegen ab, werde Israel ihm einen Kredit verschaffen und ihm helfen, die Herrschaft über das Westjordanland zu erringen, auf dessen Gebiet ein Palästinenserstaat errichtet würde. Dieser Staat werde an Transjordanien angeschlossen, und Israel werde ihm fünf Jahre lang vier Millionen Dollar jährlich zuschießen. Außerdem werde Israel dafür sorgen, dass die UdSSR und die Vereinigten Staaten das Haschemiten-Kö-

58· Clayton versuchte 1947 und 1948 das Foreign Office davon zu überzeugen, dass Syrien als die wichtigste Kraft betrachtet werden müsse. Siehe PDD, Dok. 258. S. 430 f

59· Siehe Anm. 33

nigreich anerkennen würden, sobald es sich aus der Abhängigkeit von Großbritannien befreit habe.[60]

Sasson beeilte sich, Abdallah im Sinne dieser Anweisungen Scharetts unter Druck zu setzen; er hielt ihm sein Schweigen angesichts des Chaos und Blutvergießens in Palästina vor, wies auf die Gefahr einer Verschwörung zwischen dem Mufti und der Arabischen Liga hin und schärfte ihm ein, seine letzte Chance, sein großsyrisches Projekt zu verwirklichen, werde dahin sein, wenn er sich nicht loyal an die »ehrenhafte Vereinbarung [mit Israel bezüglich] finanzieller, politischer und internationaler Unterstützung« halte.[61] Nachdruck erhielt diese Warnung durch ein Memorandum, das Scharett am 15. Januar der Palästina-Kommission der UNO vorlegte; darin hieß es, das jüdische Volk akzeptiere die Teilung Palästinas, weil es die legitimen Rechte der arabischen Palästinenser anerkenne. Scharett betonte, die arabischen Palästinenser hätten keine Lust, zu den Waffen zu greifen. Trotz des Appells des Muftis, der den totalen Krieg proklamiert habe, seien, wie das Memorandum andeutete, bislang nur zehn oder zwölf jüdische Siedlungen angegriffen worden, während von den übrigen dreihundert viele von ihren unmittelbaren arabischen Nachbarorten Bekundungen der Freundschaft erhalten hätten.[62]

Scharett schaffte es, das Selbstbestimmungsrecht der Araber als eine Bedrohung Abdallahs hinzustellen und diesen zu territorialen Zugeständnissen zu zwingen. Scharett, der 1956 als Premierminister und Außenminister mit der Begründung zurücktrat, er könne die von Ben Gurion praktizierte und geforderte doppelzüngige Diplomatie nicht mittragen, stellte 1948 und 1949 unter Beweis, dass er durchaus imstande war, sich selbst solcher hinterlistigen Strategien zu bedienen. Tatsächlich hatte diese Mischung aus Drohungen und Versprechungen gegenüber Abdallah Erfolg. Wie Sasson Golda Meir Ende Januar 1948 mitteilte, hatte Abdallah um einen internationalen Kre-

60· Bericht Danins über Unterredung mit Scharett und Horowitz, 4. Jan. 1948, PDD, Dok. 90, S. 125

61· Sasson an Abdallah, 11. Jan. 1948, PDD, Dok. 100, S. 143-147

62· Scharett an UN Palestine Commission, 15. Jan. 1948, PDD, Dok. 110, S. 165-179

dit und um Finanzhilfe gebeten. Die Jewish Agency leistete freilich schon seit 1946 regelmäßig ihre Beiträge zum königlichen Staatshaushalt und hatte sich auch stets bemüht, die Amerikaner für sein großsyrisches Projekt zu gewinnen. Gleichwohl war die Zusammenarbeit mit Abdallah innerhalb der Jewish Agency umstritten; nicht weil man über eine Alternative dazu nachgedacht hätte, sondern weil es wieder einmal Meinungsverschiedenheiten über das konkrete Vorgehen gab. Scharett und Meir vertraten den Standpunkt, Abdallah müsse als Gegenleistung für die finanzielle und politische Unterstützung öffentlich erklären, dass er für die Teilung sei. Falls er sich weigere, dies zu tun, müsse die Agency ihm die Finanzhilfe streichen.

Andere, namentlich die Arabien-Spezialisten der Jewish Agency, hatten Verständnis dafür, dass Abdallah nur mit der Jewish Agency zusammenarbeiten konnte, wenn er dies unter dem Deckmantel der Opposition gegen den Zionismus und der Solidarität mit den Palästinensern und der Arabischen Liga tat. Ihrer Ansicht nach hing der Erfolg einer Politik, die auf Abdallah setzte, davon ab, dass diesem weiterhin der Ruf eines ehrenhaften und mutigen panarabischen Führers vorausging. Der Stellvertretende Direktor des Arabien-Referats der Jewish Agency, Jaakov Schimoni, erläuterte die Politik Abdallahs wie folgt: »[Er] hätte es vorgezogen, den arabischen Teil Palästinas nach einer Übereinkunft mit den Juden zu besetzen, [aber] er brauchte einen ›Kampf‹ mit den Juden, um sich das Image eines ›Retters‹ Palästinas und der Araber zu bewahren [...] er wird versuchen, den Kampf auf kleine, unwichtige Scharmützel zu begrenzen. [...] Er braucht die Arabische Legion für seine Pläne in Syrien und Saudi-Arabien, und es ist zweifelhaft, ob er jetzt kurzfristig seinen Namen und das Prestige der Legion in entscheidenden Schlachten aufs Spiel setzt.«[63]

Daher könne und müsse man, so ihre Argumentation, die rhetorischen Ausfälle Abdallahs ignorieren, die sich in der Tat ziemlich bedrohlich anhörten. Im Gespräch mit Pablo de Azcarate von der UNO

63· Baterem, *Veröffentlichung der Hagana*, Nr. 49.1948, S. 42

hatte Abdallah beispielsweise geäußert, solange es in Palästina noch einen einzigen Juden gebe, werde »die Arabische Legion den Kampf nicht einstellen, und kein einziger Wassertropfen werde Jerusalem erreichen«.[64] Mit gleicher Vehemenz erklärte er, die Arabische Legion sei »nach Palästina geschickt worden, um die von den zionistischen Banden gestörte Ordnung wiederherzustellen und die arabische Bevölkerung vor deren terroristischen Aktivitäten zu schützen«.[65]

Die Verschärfung des Bürgerkriegs im Frühjahr 1948 machte es für Abdallah immer schwieriger, sein Doppelspiel fortzusetzen. Die verheerenden Schläge, die die Hagana und die jüdischen Untergrundgruppen den Truppen des Muftis beibrachten, und die Zerstörung zahlreicher arabischer Dörfer führten, wie gesehen, zu einer anschwellenden und immer mehr um sich greifenden Fluchtbewegung von Panik ergriffener Araber. Einzelne Einheiten der Arabischen Legion sahen sich außerstande, gegenüber all dem, was mit den Palästinensern geschah, gleichgültig zu bleiben und sich herauszuhalten; so beteiligten sie sich am 14. Dezember 1947 an einem Überfall auf einen Konvoi nach Ben Schemen, bei dem vierzehn Juden getötet wurden. Abdallah sah sich einem zunehmenden Druck durch die arabischen Staaten wie auch durch einige Mitglieder seiner eigenen Regierung ausgesetzt. In der ägyptischen, syrischen und palästinensischen Presse sowie im Rundfunk, auf öffentlichen Versammlungen und in den Moscheen wurde scharfe Kritik an den Kontakten des Königs zur Jewish Agency und zu den Engländern geübt.

Die Verlautbarungen der Arabischen Liga und die Aufstellung der Arabischen Befreiungsarmee brachten Abdallah vollends in eine unmögliche Lage. Wenn er weiterhin als der wahre Beschützer des arabischen Palästina erscheinen wollte, musste er sich energischer gegen den Mufti und die anderen arabischen Führer in Szene setzen, etwa indem er versuchte, den Oberbefehl über die arabischen Streitkräfte an sich zu reißen, die nach Ablauf des britischen Man-

64· Azcarate, *Mission*, S. 89

65 Ibid., S. 87

dats eine militärische Aktion planten. Obwohl viele arabische Kreise ihm mißtrauten, wurde er zum Generalkommandeur der arabischen Interventionsarmeen ernannt. Hinter dieser Nominierung standen mehrere Erwägungen. Die arabischen Regierungen wussten von seinen Kontakten zur Jewish Agency, hofften aber, in seiner neuen Funktion werde es für ihn noch schwieriger sein, sich auf ein Separatabkommen mit Israel einzulassen. Sie behielten damit recht. Wie Golda Meir bald darauf Ben Gurion berichtete, hatte sie einen schlechtgelaunten, deprimierten Abdallah angetroffen.[66] Im übrigen war die Arabische Legion die am besten ausgebildete und die einzige kriegserfahrene arabische Armee. Im Zweiten Weltkrieg hatte die Legion dabei mitgewirkt, die Meuterei von Raschid Ali al-Gaylani im Irak niederzuschlagen und unter der Vichy-Regierung in Frankreich Syrien zu erobern.

Die Nominierung Abdallahs war aber auch ein Indiz dafür, dass die arabischen Staaten dazu neigten, sich mit der neuen Realität zu arrangieren. Sie entsandten gegen die Israelis weniger als die Hälfte ihrer Streitkräfte, nur das, was die arabischen Stabschefs als das unerläßliche Minimum für eine effektive Kriegführung gegen Israel erachteten. Und wenn Abdallah auch Generalkommandeur war, wurde er nie über den Umfang, die Zusammensetzung oder die strategischen Pläne der Invasionstruppen informiert. Damit nicht genug, versuchten die Araber bis zum Schluß, die Invasion abzuwenden. Sie wussten, dass sie den jüdischen Staat nicht besiegen konnten; wäre es anders gewesen, so hätten sie die »Ehre des Sieges« niemals Abdallah überlassen. Tatsächlich erklärte einer der nationalistischsten arabischen Führer, Akram Hourani von der syrischen Baath-Partei, eine Woche vor der Invasion im syrischen Parlament: »Der Krieg zur Rettung Palästinas geht zu Ende, und die Errichtung des jüdischen Staates ist fast beendet. Die Intervention der arabischen Staaten wird daran nicht das geringste ändern.«[67] Die Beru-

66· Golda Meir, *My Life*, London 1975, S. 178 f

67· Mutzeiri, *Haaretz*, 10. Mai 1948

fung Abdallahs zum Oberbefehlshaber der arabischen Streitkräfte zeugte, kurz gesagt davon, dass die Araber nicht an die Möglichkeit glaubten, Israel mit Waffengewalt liquidieren zu können.

Für Abdallah selbst stellte sich nun das Problem, seine neue Funktion als Generalkommandeur vor der Jewish Agency rechtfertigen zu müssen. Um dies tun zu können, lud er Golda Meir ein, nach Amman zu kommen - aus Gründen der Tarnung in arabischer Tracht.[68] Über diese Begegnung am 10. Mai 1948 haben sich Journalisten, Historiker und Politologen zu Genüge ausgelassen; nach Auffassung der meisten hatte Abdallah dem Druck des Muftis und der Arabischen Liga nachgegeben und sich teilweise von seinen vorherigen Abmachungen mit der Jewish Agency über die Teilung des Landes zurückgezogen. Diese Deutung ist jedoch nicht zwingend.

Wie jüdische Quellen wissen wollen, legte der König Golda Meir bei dieser Begegnung einen Plan vor, nach dem er das ungeteilte Palästina besetzen und mit Transjordanien verbinden wollte. Die Juden würden einen autonomen Status und nach Ablauf eines Jahres fünfzig Prozent der Sitze in einem gemeinsamen Parlament und Kabinett erhalten. Dieses Modell einer »Republik innerhalb eines Königreichs« sei, so meinte er, vielleicht eine Lösung, die einen Krieg verhindern könne.[69] Frau Meir lehnte den Vorschlag auf der Stelle ab und erinnerte Abdallah an das getroffene Teilungsabkommen. Sie wies ihn außerdem warnend darauf hin, dass im Falle eines Krieges durchaus die Juden die Oberhand behalten könnten. »Wenn Ihre Majestät von der ursprünglichen Verabredung abgerückt sind und statt dessen auf einen Krieg ausgehen, dann wird es Krieg geben. Wir glauben, dass wir trotz unserer Belastungen siegen werden. Vielleicht sehen wir uns nach dem Krieg wieder, wenn es einen jüdischen Staat gibt.«

Nach Darstellung Frau Meirs erwiderte Abdallah: »Ich weiß das sehr gut. Ich habe keine Illusionen, aber die Umstände sind schwie-

68- Meir, *My Life*, insbesondere S. 177 ff

69- Bar Zohar, *Ben Gurion*, Bd. 2. S. 773; Zeev Scharef, *Three Days*, New York 1962. S. 62

rig. Man wagt nicht, hastige Entscheidungen zu treffen. Ich bitte Sie deshalb noch einmal um Geduld.« Er schlug dann vor, ihm einen Teil des für den jüdischen Staat vorgesehenen Territoriums abzutreten, um seine Stellung gegenüber seinen Gegnern zu stärken. Frau Meir wies auch dieses Ansinnen energisch zurück. Sie bot ihm an, falls er seine Truppen von Palästina fernhalte, könne er, wie in der UN-Resolution vorgeschlagen, einen Gouverneur für den arabischen Teil Palästinas entsenden; die Jewish Agency würde in diesem Fall keine Einwände gegen eine Vereinigung des Palästinenserstaats mit Transjordanien unter der Haschemitenkrone erheben.[70]

Aber nicht Abdallah, sondern Golda Meir rückte radikal von den bisherigen Vereinbarungen ab, die sich auf einer heimlichen Zusammenarbeit und darauf gegründet hatten, dass Abdallah die arabischen Teile Palästinas mit der stillschweigenden Duldung Israels besetzen konnte und dafür seine Nichteinmischung in die Belange des jüdischen Staates zusicherte. Frau Meir forderte jetzt ein offizielles Abkommen über die Teilung Palästinas, ohne dass die Arabische Legion in Palästina einmarschierte. Hätte Abdallah sich darauf eingelassen, hätte er vor den Arabern über Nacht das Gesicht verloren. Sein Gedanke eines verkleinerten jüdischen Staates unter der Oberhoheit seiner Monarchie war überdies nicht neu. Er hatte ihn Frau Meir schon bei ihrer ersten Begegnung ein halbes Jahr zuvor als Grundlage für ein offizielles Abkommen unterbreitet. Jetzt sicherte er ihr obendrein zu, dass die Arabische Legion und die irakischen Truppen innerhalb der arabischen Teile Palästinas bleiben würden. Abdallah hatte allerdings eine wichtige taktische Wendung vollzogen, die nicht ohne Auswirkungen auf die politische Strategie der Israelis blieb. Hatte er im November 1947 noch versprochen, auf keinen Fall arabischen Truppen den Durchmarsch durch Transjordanien in Richtung Palästina zu gestatten, so hatte er danach unter dem Druck der Arabischen Liga und unter dem Eindruck des sich verschärfenden Bürgerkriegs in Palästina den Freischärlern der Arabischen Be-

70. Siehe Anm. 68

freiungsarmee erlaubt, von Syrien her sein Staatsgebiet zu durchqueren. Auch ließ er zu, dass irakische Truppen in Transjordanien und später auch im Arabischen Dreieck Stützpunkte errichteten.

Abdallah erwartete von seiner Verhandlungspartnerin Verständnis dafür, dass seine Zugeständnisse an die Arabische Liga und der geplante Einmarsch der Arabischen Legion in Palästina ihn noch mehr als bisher dazu zwangen, das Doppelspiel, das er mit israelischer Unterstützung gegenüber der arabischen Welt spielte, durch ein Alibi abzusichern. Allein, Golda Meir, bei der sich Geradlinigkeit und politische Naivität oft mit einem hohen Maß an Selbstgerechtigkeit paarten, begriff nicht, dass sich hinter Abdallahs scheinbar unakzeptablen Vorschlägen seine nur dürftig verhüllte Absicht verbarg, die mit den Israelis getroffenen Abmachungen zu retten. In der Tat hatte Abdallah bei dieser Gelegenheit erstmals von der »Regierung von Israel« gesprochen und betont, dass nur Israel und Transjordanien das Recht hätten, in Palästina präsent zu sein.[71]

Wenngleich Abdallah während der gesamten Dauer des Krieges sein Doppelspiel weiterführte, hielt er sich doch an die gegebene Zusage, nichts gegen die Errichtung des jüdischen Staates zu unternehmen und dessen Truppen nicht anzugreifen. Die Kämpfe zwischen den jüdischen Truppen und der Arabischen Legion fanden in Jerusalem und entlang der Zugangswege dorthin statt, in Gebieten also, die der UN-Resolution zufolge nicht zum jüdischen Staat gehören sollten. Bei Latrun und Bab al-Wab führte die Arabische Legion eine Abwehrschlacht gegen israelische Einheiten, die die arabischen Dörfer entlang der Straße nach Jerusalem zu besetzen versuchten: gegen den Bau einer neuen Straße nach Jerusalem durch die Israelis unternahm die Legion nichts. Aus Lydda und Ramla, Ben Gurions »arabischen Inseln« inmitten des israelischen Territoriums, zog sie

71· Am 17. Jan. 1949 meldete Sasson an Ben Gurion, Abdallah habe ihm gesagt, Frau Meir hätte den Krieg verhindern können, es aber nicht getan. »Es ist gut, dass sie nach Moskau geschickt worden ist«, meinte Sasson dazu. Er fügte hinzu, Abdallah habe vielleicht einen falschen Eindruck gewonnen, weil Golda Meir nicht arabisch spreche. Ben Gurion, *Kriegstagebücher*, 1. Jan. 1949, S. 956

sich kampflos zurück.[72] Es kam sogar zu so etwas wie einem militärischen Zusammenwirken zwischen Abdallah und Israel, als die IDF im Negev ihre Offensive gegen die ägyptischen Streitkräfte starteten. Die Israelis eroberten am 21. Oktober Beer Scheva und einen Tag darauf Beit Jibrin und Beit Hanoun. Am 23. Oktober nahm die Arabische Legion Bethlehem und Hebron ein, die beide bis dahin von ägyptischen Truppen besetzt gewesen waren.[73] In seinen Unterredungen mit den Israelis machte Abdallah keinen Hehl aus seinem Wunsch, die ägyptischen Truppen in die Flucht geschlagen zu sehen.[74] Tatsächlich war seine wohldurchdachte Strategie auf ein klar definiertes Ziel ausgerichtet, nämlich die Ägypter und Syrer daran zu hindern, dass sie sich der palästinensischen Gebiete auf Dauer bemächtigten. Dazu musste jegliches gemeinsames militärisches Vorgehen der Araber unterbunden werden.[75]

Im April 1948 schmiedeten die Araber in Damaskus einen Invasionsplan, der eine Vereinigung der aus dem Norden anmarschierenden syrischen Truppen mit der von Osten kommenden Arabischen Legion bei Affula vorsah. Die Legion besetzte jedoch statt dessen das Westjordanland und sandte dann die meisten ihrer Truppen Richtung Süden nach Jerusalem: Abdallah wollte sich auf diese Weise eine strategische Drehscheibe schaffen, von der aus er entscheiden

72· Mahmoud, *Abdallah and Palestine*, S. 136, 146-149. Nur eine kleine Einheit, von jüdischen Truppen eingeschlossen, blieb zurück. Es gelang ihr später, sich durcbzuschlagen und sich wieder mit dem Gros der Truppen der Arabischen Liga zu vereinigen. Siehe Joseph Nevo, *Abdallah und die Araber Palästinas* (in hebräischer Sprache), Tel Aviv 1975. S. 82. Wie Ben Gurion am 18. Dez. 1948 in sein Tagebuch eintrug: »Abdallah am Negev nicht interessiert, aber am Arabischen Dreieck; wir sollten ihm dort nicht ins Gehege kommen. Er wird sich freuen, wenn wir die Ägypter aus dem Negev jagen, was seinen Plänen entgegenkommt.« (S. 886) Am 17. Jan. 1949 schrieb er: »Der König hat Sasson gesagt, er erkennt keinem Land das Recht zu. in Palästina präsent zu sein, außer Israel und Transjordanien. [...] (Er hat gefordert,) dass die Ägypter dazu gebracht werden müssen, sich von der Grenze Palästinas zurückzuziehen. [Als Sasson Abdallah mitteilte, bei den Waffenstillstandsverhandlungen in Rhodos könne möglicherweise vereinbart werden, dass die Ägypter in Gaza bleiben würden,) sagte er: "Tun Sie das nicht, lassen Sie dort Israeli bleiben oder den Teufel oder sonst jemanden, nur nicht ausgerechnet die Ägypter."« (S. 956]

73· Siehe Anm. 63

74· Siehe Anm. 69

75· Nasser, *Memoirs*, S. 10

konnte, ob er den von Norden und Süden nach Palästina vordringenden arabischen Armeen zu Hilfe kommen würde oder nicht.[76] Sein heimliches Zusammenwirken mit Israel wurde im März 1949 deutlich, als israelische Truppen auf dem Marsch nach Süden, wo sie Elat erobern wollten, durch das Araba-Tal zogen, wo tausend Mann von der Arabischen Legion stationiert waren. Nachdem Abdallah ohne Erfolg an Scharett, den UN-Vermittler, den Sicherheitsrat und die britische Regierung appelliert hatte, dem Vormarsch Einhalt zu gebieten, ließ er die den Weg nach Elat blockierenden Einheiten der Legion zurückziehen und erteilte ihnen strenge Anweisung, sich nicht auf einen Kampf einzulassen.[77]

Der israelische Historiker Abraham Sela hat den Ablauf der Ereignisse beschrieben: »Es scheint, dass die Behauptung, Abdallah habe seine Abmachungen mit den Juden gebrochen, zuerst und vor allem etwas mit der Schwere der militärischen Niederlagen zu tun hat, die die Hagana und die israelische Armee in den erbitterten Kämpfen mit der Arabischen Legion in Jerusalem, Gush Etzion und Latrun hatten hinnehmen müssen. Dabei vergessen die Leute gern den wichtigen Umstand, dass alle diese Schlachten gegen die Arabische Legion in Gebieten stattfanden, die außerhalb des dem jüdischen Staat durch die UN-Teilungsresolution zugewiesenen Territoriums lagen; dies gilt auch für die Kämpfe in Jerusalem.« Weder die Legion noch die anderen arabischen Truppen verfügten über militärische Pläne für Jerusalem, und namentlich ihr britischer Kommandeur Sir John Bagot Glubb versuchte zu verhindern, dass es in der Stadt zu Kämpfen kam, weil seine Legion für den Straßenkampf weder ausgebildet noch gerüstet war.[78] Der Krieg zwischen Israel und der Arabischen Legion dauerte im übrigen nur bis zum 18. Juli 1948, an dem der zweite Waffenstillstand unterzeichnet wurde. Die Ägypter hatten das Doppelspiel Abdallahs völlig begriffen; hieraus

76· König Abdallah, *My Memoirs Completed*, S. 24

77· Mahmoud, *Abdallah and Palestine*, S. 15 ff

78· Sela, *From Contacts*, S. 23

erklärt sich, dass sie das Angebot des Königs ablehnten, ihrem besten Bataillon in seiner Bedrängnis zu Hilfe zu kommen (zu den Befehlshabern gehörte auch Gamal Abdel Nasser). Dieses Bataillon, das in Faluja eingeschlossen lag, war von Oktober 1948 bis zum Abschluss des Waffenstillstands im Februar 1949 von jeglichem Nachschub an Lebensmitteln, Wasser und Medikamenten abgeschnitten. Die Ägypter fürchteten, das Angebot Abdallahs könne eine mit den Israelis abgesprochene Falle sein.[79]

Letztlich führte die Partnerschaft mit Abdallah die Israelis 1948 zum Sieg. Andererseits bewog gerade dieser Sieg Ben Gurion und Scharett später dazu, sich von den mit Abdallah getroffenen Abmachungen über eine friedliche Zusammenarbeit loszusagen, obwohl dies bis dahin eine wichtige Taktik in der israelischen Arabienpolitik gewesen war. Der Krieg hatte offenbart, wie schwach und isoliert Abdallah und wie unrealistisch die Vision eines großen, die arabische Welt beherrschenden Haschemiten-Königreichs war. Gewiß, Abdallah verfügte über die schlagkräftigsten Truppen, aber es hatte sich gezeigt, dass es mit seiner vermeintlichen Unabhängigkeit und Souveränität nicht weit her war. Transjordanien war ein Land ohne Volkswirtschaft und ohne Volk. Die 300.000 dort lebenden Beduinen stellten keine zusammenhängende Gesellschaft dar.

Eines der zentralen Ziele der Arabienpolitik der Jewish Agency (später des Staates Israel) - wozu unbedingt das ungeschriebene Abkommen mit Abdallah gehörte - bestand ja darin, der nationalistischen Führung der Palästinenser einen tödlichen Schlag zu versetzen, es ihr vollkommen unmöglich zu machen, dass sie bei der Gestaltung der Zukunft Palästinas etwas mitzureden hatte. In diesem Punkt waren Israel und Abdallah sich einig, und um dieses Ziel zu erreichen, war Israel bereit, Abdallah gewisse Teile Palästinas abzutreten und eine militärische Konfrontation mit Ägypten und Syrien zu riskieren. In dem Maße jedoch, wie die Schlagkraft und die Bewaffnung der Hagana sich verbesserte und sie immer mehr Siege über die Ara-

79- Mahmoud, *Abdallah and Palestine*, S. 157

bische Befreiungsarmee und die palästinensischen Freischärler auf ihr Konto buchte, nahm der Pragmatiker Ben Gurion neue, weiterreichende Ziele ins Visier. Noch 1947 hatte er nicht daran gedacht, dem jüdischen Staat die dicht besiedelte West Bank einzuverleiben. 1948, als die panische Massenflucht der Palästinenser eingesetzt hatte, spielte er bereits mit dem Gedanken, den größten Teil des arabischen Palästina zu annektieren. Am 26. September schlug er, wie wir uns erinnern, die Besetzung der gesamten West Bank vor, in der Annahme, dass in diesem Fall große Teile der Bewohner ebenfalls die Flucht ergreifen würden. Dies hatte zwangsläufig zur Folge, dass er auch seine Haltung zu einer Friedensregelung mit Abdallah und zu dessen großsyrischen Plänen änderte.

Nachdem die israelische Regierung am 18. Dezember 1948 Ben Gurions Eroberungspläne für die West Bank abgelehnt hatte, erwog er die Vor- und Nachteile einer Abtretung dieses Gebietes an Transjordanien. »Ein Palästinenserstaat im Westjordanland ist weniger gefährlich als ein mit Transjordanien - und morgen vielleicht auch mit dem Irak - vereinigter Staat. Weshalb sollten wir dies gegen den Willen aller arabischen Staaten tun und die Russen damit ärgern? Wir sollten daher nicht leichtfertig dem Anschluß der West Bank an Transjordanien zustimmen; die Verhandlungen mit Abdallah sollten auf einer Tabula-rasa-Basis geführt werden. Das einzige gültige Abkommen zwischen uns ist der Waffenstillstand.«[80]

Trotz der vielen Bücher und Abhandlungen, die über die Kontakte zwischen Israel und Abdallah geschrieben worden sind, ist die Art und Weise, wie die Jewish Agency sich diese Kontakte zunutze machte, um die Errichtung eines palästinensischen Staates zu hintertreiben und das Staatsgebiet Israels auszuweiten, noch nie gründlich analysiert worden. Israel schürte die Wunschträume Abdallahs, wie gesehen, mit Versprechungen und Zusagen, die einzuhalten man zu keiner Zeit beabsichtigte.[81] Solange der Krieg

80· Ben Gurion, *Kriegstagebücher*, 8. Dez. 1948, S. 885

81· Siehe den Kommentar Dajans zu den al-Tai, *Memoiren*, Yediot Ahronot, 25. Mai 1959

andauerte, verfolgten die Israelis mit dieser Strategie insbesondere die Absicht, zu verhindern, dass es zu einer spontanen Zusammenarbeit zwischen Abdallah und dem ägyptisch-syrischen Block kam, die auf militärischer Ebene für Israel bedrohlich hätte sein können. Darüber hinaus hofften die Israelis, durch Kooperation mit Abdallah die in Palästina operierenden Einheiten der Arabischen Legion neutralisieren zu können, so dass israelische Truppen von dort abgezogen und im Süden gegen die ägyptischen und im Norden gegen die syrischen Invasionstruppen eingesetzt werden konnten. Als diese Ziele Ende 1948 erreicht waren, zögerte Ben Gurion nicht, nach Beratungen mit dem Außenministerium und dem Generalstab diese Strategie in aller Form zu begraben.

Gleichwohl blieb es ein zentrales Anliegen der israelischen Politik, die Entstehung eines Palästinenserstaates auf dem Territorium der West Bank zu verhindern und eine territoriale Expansion Israels weiter im Auge zu behalten. Die traditionelle Politik gegenüber Abdallah erschien den Jewish-Agency-Führern dafür nützlich, und so konnte Abdallah noch eine Zeitlang hoffen, dass Israel ihn bei seinem Plan eines großsyrischen Reichs unterstützen werde. Im November 1948 beispielsweise hatte Sasson ihn aufgefordert, sich mit seinen Eroberungen zu beeilen und die arabischen Staaten vor vollendete Tatsachen zu stellen. Zu diesem Zeitpunkt fand gerade in Jericho eine von Abdallah organisierte Konferenz statt, an der arabische Bürgermeister, andere Mandatsträger sowie Großgrundbesitzer und Scheichs von der West Bank teilnahmen. Die Teilnehmer forderten in einer Resolution den Anschluß der West Bank an Transjordanien. Am 13. Dezember erteilte Sasson dem transjordanischen Stadtkommandanten von Jerusalem. Abdallah al-Tal, den Ratschlag, die Annexion propagandistisch mit der »Rettung der Araber Palästinas« zu begründen. Er empfahl ferner den Abschluss eines Waffenstillstandsvertrags mit Israel noch vor der Verwirklichung der Forderungen der Konferenz von Jericho, damit Abdallah die Truppen der Legion von der Grenze zu Israel abziehen und an die ägyptische und syrische

Grenze verlegen könne. Als al-Tal daraufhin wissen wollte, ob Sasson mit der Gefahr eines Angriffs der Ägypter oder Syrer rechne, antwortete Sasson: »Alles ist möglich.« Seiner eigenen Darstellung zufolge legte Sasson seinem Gesprächspartner anschließend noch einmal eine schnelle Umsetzung der Resolution von Jericho in die Praxis nahe. »Meine Absicht dabei war, ihm für den Fall eines Konflikts mit der Arabischen Liga Mut einzuflößen und ihn davon zu überzeugen, dass er sich auf unsere Freundschaft verlassen konnte.«[82]

Ungefähr zehn Tage später erfuhr ein anderer israelischer Unterhändler, Reuven Schiloa, von Shawkat al-Sati, dem als Verbindungsmann zu den Israelis fungierenden Leibarzt Abdallahs, dessen Beziehungen zu Ägypten und Syrien hätten sich so sehr verschlechtert, dass er sich für einen bewaffneten Konflikt mit ihnen wappnen und seine Arabische Legion entsprechend in Stellung bringen müsse. Schiloa teilte Sati mit, Mosche Dajan habe dem Nachrichtendienst Abdallahs Informationen über einen Plan der Ägypter zugespielt, den Winterpalast des Königs und die Kasernen der Legion zu bombardieren und die Aktion als israelischen Angriff zu tarnen. Unterdessen sorgte Sasson dafür, dass in einigen Beiruter und Damaszener Zeitungen Meldungen über die zwischen Israel und Abdallah verabredete Teilung Palästinas sowie über Abdallahs großsyrisches Projekt erschienen, während Dajan al-Tal versicherte, Israel werde nichts unternehmen, wenn Transjordanien in Syrien einmarschiere.[83]

Die von Sasson und Dajan in Umlauf gesetzten Gerüchte trugen das ihre zu dem Staatsstreich vom März 1949 in Syrien bei, nach

82· DFPI, Bd. 3. Dok. 181, S. 331 f. 14. Dez. 1948

83· Walter Eytan hatte in seinem Bericht an Scharett über die Gespräche mit Abdallah al-Tal - der ihn und Mosche Dajan am 31. März 1949 zu Waffenstillstandsverhandlungen in die Residenz von König Abdallah chauffierte - die folgende Geschichte zu erzählen: »Er fragte, wie wir uns dazu stellen würden, wenn der König auf Damaskus marschieren würde, und deutete an, unsere Luftwaffe könne eine nützliche Rolle spielen. Nichts wäre leichter, als unsere Flugzeuge mit den Farben und Hoheitszeichen von Transjordanien zu bemalen. [...] Er könne uns in zwei bis drei Tagen sagen, ob der König seine Pläne auszuführen gedenke. Diese sahen die Vereinigung Syriens und Transjordaniens unter einer einzigen Regierung vor, deren Sitz sich in Damaskus befinden würde. [...] Er hoffte, er sei mit dem Gros seiner Truppen anderswo gebunden, und fragte rundheraus, wie wir uns dazu stellen würden, worauf wir antworteten, dass wir nicht eingreifen würden.« Siehe DFPI, Bd. 3, Dok. 267. S. 500

dem Syrien unverzüglich in Waffenstillstandsverhandlungen mit Israel eintrat. Der wichtigste Aspekt war jedoch der, dass Israel, indem es die hochfliegenden Hoffnungen Abdallahs noch einmal schürte, ihm sein militärisches Trittbrett, die West Bank, unter den Füßen wegziehen konnte. Als Walter Eytan und Dajan in die Waffenstillstandsverhandlungen mit Abdallah gingen, baten sie Sasson, »unsere Opposition gegen seine großsyrischen Pläne nicht zu erwähnen«.[84] Wie es scheint, gelang es ihnen, Abdallah vollkommen einzuwickeln. Bei der zweiten Verhandlungsrunde mit ihm in seinem Winterpalast in Schuna Anfang 1949 kam es zu dem folgenden von Scharett überlieferten Gespräch über die Zukunft Syriens, wo Oberst Husni al-Zaim soeben seinen Staatsstreich unternommen hatte:

> Ich erklärte, dass wir gerne unsere Haltung in der syrischen Frage mit der ihren abstimmen würden, da sie in unseren Augen der entscheidende Faktor in unseren Beziehungen zu unseren Nachbarn seien, während Syrien unwichtig sei. Das Gesicht Abdallahs verriet seine Genugtuung, als er sich zu seinem Premierminister umwandte. Tawfiq Pascha sagte, man wolle abwarten, wie die Dinge sich in Syrien weiterentwickelten [...] »Der Mann, der die Macht übernommen hat, muss die Vertrauensprobe bei seinem Volk bestehen [...]« Ich sagte: »Sie verlegen sich also auf eine Position der Vorsicht und des Abwartens?«, und sie sagten: »Ja.« Ich: »Was ist Ihre Einstellung zu Syrien als Staat? Sollte es in seinen jetzigen Grenzen erhalten bleiben?« Der König erhob sich und erklärte mit großer Feierlichkeit: »Sie meinen die Idee eines großsyrischen Reiches? Das ist eines der Grundprinzipien der arabischen

84· DFPI, Bd.2, Dok. 498, S. 579 ff, 19. April 1949. Sasson glaubte fälschlicherweise, Abdallah und Großbritannien hätten beim Staatsstreich von Husni al-Zaim Pate gestanden, mit dem Ziel, einen großsyrischen Staat zu schaffen, und war ferner der Meinung, die Anerkennung Zaims durch Israel werde Ägypten, den Irak und den Libanon veranlassen, Bündnis- und Schutzverträge mit England abzuschließen. Er regte an, Israel solle Waffenstillstandsverhandlungen mit Zaim ablehnen und statt dessen versuchen, mit Ägypten, Saudi-Arabien und dem Libanon eine gemeinsame Front gegen die »syrisch-jordanisch-britische Achse« zu bilden. Siehe auch DFPI, Bd. 2, Dok. 475, S. 547-550, 4. April 1949

Erhebung, dem ich mein ganzes Leben geweiht habe.«[85]

Für die Taktik, Abdallah wegen Syrien in falschen Hoffnungen zu wiegen, sprach sich nachdrücklich auch der israelische Stabschef Yigael Yadin aus. Im Rahmen eines Meinungsaustauschs zwischen dem Außen- und dem Verteidigungsministerium berichtete Yadin am 12. April 1949: »Abdallah ist an Großsyrien stärker interessiert als an Palästina. Das hat er mit der Muttermilch eingesogen, das ist sein politisches und militärisches Credo, für das er notfalls bereit ist, alle Palästinenser zu verkaufen. Wir müssen wissen, wie wir diese Karte spielen müssen, um unser Ziel zu erreichen. [...] Wir sollten den Plan eines großsyrischen Reiches nicht unterstützen, sollten aber Abdallah auf dieses Gleis setzen.«[86]

Im Juli 1951 wurde Abdallah von einem Palästinenser ermordet. Nach allgemeiner Einschätzung - und auch nach offizieller Darstellung - war dieser Mordanschlag die Hauptursache für den Abbruch der Friedensverhandlungen zwischen Israel und Jordanien; die Verantwortung dafür wurde ganz den fanatischen Anhängern des Muftis zugeschrieben, für die die Vernichtung Israels und die Verhinderung eines Friedensschlusses geheiligte Ziele waren. Die Wahrheit ist, wie so oft, komplizierter: Der Friede zwischen Israel und Jordanien war längst beendet, als Abdallah starb.

Im Dezember 1948, nachdem man auf der Konferenz von Jericho für eine Angliederung der West Bank an Transjordanien plädiert hatte, war Abdallah bereit, einen Friedensvertrag mit Israel auszuhandeln, selbst um den Preis eines völligen Bruchs mit der Arabischen Liga. Als unverzichtbare Bedingung nannte er, dass die Israelis ihm Jaffa, Ramla, Lydda, Bet Schean, Ost-Jerusalem, die arabischen Teile des neuen Jerusalem, die von den irakischen Streitkräften kontrollierten arabischen Gebiete und den Küstenstreifen zwischen Gaza und der ägyptischen Grenze abtraten und ihm den

85- ISA A/13/2408

86- Protokoll der Konsultationsgespräche, ISA 2447/3, S. 11

freien Zugang zu diesem Gebiet garantierten.[87] Er war entschlossen, sich auf eigene Faust mit Israel zu arrangieren, und bestritt Ägypten und Syrien jedes Recht, sich einzumischen. Er drängte sogar Israel, den Ägyptern auf keinen Fall Gaza abzutreten.[88]

Am 30. Januar 1949 empfing Abdallah in seinem Palast Sasson und Dajan und teilte ihnen mit, er wolle nach Abschluss des Waffenstillstands unverzüglich in Verhandlungen über ein Friedensabkommen eintreten. Er wünsche ferner, dass die Verhandlungen nicht in Rhodos, sondern in Jerusalem stattfänden; er wolle direkt verhandeln und nicht über UN-Vermittler, und er wolle es offen tun und nicht geheim. Er versicherte den beiden, er habe die Unterstützung des Irak, der seine Truppen gerne von der West Bank zurückziehen würde, und Großbritanniens (das Israel einen Tag vor diesem Treffen anerkannt hatte). Der britisch-transjordanische Vertrag von 1946 war 1948 erneuert worden und sah trotz einiger Modifikationen weiterhin britische Finanzhilfe für Abdallah als Entgelt für strategische Zusammenarbeit vor.

Israel hatte es mit Friedensverhandlungen jedoch nicht eilig. Zum einen glaubten die Israelis, in Abdallahs Forderung nach einem gesicherten Zugang zum Gazastreifen einen Ausdruck britischer Interessen zu sehen. Abgesehen davon, wollten die Israelis erst einmal ihre Waffenstillstandsverträge mit Ägypten, dem Libanon und Syrien unter Dach und Fach bringen, um anschließend aus einer Position der Stärke heraus mit Abdallah verhandeln zu können. Und es gab noch einige Dinge zu vollenden, nämlich Elat zu erobern und die Straße nach Jerusalem fertigzubauen; beides war den Israelis wichtiger, als mit Abdallah Frieden zu schließen. Scharett suchte also nach Mitteln und Wegen, die Verhandlungen hinauszuzögern.[89]

Kaum hatten die Israelis am 28. Februar 1949 das Waffenstillstandsabkommen mit Ägypten unterzeichnet, da schlugen sie Ab-

87· Unterredung Schiloas und Dajans mit al-Tal, DFPI, Dok. 184. 6. Jan. 1949, S. 340-343

88· Scharett an Epstein über Treffen Sassons und Dajans mit König Abdallah, ibid., Bd. 3, Dok. 185, S. 343

89· Ibid., 28, Feb. 1949, Dok. 197, S. 358 ff

dallah gegenüber plötzlich ganz andere Töne an. Die nach Transjordanien entsandten Unterhändler erhielten Anweisung, sich kompromißlos zu geben: auf radikalen Veränderungen im Arabischen Dreieck, dem Abzug der Arabischen Legion aus dem Negev, dem unbehinderten Zugang zur Klagemauer und zum Skopusberg zu bestehen sowie die Kontrolle über die Eisenbahnstrecke nach Jerusalem zu verlangen und die Herrschaft Transjordaniens über die West Bank nicht anzuerkennen.[90] Diese Taktik war ein Vorspiel zu den militärischen Aktionen vom 5. bis 10. März 1949, als Israel Elat und das Westufer des Toten Meers zwischen Sodom und Eir Gedi eroberte. Abdallah forderte seine israelischen »Freunde« vergebens auf, diese Offensive abzubrechen, eine Feuerpause zu vereinbaren und über die anteilige Besetzung des Negev zu verhandeln; obwohl dieser Appell keine Resonanz fand, zog sich das Tausend-Mann-Kontingent der Arabischen Legion, das die Straße nach Elat blokkiert hielt, zurück. Israel erklärte, seine Truppen hätten kein transjordanisches Territorium betreten, und deshalb hätte ihr Vorgehen Transjordanien auch nicht zu interessieren.[91]

Während die Waffenstillstandsverhandlungen noch andauerten, verdüsterte sich die Lage. Das Ansinnen Abdallahs, die irakischen Truppen nach Hause zu beordern und sie durch Verbände der Arabischen Legion zu ersetzen, gefiel den Israelis so wenig, dass sie für diesen Fall mit der Besetzung der von den Irakis geräumten Gebiete drohten. Daraufhin bekam Abdallah es mit der Angst und wollte nun um jeden Preis zu einem VertragsAbschluss kommen. Am 18. Juli 1948 erklärte er, seine Armee sei die einzige, die von den Israelis keine vernichtende Niederlage habe einstecken müssen, sondern im Gegenteil beträchtliche Gebiete erobert habe. Im Falle neuer Zusammenstöße mit der israelischen Armee, die der Legion zahlenmäßig fast im Verhältnis zehn zu eins überlegen war, drohte jedoch all das bisher Gewonnene wieder verlorenzugehen. Bei den Verhandlungen

90· Ibid.

91· Scharett an König Abdallah, 11. März 1948, ibid., Bd. 3, Dok. 215, S. 384 f

Ende März in Schuna erklärte Abdallah sich bereit, dreißig Dörfer im und südöstlich des Wadi Ara (zwischen Tel Aviv und Haifa) an Israel abzutreten. Er bat aber darum, diese Vereinbarung vertraulich zu behandeln und aus Image-Gründen eine Pro-Forma-Klausel in das Abkommen aufzunehmen, die besagte, dass Israel Transjordanien im Gegenzug an anderer Stelle vergleichbare Gebiete abtreten werde, wobei aber zwischen den Vertragspartnern klar sein solle, dass eine solche Gebietsabtretung in der Realität nicht stattfinden werde.

Diese Übereinkunft stieß auf geharnischten Protest in der transjordanischen Regierung, zu der mittlerweile eine Reihe von Palästinensern gehörten, deren Hab und Gut sich die israelische Armee bemächtigt hatte. Abdallah al-Tal trat zurück und verließ das Land, und etliche Minister, darunter der Premierminister, versagten dem König in dieser Sache jede weitere Zusammenarbeit. Sie erklärten, wenn nicht die Demarkationslinien neu gezogen und wenn nicht unverzüglich nach Unterzeichnung des Waffenstillstandsvertrags (der keine endgültigen Ansprüche und Grenzverläufe festlegen sollte) Friedensverhandlungen aufgenommen würden, würde die jordanische Regierung zusammenbrechen. Einige seiner Berater drängten Abdallah, mit Ägypten zusammenzuarbeiten und die palästinensische Regierung des Muftis in Gaza anzuerkennen. (Am 22. September 1948 unter ägyptischer Schirmherrschaft eingesetzt, wurde sie von den meisten arabischen Staaten als legitime Vertretung der Palästinenser anerkannt.)[92]

Mittlerweile herrschten in Transjordanien ganz andere demographische Verhältnisse als noch ein Jahr zuvor. Der Krieg und die Besetzung brachten es mit sich, dass Angehörige der politisch, wirtschaftlich und kulturell gebildeten palästinensischen Stadtbevölkerung von Jerusalem, Nablus, Hebron und Jericho nach Transjordanien gekommen waren, dazu zahlreiche Flüchtlinge aus Lydda und Ramla. Diese Zuwanderer, die die ursprüngliche Beduinenbevöl-

92- Sasson über seine Unterredung mit Abd al-Ghani al-Karmi, DFPI, Bd. 2, Dok. 126, S. 161 ff, 10. Nov. 1948

kerung an Zahl bald um das Doppelte übertrafen, schwächten die Position Abdallahs, und seine Zusammenarbeit mit Israel stieß bei den materiell und politisch enteigneten Palästinensern auf heftige Opposition. Durch die Vertreibung der Einwohner von Lydda und Ramla wurde der Nimbus Abdallahs als Schutzherr der Palästinenser so gründlich zerstört, dass ihm keine andere Wahl blieb, als bei Friedensverhandlungen kategorisch die Rückgabe dieser Städte in arabische Verfügungsgewalt oder aber zumindest die ungehinderte Rückkehr der geflohenen Bewohner zu fordern. Ungeachtet der Zwänge, unter denen er stand, legte Abdallah sich mächtig ins Zeug, um seine Regierung zum Nachgeben gegenüber den Forderungen Israels zu bewegen. Noch immer hoffte er auf israelische Unterstützung für die Verwirklichung seines großsyrischen Plans. Seine jüngste Unterredung mit Scharett in Schuna hatte ihm den Eindruck vermittelt, dass dieses Projekt noch immer auf der Tagesordnung stand.

Nachdem das in Schuna ausgehandelne Waffenstillstandsabkommen in Rhodos unterzeichnet worden war, drängte Abdallah weiterhin auf einen verbindlichen Friedensvertrag, der ihm für seine syrischen Ambitionen den Rücken freimachen würde.[93] Seine Forderungen und Bedingungen hatte er mittlerweile ein wenig zurückgeschraubt, doch beharrte er nach wie vor auf einer annehmbaren Regelung für die Bewohner von Ramla und auf die Einrichtung eines internationalen Korridors von Ramla nach Jerusalem und von Hebron nach Gaza.[94] Allein, Israel war unter keinen Umständen bereit,

93· Siehe ibid., Dok. 267, S. 498 f; siehe auch den Bericht des israelischen Gouverneurs für den Bezirk Jerusalem, A. Biran, vom 31. Oktober 1949 an Scharett, ISA A I I 3/2408: »Abdallah erzählt jedem, dass Jordanien und die West Bank Bestandteil eines von ihm regierten Großsyrien werden müssten. Die Vereinigung mit dem Irak werde später folgen. Die palästinensischen Araber haben dabei wenig mitzureden. [...] Er träumt noch immer von einer islamischen Präsenz [...] in Damaskus und wünscht sich daher eine Vereinbarung mit Israel.«

94· Unter dem Druck der Flüchtlinge forderte Abdallah Entschädigung für Grundeigentümer, die Rückkehr der Flüchtlinge, damit sie ihren Boden bebauen konnten, und wenigstens die Erlaubnis für die aus dem Dreieck geflüchteten Bauern, ihre Felder zu bestellen. (Das Dreieck war kraft der Waffenstillstandsvereinbarungen an Israel gefallen.) Diese Forderungen waren für Israel unannehmbar, das im Gegenzug Latrun, freien Zugang zum Skopus-Berg, die Kontrolle über die nach Jerusalem führende Bahnlinie, freien Zugang zur Klagemauer und anderes mehr forderte.

irgendwelche Rechte der Geflohenen anzuerkennen. Was den freien Zugang nach Gaza betraf, so war der Korridor, den die Israelis Abdallah anboten, um ein Mehrfaches schmaler als der, den der König aus strategischen und handelspolitischen Gründen gefordert hatte.

Am 20. Februar 1950 schlug Abdallah den Abschluss eines fünfjährigen Nichtangriffspakts vor, verbunden mit beiderseitigen Zusagen, den Frieden zu bewahren, den Status Jerusalems als »Niemandsland« zu beenden, Gespräche über die Zukunft Jerusalems im allgemeinen zu führen, enteignete Bürger in Jerusalem finanziell zu entschädigen und arabische Grundbesitzer das Recht zum Betreten ihres in Israel gelegenen Grund und Bodens einzuräumen; außerdem sollte Jordanien an der israelischen Mittelmeerküste einen Hafen auf eigenem Hoheitsgebiet unterhalten dürfen und im bestehenden Hafen von Haifa in den Genuß einer Freihandelszone kommen. Eine gemischte Waffenstillstandskommission sollte gebildet werden und sich mit territorialen Problemen beschäftigen, mit dem Ziel, an die Stelle der bestehenden Demarkationslinien »zweckmäßigere Grenzen festzulegen«. Die Israelis hoben in ihren Gegenvorschlägen die Bedeutung der wirtschaftlichen und finanziellen Beziehungen hervor, die binnen drei Monaten auf eine formelle Grundlage gestellt werden sollten; sie vermieden aber die ausdrückliche Anerkennung eines Rechtsanspruchs der Flüchtlinge auf Entschädigung.[95] Was den vorgeschlagenen Nichtangriffspakt betraf, so bestanden die israelischen Unterhändler auf einer kürzeren Laufzeit und wollten sichergestellt sehen, dass während der Dauer des Pakts an der Herstellung normaler Wirtschafts-, Handels- und Kulturbeziehungen gearbeitet werde. Sie forderten des weiteren, dass die Waffenstillstandskommission durch eine Friedensvertragskommission ersetzt werde.

Diese Forderungen waren für die Jordanier nicht akzeptabel.

95· Israel fordert auch die Wiederinbetriebnahme der Palestine Electric Corporation und der Palestine Potash Ltd. sowie die Einsetzung einer israelisch-jordanischen Kommission, die einen Friedensvertragsentwurf erarbeiten sollte.

Schon vorher hatte sich der Zorn der arabischen Welt auf sie entladen, und jetzt mussten sie fürchten, endgültig als Verräter an der arabischen Sache gebrandmarkt zu werden. Die Verhandlungen wurden abgebrochen. Alle konkret anstehenden Probleme - Entschädigung für enteignete Vermögenswerte, Ansprüche auf Einkünfte aus Grund und Boden, Gebietsbereinigungen im Dreieck, um es landwirtschafüich nutzen zu können, und ein Korridor nach Gaza - blieben ungelöst und riefen wachsende Spannungen hervor. Am 28. Juni 1951 erklärte Abdallah in einer »sehr persönlichen und vertraulichen Unterredung« mit einem Mitglied der Palästina-Versöhnungskommission: »Ich weiß, dass meine Tage gezählt sind [...] und dass mein eigenes Volk mir mißtraut, wegen meiner Bemühungen um Frieden [und] weil sie argwöhnen, ich wolle einen Frieden ohne israelische Zugeständnisse machen. [...] Ohne deren Zugeständnisse bin ich verloren, bevor ich überhaupt angefangen habe.« Er deutete an, dass er und seine Regierung bereit seien, der Arabischen Liga zu trotzen, »aber unserem eigenen Volk können wir nicht trotzen. [...] Trotz der Arabischen Liga könnte ich auf die Unterstützung meines eigenen Volkes und auf die stillschweigende Billigung zumindest der Briten zählen, wenn ich einen Friedensvertrag mit dem Hinweis auf ein paar Zugeständnisse seitens der Juden rechtfertigen könnte.«[96]

Weniger als einen Monat später wurde Abdallah ermordet.

Wenn man all die komplexen Entwicklungen in dieser entscheidenden Phase des jüdisch-arabischen Konflikts betrachtet, gelangt man zu der paradoxen Schlußfolgerung, dass es sich dabei zwar militärisch um einen Krieg zwischen Arabern und Juden, politisch aber um einen Konflikt zwischen Arabern und Arabern handelt. Was bei diesem Krieg auf dem Spiel stand, war nicht die Existenz des jüdischen Staates, denn beide arabischen Lager waren bereit, sich unter bestimmten Bedingungen mit dieser neuen Realität abzufinden. Der zentrale Punkt, um den es ging, war vielmehr das Verhältnis

96- Siehe FRUS, 1951

der arabischen Welt zu den großen Mächten, die von außen in den Nahen Osten hineinregierten. Die eine Seite bemühte sich um die Errichtung eines arabischen Königreichs unter britischer Schirmherrschaft, die andere strebte die wirtschaftliche und politische Unabhängigkeit der arabischen Länder als Vorbedingung für eine gesamtarabische Einheit und einen gesamtarabischen Fortschritt an. Beide waren bereit, ein Bündnis mit Israel in Erwägung zu ziehen, sofern es ihren Bestrebungen förderlich gewesen wäre.

Die Zukunft des palästinensischen Volkes hing davon ab, wie diese Rivalität zu lösen war. Transjordanien wie Israel verfolgten eine Politik, durch die sie jede palästinensische Führung zunichte machen konnten, die sich um einen unabhängigen Staat bemühte. Israel ermunterte Abdallah dazu, sich bestimmte Teile Palästinas einzuverleiben und bei den Palästinensern die Stimmung zugunsten eines Anschlusses an Transjordanien zu schüren. Abdallah seinerseits ermunterte die Israelis dazu, die Ägypter aus dem Negev zu vertreiben, Gaza anzugreifen und die vom Mufti ausgerufene palästinensische Regierung auszuschalten. Im März 1950 ordnete Abdallah durch königlichen Erlaß die Streichung des Ausdrucks »Palästina« aus den Landkarten und seine Verbannung aus dem offiziellen Sprachgebrauch an; das Gebiet sollte hinfort nur noch »die West Bank des Haschemiten-Königreichs« genannt werden.[97]

Nachdem Israel und Transjordanien sich entschlossen hatten, Palästina mit Waffengewalt zwischen sich aufzuteilen, waren sie nicht mehr bereit, noch irgendwelche anderen provisorischen Lösungen in Betracht zu ziehen, die den Ausbruch eines ungezügelten Krieges hätten verhindern können. Sie lehnten den in letzter Minute, am 11. Mai, vorgelegten amerikanischen Waffenstillstandsvorschlag ab, der den Weg zu Verhandlungen und vielleicht zu einer allmählichen Verständigung hätte ebnen können.

Ägypten, Syrien und der Libanon waren, wie wir im nächsten

97· Zvi El-Peleg, *In the Political Storm*, Vortrag im Rahmen eines Seminars in Efal am 3. März 1963, Konferenz-Protokoll Nr. 36 (Yad Tabenkin 1983), S. 24

Kapitel sehen werden, bereit, auf den Waffenstillstandsvorschlag einzugehen. Die ablehnende Haltung Abdallahs vereitelte dies und provozierte die bewaffnete Intervention. Es muss jedoch hervorgehoben werden, dass die in Kairo und Damaskus ausgegebene Parole zum Einmarsch der arabischen Armeen in Palästina nicht auf die Vernichtung des jüdischen Staates abzielte. Es ging den Ägyptern und Syrern vielmehr darum, zu verhindern, dass Abdallah den arabischen Teil Palästinas annektierte und damit den ersten Schritt zur Verwirklichung seines von den Briten geförderten großsyrischen Plans tat.

Nicht einmal offizielle israelische Historiker haben es vermocht, die Augen vor der tiefen Kluft zu verschließen, die zwischen Abdallah und den anderen arabischen Führern klaffte. So wird in der Geschichte der Hagana beispielsweise eingeräumt, dass die arabischen Armeen sich weigerten, ihn als ihren Oberbefehlshaber anzuerkennen; gleichzeitig wird jedoch behauptet, die Entscheidung Syriens, Ägyptens und des Libanon, in Palästina einzumarschieren, rühre aus ihrer Befürchtung, Abdallah werde, nachdem der amerikanische Waffenstillstandsvorschlag am 11./12. Mai Schiffbruch erlitten hatte, das ganze Land besetzen. Diese Darstellung der Dinge ist höchst fehlerhaft. Die Arabische Legion war zwar eine Elitetruppe, aber sie zählte höchstens 5.000 Mann und verfügte weder über eine Luftwaffe noch über schwere Artillerie. Es war kaum damit zu rechnen, dass sie der 50.000 Mann starken, gut ausgerüsteten und gut ausgebildeten Hagana eine Niederlage würde beibringen können.[98] In Wirklichkeit befürchteten die arabischen Staaten, dass Abdallah im Zusammenspiel mit Israel versuchen würde, die ersten Schritte auf dem Weg zur Schaffung eines den Libanon und Syrien einschließenden Haschemiten-Königreichs zu tun. Aus dieser Befürchtung erklärt sich nicht nur die ägyptische Intervention - die hauptsächlich den Zweck verfolgte, die Pläne Abdallahs und seiner britischen Schirmherren zu vereiteln -, sondern auch die Logik des militärischen Vorgehens im ganzen. Die besten Truppenteile, fast die Hälfte

98· *Geschichte der Hagana*, S. 1359

der gesamten Invasionsstreitmacht, beteiligten sich nicht am Angriff auf Israel. Sie wurden in die arabischen Städte Beer Scheva, Hebron und Jerusalem entsandt, um zu verhindern, dass Abdallah sich in diesen für den palästinensischen Staat reservierten Gebieten festsetzen konnte. Der Rest der ägyptischen Streitmacht bewegte sich an der Mittelmeerküste entlang nordwärts Richtung Tel Aviv, ebenfalls ohne zunächst das von der UNO für den palästinensischen Staat vorgesehene Territorium zu verlassen.

Wie das militärische Zusammenspiel zwischen Abdallah und Israel funktionierte, läßt sich aus der Art und Weise ersehen, wie die ägyptischen Truppen am Ende zurückgeschlagen wurden. Israel startete an der südlichen Front zwei größere Offensiven; die erste, die »Operation Joav« vom 15. bis 20. Oktober 1948, machte den Weg in den Negev frei und zwang die Ägypter, das Küstengebiet nördlich von Gaza zu räumen und sich bis Aschdad zurückzuziehen, wobei ihr bestes Bataillon in Faluja eingeschlossen und belagert wurde. Die zweite Offensive, »Operation Horev«, dauerte vom 22. Dezember 1948 bis zum 7. Januar 1949 und führte dazu, dass die Ägypter sich aus dem gesamten Territorium Palästinas, mit Ausnahme des schmalen Gazastreifens - also auch aus Hebron, Bethlehem und Beer Scheva -, zurückziehen und in Waffenstillstandsverhandlungen einwilligen mussten, wenn sie die Eingeschlossenen von Faluja retten wollten. Diese beiden Operationen erforderten den Einsatz des größten Teils der israelischen Streitkräfte. Das bedeutete, dass die »schmale Taille« Israels, der mittlere Teil des Landes, weitgehend ungeschützt war und zur leichten Beute einer transjordanisch-irakischen Offensive hätte werden können. Israel wäre an seiner verwundbarsten Stelle getroffen und, wenn die Invasionstruppen bis zur Mittelmeerküste durchmarschiert wären, in zwei Teile geschnitten worden. Abdallah verzichtete nicht nur darauf, diese Chance zu nützen, sondern ließ seine israelischen Gesprächspartner ausdrücklich wissen, dass er die Ägypter besiegt und gedemütigt sehen wollte. Nachdem er mit seinen Truppen Hebron und Bethlehem besetzt hatte, ließ er als erstes die palästinensischen Freiwilligenverbände und ägyptischen Einheiten, die sich noch in der Gegend befanden, entwaffnen. Eine Woche nach Unterzeichnung des Waffenstillstands mit Ägypten konnte Israel Elat besetzen, ohne einen einzigen Schuß abfeuern zu müssen.

Ägypten hätte diese demütigende Niederlage vielleicht abwenden können, wenn es von einem britisch-transjordanischen Hilfsangebot Gebrauch gemacht hätte. Doch war es den Ägyptern offensichtlich lieber, einen Waffenstillstand mit Israel zu schließen, als sich in die militärische und wirtschaftliche Abhängigkeit von der Kolonialmacht zu begeben, deren Joch sie in so vielen und langen Kämpfen abzuschütteln versucht hatten. Und den triftigsten Beweis dafür, dass die ägyptische Invasion nicht in der Absicht erfolgte, den jungen jüdischen Staat zu vernichten, liefert meiner Ansicht nach die Tatsache, dass die Ägypter und ihre Mittelsmänner selbst noch während des Krieges Kontakt zu Israel hielten und Vorschläge für eine friedliche Beilegung des Konflikts übermittelten. So erbot sich beispielsweise der Syrer Husni al-Zaim, mit Ben Gurion über ein Friedensabkommen zu verhandeln, in dessen Rahmen Syrien sich verpflichtet hätte, 300.000 palästinensische Flüchtlinge aufzunehmen. Im folgenden Kapitel wird dieses Friedensangebot Gegenstand der Betrachtung sein.

FÜNFTER MYTHOS

Der arabische Einmarsch in Palästina am 15. Mai - unter Verstoß gegen die UN-Teilungsresolution - machte den Krieg von 1948 unausweichlich.

> »Die Weisheit Israels ist jetzt die Weisheit des Krieges, sonst nichts.«
>
> *David Ben Gurion am 8. Januar 1948*[1]

Kann es eine Geburt geben ohne vorhergehende Schwangerschaft? Eigentlich nicht, und doch ist es so gekommen.« Dieses Bild benützte der israelische Außenminister Mosche Scharett, als er wenige Monate nach besagter »Geburt« in New York eine Rede vor jüdischen Zuhörern hielt.[2] Was Scharett damit erläutern wollte, war die Diskrepanz zwischen dem von der UNO vorgeschlagenen Zeitplan für die praktische Verwirklichung ihrer Teilungsresolution vom 29. November 1947 - demzufolge der israelische Staat am 1. Oktober 1948 hätte proklamiert werden sollen - und der tatsächlichen Entwicklung in Palästina. Die letzten britischen Truppen zogen sich am 31. Juli aus Palästina zurück, einen Monat früher als im Zeitplan vorgesehen; das britische Mandat ging am 15. Mai zu Ende, zweieinhalb Monate vor dem von der UNO vorgeschlagenen Termin, und die israelische Staatsgründung wurde viereinhalb Monate früher als vorgesehen verkündet.

Was Scharett in seiner Rede zu erwähnen vergaß, war, dass die Verkürzung der geplanten Fristen das Ergebnis einer folgenschweren Wahl zwischen zwei Alternativen war: der friedlichen Verwirklichung der Teilungsresolution auf der einen, und der Lösung des Problems durch Krieg auf der anderen Seite. Die Wahl fiel auf den Krieg, aber erst nach heftigen Diskussionen innerhalb des Jischuw,

---

1- Rede vor dem Mapai-Zentralkomitee, 8. Jan. 1948

2- Siehe *Zionist Newsletter*, New York, Zionist Organization of North America, 21. Okt. 1948, S. 9

der Jewish Agency und auch des amerikanischen Judentums. Diese Diskussionen setzten ein, als die Regierung der Vereinigten Staaten am 19. März 1948 den Vorschlag unterbreitete, Juden wie Araber sollten alle militärischen Unternehmungen einstellen, eventuell geplante Staatsgründungsproklamationen verschieben und sich zu einer dreimonatigen Waffenruhe unter UN-Vormundschaft bereitfinden. Mitte April ließen die Amerikaner den Gedanken der UN-Vormundschaft fallen und konzentrierten sich auf ihre beiden ersten Vorschläge: die Waffenruhe und die Verschiebung der israelischen Staatsgründung. Die kontroverse Diskussion ging weiter und endete erst, nachdem Israel, ernste Warnungen des amerikanischen State Department in den Wind schlagend, seine Staatsgründung vollzogen hatte. Bezeichnenderweise waren die meisten arabischen Staaten bereit, die amerikanischen Vorschläge zu akzeptieren, es gelang ihnen aber nicht, auch Abdallah hierzu zu bewegen.

Ende April 1948 war die Teilung Palästinas bereits eine so gut wie vollendete Tatsache. Die jüdischen Streitkräfte hatten die diversen palästinensischen Kampfeinheiten in die Flucht geschlagen und kontrollierten einen Großteil der Gebiete, die die Vereinten Nationen dem jüdischen Staat zugewiesen hatten (mit Ausnahme des Negev), und einige, die nicht dazu gehörten. Die sogenannte Volksverwaltung, das provisorische Kabinett von Ben Gurion als unmittelbare Antwort auf die amerikanischen Waftenstillstandsvorschläge eingesetzt, hatte in allen jüdisch beherrschten Gebieten und teilweise auch in Jerusalem die Regierungsgewalt übernommen. Der Jischuw wartete, berauscht von den Siegen der Hagana gegen die palästinensischen Kämpfer, auf die Umwandlung der Volksverwaltung in eine provisorische Regierung. Unter diesen Vorzeichen war ein Waffenstillstandsabkommen zu diesem Zeitpunkt für die meisten Juden unvorstellbar, hätte es doch zweifellos bedeutet, dass man der Mehrheit der arabischen Flüchtlinge die Rückkehr hätte gestatten und die Hagana und die oppositionellen Untergrundorganisationen Irgun und LEHI hätte zwingen müssen, sich aus den für den Palästinenserstaat vorgesehenen Gebieten zurückzuziehen. Alles schien für die sofortige Proklamation des israelischen Staates zu sprechen.

Man konnte die Sache freilich noch unter einem anderen Blickwinkel betrachten. Wie bereits in der Einleitung betont, hat Nachum Goldmann stets behauptet, wenn Israel sich mit der Ausrufung des jüdischen Staates - eines Staates, der de facto ohnehin schon existierte - mehr Zeit gelassen hätte, wäre eine Verständigung mit den Arabern möglich gewesen. Dass diese Möglichkeit nicht genutzt wurde, lag insbesondere an Ben Gurion und Abdallah; beide wollten die Früchte ihres Geheimabkommens ernten, und keiner war bereit, Abstriche zu machen.

Der Staat Israel wurde also in einem kostspieligen, schrecklichen Krieg aus der Taufe gehoben, der rund 6.000 Juden (das war ungefähr ein Prozent der jüdischen Bevölkerung) das Leben kostete; weitere 15.000 wurden verwundet. Trotz des Sieges, den Israel am Ende davontrug, war dieser Krieg das traumatische Ereignis in der Geschichte des israelisch-arabischen Konflikts. Für die Araber bedeutete der Ausgang des Krieges, wie Goldmann später kommentierte, zwangsläufig eine schwere Erschütterung ihres nationalen Selbstgefühls, die in ihnen das überwältigende Verlangen weckte, die Scharte auszuwetzen; auf jüdischer Seite stand dem ein allzu naiver Glaube an die eigene Macht gegenüber, Tatsachen zu schaffen - im Gegensatz zu vergangenen Zeiten, die von ihrer Demutshaltung und Kompromißbereitschaft gekennzeichnet waren.[3] In einem Interview, das er 1974 gab, bekräftigte Goldmann rückblickend seine damals eingenommene Haltung, dass die militärische Intervention der arabischen Staaten sich hätte abwenden lassen, wenn man auf israelischer Seite den Zeitplan der Staatsgründung geändert hätte. In seinen Augen beging Israel mit der Proklamation seiner Unabhängigkeit am 14. Mai 1948 seine »Erbsünde«.[4]

3- Nachum Goldmann, *Sixty Years of Jewish Life. The Autobiography of Nachum Goldmann,* New York 1969, S. 288 ff

4- Goldmann, Interview mit Flapan, *Israel's Original Sin,* in: *New Outlook 17/19,* Nov.-Dez. 1974

Man sollte aus diesen kritischen Äußerungen nicht den Schluß ziehen, Goldmann und seine Anhänger in der zionistischen Bewegung und in Palästina seien gegen die Errichtung eines jüdischen Staates an sich gewesen. Goldmann, der nie an die Möglichkeit eines Zweivölkerstaates, aber auch nicht an die eines ganz Palästina umfassenden jüdischen Staates geglaubt hatte, war vielmehr stets einer der entschiedensten Befürworter eines jüdischen Staates in einem geteilten Palästina. Er war es, der im August 1946 die zionistische Führung zu einer klaren Entscheidung für »einen lebensfähigen jüdischen Staat in einem angemessenen Teil Palästinas« drängte, und er war auch der Unterhändler, den die Jewish Agency unverzüglich in die USA entsandte, damit er im Weißen Haus und im State Department Stimmung für diese Lösung mache.[5] Eine abweichende Meinung vertrat er lediglich, was den Zeitplan der Staatsgründung anging. Seiner Überzeugung nach hätte sich ein Krieg zwischen Juden und Arabern vermeiden oder zumindest hinauszögern lassen, wenn Israel sich mit der Ausrufung seiner Unabhängigkeit Zeit gelassen hätte. Was an Dokumenten in jüngster Zeit zugänglich geworden ist, scheint diese Einschätzung Goldmanns zu bestätigen.

Wie sahen die Ereignisse aus, die zu jener folgenschweren Unabhängigkeitserklärung führten? Sie hatten jedenfalls nicht nur mit der eisernen Entschlossenheit Ben Gurions zu tun, seine territorialen und demographischen Gewinne zu festigen, oder mit der ebenso festen Entschlossenheit Abdallahs, sich den arabischen Teil Palästinas anzueignen. Eine ausschlaggebende Rolle spielte auch die komplizierte Verzahnung der amerikanischen, sowjetischen und britischen Interessen in dem Gebiet. Die zahlreichen internen Rivalitäten und die rhetorischen Täuschungsmanöver aller Beteiligten machten die Sache nicht leichter.

Beunruhigt ob der Aussicht auf einen ungezügelten Krieg nach Abzug der britischen Mandatsmacht aus Palästina, begannen die

5· Flapan, *Zionism*, S 290 f; siehe auch Sitzungsprotokolle des Vorstands der Jewish Agency, Aug. 1946, Paris, CZA

Vereinigten Staaten Anfang 1948 vom Plan einer Teilung Palästinas abzurücken. Am 19. März forderte der amerikanische UNO-Botschafter Warren Austin den Sicherheitsrat auf, die Verwirklichung des Teilungsplans auszusetzen und statt dessen Palästina erst einmal unter UN-Treuhandschaft zu stellen; bei dieser zunächst »zeitlich unbegrenzten« Regelung sollte es bleiben, bis die politischen Führungen der Juden und der Araber sich auf eine künftige Staats- und Regierungsform einigen würden.[6] Von der UN-Teilungsresolution war in dem Treuhandschaftsvorschlag bezeichnenderweise nicht die Rede. Die Vereinigten Staaten unterbreiteten ferner offiziell den Vorschlag, in Palästina unverzüglich einen Waffenstillstand abzuschließen, unter der Bedingung, dass jegliche politische und militärische Aktivität vorläufig eingestellt werde. Das AHC und die Jewish Agency wurden aufgefordert, Vertreter zur UNO zu entsenden, die bevollmächtigt wären, mit dem Sicherheitsrat über die Waffenstillstandsbedingungen zu verhandeln. (Es scheint, als sei dieser Waffenstillstandsvorschlag im Kern ein taktisches Manöver mit dem Ziel gewesen, den Sicherheitsrat mit der Treuhandschaftsidee zu befassen.[7]

Es stellt sich hier naturgemäß die Frage, weshalb die Amerikaner, die sich noch drei Monate zuvor als die energischsten Befürworter der Teilung Palästinas hervorgetan hatten, jetzt, unmittelbar vor ihrer Verwirklichung, einen Rückzieher zu machen versuchten. Woher rührten die plötzlichen amerikanischen Zweifel an einem Plan, den die UN-Vollversammlung mit starker amerikanischer - und sowjetischer - Unterstützung beschlossen hatte? War das Mo-

---

6· Als Treuhänder sollte konkret der UN-Treuhandrat fungieren; die Richtlinien, nach denen er arbeiten sollte, wurden dem UN-Sicherheitsrat am 5. April 1948 von den USA vorgelegt. Wie es in der Vorlage hieß, sollte die Regelung »keine endgültigen Festlegungen bezüglich der Rechte, Ansprüche oder Rechtsstandpunkte der betroffenen Parteien oder bezüglich der Beschaffenheit einer späteren politischen Regelung« treffen. Fixiert werden sollten lediglich »spezifische Bestimmungen bezüglich Einwanderung und Landerwerb, auf einer noch in Konsultationen mit Vertretern der Juden und Araber und Palästina auszuhandelnden Grundlage; [die Treuhandschaft] sollte erlöschen, sobald eine Mehrheit der Mitglieder der beiden wichtigsten Bevölkerungsgruppen [...] sich auf einen Plan für die Regierung Palästinas geeinigt hat«. PDD, Nachbemerkung des Herausgebers, S. 606

7· Flapan, *Zionism*, S. 305

tiv nur die Abscheu vor einem drohenden Krieg?

Offiziell begründeten die USA ihre politische Kehrtwendung damit, dass eine vollständige Verwirklichung des Teilungsbeschlusses mit friedlichen Mitteln nicht mehr möglich sei. In Wirklichkeit beruhte die Wende jedoch weitgehend auf dem sich zunehmend verschärfenden Konflikt mit der UdSSR, der nach der kommunistischen Machtübernahme in der Tschechoslowakei einen Monat zuvor in ein qualitativ neues Stadium getreten war. Ein mögliches Fußfassen der Sowjets im Nahen Osten abzublocken, war zu einem vorrangigen, wenn nicht zum primären Anliegen der amerikanischen Nahostpolitik geworden. Das Außen- und das Verteidigungsministerium in Washington, die sich beide darum bemühten, ihren bestimmenden Einfluß in der Politik zurückzugewinnen, vertraten jetzt den Standpunkt, ein jüdischer Staat komme den amerikanischen Interessen in der Region nicht entgegen. Die diplomatischen Profis und die Militärstrategen befürchteten, durch ein weiteres Eintreten für die Teilung Palästinas könnten die USA bei den arabischen Staaten an Ansehen und Einfluß verlieren, was es den Sowjets leichter machen würde, an Boden zu gewinnen. Die amerikanischen Militärstützpunkte und Ölinvestitionen in der Region, beide von grundlegender Bedeutung für die von den USA finanzierte wirtschaftliche Erholung Europas, würden dadurch in Gefahr geraten.[8]

Den Amerikanern war klar, dass der britische Stern im Sinken begriffen war, nicht nur in Palästina, sondern auch in Ägypten, und sie nahmen sich vor, selbst das entstehende Vakuum zu füllen. Die arabischen Regimes mochten rückständig und korrupt sein, aber sie waren nach wie vor in ihrer Mehrzahl prowestlich.[9] Wie Christopher

8· David Golding, *United States Foreign Policy in Palestine and Israel* (Diss., Universität New York 1961), S. 260-264

9· *The Consequences of the Partition of Palestine*, Vertrauliche Denkschrift der CIA, 28. Nov. 1947; hier werden die Gefahren dargestellt, die eine Teilung des Landes für die amerikanischen Erdölinteressen herauf beschwören könnten; ferner heißt es, es sei wahrscheinlich, dass die Sowjets sich soziale Unruhen in den arabischen Ländern zunutze machen würden, um Fuß zu fassen und Agenten in der Region zu platzieren.

Sykes geschrieben hat: »Die Briten hatten schreckliche Angst, die von den Amerikanern geteilt wurde, dass ein Sieg des Zionismus gleichbedeutend mit einem sowjetischen Sieg im Osten sei.«[10]

Den Sowjets ging es ihrerseits darum, einen möglichst schnellen Abzug der Briten aus dem Nahen Osten zu erreichen, einen Keil zwischen England und die USA zu treiben, die halb oder ganz feudalen prowestlichen arabischen Regimes zu schwächen und, wenn möglich, selbst im Nahen Osten Fuß zu fassen; letzteres hofften sie dadurch zu erreichen, dass sie sich für einen dynamischen jüdischen Staat stark machten, der von einer in Osteuropa wurzelnden sozialistischen Bewegung beherrscht wurde.[11] Diese positive Haltung der Sowjets zu einem jüdischen Staat zeugte nicht etwa von einem radikalen Wandel in der sowjetischen Einstellung zum Zionismus, der nach sowjetischer Lesart vielmehr nach wie vor ein Werkzeug des britischen und amerikanischen Imperialismus und eine falsche Lösung des jüdischen Problems war. Der Zweite Weltkrieg hatte jedoch eine Lage geschaffen, in der die sowjetischen und die zionistischen Interessen sich überlappten. Den Sowjets war viel daran gelegen, dass sämtliche britischen Kolonialtruppen und Stützpunkte aus Nahost verschwanden, da sie diese Region als wichtig für ihre

---

10- Sykes, *Crossroads to Israel*, S. 424. An Belegen dafür, dass allseits eine Zunahme des sowjetischen Einflusses in der Region befürchtet wurde, herrscht kein Mangel. Der schwedische UNO-Botschafter Gunnar Hagglof glaubte, der amerikanische Treuhandschafts-Plan könne in den Vereinten Nationen eine Zweidrittelmehrheit erhalten und werde sich - wie immer man seine Vor- oder Nachteile aus zionistischer Sicht beurteilen mochte - ohne weiteres durchführen lassen, genauso wie es möglich sei. die Sowjetunion aus einer strategisch so wichtigen Zone wie Palästina herauszuhalten. »Einigen von Herrn Hagglofs Kollegen war von sehr hohen Stellen in Washington bedeutet worden, sie brächten den Marshall-Plan und das gesamte internationale Gleichgewicht in Gefahr, wenn sie weiterhin am UN-Teilungsplan in seiner bestehenden Form festhielten.« Siehe Bericht von Lionel Gelber, politischer Berater des New Yorker Büros der Jewish Agency, 8. April 1948, PDD, Dok. 350, S. 580. Enrique Rodriguez Fabregat, der Vertreter Uruguays bei den Vereinten Nationen, fällte ein hartes Urteil über die US-Position. Seiner Meinung nach war der Wandel in der Haltung der US-Regierung nicht einer einzigen Ursache zuzuschreiben, aber auch nicht einer Mischung ursächlicher Faktoren wie Erdölinteressen, Interesse an militärischen Stützpunkten oder einem diplomatischen Opportunismus. Die Ursache lag seiner Überzeugung nach vielmehr in dem im Zeichen der Möglichkeit eines Krieges gegen die Sowjetunion erneuerten englisch-amerikanischen Militärbündnis, dem beide »das jüdische Volk und seinen Staat kaltblütig zu opfern« bereit gewesen seien. Siehe Bericht von Carlos Gruenberg, politischer Berater der Jewish Agency bei den Vereinten Nationen, an Scharett.

11- Flapan, *Zionism*, S. 346, Anm. 3

eigene Sicherheit erachteten. In den Augen der Zionisten war die britische Politik das Haupthindernis, das einer vermehrten Einwanderung jüdischer Flüchtlinge nach Palästina - und damit indirekt auch der Schaffung eines jüdischen Staates - im Wege stand. Die Sowjets gelangten unter dem Eindruck des beharrlichen Kampfs des Jischuw gegen die britische Mandatsmacht zu dem Schluß, den Juden sei es eher als den korrupten und feudalen arabischen Regimes zuzutrauen, dass sie die Briten in die Flucht schlagen würden. Dies war der Hintergrund, vor dem Gromyko am 14. Mai 1947 seine Rede vor der UN-Vollversammlung hielt, in der er »die Bestrebungen der Juden, einen eigenen Staat zu errichten«, bejahte und damit den Weg für die massenhafte Einwanderung osteuropäischer Juden nach Palästina ebnete. Viele Juden sahen in der Aussage Gromykos eine neue Balfour-Deklaration, und in der Tat kann man die Bedeutung dieser Grundsatzerklärung kaum hoch genug veranschlagen. Ohne das geschlossene pro-israelische Auftreten des Ostblocks in der UN-Vollversammlung vom November 1947 hätte es sicherlich keine so massive Einwanderung militärisch ausgebildeter Juden und keine Lieferung von Flugzeugen, Artillerie, Mörsern und anderen wichtigen Waffen aus der Tschechoslowakei gegeben, und es wäre dem jungen jüdischen Staat wohl erheblich schwerer gefallen, gegen die arabischen Armeen siegreich zu bleiben.

Offensichtlich sahen die für die amerikanische Außenpolitik Verantwortlichen in dem Treuhandschaftsvorschlag ein Mittel, um ein Eindringen sowjetischer Truppen in Palästina zu verhindern. Die Amerikaner konnten sich zwar denken, dass die Sowjets ihnen ihren Schwenk übelnehmen würden, dennoch war ihnen ein heftiges Wortgefecht lieber als die Anwesenheit von zehntausend Sowjets in Palästina. Sie glaubten, es sei einfacher, die Sowjets herauszuhalten, wenn sie die Treuhandschaft durchsetzten, als wenn sie die Teilung erzwangen.[12]

Mosche Scharett verstand sehr gut, weshalb die Amerikaner nach der kommunistischen Machtübernahme in der Tschechoslo-

12- Memorandum von C. Ruffer, 20. März 1948, PDD, Dok. 290, S. 483

wakei im Februar 1948 ihre Politik geändert hatten. »Der Zusammenhang zwischen den Ereignissen in Prag und dem Abrücken der Amerikaner von der Resolution vom 29. November 1947 ist klar und direkt«, notierte er. »Ich bin sicher, die vereinten Kräfte des State Department, des Pentagon und der Ölgesellschaften hätten dem 29. November 1947 nicht einen solchen Schlag versetzen können, wie es die Sowjetisierung Prags getan hat.«[13] Tatsächlich ging unter den jüdischen Führern die handfeste Angst um, das Abrücken der Amerikaner vom UN-Teilungsplan könne unter Umständen einen großen Stein in den Weg der israelischen Staatsgründung legen. Auch Pablo de Azcarate, der Hauptsekretär der UN-Palästinakommission, die die Verwirklichung des Teilungsplans überwachen sollte, hielt die November-Resolution in diesem Augenblick für »tot und fast schon begraben«. Er hielt es für möglich, dass eine ein- oder zweijährige UN-Treuhandschaft zu einer »Beilegung des Problems durch jüdisch-arabische Verständigung« führen würde, und warnte seine jüdischen Freunde vor einer »kompromißlosen Ablehnung«, die sie »hoffnungslos ins Unrecht setzen« würde.[14]

Von der Befürchtung getrieben, in Washington werde der Widerstand gegen die Teilung Palästinas zunehmen, faßte die zionistische Führung den Entschluß, die Staatsgründung so schleunig wie möglich voranzutreiben. Man beschloß, in Palästina eine militärische und zugleich in den USA und in der UNO eine politisch-diplomatische Offensive zu starten, letztere mit dem Ziel, die Amerikaner von der Treuhandschaftsidee abzubringen. Am 10. März ließ die Hagana ihren sogenannten Plan D anlaufen, die großangelegte Offensive, in deren Verlauf die Israelis den größten Teil des Territoriums, das ihnen nach dem Teilungsplan zugedacht war, unter ihre Kontrolle brachten. Bei ihrer gleichzeitigen politischen Offensive argumentierten die jüdischen Führer damit, dass die Treuhandschaft ein sowjetisches Fußfassen eher erleichtern als verhindern würde. Ben Gurion

13. Mosche Scharett, *Das Tor der Nationen* (in hebräischer Sprache), Tel Aviv 1958, S. 237

14. Eytan an Scharett, 8. April 1948, PDD, Dok. 362, S. 583

wog die Vorteile und Risiken der beiden Alternativen sorgfältig ab. Auf der Habenseite verbuchte er, dass der amerikanische Waffenstillstands- und Treuhandschaftsvorschlag zu einem stillschweigenden Einverständnis der Araber mit der Teilung Palästinas führen konnte. In seinen Augen überwogen jedoch die negativen Gesichtspunkte: Ebensogut konnten die Amerikaner noch einen Schritt weitergehen und der Teilung endgültig eine Absage erteilen, wenn der arabische Widerstand anhielt. In jedem Fall würde eine Verzögerung den arabischen Staaten mehr Zeit für ihre Kriegsvorbereitungen verschaffen. Falls Ben Gurion hingegen den Vorschlag ablehnte, konnte dies unter Umständen den Israelis zum taktischen Vorteil gereichen. Man hatte schließlich die geheime Abmachung mit Abdallah, Palästina untereinander aufzuteilen und die vereinbarten Teilungsgrenzen nicht anzutasten: ferner konnte man sich einigermaßen auf die Uneinigkeit der Araber wie auch darauf verlassen, dass sie für den Krieg nicht gerüstet waren; und schließlich konnte man auf die sowjetische Bereitschaft zählen, eine umfangreiche jüdische Auswanderung sowie Waffenlieferungen aus Osteuropa zu tolerieren. Die Risiken, wenn man die Treuhandschaft und den Waffenstillstand ablehnte, durften nur nach den Chancen Israels bei einer militärischen Kraftprobe berechnet werden. Ben Gurion fiel die Wahl nicht schwer.

Schon am 20. März, nur einen Tag nachdem die Amerikaner ihren Vorschlag unterbreitet hatten, gab Ben Gurion eine scharfe Presseerklärung heraus, in der er behauptete, eine UN-Treuhandschaft würde den Vereinten Nationen größeren Abbruch tun als dem Jischuw. Sie würde, so Ben Gurion wörtlich, einer »Kapitulation vor dem Terrorismus arabischer Banden [gleichkommen], die vom britischen Außenministerium bewaffnet und unter seinem Schutz ins Land gelassen worden sind«. Was die Errichtung des jüdischen Staates betreffe, so beruhe sie nicht »auf der UN-Resolution vom 29. November - wenn auch diese Resolution von großem moralischen und politischen Nutzen war -, sondern auf unserer Fähigkeit hier in diesem Land mit Gewalt eine Entscheidung herbeizuführen.

Es wird ein aus unserer eigenen Stärke geborener Staat sein, auch jetzt noch. [...] Wir werden keiner Treuhandschaft zustimmen, sei sie vorübergehend oder dauerhaft, auch nicht für eine noch so kurze Zeitspanne. Wir werden das Joch der Fremdherrschaft nicht mehr akzeptieren, was auch immer geschieht.«[15] Unmittelbar danach rief Ben Gurion, in Übereinstimmung mit dem UN-Teilungsplan, den Provisorischen Regierungsrat des Staates Israel ins Leben.

Am 23. März verständigte Ben Gurion Mitglieder des UN-Sicherheitsrats sowie den Vorsitzenden der UN-Palästinakommission telegrafisch von der ablehnenden Haltung der Jewish Agency und des Jischuw-Nationalrats gegen jeden Vorschlag, der darauf abziele, die Errichtung eines jüdischen Staates zu verzögern. Man sei deshalb gegen eine Treuhandschaft, weil damit den Israelis der Anspruch auf nationale Selbständigkeit bestritten und Palästina weiter unter die Kontrolle eines ausländischen Militärregimes gestellt werde. Man fordere die sofortige Anerkennung des Provisorischen Regierungsrats durch die Palästinakommission. Einem Wunsch der amerikanischen Sektion der Jewish Agency folgend, hatte Ben Gurion noch einen Satz eingefügt, der die Aufforderung an die Beauftragten der arabischen Palästinenser und des jüdischen Staates enthielt, »ihre rechtmäßigen Plätze in den Organen der Regierung« einzunehmen - eine Einladung, die nicht ohne Ironie war, bedenkt man, dass zwei Wochen zuvor der Plan D der Hagana angelaufen war.[16]

Am 25. März übermittelte Scharett dem Vorsitzenden der UN-Palästinakommission die Namen der Mitglieder des Provisorischen Regierungsrats, der gemäß der Teilungsresolution am 1. April eingesetzt werden sollte. Er forderte die Kommission auf, mit dem Rat beim Aufbau einer Zentralverwaltung zusammenzuarbeiten (die in Gestalt der gewählten Amtsträger und Organe des Jischuw bereits existierte). Ralph Bunche, der Sekretär der Kommission, ließ sich weder von den Argumenten Scharetts überzeugen noch von dessen

15· Bar Zohar, *Ben Gurion*, S. 151

16· Ben Gurion an Scharett, 23. März 1948, PDD, Dok. 302, S. 493 f

Versuch, in diesem Punkt vollendete Tatsachen zu schaffen. Bunche teilte Scharett am 29. März mit, es sei vor Ablauf des britischen Mandats weder dem Provisorischen Regierungsrat noch der UN-Palästinakommission gestattet, ihre Funktionen auszuüben. Er wies ferner darauf hin, dass der Standpunkt, den die Araber gegenwärtig einnähmen, auf palästinensischer Seite einen Provisorischen Regierungsrat nicht zulasse. Da das Mandat demnächst ablaufe, werde die Kommission die Konsultationen mit der Jewish Agency und anderen jüdischen Gruppen fortsetzen.[17] Scharett hielt dagegen, es gebe keinen Grund, den Provisorischen Regierungsrat nicht schon ins Leben zu rufen, bevor er seine endgültigen Machtbefugnisse übernahm. Nur so könne die Entstehung eines Machtvakuums verhindert werden. Er versicherte Bunche indes, der Rat werde vor der Ankunft der UN-Kommission in Palästina keine Befugnisse ausüben.[18]

In den Wochen bis zum Mai 1948 wurden der UNO noch eine ganze Reihe von Vorschlägen unterbreitet. Selbst noch nachdem die Amerikaner sich entschlossen hatten, ihren Treuhandschafts- vom Waffenstillstandsvorschlag zu trennen, betrachteten viele der beteiligten Parteien die beiden Vorschläge bezeichnenderweise als zusammengehörig, manche, weil es unter dieser Voraussetzung leichter war, den Waffenstillstandsvorschlag abzulehnen, andere, weil sie glaubten, ein Waffenstillstand werde es den USA leichter machen, ihre Treuhandschaftsidee doch noch durchzusetzen.

Am 5. April wurde der Treuhandschaftsvorschlag der Amerikaner dem UN-Sicherheitsrat als formeller Antrag vorgelegt.[19] Vier Tage später traf sich Scharett zu einer Unterredung mit zwei hochrangigen amerikanischen Beamten, Dean Rusk von der amerikanischen UN-Vertretung und Robert Lovett, Staatssekretär im Außenministerium. Scharett behauptete, eine Treuhandschaftslösung werde den Einsatz einer internationalen Schutztruppe für ganz Palästina erforderlich

17· Ralph Bunche an Scharett, 29. März 1948, PDD, Dok. 326, S. 531-536

18· Scharett an Bunche, 31. März 1948, PDD, Dok. 329, S. 537-

19· PDD, Dok. 373 und Anhang, S. 608-621

machen, was wiederum für die USA selbst zwei Probleme aufwerfen werde: zum einen könne es so aussehen, als seien diese Truppen das Instrument, mit dem die Teilung Palästinas im Sinne der Juden vollzogen werde; in diesem Fall könne das Ganze wie ein antiarabisches Manöver aussehen. Zum zweiten könnten die Sowjets darauf bestehen, an einer solchen Schutztruppe beteiligt zu werden. Wenn man dagegen, beharrte Scharett, eine internationale Schutztruppe nur in und für Jerusalem einsetze, werde dies den Eindruck der Neutralität gegenüber den Arabern machen, und die Sowjets würden aus dem Spiel bleiben. Scharett hatte nach dem Gespräch das Gefühl, zumindest das State Department überzeugt zu haben, hatte doch Rusk seiner Einschätzung der Dinge zugestimmt.[20]

Die Sowjets dachten indes nicht daran, sich beiseite drängen zu lassen. Am 20. April startete Gromyko eine Gegenoffensive. »Die imperialistischen Interessen der Vereinigten Staaten und Großbritanniens weichen von den grundlegenden Interessen des jüdischen Volkes und des arabischen Volkes ab«, erklärte er vor den Vereinten Nationen. Es gebe, so behauptete er, »eine oder zwei Mächte«, die versuchten, »das Streben des Volkes von Palästina, insbesondere des jüdischen Volkes, nach selbständiger staatlicher Existenz zu vereiteln«. Die Vereinigte Staaten hätten vor, »Palästina zu einer militärstrategischen Basis für sich selbst auszubauen«, und die Briten trügen die Verantwortung für »die blutigen Ereignisse [...] in Palästina«.[21]

Auch von anderer Seite wurde der Treuhandschaftsvorschlag unter Beschuß genommen. Am 12. April äußerte sich die Jewish Agency dazu in einer langen und eingehenden Denkschrift, die zu dem Fazit gelangte, ein Vierteljahrhundert nach Ende der türkischen Fremdherrschaft seien sowohl die Juden als auch die Araber Palästinas reif dafür, dass sie sich selbst regierten. Es sei daher unrealistisch gewesen, nach der Teilungsresolution vom 29. November 1947 und angesichts der Bedeutung des 15. Mai 1948 - an dem das britische

20. PDD, Dok. 365, S. 593

21 Cohen, *Israel and the Arab World*, S. 386-390

Mandat ablaufen sollte - den Vorschlag einer Treuhandschaft ins Spiel zu bringen. Da die Vereinten Nationen im November 1947 die Juden Palästinas als ein für sofortige Unabhängigkeit fähiges Volk anerkannt hätten, verlange man ein halbes Jahr später von den gleichen Vereinten Nationen, dieselben Juden als eine Bevölkerungsminderheit in einem fremdverwalteten Territorium zu behandeln und sie für »unbegrenzte Dauer« unter Vormundschaft zu stellen. Nichts könne dem 29. November den Nimbus rauben, einer der bedeutungsvollsten Tage in der Geschichte des Judentums gewesen zu sein, denn von diesem Tag an habe die nationale Souveränität der Juden auf der Tagesordnung gestanden. Die provisorischen Organe des künftigen jüdischen Staates erfreuten sich schon jetzt einer vollen inneren Anerkennung und hätten damit »die wichtigste Nagelprobe unabhängiger Staatlichkeit« bestanden. Auf der arabischen Seite habe sich, so die Denkschrift weiter, »ein ähnlicher, wenn auch weniger bewusster und nicht so zentralisierter Prozeß vollzogen. In den zentralen Landesteilen üben die Invasionstruppen der Arabischen Liga (die Arabische Befreiungsarmee unter Qawukji) die volle zivile militärische Kontrolle aus. In anderen Regionen werden die örtlichen Verwaltungsorgane zunehmend unabhängiger von der Zentralregierung.« Die Denkschrift kam zu dem Schluß, dass »das Land sich unaufhaltsam auf die Teilung bei zunehmender Dezentralisierung zubewegt«. Der »Kern der Palästina-Frage« liege, so hieß es resümierend, »in der Notwendigkeit, nationale Selbstbestimmung nicht einem fiktiven Ganzen zu gewähren, sondern zwei getrennten Gruppen, von denen jede frei und souverän sein möchte und soll«.[22]

Auf ähnliche Opposition stieß der Treuhandschaftsvorschlag in arabischen Kreisen. Jamal al-Husaini vom AHC erklärte, die Araber hätten mittlerweile gelernt, Begriffen wie »Mandat« und »Treuhandschaft« zu mißtrauen, und seien entschlossen, sich nicht den »Launen der britischen Politik« auszuliefern. Eine »vorübergehende« Treuhandschaft von »unbestimmter Dauer« sei ein Widerspruch in sich

22· PDD, Dok. 373 und Anhang, S. 608-621

und nur geeignet, die Position der Zionisten zu stärken. Die Araber könnten einen Waffenstillstand nur in Erwägung ziehen, wenn die Amerikaner sich von der Idee einer Teilung Palästinas lossagten. Dies war jedoch nicht das letzte arabische Wort. Als Ende April der Zusammenbruch des militärischen Widerstands der Palästinenser offenkundig wurde und nach dem Massaker von Deir Jassin der Massenexodus der palästinensischen Bevölkerung einsetzte, begannen die arabischen Regierungen, ein emsthafteres Interesse an einem Waffenstillstand zu zeigen.[23]

Angesichts des Gegenwindes, der ihnen aus so vielen Richtungen entgegenblies - seitens der UdSSR, der Juden, der Araber, ja sogar einflußreicher Elemente innerhalb des US-Kongresses und des amerikanischen Zionismus -, verwarfen die Amerikaner ihren Treuhandschaftsvorschlag und konzentrierten ihr ganzes Augenmerk auf einen Waffenstillstand. In den Kreisen der jüdischen und arabischen Führer kursierte schon am 8. April ein informeller Vertragsentwurf. Nachdem die jüdische Seite heftigen Einspruch gegen eine in dem Entwurf erwähnte Präsenz von Truppen des Sicherheitsrats und gegen die Festsetzung von Obergrenzen für die jüdische Einwanderung eingelegt hatte, wurde eine verbesserte Version erarbeitet, in der diese Klauseln fehlten.[24] Die USA schlugen nunmehr vor, die »bestehenden arabischen und jüdischen Organe [das AHC und die Jewish Agency] anzuerkennen und ihnen für die Dauer des Waffenstillstands die Regierungsgewalt über die jeweils kontrollierten Gebiete zu belassen«. Der Waffenstillstand sollte mindestens drei Monate währen - wobei jede Seite das Recht hatte, ihn mit dreißigtägiger Frist zu kündigen; während seiner Dauer sollten »arabische

23. Warren Austin an Loy Henderson, 7. April 1948, US National Archives (USNA), State Department, 501 BB Palestine/14-948

24. Marshall an den amerikanischen Konsul in Jerusalem, 377, 9. Mai 1948, USNA, 501 BB Palestine/5-948. Bei seinem Frontalangriff auf den amerikanischen Treuhandschaftsplan am 20. April hatte Gromyko auch diesen Entwurf für einen Waffenstillstandsvertrag attackiert mit dem Argument, er nehme keine Rücksicht auf die Notwendigkeiten der jüdischen Einwanderung und lasse klare Worte gegen die »bewaffneten [arabischen] Banden, die in Palästina eingedrungen« seien, vermissen. Cohen, *Israel and the Arab World*, S. 386-390

oder jüdische Organe keine Schritte unternehmen, um einen souveränen Staat zu proklamieren«.[25]

Lovett vom State Department sicherte Goldmann zu, dieser vorgeschlagene Waffenstillstand werde zu einer Teilung Palästinas zunächst de facto und kurze Zeit später auch de jure führen.[26] In diesem Sinn erklärte auch der amerikanische Botschafter Austin am 3. Mai in einer Unterredung mit arabischen Führern, Präsident Truman sehe in der Teilung Palästinas eine für alle Beteiligten faire und zumutbare Lösung des Palästinaproblems.[27] Allein, Ben Gurion und viele andere aus der zionistischen Führung sahen keinen Unterschied zwischen dem neuen amerikanischen Waffenstillstandsvorschlag und dem vorausgegangenen vom 30. März, der noch an den mittlerweile fallengelassenen Treuhandschaftsplan gekoppelt gewesen war. Beide Vorschläge hatten in den Augen der zionistischen Führer den Nachteil eines gemeinsamen Nenners - sie würden zu einer Einfrierung und schließlich zur Aufhebung der UN-Teilungsresolution vom November 1947 führen. Genährt wurde das Mißtrauen der Zionisten dadurch, dass in den Reihen der amerikanischen Politiker keine Einigkeit herrschte: George Kennan und Loy Henderson vom State Department sahen in dem vorgeschlagenen Waffenstillstand in der Tat ein probates Mittel zur Verhinderung der Teilung, während andere, etwa Rusk, Lovett und Marshall, glaubten, er verbessere die Chancen für eine friedliche Verwirklichung des Teilungsplans.

Die Differenzen zwischen den beiden Gruppen beruhten auf ihrer unterschiedlichen Einschätzung der weiteren Entwicklung der englisch-amerikanischen Beziehungen vor dem Hintergrund des Kalten Krieges wie auch der künftigen Rolle Großbritanniens im Nahen Osten. Kennan und Henderson war daran gelegen, ei-

25· Flapan, *Zionism*, S. 306-311

26· Ibid., S. 312 f, Schilderung der Unterredung Goldmanns mit Lovett am 28. April 1948; siehe auch Akten Goldmann in CZA-Z6/17/18 sowie auch USNA 515 aus Jerusalem, 30. April 1948, USNA 501 Palestine/4-3048

27· USNA 554, 3. Mai 1948, USNA 501 BB Palestine/4-3048

nen englisch-amerikanischen Konflikt zu vermeiden, war doch zu diesem Zeitpunkt einzig Großbritannien von seinen politischen und militärischen Machtmitteln her in der Lage, die Sowjets am Vordringen im Nahen Osten zu hindern. Für die Amerikaner fiel ins Gewicht, dass Großbritannien noch Truppen in der Region stationiert hatte, waren doch die USA nicht im geringsten daran interessiert, eigene Truppen zu entsenden, solange diese in Europa noch gebraucht wurden. Solange der Waffenstillstand andauerte, würde es keine Teilung geben, und es blieb die Möglichkeit offen, irgendwann eine andere Lösung durchzusetzen. Marshall, Rusk und Lovett glaubten hingegen, eine zu starke Identifizierung der USA mit der Noch-Kolonialmacht Großbritannien könne zu einer Entfremdung zwischen Washington und den nach vorn drängenden arabisch-nationalistischen Bewegungen führen, den amerikanischen Einfluß untergraben und den amerikanischen Interessen in Nahost Abbruch tun. In diesem Sinne versuchten sie, die Briten zur Zusammenarbeit mit der UN-Palästinakommission zu drängen, die dazu bestellt worden war, die Verwirklichung der Teilung zu überwachen. Sie glaubten, wenn die Juden ihre Unabhängigkeitserklärung trotz Ablauf des britischen Mandats zunächst einmal aufschoben, würde durch einen Waffenstillstand mehr Zeit gewonnen, um die Araber langsam dazu zu bringen, dass sie die Teilung Palästinas hinnahmen.

Ein Ereignis, das selbst skeptische Beteiligte dazu brachte, sich um einen Waffenstillstand zu bemühen, war das Massaker von Deir Jassin, das Wogen des Schocks in der ganzen Welt hervorrief. Die politisch Verantwortlichen der USA, der Vereinten Nationen und der arabischen Staaten wie auch etliche jüdische Führer waren sehr betroffen, und viele befürchteten, ein schreckliches Blutvergießen stehe bevor, wenn man es wegen der Teilung Palästinas auf einen arabisch-israelischen Krieg ankommen lasse. Diese Befürchtung war für viele jüdische Führer Grund genug, sich den Bemühungen des State Department um einen Waffenstillstand anzuschließen. So bat etwa Charles Fahy, ein Beauftragter des American Zionist Emergency Council, das sich bis dahin wie die Jewish Agency gegen den Treuhandschaftsplan gewandt hatte, nunmehr die Agency, die Meinung des State Department zu berücksichtigen, »wenn kein Waffenstillstand zustande kommt, [könnte] dies die jüdische Bevölkerung Palästinas in große Gefahr bringen« und »das daraus resultierende Blutvergießen [könnte] eine Kettenreaktion hervorrufen, die zu schweren inneren und internationalen Problemen für die Vereinigten Staaten führen« könnte.[28]

Das amerikanische Drängen auf einen Waffenstillstand war von größerer Wirkung, als der Treuhandschaftsplan erst einmal vom Tisch war. Am 15. April unterbreitete der Präsident des UN-Sicherheitsrats, Alfonso Lopez, im Namen Kolumbiens einen Waffenstillstandsvorschlag, der erhebliche Unterschiede zu dem ursprünglichen Vorschlag der Amerikaner aufwies. Von einer Treuhandschaft war in ihm nicht mehr die Rede, dafür enthielt er die Forderung nach einem sofortigen Ende aller gewalttätigen, terroristischen und Sabotageakte; nicht nur bewaffnete Personen und Banden, sondern auch Personen im wehrfähigen Alter sollten am Betreten Palästinas gehindert werden. Auf Wunsch der USA wurde ein Paragraph eingefügt, der die Einreise »kampffähiger Personen und Gruppen« untersagte (was sich auch auf wehrfähige jüdische Einwanderer beziehen konnte), und schon zwei Tage später billigte der Sicherheitsrat den Vorschlag. Ägypten stimmte dafür, Syrien signalisierte ebenfalls seine Zustimmung, unter der Bedingung, dass der jüdischen Einwanderung Einhalt geboten würde.

Nun lag es an Scharett, das Beste aus der schwindenden Unterstützung der USA für den Teilungsplan zu machen. Er war in der schwierigen Lage, einerseits einem sich rasch vollziehenden Stimmungsumschwung in den Vereinten Nationen gerecht werden, andererseits das Image Israels als eines friedliebenden und versöhnlichen Volkes aufrechterhalten zu müssen. Bei all dem musste er sich nach den Wünschen und Anweisungen Ben Gurions richten.

28· Charles Fahy an Abba Hillel Silver, 10. April 1948, PDD, Dok. 370, S. 603 f

Scharett ging in seiner Rede vor dem Sicherheitsrat am 15. April auf den kolumbianischen Vorschlag ein. Die jüdischen Einwanderer kämen, so betonte er zunächst, aufgrund eines international anerkannten Rechtsanspruchs nach Palästina. Er bekräftigte seine Überzeugung, dass die UN-Teilungsresolution voll gültig war, und er warnte den Sicherheitsrat, dass die Invasion fremder Truppen das eigentliche Problem für Palästina sei, da die arabischen Angreifer sich anschickten, das ganze Land zu besetzen.[29] Zugleich übersah er nicht die internationale öffentliche Meinung, und er hatte schon Ben Gurion telegrafiert, er solle die Waffenstillstandsverhandlungen fortsetzen, jedwede demonstrativen Handlungen und Äußerungen unterlassen und jegliche Vorbereitungen zur gewaltsamen Übernahme bestimmter Gebiete geheimhalten.[30]

Ben Gurion wandte sich entschieden gegen jede Art von Waffenstillstand. Als der britische Hochkommissar am 10. April Vorschläge unterbreitete, in deren Mittelpunkt die Verabredung einer Feuerpause in Jerusalem stand, ließ Ben Gurion ihn und zugleich per Kabel Scharett wissen: »Falls die Araber Feuerpause einlegen, werden wir ebenso handeln, [...] falls im ganzen Land Feuer eingestellt wird, werden natürlich auch wir nicht mehr schießen.« Er fügte allerdings hinzu: »Das bedeutet nicht, dass wir die vorgeschlagenen Waffenstillstandsbedingungen akzeptieren.«[31] Scharett beeilte sich, den Inhalt dieser Depesche an den Vorsitzenden des UN-Sicherheitsrats weiterzugeben, ließ dabei aber den letzten Satz weg.[32]

Nachdem Scharett in seiner UN-Rede Kritik an den amerikanischen Änderungsanträgen zum Waffenstillstandsvorschlag der Kolumbianer geübt hatte, gratulierte Ben Gurion ihm zu seinem glänzenden Auftritt, setzte aber einschränkend hinzu, für das weitere Schicksal Israels sei das, was auf diplomatischer Ebene gesche-

29- Rede Scharetts vor dem Sicherheitsrat, 15. April 1948, ibid., Dok. 382, S. 634-639

30- Ibid., Dok. 372, 11. April 1948, S. 605

31- Ibid., Dok. 396, S. 654

32- Zu dieser Auslassung siehe PDD, Dok. 396, S. 654, Anm. 3

hen sei, weniger wichtig als die Frage, ob und wann das Land mehr Waffen und Rüstungsgüter bekommen werde.[33] Jetzt, da die jüdischen Streitkräfte auf dem Weg nach Jerusalem von Sieg zu Sieg eilten und im Gebiet um Mischmar Haemek auch gegen Qawukji die besseren Karten hätten, komme es entscheidend darauf an, dass die britischen Truppen und die Arabische Legion weiterhin nicht in die Kämpfe eingriffen. Scharett antwortete offensichtlich gekränkt, er habe die Waffenstillstandsverhandlungen nicht geführt, um dadurch einen Zeitgewinn und ein Alibi für jüdische Verstöße gegen das Vereinbarte zu erlangen, sondern habe sich redlich um einen echten Waffenstillstand bemüht, den auch das jüdische Lager seiner Überzeugung nach dringend nötig hatte.[34]

Doch Ben Gurion weigerte sich weiterhin hartnäckig, einen Unterschied zwischen Treuhandschaft und Waffenstillstand zu machen. Gleichwohl akzeptierte er Scharetts taktische Marschroute, die auch vom Vorstand der Jewish Agency gebilligt worden war: die Verhandlungen weiter in Gang zu halten, zugleich aber leidenschaftlich gegen jeden Waffenstillstandsvorschlag zu Felde zu ziehen, der Einschränkungen für jüdische Einwanderer oder eine Verlängerung des britischen Mandats beinhaltete.[35] Ben Gurion entschied sich für diese Taktik vermutlich nicht zuletzt deshalb, weil er erfahren hatte, dass die Briten größeres Interesse an der praktischen Umsetzung des Geheimabkommens zwischen der Jewish Agency und Abdallah hatten als an einem Waffenstillstand oder einer Treuhandschaft - selbst auf das Risiko einer begrenzten militärischen Auseinandersetzung hin.[36]

33- Ibid., Dok. 388, 16. April 1948, S. 647 f

34- Ibid., Dok. 394, 19. April 1948, S. 653

35- Ben Gurion, *Kriegstagebücher*, 16. April 1948, S. 354

36- Abbe Eban schrieb am 20. April 1948 nach einer Unterredung mit Harold Beeley vom britischen Foreign Office an Berl Locker: »Ich gewann den Eindruck, dass Großbritannien es gern auf eine arabisch-jüdische Kraftprobe ankommen lassen würde, die dann, nach einer Demonstration der arabischen Überlegenheit, zu einer kupierten Teilung oder zu einem föderativen Modell führen würde. [...] [Daraus] würde die Arabische Liga als führende Kraft in Nahost hervorgehen, während ein Treuhandschaftsmodell Amerika anstelle von Großbritannien auf den Plan treten lassen würde.« PDD, Dok. 399, S. 659

Bestärkt wurde Ben Gurion in seiner Haltung durch die Lageeinschätzung, die der UN-Militärexperte Oberst Roscher Lund gab: »Die Juden sind dank ihrer großen Reserven an ausgebildeten und kriegserfahrenen Offizieren gegenüber den Arabern [...] im Vorteil. [...] Die Entscheidung in Palästina wird auf dem Schlachtfeld fallen, und [die Juden] haben eine gute Chance, zu gewinnen.«[37] Ben Gurion war zuversichtlich, dass die Juden im Kriegsfall tatsächlich die Stärkeren sein und dass die USA sie unter dem Druck der projüdischen Lobby schließlich auch unterstützen würden.

In der Tat wurde die Außenpolitik der USA in starkem Maß von Zwängen im eigenen Land geprägt. In weiten Teilen der Presse und des Kongresses herrschten prozionistische Neigungen vor, insbesondere in der Demokratischen Partei, und dies musste bei einem Präsidenten in einem Wahljahr ebenso Spuren hinterlassen wie das Gewicht der jüdischen Wählerschaft. Wie der Historiker David Golding geschrieben hat: »Sowohl die Demokratische als auch die Republikanische Partei bejahten die Sache des Zionismus uneingeschränkt. [...] Die amerikanischen Zionisten hatten das Glück, dass keine einzige bedeutsame politische Gruppierung gegen sie opponierte oder querschoß. Nur sehr wenige ihrer Forderungen wurden abgelehnt.«[38] Während Golding die Meinung vertritt, Truman habe diesem Druck nur nachgegeben, weil er sich seines außenpolitischen Kurses ohnehin sicher gewesen sei, räumte er ein, dass nach Ansicht der Historiker »Palästina in den letzten Jahren ein klassisches Beispiel für die bestimmende Rolle innenpolitischer Erwägungen in der amerikanischen Außenpolitik gewesen« sei.[39]

Nachdem der UN-Sicherheitsrat am 17. April für einen Waffenstillstand votiert hatte, setzte das State Department eine intensive

37· Bericht über Unterredung zwischen Chaim (Vivian) Herzog und Col. Roscher Lund, 20. April 1948, PDD, Dok. 400, S. 661 f

38· Golding, *United States Foreign Policy in Palestine and Israel*, S. 416-427

39· H. B. Westerfield, *Foreign Policy and Party Politics. From Pearl Harbor to Korea*, New Haven 1955, S. 227

Kampagne in Gang, um sowohl im jüdischen als auch im arabischen Lager um Unterstützung für dieses Vorhaben zu werben. Man verhandelte mit Vertretern der Jewish Agency - Scharett, Goldmann und Abba Hillel Silver - und mit dem Vorsitzenden des American Jewish Committee, Richter Joseph M. Proskauer. Die Verhandlungspartner aus dem arabischen Lager waren der Ägypter Mahmud Fawzi und Emir Faisal von Saudi-Arabien. Von besonderer Bedeutung waren die Verhandlungen zwischen Rusk und Proskauer, weil das American Jewish Committee, die älteste, angesehenste und einflußreichste jüdische Interessenvertretung in den USA, eine nichtzionistische Organisation war. (Das AJC hatte 1942 gegen das Biltmore-Programm Stellung bezogen, doch hatte sich Proskauer vier Jahre später von Goldmann zu der Idee eines jüdischen Staates in einem Teilgebiet Palästinas bekehren lassen und sich sogar bereit erklärt, im Weißen Haus und im State Department für diese Idee zu werben.)

Als Proskauer am 19. April mit Lovett und Rusk zusammentraf, betonte letzerer, wie wichtig es sei, »einen Waffenstillstand zu vereinbaren, und bat die Jewish Agency, nicht auf der Ausrufung des israelischen Staates am 15. Mai zu beharren«. Proskauer reagierte verstimmt. Er wies auf die Weigerung Jamal al-Husainis hin, sich mit Scharett an einen Tisch zu setzen, und erklärte, er habe es »satt, dass von der Jewish Agency Zugeständnisse gefordert würden, ohne dass man etwas Konkretes über Konzessionen der Araber wisse«.[40]

Drei Tage später ließ Rusk Proskauer seine überarbeiteten Waffenstillstandsvorschläge zukommen.[41] Sie wiesen einige wichtige neue Elemente auf, beispielsweise einen festen Termin für das Ende der Waffenruhe und ein Ja zur jüdischen Selbstverwaltung nach Beendigung des britischen Mandats. Proskauer zeigte sich angetan. Er wusste, dass die Beauftragten der Jewish Agency in Washington die Rusk-Vorschläge nicht von vorneherein verworfen hatten. Zwar hatten sie an dem Beschluß der provisorischen Organe des zukünftigen jüdischen

40· PDD, Dok. 397,19. April 1948. S. 655

41· Siehe ISA 93.03/85/16

Staates, am 15. Mai dessen Unabhängigkeit zu erklären, festgehalten, doch ungeachtet dessen auch erklärt, sie könnten sich vorstellen, dass »ein Versuch unternommen werden könnte, im Rahmen einer umfassenden Regelung den Termin der formellen Erklärung zu verschieben, ohne die Übernahme der Regierungsgewalt zu verschieben«.[42]

Proskauer hielt diese Wendung und Rusks neuen Entwurf für erfreulich und teilte Scharett am 27. April mit, er habe auf den »vorgelegten Entwurf erst einmal positiv« reagiert, besonders weil das State Department die Absätze über die Organisation der israelischen De-facto-Regierung neu formuliert hatte. Auf diese Weise würde der Waffenstillstand keine verdeckte UN-Treuhandschaft sein.[43]

Gerade als sich ein wirklicher Fortschritt abzuzeichnen schien, tauchten Pferdefüße auf. Rusk berichtete an Lovett, sowohl die jüdische als auch die arabische Seite hätten sich mit dreizehn der vierzehn Punkte des Vorschlags einverstanden erklärt; lediglich die Frage der Einwanderung bleibe noch umstritten und müsse getrennt behandelt werden. Scharett rief daraufhin die amerikanischen Vorstandsmitglieder der Jewish Agency zur Beratung zusammen; anstatt ihnen jedoch die neuen Vorschläge zu präsentieren, über die Proskauer so positiv geurteilt hatte, legte er das ursprüngliche Papier vor, dem er selbst längst eine Absage erteilt hatte. Dieses Verhalten Scharetts läßt sich nur vor dem Hintergrund des Konflikts von Pflicht und Neigung deuten. Angesichts der kompromißlosen Haltung Ben Gurions wäre Scharett wahrscheinlich in eine heftige Zerreißprobe geraten, wenn er die amerikanische Zentrale der Jewish Agency dazu bewogen hätte, sich aufrichtig um einen Waffenstillstand zu bemühen. Er wich dieser Zwickmühle aus, indem er den »falschen« Vorschlag vorlegte und so den extremistischen Elementen innerhalb der Agency Wasser auf ihre Mühlen leitete. Silver, ein Exponent des rechten Flügels der amerikanischen Zionisten und entschiedener Befürworter des militärischen und

42· Memorandum von J. Robinson und E. Epstein, 26. April 1948, PDD, Dok. 414, S. 678 ff

43· Proskauer an Scharett, PDD, Dok. 418, S. 684 ff

politischen Kurses von Ben Gurion, erklärte, der vorgeschlagene Waffenstillstand sei nichts weiter als ein Trick, um die Ausrufung des Staates Israel zu verhindern. Scharett schlug daraufhin vor, die Verhandlungen weiterzuführen, die letzte Entscheidung aber der Jewish Agency in Palästina zu überlassen.

Unglücklicherweise trug Außenminister Marshall die Erfolgsmeldung Rusks, Juden wie Araber hätten dreizehn der vierzehn Punkte des Waffenstillstandsvorschlags zugestimmt, an die Öffentlichkeit. Silver nahm dies zum Anlaß, um Scharett der Doppelzüngigkeit und der Kompetenzüberschreitung zu bezichtigen, weil er Abmachungen getroffen habe, zu denen er nicht autorisiert sei.

Scharett setzte sich, tief gekränkt gegen diese Beschuldigung Silvers zur Wehr und bestritt in einem prompt an Marshall abgesandten Brief, dass er den dreizehn Punkten zugestimmt habe; er habe den Inhalt des amerikanischen Vorschlags vielmehr »unverbindlich« zur Kenntnis genommen. Die letzte Entscheidung werde, so erklärte er, in Palästina getroffen, aber er selbst hege gegen einige Punkte des Vorschlags Bedenken, beispielsweise gegen »die Verschiebung der Staatsgründung, die dieses Ziel in ungewisse Ferne rücken würde, [...] die Absicht, die britischen Truppen als Besatzungs- und Kontrollmacht in Palästina zu belassen, [...] [und] die krasse Ungleichheit [...] in Beziehung auf Waffen und militärische Ausbildung«. Abschließend erklärte Scharett: »Wir sind an einem Waffenstillstand sehr interessiert, aber bei allem guten Willen bin ich doch sicher, dass Sie verstehen werden, wieviel uns daran liegt uns vor den ernsten Gefahren, die uns ins Haus stehen könnten, zu schützen.«,[44] Eine Kopie dieses Briefes an Marshall ging an Proskauer, dem Scharett in dem dazugehörigen Begleitbrief versicherte, falls der Eindruck entstünde, er, Scharett, habe »den ganzen Waffenstillstandsvorschlag verworfen«, so treffe »dies nicht zu«. Die Sache sei vielmehr »nach wie vor in einem sehr aktiven Stadium«.[45]

44· Scharett an Marshall, 29. April 1948, PDD, Dok. 428, S. 695 f

45· Scharett an Proskauer, 29. April 1948, PDD, Dok. 431, S. 698

Am selben Tag legte Scharett in einer Depesche an Ben Gurion die Vorzüge und Nachteile des Waffenstillstandsvorschlages aus seiner Sicht dar. Zu Beginn referierte er den Standpunkt des State Department: dass ohne einen Waffenstillstand der jüdische und der arabische Staat (der Staat der arabischen Palästinenser) von bestimmten Regierungen anerkannt und so eher in die Lage versetzt würden, Krieg führen zu können. Ein Waffenstillstand könne hingegen zu einer Verständigung führen, die eine UN-Treuhandschaft überflüssig machen würde. Falls sich keine positiven Resultate dieser Art einstellen würden, hätte der Waffenstillstand keine anderen Folgen, als dass die Staatsgründung um drei Monate hinausgeschoben würde; in dieser Zeit könne die israelische *De facto*-Regierung weiter amtieren und die jüdische Einwanderung fortgesetzt werden.

Scharett zog selbst Bilanz. Zu den Vorzügen zählte er, abgesehen von der offenkundigen Atempause bei den militärischen und finanziellen Belastungen, die Chance, die eigenen territorialen Gewinne zu konsolidieren und ein autonomes Staatswesen aufzubauen. Außerdem würde den Arabern nichts anderes übrig bleiben, als die jüdische Einwanderung zu akzeptieren und ihre militärischen Aktivitäten vorläufig zu unterbrechen - und: es würde keine arabische Invasion geben. Als Nachteile zählte er auf: die Verschiebung der Staatsgründung, die Gefahr einer Treuhandschaft, die mögliche Unterbrechung des Waffennachschubs und die Aussicht auf eine Zusammenarbeit zwischen der Jewish Agency und dem AHC. Während die Amerikaner behaupteten, die Araber seien »der Zustimmung nahe«, meldete Scharett gewisse Zweifel an, gab aber zu bedenken, dass eine Ablehnung des Waffenstillstandsvorschlags durch die Zionisten möglicherweise Repressalien des State Department gegen den United Jewish Appeal nach sich ziehen könne. Als seine eigene Einschätzung fügte er schließlich hinzu: »Ich selbst glaube, der Entwurf verdient trotz fürchterlich unannehmbarer Punkte ernsthafte Prüfung.« Gleichzeitig empfahl er jedoch die Besetzung zusätzlicher militärischer Schlüsselstellungen in Palästina und riet, Vorkehrungen für die Übernahme von Häfen, Eisenbahnen und Flughäfen zu treffen; die letzte Entscheidung wollte er jedoch Ben Gurion überlassen.[46] Er vermied es also sorgfältig - und ich glaube, dass hier der wirkliche Scharett zum Vorschein kam -, eine klare Position zu beziehen, und äußerte statt dessen demonstrativ seine Bereitschaft, sich dem Willen Ben Gurions unterzuordnen.

Genau um diese Zeit näherten sich die Verhandlungen über eine Feuereinstellung in der Altstadt von Jerusalem, die der Hochkommissar zwei Wochen zuvor in Gang gebracht hatte, ihrem Abschluss. Wie Scharett Ben Gurion per Depesche meldete, hatte der arabische Vertreter Jamal al-Husaini, amtierender Präsident des AHC, erklärt, ein Waffenstillstand in der Jerusalemer Altstadt sei unmöglich, solange die Hagana nicht abgezogen sei, und eine für die ganze Stadt gültige Feuerpause sei nur möglich im Rahmen eines Waffenstillstandes im ganzen Land. Scharett habe, so berichtete er, Husaini im Gegenzug die Entsendung einer internationalen Friedenstruppe nach Jerusalem als Alternative zu einem Waffenstillstand vorgeschlagen.[47] Ben Gurion antwortete zwei Tage später, eine Feuerpause in der Altstadt sei unmöglich, falls nicht der freie Zugang nach und von Jerusalem garantiert werde.

Am 23. April setzte der Sicherheitsrat eine Waffenstillstandskommission ein und erteilte den Auftrag, seine Waffenstillstandsresolution in die Tat umzusetzen. Als die Kommission am 27. April mit Vertretern der Jewish Agency zusammentraf und die Bedingungen einer Feuereinstellung aushandelte, wozu der ungehinderte Verkehr auf den Straßen und durch die Tore der Altstadt gehörte, wurde auch ein Waffenstillstand vorgeschlagen, der den Abzug aller ausländischen Truppen und die Schließung der Grenzen für Kampftruppen vorsah. Der Vertreter der Jewish Agency meinte, sie könnten darüber diskutieren, seien aber nicht bereit, irgendwelche Beschränkungen für die jüdische Einwanderung oder politische Aktivitäten in Erwägung zu ziehen.[48]

46· Scharett an Ben Gurion, PDD, Dok. 422, S. 692

47· Scharett an Ben Gurion, PDD, 27. April 1948. Dok. 417, S. 683

48· Siehe PDD, Dok. 421,S. 689 ff

Dass das AHC sich weigerte, über eine ausschließlich für die Jerusalemer Altstadt gültige Feuerpause zu verhandeln, war nicht schwer zu verstehen. Seit Beginn der Kriegshandlungen standen die jüdischen Einwohner der Stadt und die dort stationierten Hagana-Truppen praktisch unter Dauerbelagerung. Als freilich nach dem Zusammenbruch des militärischen Widerstands der Palästinenser auf dem Land und nach der Besetzung Haifas und Tiberias durch jüdische Truppen das AHC größere Kompromißbereitschaft zeigte, antwortete Ben Gurion mit noch militanterem Gebaren und kompromißloseren Forderungen. Auf der Sitzung des UN-Treuhandschaftsrats am 28. April 1948 in Lake Success einigten sich Scharett und Husaini darauf, ihren jeweiligen Völkern zu empfehlen, den Bedingungen der vorgeschlagenen Feuerpause zuzustimmen. Inzwischen sollte der vorgeschlagene Waffenstillstand von einem dem Rat verantwortlichen unparteiischen Ausschuß überwacht werden, der mit den beiden Kriegsparteien die Details der Vertragsbestimmungen aushandeln sollte.[49] Husaini erklärte daraufhin, er brauche nicht auf eine Bestätigung zu warten und werde, sobald die Antwort Scharetts bei ihm eintreffe, seine Leute in Jerusalem anweisen, die Feuerpause anzunehmen.

Von Ben Gurion kam indes eine wütende Antwort: »Entgeistert gemeldetes Übereinkommen Waffenstillstand Altstadt, Juden dort weiterhin eingeschlossen, abgeschnitten von Jerusalem, alle Zufahrten Altstadt von Arabern gehalten. Keine Vereinbarung diesbezüglich wünschenswert ohne vorherige Abstimmung.«[50] Scharett versuchte daraufhin in zahlreichen Depeschen, Ben Gurion umzustimmen und ihn zu einer »sofortigen Reaktion« zu bewegen. »Eure Reaktion höchst dringlich«, beschwor er seinen »Regierungschef«. »Kabelt eure Entscheidung unverzüglich, wiederhole unverzüglich.« Doch Tage vergingen, ohne dass eine Antwort kam. Entnervt kabelte Scharett am 2. Mai an Ben Gurion: »Ausbleiben Antwort betreffend Altstadt macht meine Lage unmöglich.« Eine Ablehnung

49. Scharett an Ben Gurion, 28. April 1948, PDD, Dok. 423. S. 693

50. Ben Gurion an Scharett, 29. April 1948, PDD, Dok. 426, S. 695

der Waffenruhe würde, so erklärte Scharett, die israelische Position moralisch fragwürdig machen, das Ausbleiben jeglicher Stellungnahme sie jedoch völlig diskreditieren.[51] Die Antwort Ben Gurions mit einem Ja zum Waffenstillstand für die Altstadt erreichte Scharett noch am selben Tag. Die Verzögerung war jedoch nicht ohne Grund eingetreten: Am 29. und 30. April hatte die Hagana einen Teil des überwiegend arabisch bewohnten Jerusalemer Stadtteils Katamon angegriffen und erobert.

Das State Department arbeitete unterdessen weiterhin daran, einen allgemeinen Waffenstillstand zustande zu bringen. Man war dort sehr besorgt bei dem Gedanken, die Juden könnten am 15. Mai formell die Gründung eines Staates auf einem Teil des palästinensischen Territoriums, und die Araber daraufhin oder zugleich einen ganz Palästina umfassenden eigenen Staat ausrufen, woraufhin beide Staaten um diplomatische Anerkennung werben würden. Das Außenministerium fürchtete, ein solcher Wettstreit könne zu einem Rüstungswettlauf und schließlich zu einem Bürgerkrieg wie dem spanischen führen, was mit schwerwiegenden Folgen wie ausländischen Interventionen verbunden wäre.[52] Da der Vorstand der Jewish Agency in Palästina laut Zeitplan am 29. April über seine eigene Position beschließen sollte, wurden allerorten die Bemühungen um Einflußnahme auf die beteiligten Parteien intensiviert. Just an diesem Tag übermittelte Scharett Ben Gurion die Nachricht, das State Department sei bereit, den Israelis für den Fall einer arabischen Invasion nach Ablauf des Waffenstillstands eine Beistandszusage zu geben.[53]

Einen Tag zuvor hatte Rusk Scharett und Mahmud Fawzi zu sich gebeten, um mit ihnen den amerikanischen Vorschlag zu erörtern. Es geht aus den Unterlagen nicht hervor, ob Rusk die Unterredung mit beiden zugleich führte oder ob er von Zimmer zu Zimmer wanderte. Deutlich wird indes, dass der größte Stolper-

51· Scharett an Ben Gurion, 2. Mai 1948, PDD, Dok. 450, S. 713

52· PDD, Dok. 446, 30. April 1948, S. 710

53· Scharett an Ben Gurion, 29. April 1948, PDD, Dok. 430, S. 697

stein, die Frage der jüdischen Einwanderung, bei dieser Unterredung aus dem Weg geräumt wurde. Wie Scharett Ben Gurion am 30. April mitteilte, seien die Araber allem Anschein nach bereit, sich mit viertausend jüdischen Einwanderern pro Monat abzufinden, wenngleich sie eine vertragliche Fixierung dieser Zahl ablehnten. Eine entsprechende Zusicherung sollte vielmehr außerhalb des Vertragstextes folgen.[54] (Es handelte sich dabei, nebenbei bemerkt, um eine Zahl, die in den dreißig Jahren des britischen Mandats kaum einmal erreicht worden war; dass die Araber sich darauf einließen, hätte als Anzeichen für einen bedeutsamen Wandel in ihrer Haltung gedeutet werden müssen, da sie bis dahin in der jüdischen Einwanderung stets die gefährlichste Bedrohung ihres Wohlergehens und der Stabilität ihrer Regimes gesehen hatten.)

Auch andere zionistische Führer wurden umgepolt. Lovett traf sich am 28. April mit Goldmann und versuchte ihm die Vorzüge des Waffenstillstandsvorschlages schmackhaft zu machen: unverminderte Einwanderung, Anerkennung der jüdischen Selbstverwaltung, wenn auch noch kein formelles Staatsgebilde bestand, und keine arabische Invasion. Goldmann, dem daran gelegen war, den Vorschlag der Amerikaner für die Israelis annehmbarer zu machen, erklärte, dieser sei nach wie vor unpopulär, weil man ihn mit der Übernahme einer Treuhandschaft assoziiere und letzteres in zionistischen Ohren nun einmal wie ein Schimpfwort klinge. Die ganze Sache rieche zu sehr nach einem Versuch, die Gründung des jüdischen Staates von der Tagesordnung zu streichen. Lovett bestritt dies und legte dar, dass der amerikanische Vorschlag die Teilung Palästinas zuerst de facto und später auch de jure besiegeln werde. Außerdem würde dadurch Zeit gewonnen, die man nutzen könne, um Kontakt zu gemäßigten arabischen Führern aufzunehmen, die wüßten, dass sie die Zionisten weder besiegen noch vertreiben könnten und die daher zu Verhandlungen bereit seien.[55]

54· Scharett an Ben Gurion, 30. April 1948, PDD, Dok. 440, 5. 706 f

55· Marshall an den amerikanischen Konsul in Jerusalem, 377, 9. Mai 1948, USNA 501 BB Palestine/5-948

Goldmann seinerseits warnte Lovett vor der Gefahr einer sowjetischen Intervention für den Fall, dass der jüdische Staat nach der geplanten Unabhängigkeitserklärung am 15. Mai von der UdSSR, nicht aber von den USA, anerkannt würde. Er meinte, die Sowjets hätten genau dasselbe Recht, in Palästina aufzutauchen, wie die Briten, sich in Transjordanien breitzumachen. Lovett entgegnete in großer Erregung: »Wenn das jüdische Volk Selbstmord begehen will, kann niemand es daran hindern. Glauben Sie wirklich, wir hätten über eine solche Möglichkeit nicht nachgedacht? Sie haben keine hohe Meinung von unserer Diplomatie, aber glauben Sie bitte keinen Augenblick, dass wir untätig dasitzen und zusehen würden, wie die Russen sich, direkt oder indirekt, legal oder illegal, in Palästina festsetzen.« Lovett wies darauf hin, dass Maßnahmen nicht nur von seinem eigenen Ministerium ergriffen werden könnten, sondern von einem anderen - gemeint war das Kriegsministerium.[56]

Wenn Goldmann mit dem Zaunpfahl der sowjetischen Gefahr winkte, dann nicht, um das State Department zum Abrücken von seinem Waffenstillstandsvorschlag zu bewegen; er wollte, im Gegenteil, erreichen, dass die Amerikaner noch nachdrücklicher darauf drängten, indem sie den Druck auf die Gegner des Waffenstillstandsvorschlags innerhalb der Jewish Agency, also auf Männer wie Silver oder Emmanuel Neumann, verstärkten. »Es ist höchste Zeit«, appellierte er an Rusk, »dass der Minister selbst eingreift, indem er sofort Scharett und Silver zu sich ruft und ein sehr offenes Wort mit ihnen redet.«[57]

Richter Proskauer setzte sich am 30. April mit Ben Gurion in Verbindung und forderte ihn nachdrücklich auf, den Waffenstillstand zu

56· Ibid.

57· In einem vorausgegangenen Gespräch mit Rusk hatte Goldmann bereits einen ähnlichen Wunsch geäußert: »Die Vereinigten Staaten sollten im richtigen Augenblick mit der Peitsche knallen, um [beide Parteien] zum Abschluss eines vernünftigen Waffenstillstands zu zwingen.« Dass er das State Department zur »Erzwingung« eines Waffenstillstands aufforderte, war zu diesem Zeitpunkt in der Öffentlichkeit nicht bekannt. Es wurde zwanzig Jahre später gegen ihn verwendet: Als Goldmann nach dem Junikrieg von 1967 die Annektierung arabischer Gebiete durch Israel verurteilte, beschuldigten ihn rechtsstehende Journalisten, er habe 1948 die Errichtung des Staates Israel zu hintertreiben versucht. FRUS, 1948; PDD, Dok. 439. S. 705 f

akzeptieren; dies könne das Ansehen der Zionisten in der öffentlichen Meinung der USA verbessern, das Aufbrechen von Gegensätzen innerhalb des Judentums verhindern (»ein wichtiger Faktor, den man nicht übersehen sollte«). Es stelle überdies ein lediglich vorübergehendes und leicht tragbares Risiko dar und werde die Zionisten davor bewahren, in eine hochnotpeinliche Position zu geraten, wenn sie den Vorschlag ablehnten, die Araber ihn hingegen annahmen. Der Richter schloß seine Mitteilung mit der Mahnung: »Tapfere Worte ohne eine kühl berechnete Strategie bedeuten nur den Tod tapferer Männer. Man kann nicht gegen die ganze Welt kämpfen. Geben Sie Ihren Freunden die Chance, weiter für die Rettung Palästinas zu arbeiten.«[58]

Die amerikanischen Bemühungen, den Arabern den Waffenstillstand schmackhaft zu machen - viertausend jüdische Einwanderer pro Monat eingeschlossen -, waren mehr oder weniger von Erfolg gekrönt. Aber für die meisten zionistischen Führer war das kein Grund, die amerikanischen Vorschläge mit weniger Mißtrauen zu betrachten oder sich ernsthaft mit ihnen auseinanderzusetzen. So argwöhnte beispielsweise der politische Sekretär des Londoner Büros der Jewish Agency, I. J. Linton, die arabische Unterstützung für den Waffenstillstand rühre aus der Hoffnung, er werde zu einer UN-Treuhandschaft führen und den Teilungsplan null und nichtig machen. Linton räumte zwar ein, dass »der zweite Entwurf oder die verbesserte Fassung des Plans von einer gereifteren Erkenntnis zeugt, dass die Teilung weit gediehen ist und dass sowohl jüdische als auch bis zu einem gewissen Grad arabische Organe [die Regierungsgewalt] von den abziehenden Briten übernehmen«. Obwohl die Amerikaner nunmehr einen Waffenstillstand ohne Treuhandschaft vorgeschlagen hatten, glaubte er jedoch nicht, dass sie den Gedanken daran ganz begraben hatten.[59]

In diesem Stadium gewährte Präsident Truman denen in seiner Regierung, die auf einen Waffenstillstand hinarbeiteten, volle Rückendeckung. Rusk wurde am 30. April vom Präsidenten empfangen,

58· USNA 501 BB Palestine/2-2948

59· I. J. Linton an S. Brodetsky, 2. Mai 1948. ibid., Dok. 452, S. 717 f erläuterte den Plan und vergaß nicht zu erwähnen, dass Goldmann und Scharett den Waffenstillstand für notwendig erachteten, während »Extremisten« und Juden, die der »Kriegspartei« angehörten, glaubten, er werde zu einer UN-Treuhandschaft und zur Fortdauer der britischen Vorherrschaft führen. Und die Araber fürchteten, so Rusk weiter, irgendwann vor die vollendete Tatsache der Teilung Palästinas gestellt zu werden; sie neigten daher eher als die Juden dazu, den Waffenstillstand zu akzeptieren. Truman erklärte, wenn die Juden sich dem Waffenstillstandsvorschlag ohne triftigen Grund verweigerten, hätten sie von den USA nichts mehr zu erwarten. Er betonte, an der amerikanischen Politik werde sich nichts ändern; »Wir wollen einen Waffenstillstand, denn eine andere Antwort auf die Situation gibt es nicht.«[60]

Zu den entscheidendsten Gesprächen, Kontakten und Appellen in Sachen Waffenstillstand kam es in der ersten Maiwoche 1948. Am 3. Mai legten die Amerikaner einen neuen und unerwarteten Vorschlag vor: Vertreter der Juden, der Araber, der Vereinten Nationen sowie vielleicht Frankreichs und Belgiens sollten im Flugzeug des amerikanischen Präsidenten nach Palästina fliegen und dort die »Bedingungen eines umfassenden Waffenstillstands gemäß den amerikanischen Vorschlägen« an Ort und Stelle aushandeln. Das Ende des britischen Mandats, für den 15. Mai vorgesehen, sollte um zehn Tage verschoben werden, und in dieser Zeit würde ein vollständiger und bedingungsloser Waffenstillstand herrschen. Goldmann fand den Vorschlag gut. Scharett hingegen wagte nicht, ihn zu billigen, und behalf sich mit der Antwort, das »etwas spektakuläre Verfahren« sei nicht vonnöten, da doch bevollmächtigte Vertreter der Juden in Palästina weilten und bereits in Kontakt mit der vom Sicherheitsrat ernannten Waffenstillstandskommission stünden, die ihre Zelte in Jerusalem aufgeschlagen habe.[61]

Der letzte Teil der Aussage Scharetts entsprach nicht der Wahrheit: Er wusste in Wirklichkeit sehr genau, dass Ben Gurion vor-

60· USNA 501 BB Palestine 4/3048

61· Scharett an Dean Rusk, ibid., Dok. 462, S. 728

sätzlich jeden ernsthaften Kontakt mit der Kommission vermied, die aus den Generalkonsulen der USA, Belgiens und Frankreichs sowie Oberst Lund als Vertreter der Vereinten Nationen bestand. Scharett wusste auch, dass die Klagen der Kommission über die mangelnde Bereitschaft der Jewish Agency zu emsthaften Verhandlungen seine eigene Position als UN-Gesandter der Jewish Agency zunehmend unhaltbarer machten. Das waren jedoch nicht die einzigen Beweggründe, aus denen er die »spektakuläre« amerikanische Initiative zu Waffenstillstandsverhandlungen in letzter Minute sabotierte. Scharett war persönlich in die Verhandlungen mit Abdallah über dessen Plan eingeweiht, die für den arabischen Staat markierten Gebiete von der Arabischen Legion besetzen zu lassen und sie seiner Regierungsgewalt zu unterstellen.

Robert M. McClintock, ein mit Angelegenheiten des Nahen Ostens befaßter Diplomat der Vereinigten Staaten, richtete an die Adresse Scharetts eine ernstgemeinte Warnung: »Die Weigerung der Jewish Agency offenbart ihr Ziel, mit Waffengewalt einen separaten Staat zu errichten - das militärische Vorgehen nach dem 15. Mai wird von der Hagana mit Hilfe der terroristischen Organisationen Irgun und LEHI bestimmt werden, [und] die Vereinten Nationen werden vor einer undurchsichtigen Situation stehen. Die Juden werden die eigentlichen Aggressoren gegen die Araber sein, werden aber behaupten, sie verteidigten nur die Staatsgrenzen, die im Prinzip von zwei Dritteln der Vollversammlung gutgeheißen worden sind. Der Sicherheitsrat wird dann entscheiden müssen, ob die jüdischen Angriffe auf arabische Siedlungen legitim sind oder ob sie eine Bedrohung des Weltfriedens darstellen und als solche ein entschiedenes Eingreifen des Sicherheitsrats notwendig machen.«[62]

Unterdessen hatte Lovett Kontakt zu Vertretern der USA in den arabischen Ländern aufgenommen und ihnen erklärt, er, Lovett, glaube ungeachtet der Tatsache, dass Scharett das Flugzeug-Angebot des Präsidenten ausgeschlagen habe, dass die Jewish Agency, wenn das

62· FRUS, 1948, 4. Mai 1948, S. 894 f

AHC und die Arabische Liga den Waffenstillstand akzeptierten, sich schwertun würde, weiterhin nein zu sagen. Er teilte ihnen mit, die Arabische Liga und der Irak hätten bereits ihre Zustimmung erklärt.[63] Der einzige Hemmschuh auf arabischer Seite sei jetzt noch Abdallah.

Azzam Pascha, der Generalsekretär der Arabischen Liga, der seine Hoffnungen in die Waffenstillstandskommission der Konsule setzte, rief am 4. Mai König Abdallah an und bekniete ihn, den amerikanischen Vorschlag anzunehmen. Abdallah lehnte ab. Er wusste, dass ein Waffenstillstand nur entweder zum Widerruf des Teilungsplans oder zum Einwilligen der Arabischen Liga in die Teilung Palästinas und zur Aussetzung ihrer Invasionspläne führen konnte, und beide Varianten würden seinem Geheimabkommen mit der Jewish Agency den Boden entziehen. Außerdem gab Abdallah sich der Hoffnung hin, zumindest einige Mitgliedsländer der Arabischen Liga würden seinen Einmarsch in Palästina stillschweigend billigen.[64]

In der ersten Maiwoche fanden fast pausenlos Sitzungen der Führungsgremien der American Jewish Agency und ihres politischen Ausschusses statt, dem fünf amerikanische und fünf israelische Vertreter der wichtigsten zionistischen Parteien angehörten. Gleichzeitig wurde sowohl in Washington als auch in Lake Success verhandelt, und nach jeder Änderung bei den Vorschlägen oder jeder neuen Betrachtungsweise wurde abgestimmt, und die Ergebnisse wurden nach Jerusalem gemeldet. Einmal gab es zum Beispiel im Vorstand der American Jewish Agency eine Mehrheit von sechs zu vier gegen den Waffenstillstandsvorschlag, während sich der politische Ausschuß am selben Tag mit sechs zu vier Stimmen dafür aussprach. Die Wortführer der beiden Lager hielten, sei es von Jerusalem oder sei es von New York aus, Kontakt zu Ben Gurion und Scharett und unterbreiteten ihnen ihre jeweiligen Stellungnahmen.

63· USNA 501 BB Palestine/5-548, Depeschen Nr. 575, 589

64· In einem Artikel im Londoner Economist hatte Azzam Pascha am 6. Mai 1948 einen nach dem Muster des Vatikanstaats konstituierten jüdischen Staat an der Mittelmeerküste skizziert, die Auflösung des AHC und die Abtretung von Nablus. Tulkarm, Jenin sowie des Arabischen Dreiecks an Abdallah vorgeschlagen.

Einer derjenigen, die sich bemühten, die Jewish Agency in letzter Minute für den Waffenstillstand zu gewinnen, war ihr Berater für UN-Angelegenheiten, Michael Comay; er legte am 5. Mai eine Liste von Änderungsvorschlägen zum amerikanischen Entwurf vor und bemerkte dazu, eine Verschiebung der Staatsgründung werde keineswegs zwangsläufig zu der von manchen befürchteten innerjüdischen Zerreißprobe führen. Seiner Ansicht nach war es aus dem Blickwinkel der öffentlichen Meinung vielleicht leichter, den Staat unter Berufung auf die UN-Resolution vom 29. November zu einem späteren Zeitpunkt auszurufen, selbst wenn damit die Aufkündigung des Waffenstillstandes verbunden wäre.[65]

Ebenfalls noch am 5. Mai teilte Elieser Kaplan, Jerusalemer Schatzmeister der Jewish Agency und einer der führenden Köpfe von Ben Gurions Mapai-Partei, Scharett per Depesche mit, mehrere Mitglieder an höchster Stelle der Jewish Agency und der Volksverwaltung (aus der bald die provisorische Regierung Israels hervorgehen sollte) plädierten für die Annahme des amerikanischen Vorschlags.[66]

Vielleicht unter dem ermutigenden Eindruck dieser Nachricht kabelte Scharett am selben Tag an Ben Gurion und empfahl ihm, sich der »Waffenstillstands-Taktiken« zu bedienen. Da ohnehin, so rechnete er vor, keine Aussicht bestand, dass die Araber sich auf den Waffenstillstand einlassen würden, handle es sich nur um eine Frage der Taktik - ob es nicht ratsam sei, dass die jüdischen Führer nach außen ihre Bereitschaft demonstrierten, die Chancen für einen Waffenstillstand zu erkunden. Scharett hielt es für ratsam; falls jedoch, so fügte er hinzu, bis zum 15. Mai keine Übereinkunft erzielt sei, solle die Staatsgründung proklamiert werden.[67] Scharett wusste nur zu gut, dass die Araber mittlerweile sehr wohl willens waren, auf einen Waffenstillstand einzugehen, da sie den Krieg fürchteten. Seine Depesche scheint daher ein taktischer Schachzug gewesen zu sein,

65· PDD, Dok. 467, S. 733-736

66· Ibid., Dok. 461, Anm. 6, S. 727

67· Scharett an Ben Gurion, 5. Mai 1948, ibid.. Dok. 469, S. 737

ein Versuch, sich die Zustimmung Ben Gurions zu erschleichen. Am 6. Mai schlug Scharett in einer weiteren Depesche an Ben Gurion vor, die Staatsgründung gemäß dem Zeitplan der Teilungsresolution vorzunehmen, also mindestens zwei Monate nach dem Abzug der Briten und nicht später als am 1. Oktober.[68]

Noch immer auf der Suche nach Mitteln und Wegen, den eigenen Waffenstillstandsvorschlag zu retten, lud Rusk Goldmann für den 6. Mai zu einer Unterredung ein. Goldmann erkundigte sich, inwieweit die Juden unter den Bedingungen des Waffenstillstands eigene staatliche Organe aufbauen könnten, ohne formell ihre staatliche Souveränität zu proklamieren. Rusk erwiderte, das Abkommen sehe eine provisorische Regierung vor, aber keine Festlegung von Grenzen. Die Forderung der Jewish Agency, die USA müssten garantieren, dass sie eine arabische Invasion nicht zulassen würden, lehnte Rusk ab.[69] Er zeichnete ein düsteres Bild dessen, was geschehen könne, wenn die Juden bei ihrer ablehnenden Haltung blieben: Zermürbungskrieg. Guerillakrieg der Araber, Aufstieg der Irgun zur beherrschenden Macht u. a. Goldmann pflichtete ihm bei, dass alles versucht werden müsse, um dem neuen Staat einen totalen Krieg gegen die arabische Welt zu ersparen, und empfahl erneut, dass State Department möge zu wirksameren Druckmitteln greifen.[70]

Das entscheidende Gesamtvotum des Vorstands der American Jewish Agency und ihres politischen Ausschusses ergab eine Mehrheit von neun zu sieben für eine »Erwägung« des amerikanischen Waffenstillstandsvorschlags, unter dem Vorbehalt, dass bestimmte Verbesserungen akzeptiert und die Teilungsresolution vom 29. November in keiner Weise beeinträchtigt würden.[71] Zwei Tage später

68. Siehe PDD, Anhang, 29. Nov. 1947, S. 789

69. FRUS, 1948, S. 920-923

70. Bericht über Unterredung zwischen Rusk und Goldmann, 6. Mai 1948. CZA. Z5/43

71. PDD, Dok. 477, S. 746 f. Goldmann stellte zwei kategorische Vorbedingungen: vollständige Loslösung des Waffenstillstands von der in Aussicht genommenen Treuhandschaftslösung sowie eine amerikanische Garantie, Israel im Falle einer arabischen Invasion zu unterstützen. Siehe Anm. 67

berief Ben Gurion, ganz offensichtlich besorgt ob der durch die Abstimmung heraufbeschworenen »Gefahr«, Scharett zu Beratungen nach Israel zurück.[72] Vorher schärfte er ihm noch per Depesche ein, es gelt, sich »gegen jede Verlängerung des Mandatsregimes, und sei es nur um zehn Tage, zur Wehr zu setzen«.[73]

Man sollte das Verhalten Ben Gurions nicht so sehr unter internationalen Aspekten und den langfristigen Konsequenzen zu deuten versuchen, die die Wahl zwischen Waffenstillstand und Krieg nach sich ziehen würde, sondern eher im Zusammenhang mit den Geschehnissen in Palästina. Der Jischuw befand sich in einem nie gekannten Erregungszustand: Der militärische Zusammenbruch der Arabischen Befreiungsarmee Qawukjis und anderer palästinensischer Kampfgruppen hatte ein Klima des Enthusiasmus und der Zuversicht geschaffen. Diese Stimmung wurde durch die spektakulären Siege der Palmach in Galiläa, die Kapitulation der Araber in Jaffa und die Räumung Haifas noch gesteigert. Die Irgun und die LEHI wussten sich diese Stimmung geschickt für ihre anti-arabische und ultra-patriotische Propaganda zunutze zu machen. Und während die Jewish Agency und der Nationalrat jeglichen Terror gegen Zivilisten und jegliche Plünderung arabischen Eigentums scharf verurteilten, setzte die Hagana ihren Plan D in die Tat um. Dieser entfesselte, wie wir gesehen haben, eine Welle ungezügelter Gewalt gegen die palästinensische Bevölkerung. Die Linkspartei Mapam, von der man hätte erwarten können, dass sie ihren ganzen Einfluß gegen die Kriegstreiberei einsetzen würde, war besessen von der Überzeugung, bei dem amerikanischen Waffenstillstandsvorschlag handele es sich um ein imperialistisches Manöver, mit dem die Errichtung des jüdischen Staates verhindert werden solle, und daher sei der Widerstand gegen diesen amerikanischen Plan für Sozialisten selbstverständlich. Dies führte dazu, dass die Partei die Bemühungen weitsichtiger liberaler Wortführer wie Goldmann, einen totalen Krieg gegen die Araber zu verhindern, unterlief. Ben Gurion

72· Siehe Anm. 63

73· Ben Gurion an Scharett. PDD. Dok. 4463, S. 729

war entschlossen, den Schub dieser Woge des Enthusiasmus auszunutzen; der Zögerlichkeit Scharetts überdrüssig, beschloß er, seinen Chefdiplomaten nach Palästina zurückzurufen. Scharett buchte seinen Abflug aus New York für den 8. Mai.

Es gab noch einen entscheidenden Meinungsaustausch am 7. Mai, als Rusk Scharett die endgültige Fassung des Waffenstillstandsvorschlags übergab.[74] Scharett fragte Rusk, was die Amerikaner tun würden, wenn Abdallah in Palästina einmarschieren und in der Maske eines Beschützers des palästinensischen Volkes die für den arabischen Staat bestimmten Gebiete besetzen würde. Rusk anwortete mit der Gegenfrage, ob die Juden ein Abkommen mit Abdallah hätten, worauf Scharett erklärte, es gäbe keins, aber man habe vom britischen Kolonialminister Creech Jones gehört, die Juden würden am 15. Mai ihren Staat haben, und Abdallah werde nur die arabischen Gebiete übernehmen. Rusk teilte Marshall unverzüglich mit, es laufe entweder ein trickreiches Manöver der Jewish Agency, um einen Keil zwischen die USA und Großbritannien zu treiben, oder aber die Briten kochten hinter dem Rücken der Vereinigten Staaten ihr eigenes Süppchen.[75] Diese Einschätzung Rusks wurde indes nicht von allen Amerikanern geteilt. John E. Horner, Berater der amerikanischen UN-Gesandtschaft, billigte das Vorhaben Abdallahs, den arabischen Teil Palästinas zu annektieren, und sah darin keinen Widerspruch zur UN-Resolution. Dies sei eine Lösung, die für die Juden akzeptabel sei, den Mufti ausschalte und der »unausweichlichen Tatsache« gerecht werde, dass der jüdische Staat bereits existierte. Diesen Standpunkt vertrete, so berichtete er, auch Silver, der vorgeschlagen habe, in das Waffenstillstandsprogramm auch noch die Option eines Bevölkerungstauschs aufzunehmen. Horner vermerkte noch, die vorgeschlagene Lösung werde »verhindern, dass die Sowjets die zugespitzte Situation zu

74· Neumann an Ben Gurion, 7. Mai 1948, PDD, Dok. 478, Anlagen, S. 83Dff

75· PDD, Dok. 496, S. 780 f und Dok. 509, S. 793

ihrem Vorteil nützen«.[76] McClintock empfahl, die USA sollten den bestehenden *Modus vivendi* zwischen der Jewish Agency und Abdallah akzeptieren, die Ausweitung der Herrschaft Abdallahs über Arabisch-Palästina anerkennen und den jüdischen Staat auf einen Gebietsstreifen zwischen Tel Aviv und Atlit verkleinern.[77] Kurz bevor Scharett nach Palästina abreiste, wurde ihm auf seinen Wunsch eine Unterredung mit den maßgeblichen Schöpfern der amerikanischen Nahostpolitik, Marshall, Lovett und Rusk, gewährt. Das Gespräch berührte eine breite Palette von Themen, darunter die Pläne Abdallahs, die wesentlichen Aspekte des Waffenstillstands, die Absichten der Briten und die Ziele der Juden.[78] Zum Waffenstillstand erklärte Scharett, die jüdische Führung sei sich noch nicht sicher, ob die Regierung der Vereinigten Staaten an der Errichtung eines jüdischen Staates interessiert sei. »Vorübergehende Probleme« seien eine Sache, die »völlige Abkehr von der Idee des jüdischen Staates« jedoch eine ganz andere. Diesen Staat habe man jetzt endlich »in unmittelbarer Reichweite« und es könne zu einem verhängnisvollen Versäumnis werden, sich die Chance jetzt entgehen zu lassen. Die Amerikaner hätten mit ihrem Treuhandschaftsvorschlag »dem arabischen Standpunkt ein höchst weitreichendes Zugeständnis« gemacht, aber da die Idee bei den Vereinten Nationen keine Mehrheit gefunden habe, hätten die Amerikaner sie begraben müssen. Was nun den jüngsten Waffenstillstandsvorschlag vom 6. Mai angehe, könne man von den Juden doch wohl kaum erwarten, dass sie sich von der Teilungsresolution lösen würden. Und wie sollte die Einwanderung anders als durch Gewalt beschränkt werden?[79]

Lovett erklärte dazu, das State Department halte nach wie vor die Formel »Teilung plus Wirtschaftsunion« für die richtige Lösung, al-

---

76· FRUS. 1948. 4. Mai 1948,5.898

77· FRUS. 1948. S. 898-901

78· Unterredung Scharetts und Epsteins mit Marshall, Lovett und Rusk, 8. Mai 1948, PDD, Dok. 483, S. 757-769

79· Ibid.

lerdings müsse man die »Schwierigkeiten der praktischen Umsetzung mit in Betracht ziehen«. Durch den Waffenstillstand könnte eine Atempause gewonnen werden, die man nutzen könne, um zu einer vernünftigen Vereinbarung mit Abdallah zu kommen. Sowohl Lovett als auch Rusk äußerten ihre Überzeugung, in den Vereinten Nationen eine Mehrheit für ihre Vorschläge finden zu können. Lovett wies auf die Gefahr hin, dass die militärische Überlegenheit der Juden in einem totalen Krieg möglicherweise nicht von Dauer sein werde. Scharett antwortete, die Chance der Staatsgründung jetzt vorübergehen zu lassen, berge ein ungleich höheres Risiko. Wenn man allerdings von der amerikanischen Regierung die Zusicherung erhielte, dass der jüdische Staat in Zukunft unterstützt werde, so könnte dies für die jüdische Führung »ein schwerwiegendes Argument« sein.[80]

Scharett kam sodann auf das Thema Abdallah zu sprechen und berichtete über die Einschätzung von Jones, dass es Abdallah ungeachtet seiner großspurigen Verlautbarungen in Wirklichkeit vor allem darum gehe, sich den arabischen Teil Palästinas einzuverleiben; den jüdischen Staat anzugreifen, liege nicht in seiner Absicht.[81]

Scharett verlas Marshall den Text eines Telegramms, das er gerade aus Tel Aviv bekommen hatte und das einen Bericht über eine Unterredung zwischen Oberst Desmond Goldie, dem (britischen) Befehlshaber der Arabischen Legion, und dem Hagana-Offizier Schlomo Schamir enthielt. Goldie, der um die Unterredung ersucht hatte, hatte deutlich gemacht, dass die Arabische Legion kein Verlangen danach habe, die Juden anzugreifen; der eine bewaffnete Angriff, der vorgekommen sei - auf die jüdische Siedlung Gescher -, sei einem Mißverständnis untergeordneter Offiziere entsprungen. Bei der Legion frage man sich jedoch andererseits, ob nicht die Besetzung Jaffas durch die Hagana ein Indiz dafür sei, dass die jüdische Führung mit dem Gedanken spiele, ganz Palästina zu besetzen. Die Arabische Legion wolle bewaffnete Zusammenstöße in Jerusalem

80. Ibid.

81. Ibid.

auf jeden Fall vermeiden und sei sehr daran interessiert, mit den jüdischen Truppen in Kontakt zu bleiben.[82]

Lovett fragte, ob die Haltung Scharetts sich auf ein Abkommen mit König Abdallah gründe, von dem Scharett wolle, dass die amerikanische Regierung es anerkenne. Dieser leugnete glattweg die Existenz eines solchen Abkommens. Ganz im Gegenteil habe der König in seinen jüngsten Verlautbarungen einen ausgesprochen kriegerischen Ton angeschlagen. Die jüdische Führung habe, so betonte Scharett, seit jeher erklärt, sie werde notfalls ganz alleine kämpfen, gegen wie viele verbündete Gegner auch immer. Formal war die Aussage Scharetts sicherlich zutreffend: Es existierte kein schriftliches Abkommen zwischen Abdallah und der Jewish Agency, und der König hatte der Presse gegenüber in der Tat kriegerische Erklärungen abgegeben. Andererseits jedoch hatte er vor weniger als einem Monat im persönlichen Gespräch mit einem Abgesandten der Jewish Agency sein Versprechen wiederholt, den jüdischen Staat nicht anzugreifen, und Scharett wusste sehr wohl, dass Ben Gurion ungeachtet aller Vorbehalte beschlossen hatte, Abdallah weiterhin die Stange zu halten.[83]

Marshall sprach als letzter bei dem Treffen. Er begann seinen Beitrag mit einer Attacke auf die amerikanischen Zionisten, ihre »politischen Pressionen, [ihre] Kraftmeierei, [ihre] falschen Zusicherungen«. Er warf sodann den Juden Palästinas vor, sie unterstützten und förderten die illegale Einwanderung. Und schließlich wiederholte er in abgewandelter Form die Warnung Lovetts: dass die Juden sich nach ihren anfänglichen militärischen Erfolgen nicht in Sicherheit wiegen sollten. Marshall war Offizier, aber er wollte Scharett davor warnen, sich auf den Rat der Militärs zu verlassen. Diese neigten dazu, nach Siegen ihre eigenen Fähigkeiten zu überschätzen. Falls die Juden siegreich blieben, so werde er, Marshall, sich darüber freuen; aber vorderhand wünsche er sich, dass sie sich auch über die Folgen einer eventuellen Niederlage klar würden. Die Entscheidung,

82· Siehe Zaslani (Schiloah) an Scharett, 3. Mai 1948, ibid. Dok. 457 und Anm. 1, S. 721 f

83· FRUS, 1948, S. 898

schloß der Außenminister, »war ihre eigene Verantwortung«; sie seien in ihren Entscheidungen, welchen Weg sie gehen wollten, völlig frei, doch hoffe er, sie würden es im Bewußtsein der schwerwiegenden Risiken tun, die sie damit eingingen.[84] Da er sein Flugzeug zu verpassen fürchtete, verzichtete Scharett auf eine Stellungnahme zu den Vorwürfen und Warnungen Marshalls. Marshall blieb mit dem Eindruck zurück, dass »es eine kleine Chance gab, dass die Jewish Agency einem Waffenstillstand zustimmen würde«.[85]

Scharett verließ die Unterredung in einem Zustand großer Unruhe und Unsicherheit. Wie sein Parteigenosse und enger Freund David Hacohen, der auf dem New Yorker Flughafen auf ihn wartete, später berichtete: »Er zog mich in eine Telefonzelle und sagte: ›Marshall hat gesagt, er spreche zu mir als General, als Militär. Wir werden vernichtet werden.‹«[86] Offenbar brachte Scharett auf seiner langen Heimreise seine Empfehlung zu Papier, die Ausrufung des Staates Israel zu verschieben.

In Jerusalem war derweil ein bedingter Waffenstillstand in Kraft getreten. Die Umstände seines Zustandekommens werfen ein bezeichnendes Licht auf die unterschiedlichen Interessenlagen der Beteiligten. Vereinbart wurde der Waffenstillstand bei einem Treffen zwischen Azzam Pascha und dem britischen Hochkommissar Sir Alan Cunningham am 7. Mai in Jerusalem. Während die Araber ihre Zustimmung bereits kundgetan hatten, entsandte die Jewish Agency keinen Vertreter zu dem Treffen, da, wie sie behauptete, keiner ihrer Leute von Tel Aviv aus rechtzeitig nach Jerusalem gelangen konnte. Ben Gurion hatte vorgeschlagen, dass zwei in Jerusalem weilende Mitarbeiter der Agency, Leo Kohn und Walter Eytan, sich in ihrem Namen mit dem Hochkommissar in Verbindung setzen sollten. Doch Cunningham lehnte es ab, mit »Sekretären« zu verhandeln, und so wurde der Waffenstillstand einen Tag später ohne Absprache mit der

84. Ibid.

85. FRUS, 1948, S. 940

86. Bar Zohar, *Ben Gurion*, S. 158 f

Jewish Agency proklamiert. Die UN-Waffenstillstandskommission registrierte in ihrem Bericht »die jüdische Weigerung, sich mit dem Hochkommissar zur Erörterung der Waffenstillstandsbedingungen zusammenzusetzen«. Die Jewish Agency wurde aufgefordert, sich binnen 24 Stunden zu der verordneten Feuerpause zu äußern. Sie antwortete, sie werde sich an die Feuerpause halten, lehnte jedoch Verhandlungen über einen umfassenderen Waffenstillstand ab.[87]

Die Feuerpause in Jerusalem war seit drei Tagen in Kraft, als Scharett nach seinem 10.000-Kilometer-Flug den Boden Palästinas betrat. Er war noch immer tief verstört. Die Warnung Marshalls vor einem möglichen militärischen Debakel ging ihm nicht aus dem Kopf. Als er Ben Gurion von dem Vorschlag Marshalls berichtete, die Staatsgründung zu verschieben, setzte er die Bemerkung hinzu: »Ich meine, er hat recht.« Ben Gurion antwortete: »Mosche! Ich möchte, dass du [vor dem Zentralkomitee der Mapai] einen vollständigen und präzisen Bericht über deine Unterredung mit Marshall gibst, genau so, wie du sie mir geschildert hast. Aber du wirst nicht von hier weggehen, ehe du mir nicht eines versprochen hast: Diesen letzten Satz, den du gesagt hast - >Ich meine, er hat recht< -, den läßt du weg.« Scharett versprach es. Auch wenn über dieses persönliche Gespräch zwischen Scharett und Ben Gurion keine erschöpfenden Aufzeichnungen in der Art eines Protokolls vorliegen, scheint festzustehen, dass es Ben Gurion darin gelang, Scharett weitgehend umzustimmen. Getreu seinem Versprechen, beschränkte dieser sich in seinem Vortrag vor dem Mapai-Zentralkomitee darauf, einen objektiven Bericht über die Gespräche zu geben und auf die Gefahr hinzuweisen, dass Israel sich ohne amerikanische Unterstützung einer arabischen Invasion zu erwehren haben werde. Er fügte jedoch hinzu, dass es gefährlicher sei, die Proklamation zu verschieben, als den nächsten Schritt zur Staatsgründung zu tun. »Vor uns liegt eine sehr steinige und schwere Zukunft, aber es sieht so aus, als bliebe uns keine andere Wahl, als vorwärtszugehen.«[88]

87. Ibid.

88. Ibid.

Die Ausführungen Scharetts waren, wie schon gezeigt worden ist, häufig ambivalent und schwankend. Am 9. April hatte er im Gespräch mit Rusk erklärt, der von den USA vorgeschlagene Waffenstillstand werde »den jüdischen Hoffnungen den Todesstoß versetzen«.[89] Am selben Tag hatte er jedoch Ben Gurion telegrafiert, er sehe in der Annahme des Waffenstillstands einen großen Vorteil.[90] Am 11. April hatte er sich in einer Depesche an Ben Gurion entschieden gegen eine Treuhandschaftslösung ausgesprochen, dem Adressaten aber zugleich geraten, nicht öffentlich zu verkünden, dass man dagegen sei.[91]

Scharett stand unter dem Einfluß widersprüchlicher Interessen: der durchaus nicht immer einheitlichen Meinungen des amerikanischen Judentums und insbesondere der amerikanischen Zionisten, der Auffassungen der amerikanischen Regierung, wie sie etwa in Marshalls ernster Warnung zum Ausdruck kamen, und natürlich der unbeirrten und entschlossenen Haltung Ben Gurions. Interessanterweise scheint Scharett jedoch bei seinem ganzen Abwägen der Pros und Contras außer acht gelassen zu haben, dass die Araber bereit waren, den Waffenstillstand zu akzeptieren, und beträchtliche Anstrengungen unternahmen, damit er zustande kam, und dies um den ziemlich hohen Preis von 4.000 jüdischen Einwanderern pro Monat.

Auf einer Konferenz am 11. Mai in Damaskus, ziemlich genau zu dem Zeitpunkt also, da der zurückgekehrte Scharett seine erste Unterredung mit Ben Gurion führte, einigten sich die arabischen Außenminister darauf, den amerikanischen Waffenstillstandsplan zu befürworten. Lediglich der transjordanische Außenminister Fawzi al-Mulki machte Bedenken geltend; es gelang ihm nicht, seinem König Abdallah die Zustimmung abzuringen. Der König berief sich auf seine Pflicht, »Palästina zu retten«. Diese Haltung sorgte in Syrien für große Unruhe und ließ den - von Gerüchten erhärteten - Verdacht

89· PDD, Dok. 366, S. 598

90· Ibid., Dok. 372, S. 600

91· 90 Ibid., Dok. 372, S. 605

aufkommen, Abdallah wolle erreichen, dass die Hagana in Syrien einfalle und er dann als Retter des Landes auftreten könne. Das syrische Volk würde ihn dann begeistert als König willkommen heißen, wie schon 1920 seinen Bruder Faisal.[92] Dieser Verdacht bestärkte die übrigen arabischen Staaten in ihrer Entschlossenheit, die praktische Umsetzung des Abkommens zwischen Abdallah und der Jewish Agency zu verhindern, sei es mittels eines Waffenstillstands oder, falls dies sich als unmöglich erwies, durch eine militärische Invasion.

In einem letzten Versuch, eine Feuerpause für Jerusalem zu vereinbaren und Abdallah für einen auf ganz Palästina ausgedehnten Waffenstillstand zu gewinnen, reiste Azzam Pascha nach Jerusalem und anschließend nach Amman. Gleichzeitig machten Ägypten und Syrien ihre Streitkräfte mobil, um für den Fall, dass ihr Abgesandter nichts ausrichtete, in Palästina einfallen zu können. Die öffentliche Meinung in den arabischen Ländern war zu diesem Zeitpunkt durch die Nachrichten über das Massaker von Deir Jassin und über die Flucht von Zehntausenden arabischer Einwohner aus Jaffa, Haifa, Tiberias und anderen Städten zutiefst erregt. Die Überzeugung begann sich durchzusetzen, dass in Palästina die Irgun zunehmend an Macht gewann. Die arabischen Führer wurden heftig gedrängt, etwas zu unternehmen, damit ihre arabischen Brüder in Palästina vor Mördern, Plünderern und vor der Vertreibung gerettet wurden.

Noch am 11. Mai, dem Tag, an dem der ägyptische Premierminister Nuqrashi Pascha dem Senat einen Sonderhaushalt zur Finanzierung des Krieges vorlegte, ließ er bekanntgeben, man habe noch keine endgültige Entscheidung über eine Invasion gefällt und verhandle nach wie vor über einen Waffenstillstand. Er bat den Senat, von einer Erörterung des Waffenstillstandsproblems Abstand zu nehmen, solange die Diplomaten noch damit befasst seien. Ismail Sidqi Pascha, Ex-Premierminister und Ex-Führer der Wafd-Partei, warnte vor den potentiell verheerenden Folgen eines militärischen Abenteuers, das die für Ägypten so dringend notwendigen

---

92- USNA 867W.01/5-1048, Depesche Meminger an Marshall, Nr. 266,10. Mai 1948

Entwicklungsprojekte und Sozialreformen gefährden könne.[93] Zwei Tage später kabelte der amerikanische Botschafter in Kairo nach Washington: »Die Araber würden jetzt fast jede Lösung begrüßen, solange sie ihr Gesicht wahren könnten, wenn nur der offene Krieg vermieden werde. [Sie] könnten sogar die De-facto-Teilung akzeptieren, indem sie den Marsch von Abdallahs Truppen zur jüdisch-arabischen Grenze stillschweigend duldeten.«[94]

Als der letztmögliche Termin für eine endgültige Entscheidung heranrückte, wurde der Druck von allen Seiten noch stärker. Mitglieder der amerikanischen Sektion der Jewish Agency unternahmen offenbar am 10. Mai einen weiteren Versuch, den drohenden Krieg abzuwenden. Sie schlugen Ben Gurion in einer Depesche vor, die provisorische Regierung des jüdischen Staates solle am 15. Mai ein fünf Punkte umfassendes Kommunique herausgeben; darin sollten Wahlen zu einer verfassungsgebenden Versammlung angekündigt, Garantien für die Rechte religiöser Gruppen und nationaler Minderheiten gegeben, die heiligen Stätten für unverletzlich erklärt, und die Absicht zur Bildung einer Wirtschaftsunion sowie die Aufstellung einer nationalen Miliztruppe bekanntgegeben werden. (Ebenfalls empfohlen wurde ein Appell an die arabische Bevölkerung, unter dem garantierten Schutz der Regierung in ihre Heimatorte zurückzukehren.)[95] Die Akten enthalten keinen Hinweis darauf, dass diese Depesche, die natürlich ein Versuch war, die israelische Unabhängigkeitserklärung und Staatsgründung hinauszuzögern, beantwortet worden wäre.

Einen Tag später war Scharett der Adressat eines Telegramms, das mit entgegengesetzter Zielrichtung aus einer anderen Richtung kam: Arthur Lourie, der UN-Gesandte der Jewish Agency, berichtete, Präsident Trumans Sonderberater Clark Clifford habe empfoh-

---

93· Das Protokoll dieser Debatte im Ägyptischen Senat ist im März 1976 in der ägyptischen Zeitschrift Al-Taliya veröffentlicht worden. Eine hebräische Übersetzung erschien am 4. Mai 1976 in Maariv. Den in letzter Minute an Abdallah ergangenen Appell der Arabischen Liga, nicht in Palästina einzumarschieren, erwähnt auch Abdallah in My Memoirs Completed, S. 3

94· USNA, 867N 01/5-1378, Depesche 513 aus Kairo, 13. Mai 1948

95· PDD, Dok. 488, S. 773 f

len, die Staatsgründung wie geplant durchzuziehen, da er den bestimmten Eindruck habe, »der Präsident erwäge die Anerkennung« des neuen Staates.[96] Des weiteren teilte Lourie Scharett mit, Rusk mache sich nicht mehr für einen Waffenstillstand oder für irgendwelche anderen Vorschläge stark. Man habe sich in Washington mit dem Unvermeidlichen abgefunden - dass ein jüdischer Staat gegründet und ausgerufen werde. Lourie wies allerdings warnend darauf hin, dass es, falls die Arabische Legion angreifen sollte, »für die Vereinigten Staaten schwierig wäre, einzugreifen«.[97] Sumner Welles, der ehemalige stellvertretende amerikanische Außenminister, der für seinen aktiven Pro-Zionismus bekannt war, warnte ebenfalls vor einem Hinausschieben der Staatsgründung. Er behauptete, zuverlässige Indizien dafür zu haben, dass diejenigen, die sich für eine Verschiebung aussprächen, es in Wirklichkeit auf die Bildung eines »anglo-amerikanischen Treuhandgebiets in Palästina nach dem Morrison-Grady-Modell« unter der Regentschaft von Lord Mountbatten abgesehen hätten.[98]

Eine weitere taktische Variante brachte der UN-Diplomat Pablo de Azcarate ins Spiel, ein zuverlässiger Freund der zionistischen Sache. Er machte am 11. Mai den Vorschlag, die Proklamation des Staates Israel hinauszuschieben, mit seiner faktischen Errichtung jedoch fortzufahren und die formelle Anerkennung als souveräne Nation nach Ablauf von sechs bis acht Monaten anzustreben. Mit seinen Vorschlägen wollte er den Arabern die Möglichkeit geben, sich etwas Würde zu bewahren und nicht angreifen zu müssen.[99] Wie er Walter Eytan sagte, müssten die arabischen Staaten es als Schlag ins Gesicht empfinden, wenn Israel am 15. Mai seine uneingeschränkte Souveränität proklamieren würde, wodurch die künftige Herstellung normaler nachbarschaftlicher Beziehungen zwischen

96- Ibid., Dok. 491, S. 776

97- Ibid., Dok. 492, S. 777

98- Depesche von Epstein an Ben Gurion, 11. Mai 1948, ibid. Dok. 493. S. 777

99- Ibid.. Dok. 495, S. 779

dem Judenstaat und seinen Nachbarn erheblich erschwert würde.[100]

Unterdessen hatte Nachum Goldmann von Hector McNeill im britischen Außenministerium bestätigende Informationen über die Pläne Abdallahs erhalten. Diesen Informationen zufolge wollte der König den arabischen Teil Palästinas annektieren, glaubte aber nicht, dass er den Jischuw militärisch besiegen könne - was er außerdem aus vielen Gründen auch gar nicht wolle. Nur um vor den anderen arabischen Staaten eine gute Figur zu machen, habe er seine Absicht verkündet, ganz Palästina zu »befreien«. Hätte er erkennen lassen, dass es ihm nur um den arabischen Teil ging, so wäre er unverzüglich aus der Arabischen Liga ausgeschlossen worden. »Als Dr. Goldmann fragte, ob es Großbritannien nicht möglich sei, mit König Abdallah mehr zu tun [das heißt, auf ihn mehr Druck in Sachen Waffenstillstand auszuüben], entgegnete Mr. McNeill, seines Wissens seien die Juden daran interessiert, dass König Abdallah den arabischen Teil Palästinas übernimmt.« Er war sich offensichtlich darüber im klaren, dass die zionistische Führung und Abdallah ein gemeinsames Interesse daran hatten, das vom Mufti dominierte AHC als Mitbewerber um die Herrschaft in Palästina auszuschalten.[101]

Im Verlauf der Debatten im Nationalrat, die in Jerusalem vor der entscheidenden Sitzung der Volksverwaltung stattfanden, vertrat Avraham Katznelson den Standpunkt, ein Waffenstillstand werde die Teilung Palästinas nicht gefährden, weil diese bereits lebendige Realität sei. Er legte dem Ratsvorsitzenden David Remez, der an der Sitzung der Volksverwaltung in Tel Aviv teilnehmen sollte, nahe, für den Waffenstillstandsvorschlag und für eine Verschiebung der Staatsgründung einzutreten (was Remez auch tat). In dieselbe Kerbe wie Katznelson hieben auch Ben Gurions guter Freund Jitzhak Ben Zvi (der spätere zweite Staatspräsident Israels) und Elijahu Berlin. Der einzige, der sich für den 15. Mai als Datum der Unabhängigkeitserklärung aussprach, war Zerach Warhaftig von der religiösen

100- Ibid., Dok. 501, S. 785

101- Unterredung Goldmanns mit Hector McNeill, 11. Mai 1948, ibid., Dok. 496. S. 780 f

Misrahi-Partei; er erklärte, eine sofortige politische und militärische Lösung des Problems sei sowohl möglich als auch wünschenswert, weil im Falle eines Waffenstillstands die palästinensischen Flüchtlinge zurückkehren würden.[102]

Dessen ungeachtet stimmte die Volksverwaltung am 12. Mai mit sechs gegen vier Stimmen für die unverzügliche Ausrufung des Staates Israel. Die an der Sitzung teilnehmenden Mapai-Mitglieder waren sich nicht einig und stimmten mit drei gegen zwei für die Staatsproklamation (wobei Scharett seine traditionelle Loyalität zu Ben Gurion wieder einmal unter Beweis stellte, indem er mit Ja stimmte).[103] Die Mehrheit vertrat die Auffassung, die Amerikaner könnten sich des Waffenstillstands bedienen, um nicht mehr den Teilungsplan unterstützen zu müssen. Nach Meinung Ben Gurions würde ein Waffenstillstand die Aussichten für einen militärischen Sieg Israels beeinträchtigen, weil dann der dringend benötigte Nachschub von Waffen und Menschen blockiert werden könne, während die Araber sich über die Landgrenzen hinweg Verstärkung holen könnten.[104] Den Ausschlag zugunsten der von Ben Gurion gewünschten Entscheidung gaben die beiden Mapam-Mitglieder, die in dem amerikanischen Waffenstillstandsvorschlag, wie bereits erwähnt, einen imperialistischen Anschlag auf die jüdische Unabhängigkeit witterten. Sie wussten, dass die Ausrufung des israelischen Staates Krieg bedeutete, aber sie glaubten aufrichtig daran, dass es ein Krieg nicht nur für die Unabhängigkeit Israels, sondern auch gegen den britischen Imperia-

---

102· Protokolle von Vaad Leumi, 10. Mai 1948

103· Nimrod behauptet in seinem Aufsatz, diese Abstimmung habe nie stattgefunden, da im Protokoll von ihr nicht die Rede sei. Zwei Angehörige der Volksverwaltung, die ich 1978 interviewte, Mordechai Ben Tov und Aaron Zisling, waren sich jedoch absolut sicher, dass es diese Abstimmung gegeben hat.

104· In Wirklichkeit verhinderte der einen Monat später vereinbarte Waffenstillstand keineswegs das Eintreffen massiver Verstärkungen in Israel, die das regionale Kräfteverhältnis zu dessen Gunsten veränderten. Ebensowenig vermochte das von den USA verhängte Waffenembargo zu verhindern, dass Waffen und Material für die Rüstungsproduktion illegal nach Israel eingeführt wurden. Im Gegensatz hierzu hielt sich Großbritannien streng an die Beschlüsse des UN-Sicherheitsrats vom 29. Mai 194B und stoppte, wiewohl die israelische Propaganda das Gegenteil behauptete, seine Waffenlieferungen an Ägypten, den Irak und sogar an die Arabische Legion. Sela, *From Contacts*, S. 28

lismus, die arabische Reaktion und den Feudalismus sein werde, ein Krieg, der auch in der arabischen Welt den fortschrittlichen und sozialistischen Kräften Auftrieb verleihen werde.

Während dieser Debatte präsentierte Scharett den Waffenstillstandsvorschlag noch einmal als einen Zwischenschritt auf dem Weg zu einer UN-Treuhandschaft. Er sagte, er halte nicht viel von den Versicherungen des State Department, es gehe nur darum, den Krieg abzuwenden, und nicht darum, den Teilungsplan zu vereiteln. Ferner erklärte er es für zweifelhaft, ob die Arabische Legion zum Angriffskrieg blasen werde und ob die arabischen Staaten bereit seien, beträchtliche militärische Kräfte in diesen Konflikt zu investieren. Kein Wort verlor er indes über die Gespräche Mahmud Fawzis mit Proskauer, in denen Fawzi den heftigen Wunsch der arabischen Staaten, einen Krieg zu vermeiden, und ihre Bereitschaft zum Ausdruck gebracht hatte, sich mit 4.000 jüdischen Einwanderern pro Monat abzufinden, bis eine einvernehmliche Lösung gefunden wäre.

Statt eine Alternative zum Kurs Ben Gurions aufzuzeigen, entschied sich also Scharett dafür, sich dessen Linie zu eigen zu machen und sie dann etwas abzumildern. Er empfahl, den Waffenstillstandsvorschlag zurückzuweisen und die Errichtung nicht eines souveränen Staats, sondern lediglich einer provisorischen Regierung zu verkünden. Es gelte, so erklärte er, eine Wahl zu treffen zwischen dem Geist und dem Buchstaben der UN-Resolution. Dem offiziellen Zeitplan zufolge solle die Staatsgründung am 1. Oktober 1948 von der UN-Palästinakommission proklamiert werden. Da diesem internationalen Gremium indes die Legitimation für einen derart bedeutsamen Schritt fehle, könne eine provisorische Regierung eingesetzt werden, damit kein Zweifel an der Existenz eines selbständigen jüdischen Staates mehr bestehe, auch ohne förmliche Proklamation. Scharett fügte hinzu, dass es seiner Ansicht nach unklug wäre, den Gegnern Israels einen Vorwand für die Behauptung zu liefern, die Zionisten hätten unter Verstoß gegen die UN-Resolution die

Macht an sich gerissen.[105] (Einige Völkerrechtsexperten hatten ihn darauf hingewiesen, dass die UN-Resolution den Staat Israel bereits zu einer rechtlichen Realität gemacht habe und dass er daher nach Beendigung des britischen Mandats auch ohne formelle Unabhängigkeitserklärung Souveränität entwickeln könne.)

Hierbei ergab sich auch noch einmal eine Diskussion über die Möglichkeit eines separaten Waffenstillstands für Jerusalem, wie ihn Azzam Pascha durch Vermittlung der UN-Waffenstillstandskommission mit der Jewish Agency zu schließen bereit war. Einige der Gegner des allgemeinen Waffenstillstandsvorschlags fanden eine separate Lösung für Jerusalem erwägenswert. Ben Gurion bekräftigte noch einmal seinen Widerstand gegen diesen Gedanken; er behauptete, ein Waffenstillstand für Jerusalem könne nur unterzeichnet werden, wenn er zugleich für das ganze Land gültig sei. Diese Bedingung machte jede Aussicht auf eine Feuerpause in Jerusalem zunichte, da sie bei dem Chaos und der mangelnden zentralen Autorität in den arabischen Gebieten des Landes nicht durchzusetzen war.

Verschiedene Aspekte in dieser Debatte verdienen es, näher beleuchtet zu werden, vor allem die erstaunliche Tatsache, dass niemand einen Gedanken an die längerfristigen Konsequenzen verlor, die eine solche Entscheidung für die Zukunft der israelisch-arabischen Beziehungen haben könnte. Die Argumente pro und contra kreisten vielmehr ausschließlich um die praktischen Vorzüge und Nachteile bei der für unvermeidlich gehaltenen militärischen Konfrontation. Für Ben Gurion stand fest, wie der Krieg ausgehen würde. Meldungen über die Schwäche und das mangelnde Gerüstetsein der arabischen Staaten bestärkten ihn in seiner Zuversicht. Er wusste beispielsweise, dass der Oberkommandeur der britischen Truppen in Palästina, General Gordon H. A. MacMillan, die Araber trotz der Ausbildung und Unterstützung, die sie durch die Briten erfah-

---

105. Protokoll der Sitzung der People's Administration, ISA, S. 80

ren hatten, für militärisch impotent hielt.[106] Zugleich konnte er den Mitgliedern der Volksverwaltung versichern, dass schwere Waffen, Flugzeuge, Bomber, Geschütze, Panzer und anderes Rüstungsmaterial, aus der Tschechoslowakei kommend, nach Israel unterwegs seien und dass gleichzeitig auch personelle Verstärkungen aus demselben Land und aus anderen europäischen Staaten erwartet würden.

Ein weiteres Argument, das in der Debatte eine Rolle spielte, war der Hinweis auf drohende einseitige Schritte der oppositionellen Untergrundbewegungen. Menachem Begin, der Befehlshaber der Irgun, hatte gedroht, seine Gruppe werde die Unabhängigkeit proklamieren und eine Regierung ausrufen, wenn die Volksverwaltung es nicht tue. Manche israelische Historiker glauben - ohne dass es dafür bis heute einen unbestreitbaren Beweis gibt -, Begin habe diese Drohung mit vorhergehender Billigung Ben Gurions ausgestoßen, und ein Mann namens Eliezer Livneh habe diese Absprache vermittelt.[107] Ob dies nun stimmt oder nicht, fest steht zweifellos, dass bei allen Gegensätzen, die zwischen Ben Gurion und Begin in fast allen Fragen bestanden, beide gleichermaßen von dem Wunsch beseelt waren, das Territorium des jüdischen Staates über die Grenzen hinaus auszuweiten, die die Vereinten Nationen am 29. November 1947 festgelegt hatten. Ein Argument, dessen sich die zionistischen Führer wenig später bedienen sollten, lautete, durch die Invasion der arabischen Streitkräfte sei Israel aus seiner Pflicht zur Befolgung der UN-Teilungsresolution entlassen worden und könne damit das legitime Recht beanspruchen, sich zusätzliche Gebiete einzuverleiben.[108] Dies war der eigentliche Grund, aus dem Ben Gurion sich so heftig (und erfolgreich) gegen jegliche Erwähnung von Grenzen in der Unabhängigkeitserklärung sträubte.

106· Unterredung zwischen C. Berman von der Jewish Agency und dem belgischen Konsul J. Nieuwenhuys in Jerusalem, 3. Mai 1948, PDD. Dok. 465, S. 730 ff

107· Nimrod bezieht sich auf einen Artikel Livnehs in Yediot Ahronot, 15. Mai 1959, und ein Gespräch, das er vor seinem Tod mit ihm führte. Livneh gehörte 1967 zu den Begründern der Großisrael-Bewegung.

108· Scharef, *Three Days*, S. 132

Am 13. Mai billigten die Vereinten Nationen den amerikanischen Vorschlag, anstelle der UN-Palästinakommission einen Vermittler zu berufen. (Eine Woche später erklärte sich Graf Folke Bernadotte zur Übernahme dieser Funktion bereit.) Am selben Tag übermittelten fünf Mitglieder der amerikanischen Sektion der Jewish Agency, ermutigt durch einige für die zionistische Sache günstige personelle Veränderungen innerhalb der Regierung Truman, telegraphisch die Empfehlung, die Staatsproklamation auf den Morgen des 14. Mai vorzuverlegen. Sie fürchteten, die Berufung des UN-Vermittlers, der seine Tätigkeit um Mitternacht dieses Tages antreten sollte, könne einen »Schatten auf die Rechtmäßigkeit« der Proklamation am 15. Mai werfen. Man könne die Verlegung, so der Rat aus New York, nach außen hin mit dem herannahenden Sabbat begründen, um den Anschein eines bewussten Unterlaufens des jüngsten UN-Beschlusses zu vermeiden.[109] Scharett kabelte noch am selben Tag aus Tel Aviv zurück, man werde den Staat am 14. Mai 1948 um 16.00 Uhr Ortszeit ausrufen und ihn auf den Namen Israel taufen. So geschah es.

Am 15. Mai begann die Invasion der arabischen Armeen. Alle Versuche, einen Waffenstillstand herbeizuführen, waren von Ben Gurion und Abdallah vereitelt worden; Scharett mit seiner Unschlüssigkeit und seinem Opportunismus hatte ihnen dabei Hilfestellung geleistet. Die Invasion selbst, die nicht so sehr in der Absicht unternommen wurde, den neugeborenen Staat zu vernichten, als vielmehr den großsyrischen Ambitionen Abdallahs einen Riegel vorzuschieben, war ein absoluter Fehlschlag. Die Israelischen Verteidigungskräfte errangen einen überwältigenden Sieg, die arabische Welt - mit der bemerkenswerten Ausnahme Transjordaniens - blieb gedemütigt auf der Strecke.

Wie Nachum Goldmann später in seiner Autobiographie schrieb, sollte es für viele Jahre das zentrale Problem der israelischen Politik werden, die Folgen zu überwinden.

109· PDD, Dok. 502, S. 787

Der erste Krieg und der israelische Sieg zogen unausweichliche Konsequenzen nach sich, sowohl für Israel als auch für die Araber. Was diese betraf, so hatte die Kluft zu Israel sich gewaltig vergrößert. [...] Die unerwartete Niederlage war ein Schock und ein schwerer Schlag für den arabischen Stolz. Zutiefst verletzt, hatten sie nur die Heilung ihrer psychischen Wunde im Sinn: Sieg und Vergeltung. Aber die psychologische Wirkung des Siegs war in Israel nicht weniger ausgeprägt. Er schien zu demonstrieren, dass direkte Aktion mehr wert war als Diplomatie. [...] Der Sieg bot einen so glanzvollen Kontrast zu den Jahrhunderten der Verfolgung und Demütigung, der Anpassung und des Kompromisseschließens, dass es schien, als sei dies der einzige Weg für Israel in der Zukunft. Nichts zu dulden, keinen Angriff hinzunehmen, sondern gordische Knoten zu durchhauen und durch die Schaffung von Tatsachen die Geschichte zu prägen, all das schien so einfach, so zwingend, so befriedigend, dass Israel es sich in seinen Konflikten mit der arabischen Welt zum Prinzip seiner Politik erkor.[110]

110· Goldmann, *Sixty Years*, S.288 ff

SECHSTER MYTHOS

Der winzige, frischgebackene israelische Staat stand dem Angriff der arabischen Streitkräfte gegenüber wie David dem Riesen Goliath: ein zahlenmäßig weit unterlegenes, schlechtbewaffnetes Volk, das Gefahr lief, von einer übermächtigen Militärmaschinerie zerquetscht zu werden.

> »Daraus konnte kein ernsthafter Krieg werden. Es gab keine Konzentration der Kräfte, keine Anhäufung von Munition und Ausrüstung. Es gab keine Aufklärungsflüge, keinen Nachrichtendienst, keine Pläne. Allerdings, wir standen auf dem Schlachtfeld.«
>
> Gamal Abdel Nasser[1]

Am 16. Juni 1948 teilte David Ben Gurion seinem Kabinett mit, dass »700.000 Juden gegen 27 Millionen Araber stehen - einer gegen vierzig«.[2] Keine fünf Monate später, am 5. November, schrieb Israels erster Staatspräsident, Chaim Weizmann, ein weltberühmter Wissenschaftler, der für seine Gewissenhaftigkeit, Nüchternheit und die sorgfältige Wahl seiner Worte bekannt war, an Präsident Truman: »Der Versuch unserer Feinde, uns mit brutaler Gewalt zu schlagen, ist gescheitert, obwohl sie uns zwanzigfach überlegen waren.«[3] In dieser oder jener Variante taucht dieses Klischee vom Sieg gegen eine erdrückende Übermacht von Feinden, das durch offizielle und halboffizielle israelische Informationskanäle jahrzehntelang gehegt und unters Volk gebracht worden ist, immer wieder auf.

Und diese Ansicht taucht sicherlich auch in den Veröffentlichungen des amtlichen Israelischen Informationszentrums auf. In

1- Nasser, *Memoirs*, S. 9

2- Ben Gurion, *Kriegstagebücher*, S. 524

3- ISA, Dokumente, Okt. 1948 - April 1949. S. 144

einem Büchlein der bekannten proisraelischen Publizisten Terence Prittie und B. Dineen mit dem Titel The Double Exodus können wie beispielsweise über die Geschehnisse des 15. Mai 1948 lesen:

> Israel wurde von den Streitkräften Ägyptens, Jordaniens, Syriens und des Irak angegriffen - und Kontingente wurden von drei weiteren Staaten versprochen. Als die Invasoren in Israel einrückten, rechneten viele Militärexperten damit, dass Israel bald überrannt sein werde. Die arabischen Armeen waren zahlenmäßig stärker und besser ausgerüstet als die israelischen Verteidigungskräfte. [...] Die jüdische Verteidigungsarmee, die Hagana, musste die Vorkehrungen, die ihr möglich waren, halb im Verborgenen treffen.[4]

Aber nicht nur amtliche Informationsquellen beteiligen sich an der Verbreitung dieser Vorstellung: Die Encyclopedia Judaica, ein Standard-Nachschlagewerk, weiß zu berichten, zum Zeitpunkt der Gründung der IDF am 31. Mai 1948 - sie lösten die Milizen aus der Zeit vor der Staatsgründung ab - seien »die erschöpften israelischen Truppen, die anfangs über keinen einzigen Panzer, kein Kampfflugzeug und kein Geschütz verfügten und schwere Verluste erlitten hatten, frischen, gut organisierten, mit Panzern, Artillerie und Kampfflugzeugen ausgerüsteten Verbänden« gegenübergestanden.[5]

Diese Beispiele enthalten keine wirklichen Unwahrheiten, aber sie zeichnen, indem sie einen sehr kurzen und vorübergehenden Abschnitt des Kriegsgeschehens herausgreifen, ein völlig schiefes Bild der Gesamtsituation, das weder etwas über die Vorteile der IDF noch etwas über die Nachteile der arabischen Invasoren verrät. Es ist gewiß nicht meine Absicht, hier den Heroismus der jüdischen Soldaten zu leugnen oder zu verkleinern - er ist anerkannter Bestandteil der Geschichte des Unabhängigkeitskrieges und nicht Ge-

---

4· Terence Prittie und B. Dineen, *The Doubie Exodus*, London 1976

5· Encyclopedic Judaica. Bd. 9, S. 366

genstand von Zweifeln oder Kontroversen. Kein Zweifel auch an der Tapferkeit und Erfindungsgabe der Hagana und der IDF, kein Zweifel daran, dass Israel für den Sieg schreckliche Opfer gebracht hat: 6.000 Tote (4.000 Soldaten und 2.000 Zivilisten) waren zu beklagen, das entsprach einem Prozent der israelischen Bevölkerung. Aber wer die Geschichte jener folgenschweren Monate darstellen möchte, muss über die Mythen und die Propaganda hinausblicken und sich um die ganze Wahrheit bemühen.

Faktum ist, dass die Überlegenheit der Juden sowohl über die arabischen Palästinenser als auch über die arabischen Invasionsarmeen nie in Zweifel stand. Wie Winston Churchill während des Zweiten Weltkriegs am Kabinettstisch erklärte: »Im Falle eines Konflikts werden die Juden nicht nur in der Lage sein, sich zu verteidigen, sondern auch, die palästinensischen Araber zu besiegen.«[6] Nach allem, was wir wissen, waren arabische wie jüdische Militärfachleute und ebenso zahlreiche ausländische Beobachter etwa derselben Meinung.

Auf arabischer Seite war es beispielsweise der Iraki Ismail Safwat, der Vorsitzende des technisch-militärischen Ausschusses der Arabischen Liga, der dem Rat der Liga im Oktober 1947 darlegte, dass die Juden den arabischen Bewohnern Palästinas militärisch deutlich überlegen seien; er schätzte die Zahl der im Ernstfall verfügbaren israelischen Soldaten auf 50.000 bis 70.000, mögliche Verstärkungen aus dem Ausland nicht mitgezählt.[7] Er rechnete vor, dass 42 Prozent der jüdischen Einwohner Palästinas im wehrfähigen Alter seien, dagegen bei den Palästinensern nur 28,5 Prozent. Er setzte die Arabische Liga darüber hinaus über die Leistungsfähigkeit der israelischen Rüstungsindustrie ins Bild, der die Araber nichts Gleichwertiges entgegenzusetzen hatten. Wie er berichtete, stellten die Juden schon seit 1945 in unterirdischen Fabriken Munition, 50 mm-Mörser, Artilleriemunition, STEN-Kanonen und Mills-Granaten her. Später beschafften sie sich in Großbritannien, Frankreich,

6- *Geschichte der Hagana*, S. 820

7- Ibid.. S. 1205

Italien, der Tschechoslowakei und Deutschland Waffen und anderes Kriegsgerät aus Überschuß- und Restbeständen.[8]

Auch die Zionisten selbst waren sich ihrer militärischen Überlegenheit sicher. Nach den arabischen Unruhen in Jerusalem und Jaffa, die ihre Führer in der Überzeugung bestärkt hatten, dass der Jischuw selbst für seine Sicherheit sorgen müsse - da die Briten dazu offensichtlich nicht in der Lage waren -, hatten sie 1920 die Hagana als Selbstverteidigungsmiliz ins Leben gerufen. Im Juni 1947, im Jahr vor dem Unabhängigkeitskrieg, hatte Jisrael Galili, der Chef des nationalen Hagana-Oberkommandos, erklärt, die Hagana-Führung sei überzeugt, ihre Truppe könne »jeden Angriff der palästinensischen Araber abschlagen, auch wenn sie Hilfe von den arabischen Staaten erhielten. Es bedarf dazu nur der Öffnung der Häfen, um schwere Waffen einzuschleusen, mit denen man den Invasionstruppen entgegentreten kann.«[9]

Aus den Berichten ausländischer Beobachter kristallisiert sich ein ähnliches Bild heraus. Der britische Labour-Abgeordnete Richard Grossman beispielsweise schrieb 1946, die Hagana sei »die schlagkräftigste kämpfende Truppe im östlichen Mittelmeerraum, weil sie keine Privatarmee ist, sondern die Verkörperung des organisierten Verteidigungswillens der gesamten jüdischen Bevölkerung«.[10]

Vivian Fox-Strangeways, ein hoher Beamter der britischen Mandatsverwaltung in Palästina, wurde am 3. März 1948 mit der Aussage zitiert, die arabische Gefahr für den Jischuw sei in seinen Augen nicht existent. »Er könne nicht begreifen, wie irgend jemand den Berichten der Araber über ihre großen Vorräte an Barmitteln, Waffen, Panzern usw. irgendeine ernsthafte Bedeutung beimessen könne. Bei allem Respekt, den er vor der Arabischen Legion habe, wisse er doch als alter Soldat, was für eine Aufgabe es sei, Männer für den Umgang mit Panzern usw. auszubilden, und sei ziemlich überzeugt, dass die

8· Ibid., S. 1231-1248

9· Tzur, *From the Partition*, S. 61

10· *Geschichte der Hagana*, S. 820

Juden sich gegen einen arabischen Angriff gut behaupten könnten.«[11]

Zwei Wochen vor Ablauf des britischen Mandats lieferte Harold Beeley, Berater des britischen Außenministers für Palästinafragen, eine Lagebeurteilung, in der es hieß: »Zumindest eine Zeitlang könnten die Juden, verstärkt durch auf dem Seeweg herangeführte Rekruten, den schlecht organisierten und schlecht ausgerüsteten arabischen Armeen standhalten und sie möglicherweise auch besiegen.«[12] Oberst Roscher Lund, Militärexperte der Vereinten Nationen, war, wie bereits erwähnt, schon früher zu ähnlichen Erkenntnissen gelangt: »Die Juden haben dank ihres großen Reservoirs an ausgebildeten und kriegserfahrenen Offizieren einen nicht quantifizierbaren Vorteil gegenüber den Arabern. [...] Wenn man ihnen eine faire Chance gibt, zum Beispiel einen Hafen, müssten [die Juden] es eigentlich schaffen.«[13]

Am unmittelbaren Vorabend der arabischen Invasion informierte der amerikanische Außenminister George Marshall seine Diplomaten, dass »interne Schwächen in diversen arabischen Ländern ihnen das Handeln schwermachen.« Der Irak könne, so hieß es in dem Memorandum weiter, »nur eine Handvoll Soldaten entsenden«; Ägypten leide unter »Ausrüstungsmängeln«, und das wenige, das sie hätten, bräuchten sie eigentlich für »Polizeiaufgaben zu Hause«; Syrien und der Libanon seien militärisch bedeutungslos, desgleichen Saudi-Arabien. Dazu kämen schließlich noch »Rivalitäten zwischen Saudi-Arabien und den Syrern auf der einen und den Haschemiten-Regimes in Transjordanien und im Irak auf der anderen Seite, [die] es den Arabern unmöglich machen, die verfügbaren Truppen optimal einzusetzen«.[14] Mit ähnlichen Argumenten begründete der amerikanische UN-Gesandte Warren Austin seine Einschätzung, ein militärisches Eingreifen der arabischen Staaten werde, von Transjordanien

11· PDD. Dok. 247. S. 414

12· USNA 867N 01/5-24

13· PDD. Dok. 400, S. 661

14· FRUS, 1947, S. 983

abgesehen, von »vernachlässigbarer Bedeutung« sein. Unter Berufung auf britische Quellen berichtete er, die Araber nähmen »die Invasion Abdallahs und die faktische Aufteilung [Palästinas] mit dem jüdischen Staat bereits als gegeben hin« und betrachteten ihren eigenen Einfluß allenfalls als stabilisierenden Faktor.[15]

General MacMillan, Oberkommandeur der britischen Truppen in Palästina, hielt von den militärischen Fähigkeiten der Araber sogar noch weniger: Er fand sie »unter aller Kritik. [...] Die ganze Ausbildung und Unterstützung, die ihnen gewährt worden ist, war umsonst.«[16]

Etwa um dieselbe Zeit berichtete der amerikanische Botschafter in Kairo: »In Palästina [ist die] arabische Kampfmoral fast vollständig zusammengebrochen. Depression und Frustration grassieren in den meisten Ländern als Folge (a) der militärischen Erfolge der Juden überall, (b) der Unfähigkeit arabischer Militärführer, (c) der Unfähigkeit der Arabischen Liga und der Mitgliedsstaaten, trotz endloser Konferenzen, sich auf konzertiertes Programm und einheitlichen Oberbefehl zu einigen, (d) des Unvermögens, im Ausland Waffen zu besorgen. Informierte Kreise neigen zu einhelliger Ansicht, die Araber würden derzeit fast jede ihnen die Gesichtswahrung ermöglichende Lösung begrüßen, die geeignet wäre, den offenen Krieg noch abzuwenden. [Sie] könnten sogar die De-facto-Teilung akzeptieren, indem sie den Marsch von Abdallahs Truppen zur jüdisch-arabischen Grenze stillschweigend dulden. Auch die Befürchtung, dass arabische Armeen wahrscheinlich von Juden gründlich geschlagen werden.«[17] Der Generalsekretär der Arabischen Liga, Azzam Pascha, sah dagegen einen »Vernichtungskrieg und ein ungemeines Massaker«,[18] voraus.

Der Krieg spielte sich in zwei deutlich unterscheidbaren Phasen ab: die erste dauerte von November 1947 bis zum 15. Mai 1948,

15· Zitiert nach Austin, 8. Mai 1948, FRUS, 1948, S. 936-941

16· Ibid.. Dok. 465. S. 731

17· USNA 867/N 01/5-1379. Depesche Nr. 513 aus Kairo. 13. Mai 1948

18· Musa al-Alami, *Palestine Is My Country*, London 1958, S. 152 f

die zweite vom 15. Mai 1948 bis zum Januar 1949, als die ersten Waffenstillstandsvereinbarungen unterzeichnet wurden. Die erste, die Bürgerkriegsphase, setzte mit der Verabschiedung der UN-Teilungsresolution ein; die beteiligten Kontrahenten waren die Hagana und der jüdische Untergrund auf der einen, und die irregulären palästinensischen Kampftruppen in verschiedenen Teilen des Landes auf der anderen Seite, zu denen Fawzi al-Qawukji mit seiner Arabischen Befreiungsarmee stieß. Das militärische Resultat dieser Kriegsphase faßte Ben Gurion am 4. Mai, weniger als zwei Wochen vor der Invasion, wie folgt zusammen:

> Trotz unserer geringen Zahl und der fehlenden Vorbereitung haben wir bis heute nicht eine einzige Siedlung verloren, und der Feind hat es nicht vermocht, auch nur in eine einzige unserer Siedlungen einzudringen. Auf der anderen Seite sind rund 100 arabische Siedlungen von ihren Bewohnern aufgegeben worden. Über 150.000 Araber haben ihren Wohnort verlassen und sind entweder zu anderen Orten im Land oder in die benachbarten Länder gezogen.[19]

Drei Tage vor der Invasion hielt der israelische Oberbefehlshaber Yigael Yadin vor der Volksverwaltung einen Vortrag über die militärische Lage. Während die arabischen Streitkräfte, so rechnete er vor, über mehr Waffen, Panzerfahrzeuge und Flugzeuge verfügten, gleiche Israel dieses Übergewicht durch seine Produktion und Einfuhr von Kriegsmaterial, namentlich Panzerabwehrwaffen und gepanzerten Fahrzeugen, aus. Abgesehen davon, erweise sich nicht immer nur die Zahl der Waffen als entscheidend. Die Stärke des Feindes, meinte er, werde wahrscheinlich durch das Stehvermögen der israelischen Soldaten, ihre Kampfmoral, ihre überlegene Planung und Taktik wettgemacht, besonders da die Araber weder die Fähigkeit noch die Absicht hätten, ihre Kräfte auf eine einzige Front zu konzentrieren. Ben Gurion erklärte derselben Zuhörer-

---

19- Ben Gurion, *Kriegstagebücher*, S. 387

schaft: »Wir verfügen bereits über eine Vielzahl von Waffen, nur nicht hier im Land. Wenn alle Waffen, die wir haben, hier wären, könnten wir frohen Herzens in die Schlacht ziehen (wenn auch nicht ohne Verluste), selbst wenn Ägypten und der Irak sich dem Krieg gegen uns anschließen.« Galili führte ähnlich aus, wenn die im Ausland gekauften Waffen sofort geliefert würden, könnten sie innerhalb von sieben bis zehn Tagen an die Front gebracht werden und das Kampfgeschehen beeinflussen.[20]

Wie sahen die Kräfteverhältnisse am 15. Mai 1948, in nackte Zahlen gefaßt, aus? In seinem Kriegstagebuch nannte Ben Gurion für diesen Tag die Zahl von 30.574 israelischen Soldaten, von denen 40 Prozent bewaffnet waren.[21] Larry Collins und Dominique Lapierre haben diese Schätzung bestätigt:

> Bei Ausbruch des Krieges verfügten die israelischen Truppen, 30.000 Mann stark, zwar über Erfahrung und Begeisterung, aber es fehlte ihnen an Ausrüstung. Mehr als ein Drittel der Soldaten hatte keine Gewehre. Die israelischen Streitkräfte verfügten nur über sehr wenig weitreichende Geschütze, hatten keine Kanonen und Mörser, wenig Panzerabwehrwaffen und nur leichtes Fluggerät. Es gab jedoch riesige Vorräte an modernen Waffen, darunter Panzer, Flugzeuge, Artillerie und Kleinfeuerwaffen, die man im Ausland gekauft hatte und die auf den Transport nach Palästina warteten. Die beiden israelischen Waffenaufkäufer hatten 30.000 Gewehre, 5.000 Maschinengewehre, 200 schwere Maschinengewehre, 30 Kampfflugzeuge, mehrere B-12 (»Fliegende Festung«), 50 65mm-Kanonen, 35 Flak-Geschütze und 12 schwere Mörser, jeweils einschließlich großer Munitionsmengen, zusammengetragen.[22]

---

20. *Geschichte der Hagana*, 12. Mai 1948, S. 1355

21. Ben Gurion, *Kriegstagebücher*, S. 428

22. Collins und Lapierre, *O JerusaJem*, S. 410

Auf arabischer Seite waren mehrere eigenständige Armeen beteiligt, von denen die transjordanische Arabische Legion die kampfstärkste war. Diese Eliteeinheit umfasste insgesamt 6.000 Mann, darunter 4.500 Kämpfende. In jedem der vier Regimenter, von denen nur die Hälfte mit schweren Waffen ausgerüstet war, gab es eine »Flotte« von zwölf gepanzerten Fahrzeugen, drei Schützenwagen-Schwadronen und eine Kommandoeinheit. Zu ihrer Bewaffnung gehörten Panzerabwehrkanonen (Sechspfünder), Feldartillerie (25-Pfünder) und Mörser vom Kaliber 7,5 mm. Die Arabische Legion war ein ernst zu nehmender militärischer Faktor; allerdings war die von den Briten ausgebildete und auf Vordermann gebrachte Truppe auf ihre 45 britischen Offiziere und ihren britischen Kommandeur, Sir John Bagot Glubb, angewiesen. Die Briten finanzierten die Legion und kontrollierten ihren Munitionsnachschub.[23]

Der Handlungsspielraum der Legion wurde zusätzlich durch politische und operative Verpflichtungen sowohl den Juden als auch den Boten gegenüber eingeengt. Bei dem bereits einmal erwähnten Treffen zwischen dem Abgesandten von Glubb Pascha, Oberst Goldie und Schlomo Schamir von der Hagana wurde man sich darüber einig, dass die Legion lediglich die im Teilungsplan als arabisches Territorium markierten Gebiete besetzen werde. Die Legion erklärte sich sogar bereit, ihren Vormarsch über die Grenze um mehrere Tage zu verschieben, damit die Hagana Zeit gewann, auf ihrer Seite der Front die nötigen organisatorischen Vorkehrungen zu treffen.[24] Diese Verabredungen waren auf eine frühere Vereinbarung zwischen Abdallah und den Briten zurückzuführen, bei der sie sich mit Abdallahs Annektierung der arabischen Teile Palästinas einverstanden erklärt, im gleichen Atemzug aber die Mahnung ausgesprochen hatten: »Kommt nicht auf die Idee, in die den Juden zugewiesenen

23· Mahmoud, *King Abdallah and Palestine*, S. 129: Collins und Lapierre, *O JerusaJem*, S. 390 f

24· Marshall an Bevin mit Zitat von Schertok (d.i. Scharett), 8. Mai 1948, USNA 501 BB Palestine/5-848; Collins und Lapierre, *O Jerusalem*, S. 354 f

Gebiete einzufallen.«[25] Die Briten hatten mit der Abberufung ihrer Offiziere gedroht, falls die Legion in die Kämpfe verwickelt würde.[26] Es gab zwei oder drei Einflußnahmen dieser Art. Am 13. Mai wurde eine Hagana-Einheit, die zum Schutz der jüdischen Siedlung Kfar Etzion (die in einem dem arabischen Staat zuerkannten Gebiet lag) abgestellt war, von einem palästinensischen Verband angegriffen und erlitt schwere Verluste. Eine Einheit der Arabischen Legion, die gerade von der ägyptischen Grenze abgezogen und nach Jerusalem verlegt wurde, beteiligte sich an dem Angriff, verhinderte in Wirklichkeit jedoch das Massaker der jüdischen Soldaten, indem sie diese gefangennahm. Alle Gefangenen wurden später wieder freigelassen, in Übereinstimmung mit den zwischen der Jewish Agency und Abdallah vereinbarten Spielregeln.

Die zweitwichtigste militärische Kraft auf arabischer Seite war Ägypten, das 40.000 Mann unter Waffen hatte, wovon 15.000 in Al Arisch auf dem Sinai lagen. Da in Ägypten nationalistische Elemente auf einen Abzug der Briten aus der Suezkanal-Zone drängten, kam die Befürchtung auf, die Briten könnten die Nachschubwege und Nachrichtenverbindungen einer in Palästina engagierten ägyptischen Truppe abschneiden. Außerdem bestanden starke Zweifel an der Kampfbereitschaft der Armee. Am 11. Mai 1948 fragte der ägyptische Ex-Premierminister Ismail Sidqi Pascha vor dem Parlament: »Stimmt es, dass die ägyptische Armee nicht genügend ausgerüstet ist und dass ihre Munitionsvorräte nur für ein paar Tage reichen?«[27] Wenige Wochen vor Beginn der Invasion verfügten die ägyptischen Streitkräfte noch nicht einmal über eine Straßenkarte von Palästina. Ihr stellvertretender Kommandeur, Mohammed Neguib, gab zu bedenken, dass es innerhalb der beiden bereitgestellten Bataillone nur vier wirklich für den Kampf gewappnete Brigaden gebe. Seiner

25· Collins und Lapierre, *O Jerusalem*, S. 211 f

26· Douglas an State Department, 12. Mai 1948, USNA 867N 01/5 1248

27· *Egyptian Gazette*, 12, Mai 1948

Meinung nach marschierten sie in ihr Verderben.[28] Nasser erinnerte sich später in seinen Memoiren daran, dass er im Verlauf der Invasion einen ägyptischen Soldaten fragte, wo man sich gerade befinde, und zur Antwort bekommen habe: »Auf dem Übungsgelände in Ägypten.«[29] Und der UN-Diplomat Azcarate, der einmal in Kairo stationiert gewesen war, schrieb in seinem Buch Mission to Palestine: »Der ägyptischen Armee fehlte es an allem, was für einen Feldzug wie den nach Palästina vonnöten gewesen wäre. In Kairo erzählte man sich, sie hätten nicht einmal genügend Wasser-Tankwagen, um die Wüste Sinai durchqueren zu können.« Azcarate ließ sich von der »bombastischen Propaganda« der Ägypter, die einen »schnellen Vormarsch« nach Tel Aviv ankündigte, nicht darüber hinwegtäuschen, dass der erste Waffenstillstand, am 11. Juni geschlossen, »gerade noch rechtzeitig kam, um Regierung und Armee vor einer Blamage zu bewahren«.[30] Gleichwohl durften die Juden die 4.500 Mann starke, mit Flugzeugen und Panzern verstärkte Armee, die die ägyptische Regierung für Palästina aufbringen konnte, nicht ganz auf die leichte Schulter nehmen.

Die Syrer hatten an die 4.000 Mann, dazu Panzer und Artillerie, und ließen sie nach Galiläa einmarschieren. Der Irak verfügte über eine 3.000 Mann starke Panzergrenadierbrigade, das Kontingent, das der Libanon stellen konnte, war noch kleiner.[31] Freilich hatten die arabischen Staaten keine durchgreifenden Vorkehrungen für den drohenden Krieg getroffen, so dass nur die Arabische Legion wirklich kampfbereit war. Es waren keine Waffen- und Munitionsreserven angelegt worden; Ägypten verabschiedete erst am 11. Mai einen Kriegsetat und Syrien stellte etwa zum selben Zeitpunkt 6 Millionen Dollar für 5.000 zusätzliche Rekruten bereit. Von den 4 Millionen Dollar, die in die Kriegskasse der Arabischen Liga flie-

28· Collins und Lapierre, *O Jerusalem*, S. 388

29· Siehe Anm. 1

30· Azcarate, *Mission*, S. 98

31· Scharef, *Three Days*, S. 96 f

ßen sollten, waren erst zehn Prozent beisammen.[32]

Man muss daher feststellen, dass die Israelis zahlenmäßig nicht unterlegen waren. In dieser Aussage stimmen verschiedene Beobachter überein, auch wenn sie von unterschiedlichen Schätzwerten, insbesondere was die jüdischen Truppenstärken betrifft, ausgehen. In der Tabelle sind drei solcher Schätzungen aufgeführt, von Jon und David Kimche (einer pro-israelischen Quelle), von John Bagot Glubb (einer britischen Quelle) und Walid Khalidi (einer palästinensischen Quelle).[33] Die Zahlen beziehen sich auf den Stichtag 15. Mai 1948.

Khalidi unterscheidet bei seinen Zahlen für Israel zwischen regulären, voll mobilgemachten Truppen und zusätzlichen 90.000 Reservisten aus den Siedlungen, den Gadna-Jugend-Bataillonen, der Heimwehr, den Irgun und den LEHI-Gruppen. Keine dieser Quellen stellt aber eine numerische Unterlegenheit der Israelis gegenüber der Gesamtzahl der Angreifer fest.[34]

Das Verhältnis verschob sich nach dem 15. Mai zusehends weiter zugunsten Israels. Am 20. Mai, fünf Tage nach der Invasion, begannen Männer und Waffen aus ganz Europa in Israel einzutreffen. Ein Transportflugzeug, das an diesem Tag aus der Tschechoslowakei kam, brachte 10.000 Gewehre und 3.000 Maschinengewehre, dazu weitere Waffen und reichlich Munition. Die Tschechen übernahmen außerdem die Ausbildung einer ganzen Brigade, die aus jüdischen Flüchtlingen und anderen Freiwilligen zusammengestellt wurde.[35] Panzer, Feldartillerie, Funkgeräte und Fahrzeuge wurden in Westeuropa, vor allem in Frankreich, eingekauft.[36] Dieser Zustrom hielt an, solange der Krieg weiterging. Zwischen März und Juli 1948 trafen

---

32- Collins und Lapierre, *O Jerusalem*, S. 330, 388 f

33- J. und D. Kimche, *Both Sides of the Hiil: Walid Khalidi From Haven to Conquest. Readings in Zionism and the Palestine Problem Until 1948*, Beirut 1971, S. 858-871; John Bagot Glubb, *A Soldier in the Desert*, London 1958, S. 93 f, 96

34- Ibid.

35- Arnold Krammer, *The Forgotten Friendship: Israel and the Soviet Bloc 1947-53*, Urbana, Illinois, 1974

36- Cohen, *Israel and the Arab World*, S. 436

in Israel 12.939 kriegstaugliche Männer ein: 7.467 aus Marseille, 2.646 aus Italien und 2.826 aus verschiedenen Balkanländern.[37] Der in Warschau tätige »Mobilmachungsausschuß« rekrutierte bis zum 1. November 1948 über 2.000 Juden, von denen 500 bis 600 noch während des Novembers in Israel erwartet wurden.[38] Zwei Wochen später ging die Meldung ein, dass weitere 550 Rekruten aus Polen via Frankreich in Marsch gesetzt worden seien.[39] Aus den Ländern des englischen Sprachraums kamen 800 Freiwillige, die in unterschiedlichsten Funktionen in die IDF eintraten - viele als Piloten.[40]

	Kimche	Glubb	Khalidi
1. Palästinenser	-	-	2.563
2. ALA (Qawukji)	2.000	-	3.830
3. Ägypten	10.000	10.000	2.800
4. Transjordanien	4.500	4.500	4.500
5. Irak	3.000	3.000	4.000
6. Syrien	3.000	3.000	1.876
7. Libanon	1.000	1.000	700
Arabische Truppen	23.500	21.500	20.269
Israelische Truppen	25.000	65.000	27.000 + 90.000

Aus Westeuropa, Nordamerika, Lateinamerika und Skandinavien meldeten sich insgesamt rund 2400 Freiwillige zum Dienst in der Israelischen Armee, der IDF, die offiziell am 26. Mai 1948 aus

37· *Geschichte der Hagana*, S. 1466 ff

38· DFPI, Bd. 2, S. 184

39· Ibid,

40· Ben Gurion, *Kriegstagebücher*, S. 922; Israeli Ministry of Defense, *History of the War of Independence*. Tel Aviv 1975, S. 290. Ben Gurion betonte die entscheidende Rolle der Freiwilligen beim Aufbau der Luftwaffe, der Artillerie und der Marine sowie bei der Entwicklung der Rüstungsindustrie.

der Taufe gehoben wurde. Ben Gurion räumte allem, was mit dem Aufbau dieser Armee zu tun hatte, oberste Priorität ein, und das schlug sich in entsprechenden Zuwachsraten nieder. Wie er Mitte Juni vermerkte, zählten die IDF zu diesem Zeitpunkt 41.000 Mann, und der Leiter des Personalwesens, Mosche Tsadok, forderte die Mobilmachung von weiteren 26.000 Rekruten.[41] Am 19. September erfuhr Ben Gurion von Tsadok, eine Sollstärke von 90.000 Mann sei für die IDF unzureichend, und es gelte, 112.000 anzustreben. Damit konfrontiert, fragte sich Ben Gurion: »Verfügt der Jischuw über genug Menschen, um eine solche Zahl verkraften zu können? Kann der Staat diese Last tragen, und wenn, dann wie lange?«[42] Im Dezember erreichten die IDF einen Personal-Höchststand von 96.441 Mann.[43] Am 21. März 1949 ließ Ben Gurion sich von seinem Finanzexperten Horowitz darüber aufklären, dass der Militärhaushalt die Ursache für die hohen Lebenshaltungskosten im Land sei und dass die wirtschaftliche Lage sich nur durch eine drastische Verringerung der militärischen Ausgaben verbessern lasse.[44]

Jenseits aller Zahlen wog bei den ganzen Kriegsanstrengungen der Araber das Fehlen einer einheitlichen Kommandostruktur am schwersten. Abdallah, der nominelle Oberbefehlshaber, hatte nicht das Vertrauen seiner Partner. Der Iraker Safwat, der zum obersten Truppenführer ernannt worden war, trat am 13. Mai von seinem Posten zurück, »zutiefst davon überzeugt dass der Mangel an einem präzisen, einstimmig beschlossenen Plan uns nur ins Verderben führen kann«.[45] Weder Abdallah noch die Ägypter gingen nach der Invasionsstrategie vor, die die Arabische Liga im April entworfen hatte. Sie stellten politische über militärische Erwägungen. Abdallahs Arabische Legion konzentrierte sich darauf, ihre Stellungen auf

41· Ben Gurion, *Kriegstagebücher*, S. 504

42· Ibid., S. 706

43· Ibid., S. 898

44· Ibid., S. 980

45· Collins und Lapierre, *O Jerusalem*, S. 423 f

der West Bank zu halten und zu sichern, die Ägypter setzten einen Teil ihrer Truppen nach Jerusalem in Marsch, um zu verhindern, dass Abdallah dort die unumschränkte Herrschaft übernahm. Wie Glubb später verriet, hatte er den arabischen Invasionsplan nie zu Gesicht bekommen.[46]

Die arabischen Führer verschlossen keineswegs die Augen vor der Gefahr, in die sie sich mit dem Einmarsch nach Palästina begaben, zumal die Zeit in der Tat gegen sie arbeitete. Die IDF gingen aus jedem Waffenstillstand gestärkt und besser organisiert hervor, und es gab im Verlauf des Krieges mehrere solcher Zäsuren. Die arabischen Staaten fielen in Palästina nicht als eine militärische Gemeinschaft ein, entschlossen, einen gemeinsamen Feind niederzuwerfen, sondern als widerwillige Teilhaber einer von Intrigen und Eigenmächtigkeiten geplagten Koalition, in der jeder seine eigenen Interessen verfolgte und seine Partner mit Mißtrauen und Eifersucht beäugte. Es hätte gar nicht anders sein können, da die Invasion mindestens ebensosehr von dem Bestreben der arabischen Staaten diktiert war, einander in Schach zu halten, wie von dem unzweifelhaft vorhandenen Haß auf den jungen jüdischen Staat.

Abdallah machte im April keinen Hehl aus seiner nicht besonders hohen Meinung von den Streitkräften des Libanon, des Irak und Syriens sowie von der »ägyptischen Kompanie«, die »vielleicht kommen wird«. »Diese Armeen werden nicht lange standhalten«, vertraute er Elijahu Sasson an. Nur er werde dann in der Lage sein, »ihren Platz einzunehmen, weil seine Armee die einzige ist, die in ihrem eigenen Land nicht gebraucht wird [...]«[47] Abdallah spielte damit auf die innere Instabilität der meisten arabischen Staaten an, die militärische Operationen im Ausland zu einem politisch riskanten Unterfangen machten.

Ein israelischer Arabienexperte charakterisierte die Situation folgendermaßen: »Da jede arabische Armee auf eigene Faust ope-

46. Ibid.

47. Ben Gurion, *Kriegstagebücher*, S. 357 f

rierte (und sich manchmal sogar über die Niederlage einer ihrer Schwesterarmeen freute), hatten die Araber nicht die Möglichkeit, ihre Truppen je nach den Erfordernissen des Gesamterfolgs einzusetzen. [...] Nach dem ersten Waffenstillstand konnte die israelische Armee jedes arabische Kontingent getrennt angreifen und schlagen, während die übrigen sich jeweils fernhielten.«[48]

Zu diesen organisatorischen Mängeln gesellten sich erschwerend die mangelnde Motivation des einfachen arabischen Soldaten, seine schlechte Kampfmoral und seine bescheidenen technischen Kenntnisse im Vergleich zu den im Durchschnitt gebildeteren und überdies hoch motivierten jüdischen Soldaten. Viele arabische Soldaten kannten nur den Polizeidienst im eigenen Land und hatten keine Kriegserfahrung, wogegen in den Reihen ihrer jüdischen Gegner viele standen, die im Weltkrieg in den britischen oder in anderen alliierten Streitkräften gedient oder als Partisanen gegen die Nazis gekämpft hatten oder die von Hagana oder Palmach ausgebildet worden waren.

Im ersten Kriegsmonat - vom Angriff auf Kfar Etzion am 13. Mai bis zum Inkrafttreten des ersten Waffenstillstands am 11. Juni - führten die israelischen Kräfte einen weitgehend defensiven Kampf. Wie ein Analytiker des Krieges geschrieben hat: »Die ersten Lebenstage des neugeborenen Staates waren mit Schreckenserlebnissen angefüllt.«[49] An allen Fronten kam es zu schweren Kämpfen. Am 22. Mai, genau eine Woche nach der Unabhängigkeitserklärung, erlebten die Israelis ihren schwärzesten Tag. Am 24. Mai trafen aus der Tschechoslowakei die ersten Messerschmitts ein und wurden von tschechischen Technikern zusammengebaut. Ein mit Gewehren und Geschützen beladenes Schiff wurde stündlich erwartet. Ben Gurion sprach davon, dass »der Anfang des Wendepunkts« erreicht sei. Am 24. Mai erklärte er vor dem Generalstab: »Wir sollten uns (jetzt) darauf vorbereiten, zur Offensive überzugehen.« Am 8. Juli berichtete Yadin: »Als der erste Waffenstillstand zu Ende ging, über-

48· Cohen, *Israel and the Arab World*, S. 457

49· Bar Zohar, *Ben Gurion* (englische Fassung), S. 165 f. 179

nahmen wir die Initiative und ließen danach nie wieder zu, dass die Araber sie zurückgewannen.«[50]

So war es in der Tat. Etwas mehr als drei Wochen, nachdem die Israelis ihren eigenen Staat proklamiert und die arabischen Staaten zu ihrer Invasion geblasen hatten, um »den neugeborenen Staat schon bei der Geburt zu erwürgen«, gingen die israelischen Streitkräfte zum Angriff über und gaben die Initiative bis zum Kriegsende nicht mehr aus der Hand.

Die israelischen Verlustziffern liefern eine aussagekräftige Illustration dieses Kriegsverlaufs. Gemäß den Zahlen, die Jochai Sela von der Universität in Tel Aviv zusammengetragen hat, forderte der Krieg auf jüdischer Seite 5.708 Todesopfer, darunter 4.558 Soldaten. Die meisten zivilen Getöteten kamen durch Bomben und Artilleriefeuer ums Leben, und zwar vorwiegend in Jerusalem. Von den getöteten Soldaten starben 1.345 in den Monaten des Bürgerkriegs, also zwischen dem 30. November 1947 und dem 15. Mai 1948, die übrigen zwischen dem 15. Mai und dem 10. März 1949. 2.409 israelische Soldaten starben bei Angriffsaktionen, 1.947 bei Verteidigungskämpfen. Innerhalb der Grenzen des von den Vereinten Nationen festgelegten Judenstaats fanden 1.581, außerhalb dieses Territoriums 2.759 israelische Soldaten den Tod.[51] Eine letzte Statistik schließlich noch: 984 Israelis kamen bei der Abwehr von Angriffen auf jüdische Siedlungen ums Leben, 1.212 bei Angriffen auf palästinensische Siedlungen.[52]

50· Ibid.

51· Aufschlußreich ist auch eine Aufschlüsselung nach den jeweiligen Gegnern: Bei Kämpfen gegen die Arabische Legion fielen 1367 israelische Soldaten, gegen palästinensische Kampfgruppen 1092, gegen die Ägypter 910, gegen die Syrer 238. gegen die Irakis 241, gegen die Libanesen 129, gegen die Arabische Befreiungsarmee (ALA) Qawukjis 336, gegen britische Truppen 30. Trotz des geheimen Abkommens mit Abdallah wurden die meisten israelischen Soldaten also in Kämpfen gegen seine Arabische Legion getötet - aus dem einfachen Grund, weil in diesem Abkommen die Grenzen des israelischen Staates nicht festgeschrieben waren und die territorialen Besitzansprüche beider Parteien sich infolgedessen im Verlauf des Krieges immer wieder änderten.

52· Mein Mitarbeiter Jochai Sela hat die Daten aus sämtlichen Publikationen des israelischen Verteidigungsministeriums zusammengetragen und analysiert.

Zur Mythologie des Unabhängigkeitskrieges gehört die Vorstellung, die meisten israelischen Todesopfer seien bei der Verteidigung des Jischuw gegen die Invasoren zu beklagen gewesen. Die objektiven Zahlen sprechen eine andere Sprache. Sie zeigen, dass die jüdischen Verluste zu über 50 Prozent bei offensiven Unternehmungen und nur zu 21 Prozent bei defensiven eintraten. 60 Prozent aller ihrer Verluste erlitten die israelischen Streitkräfte in Kämpfen, die außerhalb der Grenzen des jüdischen Staats stattfanden.

Anfang November 1948 bezeichnete Brigadegeneral William Riley, Stabschef des nach Palästina entsandten Beobachterkorps der Vereinten Nationen, die israelischen Siege als »absolut durchschlagend«; bei den Arabern konstatierte er einen »vollständigen Mangel an militärischen Grundlagen für einen politischen Widerstand«. Die Juden dagegen hätten, so beobachtete Riley. »durch ihre militärischen Erfolge Auftrieb bekommen« und seien mittlerweile »stark genug, um innerhalb ziemlich kurzer Zeit ganz Palästina zu übernehmen«.[53]

Mitte Januar 1949 fanden sich die besiegten Ägypter zu Waffenstillstandsverhandlungen in Rhodos ein; diese wurden Ende Februar abgeschlossen. Die Iraker übergaben ihre Stellungen der Arabischen Legion und kehrten nach Hause zurück. Der Libanon unterzeichnete am 23. März ein Waffenstillstandsabkommen, desgleichen Transjordanien am 3. April und Syrien am 20. Juli. Der Krieg war vorbei. Nur die Mythen lebten weiter.

53- DFPL Dok. 105, S. 140; FRUS, 1948, Bd. 5, S. 1451 f

SIEBTER MYTHOS

Israel hat seine Hand immer zum Friedensschluß ausgestreckt, aber da kein arabischer Führer je das Existenzrecht Israels anerkannt hat, gab es nie jemanden, mit dem man Friedensgespräche hätte führen können.

»Die Gespräche in Lausanne sind steril und werden scheitern, und das ist kein Wunder. Die Juden meinen, den Frieden ohne einen minimalen oder maximalen Preis erreichen zu können.«

Elijahu Sasson[1]

Dem Mythos von der unbeugsamen Starrheit der Araber versetzte der Besuch Anwar as-Sadats in Jerusalem im November 1977 einen schweren Schlag. Was sämtlichen israelischen Friedensbewegungen in dreißig Jahren versagt geblieben war, schaffte Sadat über Nacht. Bis zu seiner nie dagewesenen Initiative spielte jedoch der besagte Mythos in der israelischen Politik eine einschneidende Rolle; mit seiner Hilfe konnten die Herrschenden jede Kritik an ihrer mangelnden Friedensbereitschaft abwehren und alle oppositionellen Stimmen zum Schweigen bringen, die an die Stelle des traditionellen »militärischen Aktivismus« des Staates Israel einen »Friedensaktivismus« setzen wollten. Heute, zehn Jähre nach Sadats Besuch, sind die meisten Israelis noch immer oder schon wieder der Überzeugung, arabische Unnachgiebigkeit sei nicht nur für den allgemeinen Stillstand und das Ausbleiben einer umfassenden Friedensregelung verantwortlich, sondern auch für alle zwischen 1948 und 1982 ausgebrochenen Krisen und Kriege.

Es liegen indes etliche Belege dafür vor, dass arabische Führer und Regierungen vor, während und nach dem Unabhängigkeitskrieg bereit waren, den Konflikt auf dem Verhandlungsweg beizulegen. Es würde den Rahmen dieser Darstellung sprengen, wollte man die

1. Sasson an Shabatai Rosenne, 16. Juni 1949, ISA 130.02/2447/2

Vielzahl der diesem Zweck gewidmeten direkten und indirekten Kontakte, Gespräche und Verhandlungen schildern und en detail analysieren. Einige wenige Beispiele mögen zum Beweis dafür genügen, dass die von Ägypten, Syrien und den Palästinensern unternommenen Initiativen Chancen genug geboten hätten, Frieden zu schließen. Chancen, die nicht genutzt wurden, weil Israel nicht bereit oder fähig war, den geforderten Preis zu zahlen.

Hält man sich die verschiedenen Friedensinitiativen vor Augen, muss man sich dessen bewußt sein, dass der in den Geschichtsbüchern heute so genannte israelisch-arabische Krieg von 1948/49 gar kein durchgehender Krieg war. Seine erste Phase dauerte, wie gesehen, nicht einmal ganze vier Wochen, vom 15. Mai bis zum 11. Juni, dem Tag der Unterzeichnung des ersten Waffenstillstands. Dieser hatte bis zum 9. Juli Bestand, danach folgten weitere zehn Kriegstage. Der zweite Waffenstillstand, am 19. Juli auf unbefristete Zeit geschlossen, wurde durch zahlreiche örtlich begrenzte, bewaffnete Zusammenstöße, zwei größere israelische Angriffe auf ägyptische Einheiten im Negev (die Operationen »Joav« und »Horev«) sowie durch kleinere Angriffe gegen Qawukjis Arabische Befreiungsarmee in Galiläa unter- und gebrochen (wie die Ende Oktober 1948 durchgeführte »Operation Hiram«). Im ganzen wurde nur sechs oder sieben Wochen heftig gekämpft.

Die arabischen Staaten erkannten schon während der ersten vier Kriegswochen, dass sie die Israelis militärisch nicht besiegen konnten. Die Arabische Legion hatte schon nach kurzer Zeit den Großteil der Gebiete unter Kontrolle, die die Vereinten Nationen dem arabischen Staat zugewiesen hatten, mit Ausnahme des westlichen Galiläa, und Graf Bernadotte, der von der UNO bestellte Vermittler, hatte den Anschluß dieser Gebiete - und dazu eines Teils des ursprünglich für Israel vorgemerkten Negev, als Ausgleich für das von den Israelis eroberte Westgaliläa - an Transjordanien empfohlen. Für König Abdallah bestand somit kein Grund mehr, weiter Krieg zu führen, und daher bemühte er sich auch um eine Verlängerung des ersten Waffenstillstands.

Die Ägypter und Syrer sahen in dieser Entwicklung den ersten Schritt hin zur Verwirklichung von Abdallahs großsyrischen Träumen und damit das Ende aller Chancen für die Errichtung eines palästinensischen Staates. Infolgedessen lehnten sie die Verlängerung des Waffenstillstands ab. Aber sie hatten sich auch zu Gefangenen ihrer eigenen Propaganda gemacht, die ihre Invasion in Palästina als einen glanzvollen Siegeszug ihrer Truppen dargestellt hatte. Aus Sorge um die innere Stabilität ihrer Regimes wollten sie der Euphorie, die dieser vermeintliche Siegeszug ausgelöst hatte, keinen Dämpfer versetzen. Als aber im Juli die Israelis nach nochmals zehn Kriegstagen in Galiläa, auf dem Weg nach Jerusalem und im südlichen Negev weiter vorangekommen waren, verlor Ägypten das Interesse an der Fortführung des Krieges. Zum Zeitpunkt des zweiten Waffenstillstandes befanden sich die Ägypter militärisch in Reichweite der Ziele, deretwegen sie ursprünglich in den Krieg gezogen waren - nämlich um Abdallah an der Annektierung der West Bank zu hindern und den Aufbau einer neuen britischen Militärbastion im Negev zu vereiteln, die den Engländern die Möglichkeit verschafft hätte, sich wieder der Suezzone zu bemächtigen. Am 19. Juli standen ägyptische Truppen noch in Hebron, Bethlehem, Jerusalem, Beer Scheva und im nördlichen Negev und versperrten Abdallah - der in den Augen der Ägypter ein Lakai des britischen Kolonialministeriums war - den Zugang zu Gaza und Elat.

Israel war sich darüber im klaren, dass die Araber den Krieg beendet sehen wollten. Am 27. September erklärte Michael Comay von der israelischen UN-Gesandtschaft seinen Kollegen, »die arabischen Regierungen hätten begriffen, dass der Krieg vorbei sei, [und] wollten sich gern daraus verabschieden [...) um ihr unglückliches militärisches Abenteuer so bald wie möglich zu beenden, allerdings unter möglichster Wahrung des Gesichts. [...] (Aber] es wird nicht ausbleiben, dass sie sich über die Aufteilung arabischer Gebiete heftigst in die Haare geraten, was eine breite Kluft in ihre gemeinsame Frontstellung gegen uns reißen würde.«[2]

2. DFPI, Bd. 1, Dok. 547, S. 640

Auch Israel wurde gedrängt, die Chancen einer politischen statt einer militärischen Lösung seiner territorialen Probleme auszuloten. Es war dem jungen Staat zunächst einmal materiell wie wirtschaftlich gar nicht möglich, auf unabsehbare Zeit einen Waffenstillstand aufrechtzuerhalten, der zwar die Kämpfe beendete, aber die Truppen zwang, in voller Kampfbereitschaft zu bleiben. Außerdem waren die Vorschläge Bernadottes nicht leicht abzulehnen, da sie in Abstimmung mit britischen und amerikanischen Strategieexperten ausgearbeitet worden waren und sich der vollen Rückendeckung des State Department und des englischen Außenministeriums erfreuten.[3] Auch Abdallahs Ansehen stieg wieder; die Arabische Legion hatte keine schweren militärischen Niederlagen erlitten, und es bestand die Gefahr, dass Abdallah Israel die Gefolgschaft aufkündigen und, unterstützt von den USA und Großbritannien, zu einem eigenständigen Machtfaktor in der Region werden würde.[4]

Die israelische Führung hatte vor allem Sorge, den Negev zu verlieren. In der Hoffnung, diesen Verlust noch vermeiden zu können, erkundete Scharett die Chancen für einen separaten Friedensvertrag mit Ägypten, mit dem Hintergedanken, auf diese Weise auch den Abdallah-freundlichen Empfehlungen Bernadottes entgegenwirken zu können. Scharett wies daher alle mit arabischen Fragen befaßten Israelis an, ihre Kontakte über Transjordanien hinaus auszuweiten und deutlich zu machen, dass Israel einen eigenständigen arabischen Staat in Paläsüna lieber sehen würde als die Einverleibung der West Bank durch Abdallah.[5] Dieses Lippenbekenntnis zu einem Palä-

3· Der Vorschlag, den Negev an Transjordanien anzuschließen, stammte von Harold Beeley, dem führenden britischen Nahost-Experten. Er hatte auch vorgeschlagen, das westliche Galiläa, Jaffa und einige Bezirke der Region Jenin und Tulkarm im Ausgleich dafür an Israel fallen zu lassen. Der Leiter der US-Gesandtschaft bei den Vereinten Nationen, Philip Jessup, befürwortete die Idee, rechnete aber mit heftigem Widerstand in Israel, wo sich gerade mit dem Negev hochfliegende Erwartungen in punkto Wirtschaftsentwicklung und anderem verbanden. Jessup schlug vor, Israel im Negev zusätzliche Konzessionen und die Nutzung des Hafens Akaba anzubieten. FRUS. 1948. S. 1161, 1166

4· Ibid., Philip Jessup, 30. Juni 1948, S. 1162 f

5· Scharett an Schitreet, 10. Aug. 1948, DFPI, Bd. 1, Dok. 436, S. 498; siehe auch Brief an Sasson, 8. Aug. 1948. ibid. Dok. 437, S. 499

stinenserstaat war zwar nur eine Trumpfkarte im taktischen Spiel gegen Abdallah, aber nichtsdestoweniger führten die Anweisungen Scharetts zu Ergebnissen. Im August 1948 eröffnete das von Sasson geleitete Arabien-Referat des israelischen Außenministeriums ein Büro in Paris, das bald zu einem Knotenpunkt für Kontakte zu arabischen Führern, Diplomaten und diversen Vermittlern wurde, die alle ihre eigenen Friedenspläne verfolgten. Die von Sasson angefertigten Berichte über diese Kontakte unterliegen bis heute der Geheimhaltung, aber aus Dokumenten, die das Israelische Staatsarchiv bereits veröffentlicht hat, geht klar genug hervor, dass die arabischen Friedensbemühungen ernst gemeint waren, ebenso klar aber auch, woran sie scheiterten.

Am 21. September traf in Paris ein ägyptischer Diplomat ein, der von König Faruks Kabinettschef den Auftrag hatte, die Möglichkeit eines Separatfriedens mit Israel zu erkunden. In einer vierstündigen Unterredung machte der Diplomat deutlich, dass Ägypten den britischen Plan, den Negev und die West Bank in Transjordanien »einzugemeinden«, ablehnte. Er bekräftigte die Opposition der arabischen Staaten gegen eine Teilung Palästinas und gegen die Anerkennung Israels und berichtete, dass auf einer Sitzung des politischen Ausschusses der Arabischen Liga Ägypten, Syrien und der Libanon auf der Errichtung eines selbständigen Staates im arabischen Teil Palästinas bestanden hätten, der sich »irgendwann den jüdischen Teil einverleiben« würde. Zugleich ließ er aber durchblicken, die arabischen Staaten würden nicht aus der UNO austreten, wenn Israel als Mitglied aufgenommen werde - und sie würden, wichtiger noch, die Fortführung des Krieges nicht befürworten. Ägypten werde, so der Diplomat weiter, weiterhin den Mufti und seine in Gaza residierende palästinensische Regierung unterstützen, aber nicht weil man damit Israel schrecken wolle, sondern um die Pläne der Haschemiten zu durchkreuzen. Schließlich forderte der ägyptische Abgesandte Israel auf, Vorschläge für einen Friedensvertrag mit den arabischen Staaten oder mit Ägypten allein vorzulegen; darin müssten »Garantien gegen eine zukünftige territoriale Expansion und ein eventuelles Bündnis Israels mit Kommunisten« enthalten sein.[6]

Sasson reagierte prompt. Schon am folgenden Tag legte er einen Entwurf für einen Separatfrieden mit Ägypten vor. Dessen Hauptpunkte besagten, dass 1. Ägypten den Staat Israel als fait accompli anerkennen und den Krieg gegen ihn ebenso einstellen werde wie die Unterstützung der den Krieg weiterführenden Staaten; dass 2. Israel die gegenwärtige ägyptische Regierung respektieren und keine gegen sie opponierende Kraft unterstützen werde; dass 3. Ägypten sich aus allen palästinensischen Gebieten, die es gegenwärtig besetzt hielt, zurückziehen, die jüdischen Gebiete an die IDF und die arabischen an ihre rechtmäßigen Bewohner zurückgeben werde; dass 4. Israel sich verpflichte, die arabischen Gebiete nicht zu besetzen, es sei denn, andere arabische Streitkräfte versuchten sie zu besetzen, oder die Bewohner verhielten sich feindselig; und dass 5. Israel jede Volksabstimmung über die Zukunft der arabischen Gebiete Palästinas - entweder als selbständiges Staatswesen oder als föderativer Partner eines Nachbarstaats - respektieren werde, sofern diese Abstimmung ohne Einflußnahme seitens eines arabischen Staates oder des AHC vor sich ging. In neun weiteren Punkten ging es um die Wiedereingliederung der Flüchtlinge, um gegenseitige Garantien gegen territoriale Expansionsbestrebungen, um den Nichtbeitritt zu internationalen Bündnissystemen, die die andere Seite in Zugzwang bringen würden, um die Möglichkeit eines Austauschs von Bevölkerungsminderheiten und um weitere zahlreiche, den Frieden fördernde Gesichtspunkte - beispielsweise die Anregung, die Arabische Liga in Orient-Liga umzutaufen, damit Israel Mitglied werden könne.[7]

Die ägyptische Reaktion auf dieses 14-Punkte-Programm Sassons bestätigte die Israelis in ihren Erwartungen, dass die Basis für einen Separatfrieden und eine Zusammenarbeit mit Ägypten gegeben sei. Die Ägypter befürchteten nämlich, wenn die UNO die

---

6· Sasson an Außenministerium, ibid., Dok. 541, S. 632

7· Ibid., S. 634 ff

Bernadotte-Vorschläge billige, werde dies zum Aufbau einer britischen Militärbastion im Negev führen. Sie erklärten sich lediglich zur Räumung der jüdischen Gebiete Palästinas bereit, da ihnen, wie sie erklärten, die Zukunft jener arabischen Teile Palästinas, von denen »eine potentielle strategische Bedrohung« für sie ausgehen könne (Gaza und ein grenznaher Streifen im südlichen Negev), »nicht gleichgültig sein« könne. Einverstanden erklärten sie sich mit einer Wiederansiedlung der Flüchtlinge ausschließlich in arabischen Teilen Palästinas. Was die Garantien gegen künftige Expansionsbestrebungen betraf, so verlangten sie nach einer verbindlichen Definition dessen, was unter Garantien zu verstehen sein sollte, und stellten die Bedingung, dass es sich um internationale Garantien handeln müsse. Über einen Bevölkerungsaustausch zu reden, lehnten sie zu diesem Zeitpunkt ab. Sie machten keinen Hehl aus ihrer Angst vor den Gebietsansprüchen der Israelis und vor der jüdischen Masseneinwanderung und forderten eine Erörterung dieses Problems wie auch eine Diskussion über den Status Jerusalems und der heiligen Stätten. Ihre letzte Anfrage lautete, ob es möglich sei, über einen »Geheimvertrag gegen den Kommunismus im Nahen Osten« zu verhandeln.

Scharett maß die Bedeutung der ägyptischen Antwort auch an den Dingen, die nicht darin standen. Für ihn steckte ein stillschweigendes Einverständnis darin, Israel anzuerkennen, keine Forderung nach Rückkehr geflüchteter Palästinenser in die jüdischen Gebiete zu erheben und die Arabische Liga umzutaufen. Das wichtigste war für die Ägypter offenbar die Annexion Gazas, ein Vorhaben, das Scharett zu tolerieren geneigt war, falls daraus für Israel keine Konflikte mit Transjordanien oder Großbritannien erwuchsen.

Die große Frage lautete: Entsprach diese Antwort den wahren Absichten der ägyptischen Regierung?[8] Offenkundig war dem so, denn über den Entwurf von Sassons Friedensvertrag informierte der ägyptische Abgesandte die militärischen und politischen Berater der ägyptischen Delegation, die zu einer eigens für die Prü-

8. Scharett an Eytan, 5. Okt. 1948, DFPI. Bd. 2, Dok. 8, S. 21 f

fung der Bernadotte-Vorschläge anberaumten UN-Sondersitzung in Paris anreiste. In der Antwort, die die Ägypter nach Prüfung des Papiers an Sasson übermittelten, betonten sie ihre Befürchtungen hinsichtlich des »territorialen Expansionismus, der wirtschaftlichen Vorherrschaft und der kommunistischen Unterwanderung Israels«. Sie stellten klar, dass Ägypten den arabischen Teil Südpalästinas annektieren wolle, um für den Fall eines bewaffneten Konflikts Kämpfe auf ägyptischem Boden vermeiden zu können und um das Gebiet »nicht in die Hände Transjordaniens fallenzulassen, das es den Briten als Militärbasis überlassen würde«. Sie erhoben keine Ansprüche auf Jerusalem oder das Gebiet von Hebron, wandten sich aber gegen eine jüdische Verwaltungshoheit über die heiligen Stätten der Moslems. Sie bestanden allerdings auf der Errichtung eines palästinensischen Staates mit einem Freihafen in Haifa und baten schließlich darum, die Verhandlungen beschleunigt zu führen, damit Ägypten sich aus den palästinensischen Angelegenheiten zurückziehen könne - »mit Würde und ohne Beeinträchtigung seiner Interessen«.[9]

Mit seiner Antwort auf die Vorschläge bezweckte Scharett zunächst einmal nur, die Verhandlungen am Leben zu erhalten. Jede Festlegung in der Gaza-Frage vermeidend, erklärte er: »Die ägyptischen Vorstellungen werden zur Kenntnis genommen«, Israel gehe aber davon aus, dass »der endgültige Verbleib dieses Gebietsstreifens durch das Andauern seiner gegenwärtigen Besetzung nicht beeinflußt« werde und dass die Frage »im Verlauf der Diskussion wieder erörtert werden« könne. Er regte an, auch die gewichtige Frage eines Palästinenserstaates vorläufig offenzulassen. Abgesehen von diesen Vorbehalten, akzeptierte Scharett, der wegen der Sitzungen der UN-Gremien in Paris weilte, die meisten von den Ägyptern vorgebrachten Punkte; parallel dazu bat er Ben Gurion um seine Meinung dazu.[10]

Ben Gurions Antwort ließ nicht lang auf sich warten; er lehnte einen Anschluß Gazas an Ägypten ab, da dies »die Briten und Ab-

9. Ibid.

10. Ibid.

dallah unnötig provozieren« würde; dessenungeachtet stellte er es Scharett frei, den folgenden taktischen Vorschlag zu unterbreiten: »Wenn Ägypten einen britischen Stützpunkt im Negev verhindern möchte, sollte es mit uns bei der Schaffung eines selbständigen arabischen Staates [in] Palästina zusammenarbeiten, der Mitglied in der Orient-Liga werden« würde. Man schrieb mittlerweile die erste Oktoberwoche. Am 11. Oktober reiste Sasson nach Genf, um sich mit Muhammad Husain Heikal, dem Vorsitzenden des ägyptischen Senats, zu treffen.[11] Vier Tage später leitete Ben Gurion die »Operation Joav« ein, um die Ägypter aus dem Negev zu vertreiben. Die Operation lief auch unter der Bezeichnung »Zehn Plagen«, eine Anspielung auf die in der Passah-Geschichte überlieferte Bestrafung der Ägypter durch den Zorn Gottes. Das militärische Vorgehen Israels - in dessen Verlauf die ägyptischen Truppen nach Süden bis an die Küste des Roten Meers zurückgedrängt, Beer Scheva erobert und ein ägyptisches Bataillon in Faluja eingeschlossen wurde - setzte allen Versuchen Scharetts, die Bernadotte-Vorschläge mit politischen Mitteln zu Fall zu bringen, ein Ende.

Der Entschluß Ben Gurions, alles auf die militärische Karte zu setzen, wurde trotz einer Warnung des UN-Vermittlers Ralph Bunche in die Tat umgesetzt, der erklärt hatte: »Eine Wiederaufnahme der Kampfhandlungen würde ein Eingreifen der Großmächte unausweichlich machen [...] und [dies] würde sicherlich zu einem Weltkrieg führen.« Da Israel eine solche Möglichkeit voraussah, hatte es bereits Kontakte mit der UdSSR aufgenommen.

Bevor die »Operation Joav« anlief, hatte der israelische Militärattaché in Moskau eine lange Unterredung mit General Alexej I. Antonow, dem stellvertretenden sowjetischen Generalstabschef, geführt. Man hatte »über die militärische Lage im Nahen Osten, die arabischen Streitkräfte, die Bedeutung des Negev, die Qualität der israelischen Armee sowie über Probleme des Waffennachschubs

11 · Ibid., Dok. 17. S. 44. Dok. 22. S. 52

und der Stützpunkte für den Luft- und Seetransport« gesprochen.[12] Auch am Sitz der Vereinten Nationen hatten israelische Diplomaten mit ihren sowjetischen Kollegen Unterredungen geführt. Die Sowjets hatten bei diesen Gesprächen hervorgehoben, wie wichtig es sei, die in der UN-Teilungsresolution vorgeschlagenen Grenzverläufe und die Aussagen über die Zukunft der arabischen Landesteile zu respektieren. In diesem Sinne erkannten die Sowjets Israel durchaus das Recht zu, in Übereinstimmung mit der Resolution seine Souveränität über den Negev geltend zu machen.[13] Wie es scheint, ging es ihnen zu diesem Zeitpunkt vor allem darum, den Bernadotte-Plan zu Fall zu bringen und, im Einklang mit den Ägyptern, die Errichtung einer britischen Basis im Negev zu verhindern.

An die »Operation Joav« schloß sich die »Operation Horev« an, in deren Verlauf den Ägyptern weitere schwere Niederlagen zugefügt wurden, so dass sie sich bald gezwungen sahen, in Übereinstimmung mit den Forderungen des UN-Sicherheitsrats in Waffenstillstandsverhandlungen einzuwilligen.

Damit war das Schicksal der ägyptischen Friedensinitiative besiegelt. Eine zweite Initiative kam aus Syrien, so überraschend dies gegenwärtig klingen mag, da dieses Land nun als der Hort arabischer Unnachgiebigkeit und Neinsagerei schlechthin gilt. 1948 waren viele führende israelische Diplomaten und Arabienkenner (darunter Walter Eytan, Ezra Danin und Joschua Palmon) der Überzeugung, Syrien werde als erstes arabisches Land seinen Frieden mit Israel machen. Diese Überzeugung war die Frucht einer weit zurückreichenden Geschichte wechselseitiger Besuche und Kontakte zwischen führenden Persönlichkeiten des Jischuw (wie Scharett und Weizmann) und Mitgliedern des syrischen Nationalen Blocks, der von Jamil Mardam geführten Unabhängigkeitsbewegung. Mardam,

---

12· Ibid., Dok. 9. S. 29 f

13· Am 10. Oktober traf Scharett mit Andrej Wischinski und Adam Malik von der sowjetischen UN-Delegation zusammen. Er versicherte ihnen, Israel ziehe einen separaten arabischen Staat vor, dürfe aber wegen der Meinungsverschiedenheiten innerhalb der arabischen Welt und wegen anderer Faktoren, die es nicht in der Hand habe, andere Möglichkeiten nicht aus dem Auge lassen. DFPI, Bd. 2, Dok. 20, S. 46

der seit 1913 an der Spitze dieser Bewegung stand, war 1936-38 Syriens erster Premierminister und übte dieses Amt 1946-48 ein zweites Mal aus, wonach er sich aus dem öffentlichen Leben zurückzog. Mardam war zwar gegen eine Teilung Palästinas, hielt aber das zionistische Staatsprojekt in Palästina für eine Realität, an der man nicht vorbeigehen konnte - ja, er glaubte, die Zionisten könnten einen positiven Beitrag zur Entwicklung des Nahen Ostens leisten. Die Führer des Nationalen Blocks bemühten sich, dem Extremismus des Muftis und seiner Mitstreiter Zügel anzulegen, zugleich aber die Jewish Agency davon zu überzeugen, dass die Husainis die einzigen seien, die als Partner für eine Beilegung des Konflikts auf dem Verhandlungsweg in Frage kamen.[14]

Diese Argumentation spiegelte das widersprüchliche Interesse Syriens wider, das sich einmal für die arabische Einheit einsetzte und gleichzeitig einen unabhängigen arabischen Palästinenserstaat haben wollte und zusätzlich eine radikal fortschrittsorientierte Wirtschaftspolitik verfolgte. Den Syrern schwebte vor, die Araber dazu zu bringen, dass sie sich von einer semi-feudalen Agrargesellschaft zu einer modernen Industriegesellschaft entwickelten. In der UN-Debatte über Palästina unterstützte Syrien daher die Palästinenser vorbehaltlos und suchte zugleich mit Ägypten nach Mitteln und Wegen, um einen totalen Krieg zu vermeiden. Syrien ließ sich nur widerstrebend in den Krieg hineinziehen. Dabei spielte der Druck der als bedrohlich empfundenen großsyrischen Pläne Abdallahs eine Rolle wie auch die nach Taten verlangende öffentliche Meinung.

Die kleine syrische Armee war von keiner großen Bedeutung bei der Invasion, doch gelang es ihr, im nordöstlichen Galiläa einen Brückenkopf am westlichen Jordanufer zu errichten, die Räumung der jüdischen Siedlungen Shaar Hagolan, Masadah und Zemach zu erzwingen und Mishmar Hayarden zu besetzen. Die Niederlagen, die das ägyptische Kontingent im Süden erlitt, bestärkte die Syrer dann aber in ihrem Gefühl, die Invasion sei zum Scheitern verurteilt. Zu

---

14- Scharett, *Diaries*, Bd. 1, S. 113, 118

schaffen machte ihnen zudem eine innere Opposition, die auf soziale Reformen drängte. Im Januar 1949 teilten der neue syrische Premierminister, Khalid al-Azm, und Staatspräsident Shukri al-Quwwatli dem amerikanischen Botschafter in Damaskus mit, dass Syrien den Krieg beenden wolle, um sich auf seine wirtschaftliche Entwicklung konzentrieren zu können.[15] Sie nannten zwei Vorbedingungen für eine Friedensregelung: Selbstbestimmung für die Palästinenser und eine Änderung der internationalen Grenze durch den See Genezareth, um den syrischen Bauern ihre traditionellen Fischrechte zu sichern.

Noch im selben Monat wandte sich der von den Syrern beauftragte Vermittler Alphonse Ayub direkt an die Israelis. Er versuchte, einen Gesprächstermin bei dem Pariser Vertreter Sassons, Ziama Divon, zu erhalten, doch dieser lehnte es glattweg ab, ihn zu empfangen, und begründete seine Weigerung damit, die Syrer würden ja doch nur eine Aufteilung der Jordan-Quellflüsse verlangen.[16]

Um von den Amerikanern Unterstützung zu bekommen, schloß die syrische Regierung einen Vertrag mit der ARAMCO über den Bau einer Pipeline von Saudi-Arabien durch das syrische Staatsgebiet zum libanesischen Hafen Sidon. Das syrische Parlament weigerte sich jedoch, den Vertrag zu ratifizieren, da ihm die amerikanische Unterstützung des Zionismus zuwider war. Wenig später, am 30. März, riß Oberst Husni al-Zaim durch einen Staatsstreich die Macht an sich und ratifizierte unverzüglich den Vertrag.

Die viereinhalb Monate, in denen Syrien von Oberst Zaim regiert wurde - er wurde von denselben Offizieren, mit deren Hilfe er seinen Staatsstreich verübt hatte, abgesetzt und standrechtlich hingerichtet -, gehören zu den faszinierendsten Episoden in der Geschichte der israelisch-arabischen Beziehungen. Zaim, der Syrien aus dem Krieg herauslotsen und eine Reihe ehrgeiziger Entwicklungsprojekte in Gang setzen wollte, wies seine Armeeführung an, in Waffenstillstandsverhandlungen mit Israel einzutreten (was am 5. April geschah),

---

15· FRUS, 1949, S. 63 7 ff, 742 f, 796-800

16· Divon an Sasson, 25. Jan. 1949. ISA 3749/2

und erbot sich darüber hinaus sogar, mit Ben Gurion über ein regelrechtes Friedensabkommen zu verhandeln. Er hatte sich eine Regelung ausgedacht, die vorsah, dass Syrien fast die Hälfte aller palästinensischen Flüchtlinge, nämlich 300.000, aufnehmen und im Gebiet von Jazira im nördlichen Syrien ansiedeln würde. Die amerikanische Regierung begrüßte diesen Vorschlag wärmstens, war sie doch zu diesem Zeitpunkt noch überzeugt, dass eine Wiederansiedlung mit der technischen und finanziellen Hilfe der USA das Flüchtlingsproblem lösen und eine wichtige Rolle für die wirtschaftliche Entwicklung in den arabischen Staaten spielen werde. Auf diese Weise würden auch die Bindungen an den Westen vertieft. Die Vereinigten Staaten erkannten die Regierung Zaim am 26. April 1949 an.

In Israel reichten die Reaktionen auf das Angebot Zaims von Gleichgültigkeit über Argwohn bis zu schroffer Ablehnung; nur vereinzelte Stimmen wiesen auf die außergewöhnliche Chance hin, die dieses Angebot bergen konnte. Gewiß, Zaim galt als Abenteurer und Größenwahnsinniger, der seine diversen hochfliegenden Pläne und Projekte meistbietend anzupreisen pflegte. 1941 war er von Vichy-Frankreich eingesperrt worden, weil er Gelder, die ihm für den Aufbau einer Guerillaorganisation zum Kampf gegen das unbesetzte Frankreich und Großbritannien anvertraut worden waren, angeblich in die eigene Tasche gesteckt hatte, ohne auch nur Anstalten zur Erfüllung seines Auftrags zu machen. Ende 1948 hatte er israelischen Arabienexperten das Angebot unterbreitet, für eine Million Dollar die syrische Regierung zu stürzen und eine andere Politik zu erzwingen. Jedoch der israelische Widerwille gegen eine Zusammenarbeit mit Zaim war wohl kaum moralisch motiviert; andere arabische Dissidenten wurden regelmäßig mit Geld versorgt, um ihre Pläne verwirklichen zu können - Abdallah war ein typisches Beispiel.

Bei aller persönlichen Exzentrizität bemühte sich Zaim doch während seiner kurzen Regierungszeit erkennbar darum, fortschrittliche soziale und wirtschaftliche Reformen durchzuführen, und er erfreute sich dabei der Unterstützung der überwältigenden Mehrheit des syrischen Volkes. Im Juni 1949 ließ er sich per Volksabstimmung zum Staatspräsidenten von Syrien wählen. Er gewährte den Frauen das Wahlrecht und entzog die religiösen Familienstiftungen (Waqfs) der privaten Kontrolle. Israel schlug sein Friedensangebot aus, weil Ben Gurion entschlossen war, Waffenstillstandsbedingungen nicht am grünen Tisch auszuhandeln, sondern auf dem Schlachtfeld. Er sei nicht bereit, erklärte er, sich auf ein Gespräch oder eine Feuerpause einzulassen, ehe nicht die Syrer alle ihre Brückenköpfe in Palästina räumen und ihre Truppen bis an ihre Staatsgrenze zurückziehen würden.

Umsonst stellten die Syrer sich auf den Standpunkt, die Demarkationslinien nach dem Waffenstillstand seien Ausdruck des militärischen Status quo (wie dies Israel gegenüber den Ägyptern wie selbstverständlich geltend machte - wo freilich die Israelis diejenigen waren, die Brückenköpfe erobert hatten). Schon vor der Aufnahme von Verhandlungen über den von ihnen vorgeschlagenen Waffenstillstand ihre Truppen zurückzuziehen, kam für die Regierung Zaim aus Gründen des Prestiges und der Selbstachtung nicht in Frage. Bemerkenswert scheint mir, dass nicht einmal das Angebot Zaims, fast die Hälfte aller Palästina-Flüchtlinge dauerhaft aufzunehmen, Ben Gurion kompromißbereiter zu stimmen vermochte. Er wies seine Unterhändler an, den Syrern nicht das kleinste Zugeständnis zu machen. Das zentrale Problem zwischen Israel und Syrien stellten offenbar die Quell- und Nebenflüsse des Jordan dar. Scharett bemerkte dazu im Gespräch mit Sasson: »Wenn Syrien die Ufer des Jordan und der Seen beherrscht, wird dies unsere Hoffnungen und Pläne für Bewässerungsprojekte hinfällig machen. Was England seinem Bündnispartner Frankreich nicht zugestehen wollte, werden wir unter keinen Umständen Zaim zugestehen.«[17]

Scharett, der an Plänen zur Wiederansiedlung von Flüchtlingen stets sehr interessiert war, fand das Angebot Zaims trotz allem bedenkenswert, und er machte durch den Vermittler der Vereinten Nationen den Vorschlag, sich mit Zaim oder dessen Außenminister

17· Scharett an Sasson, 16. Juni 1949, ISA 130.02/2442/7

Adil Arslan zu treffen und Bewegung in die festgefahrene Situation zu bringen. Scharett hatte vor, bei einer solchen Begegnung über ein Waffenstillstands- und anschließend ein Friedensabkommen zu sprechen. Zaim bestand jedoch darauf, als Stabschef und Staatsoberhaupt Syriens mit Ben Gurion zu konferieren, in dem er den wahren Regierungschef Israels und damit seinen angemessenen Verhandlungspartner sah. Die Aushandlung eines Waffenstillstands könne man, so glaubte er, getrost den zuständigen Kommissionen überlassen. Scharett war ob dieser Zurückweisung so gekränkt, dass er Abba Eban bat, »dieses glanzlose Kapitel zu beenden«, das nur eine »erneute Unverschämtheit« und ein Versuch der »Täuschung und Irreführung« gewesen sei.[18]

Wie George McGhee, Sonderberater des amerikanischen Außenministers, Koordinator der amerikanischen Hilfe für Griechenland und die Türkei und später für die Hilfsmaßnahmen zugunsten der palästinensischen Flüchtlinge, etliche Jahre danach erklärte, sei das Angebot von Zaim eine der günstigsten Gelegenheiten gewesen, das Flüchtlingsproblem zu lösen.[19]

Der israelische Historiker Avi Schlaim hat die Episode vor kurzem in den treffenden Sätzen resümiert: »[Zaim] eröffnete Israel während der kurzen Dauer seiner Herrschaft jede Chance, das Kriegsbeil zu begraben und den Grundstein für eine langfristige friedliche Koexistenz zu legen. Wenn sein Anerbieten verschmäht wurde, wenn man seine konstruktiven Vorschläge nicht prüfte, wenn damit eine historische Chance vertan wurde [...], gilt es, den Fehler nicht bei Zaim zu suchen, sondern auf der israelischen Seite.«[20]

Der Waffenstillstandsvertrag mit Syrien wurde am 20. Juli 1949 nach dreieinhalbmonatigen zähen Verhandlungen geschlossen, unter der Begleitmusik wechselseitiger Drohungen, die Kampfhand-

18- Scharett an Eban, 8. Juni 1949, ibid., Dok. 328, S. 597

19- George McGhee, Envoy lo lhe Middle East: Adventure in Diplomacy, New York 1983, S. 35 f

20- Avi Schlaim, *Husni Zaim and the Plan to resettie Palestinian Refugees in Syria* (unveröff. Manuskript eines Beitrags zum Refugee Documentation Project) York University, Toronto 1984

lungen wiederaufzunehmen. Erst auf Druck der USA und des UN-Vermittlers Ralph Bunche einigten beide Seiten sich schließlich auf einen Kompromiß. Die Syrer erklärten sich bereit ihre Brückenköpfe auf israelischem Boden zu räumen, allerdings unter der Bedingung, dass das Gebiet zur entmilitarisierten Zone erklart und geflüchteten Zivilisten die Rückkehr in ihre Dörfer gestattet werde. Für die Aufrechterhaltung der inneren Ordnung werde lediglich eine lokale Polizeitruppe sorgen. Die entmilitarisierte Zone blieb freilich ein Zankapfel. Die Israelis bemühten sich, sie faktisch zu remilitarisieren; es kam beständig zu Zusammenstößen und Spannungen. Syrien versuchte angesichts dessen verzweifelt, die arabische Welt gegen diese Taktik Israels aufzubringen. Das war der fruchtbare Boden, auf dem die sozialistische Baath-Partei immer mehr Macht gewann. Sie strebte nach sozialen und wirtschaftlichen Reformen, der Modernisierung der Gesellschaft und der Einheit der arabischen Welt um der Konfrontation mit Israel willen.

Die Propagandaformel, die das israelische Außenministerium alsbald ausgab, lautete, die arabischen Staaten seien dabei, eine »zweite Runde«, einen Vergeltungskrieg, vorzubereiten. Zu diesem Zweck hätten sie zu einem »fieberhaften Rüstungswettlauf« angesetzt und spannten palästinensische Flüchtlinge für Sabotageakte, Terroranschläge und Infiltrationstaktiken ein. Diese Propaganda erwies sich als höchst wirksam. Sowohl die israelische Öffentlichkeit als auch die Weltmeinung wurden zu dem Glauben erzogen, die Parole von der »Auslöschung Israels« sei »nicht etwa bloß ein Schlagwort für den innerarabischen Hausgebrauch, sondern eine fixe Idee, die irgendein arabischer Staat früher oder später in die Tat umzusetzen versuchen werde«.[21]

In Wahrheit fielen die Araber nach den demütigenden Niederlagen zunächst einmal einer ganzen Reihe von Zerwürfnissen, inneren Krisen, Krämpfen und Umwälzungen anheim und waren deswegen gar nicht in der Lage, einen Revanchekrieg zu planen. Mit marki-

21· Earl Berger, The Covenant ond the Sword, London 1965, S. 16

gen Drohungen lenkten sie von ihren Konflikten ab, während sie in Wirklichkeit bereit waren, über einen Übergang von den Waffenstillstandsverträgen zu einem dauerhaften Frieden innerhalb des Rahmens der Palästina-Versöhnungskommission (PCC) zu verhandeln. Diese Kommission wurde durch den Beschluß Nr. 194 der Vereinten Nationen vom 11. Dezember 1948 ins Leben gerufen und hatte die Aufgabe, sich um die Eingliederung von Palästina-Flüchtlingen zu kümmern, die in ihre Heimat zurückkehren und »mit ihren Nachbarn in Frieden leben« wollten. Die arabischen Staaten hatten, in der Hoffnung, durch ein kämpferisches und unnachgiebiges Auftreten ein Abbröckeln der amerikanischen Unterstützung für Israel bewirken zu können, gegen den Beschluß gestimmt. Nichtsdestotrotz erklärten sie sich zur Zusammenarbeit mit der PCC bereit, war doch zu diesem Zeitpunkt schon offensichtlich, dass das Flüchtlingsproblem ein zentrales Thema jeder Friedenslösung sein musste.

Die Kommissionsmitglieder wurden von den fünf ständigen Mitgliedern des UN-Sicherheitsrats ernannt; gegen die Stimme der UdSSR beriefen sie amerikanische, französische und türkische Vertreter in das Gremium. Die USA hatten ein lebhaftes Interesse an der Lösung des Flüchtlingsproblems, da sie soziale Unruhen fürchteten und somit der westliche Einfluß untergraben werden könne. Nachdem es den Amerikanern also gelungen war, die Sowjets davon auszuschließen, dass sie bei der Bewältigung des brennendsten Problems im Nahen Osten mitwirkten - in einer Zeit wachsender internationaler Spannungen und des heraufziehenden Kalten Krieges -, gingen sie mit großer Energie daran, die PCC zu unterstützen.

In der Praxis bedeutete das zunächst einmal, dass sie erheblichen Druck auf Israel ausübten, das sich gegen jegliche Vermittlung heftig sperrte. Die Kluft zwischen Arabern und Israelis war bei der Frage der Grenzen und der Flüchtlinge so groß, dass, wie Scharett es ausdrückte, eine neutrale Vermittlungsinstanz zwangsläufig versucht sein würde, einen »goldenen Mittelweg« vorzuschlagen - der für Israel indes nur eine »via dolorosa« sein konnte.[22] Da die Israelis auf separaten und direkten Verhandlungen mit den einzelnen arabischen Staaten beharrten, gelang es ihnen, aus ihrer militärischen Überlegenheit und aus den oft gegensätzlichen Interessen der arabischen Länder Kapital zu schlagen. Scharett gebärdete sich in dieser Frage nicht weniger unnachgiebig als Ben Gurion. Er versuchte zunächst einmal, das State Department von der Nutzlosigkeit einer Versöhnungskommission zu überzeugen. Als er damit nicht durchdrang, versuchte er, die Aufgaben und Befugnisse der PCC zu begrenzen. Er war bereit, die PCC nur wegen ihrer »guten Aufgaben« zu akzeptieren, wenn sie die Parteien »auf Anforderung« zusammenbrachte. Sie sollte keine Vollzugsbefugnisse erhalten, wenn es um die Festlegung von Grenzen, den Austausch von Gebietsteilen oder gar die Formulierung politischer Lösungen ging. Er drohte, Israel werde mit der PCC nicht zusammenarbeiten, solange man ihm die Mitgliedschaft in den Vereinten Nationen verwehre.[23]

Scharett begründete die israelische Weigerung, in multilaterale Verhandlungen mit den arabischen Staaten einzutreten, damit, dass die Araber, wenn sie um einen Tisch versammelt seien, niemals den Realitäten ins Auge sähen, sondern bei dem Versuch, sich Prestige zu verschaffen, extreme Haltungen einnähmen. Bei einer Unterredung mit dor PCC in Tel Aviv lobte Scharett Ralph Bunche dafür, dass er separate Waffenstillstandsverhandlungen Israels mit den einzelnen Kriegsgegnern arrangiert habe. Nur solche direkten und bilateralen Verhandlungen könnten, so behauptete er, die Vorurteile und Ängste zerstreuen helfen, die, so irrational sie seien, doch oft einschneidende politische und psychologische Wirkungen entfalteten.[24] Scharett wusste nicht, dass gerade Bunche versucht hatte, die PCC gegen eine solche Strategie einzustimmen, mit der es Israel seiner Meinung nach gelungen war, den Arabern »die Pistole an die

22· Scharett an Eban, 26. Sept. 1949, ISA 2446/6/A

23· DFPL Bd. 2, Dok. 151. S. 190; ibid. , Dok. 161, S. 202; ibid., Dok. 163. S. 204

24· 24. Feb. 1949, DFPI, Bd. 2. Dok. 400, S. 441-448

Schläfe zu setzen« und sie zu weitreichenden Zugeständnissen zu zwingen, ohne sich darum zu kümmern, wie sich dies auf die Chancen für eine spätere Friedensregelung auswirken würde. [25]

Mark Ethridge, der Vorsitzende der FCC, bemühte sich vergebens, Scharett klarzumachen, dass ein Widerspruch bestand zwischen Israels Wunsch nach separaten, bilateralen Verhandlungen und seinem Beharren darauf, dass die palästinensischen Flüchtlinge in arabischen Ländern untergebracht werden müssten. Wenn man von den arabischen Staaten verlange, dass sie das Gros der Flüchtlinge aufnähmen, müsse man ihnen auch die Möglichkeit geben, in vollzähliger Runde über die Modalitäten zu diskutieren und untereinander wie auch mit Israel einen für alle Beteiligten akzeptablen Plan auszuarbeiten.

Aber Scharett ließ sich nicht beirren, und seine Haltung stürzte Israel in einen ernsten Konflikt mit den Vereinigten Staaten. Wie Präsident Truman Ben Gurion im Mai 1949 wissen ließ: »Falls die Regierung Israels weiterhin die Grundsätze des UN-Beschlusses vom 11. Dezember 1948 und den freundschaftlichen Rat zurückweist, den die amerikanische Regierung einzig zu dem Zwecke angeboten hat, um den Frieden in Palästina zu erleichtern, wird sich die Regierung der USA leider zu der Schlußfolgerung gezwungen sehen, dass eine Korrektur ihrer Haltung zu Israel unausweichlich geworden ist.«[26]

Angesichts der Drohung der USA, die Aufnahme Israels in die UNO zu blockieren, erklärte der junge Staat sich schließlich zu einer - zumindest formellen - Kooperation mit der FCC und zur Teilnahme an der von der Kommission anberaumten Konferenz bereit, die am 26. April 1949 in Lausanne begann. Dort musste Israel sich verpflichten, zusammen mit den teilnehmenden arabischen Staaten ein Protokoll zu unterzeichnen, in dem die UN-Teilungsresolution und die ihr beigeheftete Karte des geteilten Palästina die Grundlage für Verhandlungen bildeten. Israel wurde am 11. Mai in die UNO aufgenommen und unterschrieb das Protokoll am 12. Mai.

25- FRUS, 1949, S. 916

26- FRUS, 1949, S. 1074

Das Lausanner Protokoll legte unter anderem dar, es sei das Ziel der Konferenz, »so schnell wie möglich die Ziele der Resolution der Vollversammlung vom 11. Dezember 1948, was die Flüchtlinge, die Achtung ihrer Rechte und die Bewahrung ihres Eigentums betraf, zu verwirklichen sowie territoriale und andere Fragen zu klären.« Aus den Instruktionen, die Eytan und Sasson mit auf den Weg gegeben worden sind, geht freilich, ebenso wie aus der Korrespondenz zwischen anderen israelischen Führern, klar genug hervor, dass Lausanne in israelischen Augen keineswegs eine Friedenskonferenz war. Israel widersetzte sich weiterhin einer Vermittlung durch die PCC und hätte die Kommission am liebsten aufgelöst gesehen.

So schrieb beispielsweise Scharett am 26. September an Abba Eban: »Wir haben mit allen Vermittlem schlechte Erfahrungen gemacht - Bernadotte, Bunche, der PCC. [...] Der einzige Waffenstillstandsvertrag, den wir ohne Vermittlungs-Kompromisse bekamen, war der mit Transjordanien [...] [und er] kam hier [in Palästina] zustande und nicht in Rhodos. [...] Davon ausgehend, dass es unser Ziel ist, die PCC in der UN-Generalversammlung zu liquidieren und die Berufung irgendeines anderen Vermittlungsausschusses zu verhindern, sollten wir darüber nachzudenken beginnen, wie die Lage aussehen wird, wenn wir dieses Ziel erreicht haben.«[27]

Nicht dass Scharett die Vision eines dauerhaften Friedens jemals aus den Augen verloren hätte; er sah darin vielmehr das einzige Mittel, die Isolation Israels und die Feindschaft der Araber zu überwinden und Israel zu wirklicher Sicherheit und zu einer ungestörten Entwicklung zu verhelfen. Aber seiner Überzeugung nach stand es Israel an, »dies nicht mit Hast und Verzagtheit anzustreben, sondern indem wir unsere Kraft und unsere Fähigkeit demonstrieren, auch ohne offiziellen Frieden zu existieren«. Da Israel auf einen »offiziellen Frieden« in den Augen Scharetts nicht angewiesen war, hatte es von einer Verzögerung des Friedensprozesses nichts zu befürchten.[28] Für ihn war

27- Scharett an Eban, 26. Sept. 1949, ISA 2446/6/E

28- Scharett an die Abteilungsleiter im israelischen Außenministerium, 25. Mai 1949, ISA 120.02/2447/3; Richtlinien für Delegation in Lausanne, ISA 93.03/2487/11

ohnehin klar, dass die Araber die Waffenstillstandsgrenzen nicht als Grundlage einer Friedensregelung akzeptieren würden.

Eytan und Sasson, die beiden israelischen Delegierten bei der Lausanner Konferenz, neigten eher zu einer positiveren Sicht der Dinge und stellten insgeheim direkte Kontakte zu arabischen Delegierten her. Eytan machte unter anderem den Vorschlag, Israel könne offiziell das Recht der Flüchtlinge auf Rückkehr anerkennen, wie es in der UN-Resolution, die die Geburtsurkunde der PCC war, gefordert wurde. Seiner Überzeugung nach würden zwar nur sehr wenige der Geflüchteten tatsächlich zurückkommen, aber dennoch oder gerade deshalb würde ein solcher Schritt den Weg zu einer friedlichen Einigung ebnen.[29] Auch Sasson war sich darüber klar, dass es keine sinnvollen Friedensgespräche geben konnte, wenn nicht auch für das Problem der palästinensischen Flüchtlinge eine adäquate Lösung gefunden wurde.[30]

Am Ende blieben die unter PCC-Regie geführten Verhandlungen »steril«, wie Sasson es ausdrückte, da Israel sich nicht bereit fand, für den Frieden auch einen Preis zu entrichten. Nach Auffassung Sassons sahen die wirklichen Ziele Israels so aus: a) Verzicht der Araber auf alle von den Israelis besetzten Gebiete; b) Aufnahme und Integration aller Flüchtlinge durch die arabischen Länder; c) Zustimmung der Araber zu Grenzkorrekturen ausschließlich zum Vorteil Israels; d) Verzicht der Araber auf ihre Vermögenswerte in Israel gegen eine Entschädigung, deren Höhe die Juden allein festlegen, und die wir, wenn überhaupt, erst nach Friedensschluß bezahlen werden; e) De-facto- und De-jure-Anerkennung Israels in seinen jetzigen Grenzen; f) Zustimmung der Araber zu sofortiger Aufnahme diplomatischer und wirtschaftlicher Beziehungen.[31] Unter diesen Voraussetzungen gab es keinen Ausweg aus der Sackgasse. Während die Araber auf der Rückkehr der Flüchtlinge und auf der Wiederherstellung der in

29· Eytan an Scharett, 13. Juni 1949, I SA 130.02/2441/1

30· Sasson an Eytan, 6. April 1949, DFPI, Bd. 2, Dok. 478, S. 553 ff

31· Siehe Anm. 1

der UN-Teilungsresolution festgelegten Grenzen als Vorbedingungen für einen Friedensschluß beharrten, weigerte sich Israel ebenso unnachgiebig, auch nur eine dieser Bedingungen zu akzeptieren.

Die zweieinhalbjährigen Vermittlungsbemühungen der PCC hinterließen eine Schatzkammer voll dokumentarischer Zeugnisse für die politische Philosophie der Israelis und Araber, für ihre politischen Strategien und Taktiken, ihre Mentalität, ihre Ziele und für die Vorstellungen, die sie voneinander hatten. Die meisten historischen Arbeiten über diese Epoche befassen sich nur mit den Verhandlungen zwischen Israel und den arabischen Staaten. Sie lassen außer acht, dass es daneben auch direkte Verhandlungen mit den arabischen Palästinensern gab. Einer der größten Fehler Israels war ihre halsstarrige Weigerung, die Palästinenser selbst als legitime Verhandlungspartner anzuerkennen; diese Position haben alle israelischen Regierungen bis auf den heutigen Tag zäh verteidigt, und das ist trotz Sadat und Camp David die eigentliche Krux des Nahostproblems geblieben. Nach wie vor warten die palästinensischen Flüchtlinge in ihren Lagern und Notquartieren darauf, dass ihre Repräsentanten an den internationalen Verhandlungstischen Sitz und Stimme erhalten.

Die genaue Zahl der Palästina-Flüchtlinge läßt sich nur schwer bestimmen. Eine israelische Regierungskommission schätzte sie im März 1949 auf 530.000.[32] Einige Monate später kam eine von der PCC eingesetzte Arbeitsgruppe namens UN Economic Survey Mission auf einen Schätzwert von rund 770.000. Die große Mehrzahl der Flüchtlinge hatte sich in die arabisch besetzten Teile Palästinas oder nach Transjordanien abgesetzt, »wo sie in Moscheen, Kirchen, Klöstern, Schulen und leerstehenden Gebäuden Unterschlupf fanden, in ziemlich großer Zahl aber auch gezwungen waren, im Freien unter Bäumen zu kampieren«.[33] Maximal ein Viertel der Flüchtlinge landete in Syrien oder dem Libanon, wo die Lebensbedingungen für

32· Siehe Memorandum von Lifshitz und Comay an PCC, 16. März 1949. DFPI, Bd. 2, Dok. 443, S. 502-510

33· Zwischenbericht des Generaldirektors der United Nations Relief and Works Agency, A/648, S. 47 f, zitiert nach Gabbay, *Arab-Jewish Conflict*, S. 165

die regulären Einwohner nicht viel besser waren als für die Neuankömmlinge. Im Mai 1950 waren bei der UN-Organisation für die Betreuung palästinensischer Flüchtlinge in Nahost folgende nach Ländern aufgeschlüsselte Flüchtlingszahlen registriert: Libanon 129.000, Syrien 82.000. Jordanien (einschließlich der von Jordanien annektierten West Bank) 500.000, Gaza 201.000, Israel 46.000.[34]

Bei der Berechnung solcher Zahlen berücksichtigten die Israelis nur die in der eigentlichen Kriegszeit geflüchteten Personen. Die Araber hingegen zählten auch diejenigen mit, die sich infolge des kriegsbedingten Niedergangs der palästinensischen Wirtschaft zum Weggang gezwungen gesehen hatten. Ganz gleich, wie hoch die Zahl war, das Flüchtlingsproblem war seinem Wesen und seinem Ausmaß nach gewaltig. Rein von den Zahlen her gab es in der Nachkriegszeit auf der Welt weit größere Flüchtlingsprobleme. Häufig waren es jedoch nationale oder politische Minderheiten oder ein kleiner Teil der einheimischen Bevölkerung, die vertrieben wurden. In Palästina, wo innerhalb von sechs Monaten siebzig Prozent der Bevölkerung Flüchtlinge wurden, war es die große Mehrheit des Volkes, die den Verlust von Heim, Heimat und Lebensunterhalt hinnehmen musste. Die Menschen hofften, nach Kriegsende zu einem normalen Leben zurückkehren zu können. Dies war die Tragödie eines ganzen Volkes. Es ging dabei um zwei wesentliche Probleme: ein humanitäres (ihre Rückführung oder Neuansiedlung) und ein politisches (der künftige Status des palästinensischen Volkes).

Die Vertreibung der Palästinenser und die ihnen aufgezwungene radikale Veränderung ihrer Lebensbedingungen führten zu einer völligen Umwälzung in ihrem politischen Denken und in der Struktur ihrer politischen Willensbildung. Das AHC, das gegenüber der britischen Mandatsmacht, der Arabischen Liga und den Vereinten Nationen, wie unzulänglich auch immer, als Repräsentant des palästinensischen Volkes aufgetreten war, büßte seinen letzten Rest an Autorität ein. Die vom Mufti von Jerusalem ausgerufene allpalästi-

34- Ibid.

nensische Regierung in Gaza war kaum mehr als eine Fiktion. Sie war zwar von allen arabischen Staaten mit Ausnahme Jordaniens anerkannt, verfügte aber über keinerlei Machtbefugnisse, außer denen, die Ägypten (das für den Gazastreifen einen Militärgouverneur ernannt hatte) ihr eingeräumt hatte. Die große Mehrheit der Palästinenser lebte jetzt unter der Herrschaft von König Abdallah, der die Restbestände des einst anvisierten palästinensischen Staates seinem Haschemiten-Königreich einverleibt und palästinensische Bürgermeister, Honoratioren und Beamte in seinen Verwaltungsapparat übernommen hatte.

Unter diesen Umständen verloren die alten palästinensischen politischen Parteien völlig ihre Bedeutung, zumal die Ägypter in Gaza und Abdallah im Westjordanland ihnen jede Freiheit des Ausdrucks und des Handelns vorenthielten. Die einzigen politischen Gruppen, die noch in irgendeiner nennenswerten Weise die Interessen und Bestrebungen der Palästinenser artikulierten, waren die Flüchtlingsorganisationen. Wenn die arabischen Staaten sich auch keineswegs scheuten, auf diese Organisationen Druck auszuüben, verband sie doch die gleichen Interessen und Forderungen, zumindest im Augenblick: die Rückführung und Entschädigung der Flüchtlinge als Bedingungen für einen Frieden mit Israel.

In den Flüchtlingslagern fand sich ein vollständiger Querschnitt durch alle Gruppen der palästinensischen Gesellschaft: Bauern, Schafhirten, Tagelöhner, Ärzte, Anwälte, Richter, Ingenieure, Händler, Industrielle und Beamte. Im ganzen standen sie auf einem von der Bildung, Kultur und Politik her höherem Niveau als die Leute, unter denen sie nun gezwungen waren zu leben. Diese kamen aus einer Gesellschaft, die auf industriellem, landwirtschaftlichem und sozialem Gebiet viel weiter war. So hatte in Palästina beispielsweise die bloße Tatsache, dass es politische Parteien gab, trotz aller Streitigkeiten, Fehden und blutiger Machtkämpfe, eine demokratischere politische Kultur hervorgebracht, als sie in den Nachbarstaaten existierte. Die Folge war, dass die Könige und Feudalherren, die in den anderen arabischen Ländern regierten, in den Palästinensern seit längerem eine Art Bedrohung sahen. Die Palästinenser kannten außerdem die Wahrheit über die Gründe für das klägliche Scheitern der arabischen Invasion. Sie stellten also nicht nur eine schwere wirtschaftliche Bürde für ihre arabischen »Gast«-Länder dar, sondern wegen ihrer Unruhe und Unzufriedenheit auch einen politischen und sozialen Gefahrenherd.

Daher suchten die arabischen Staaten nach Mitteln und Wegen, um sich ihrer militärischen Verpflichtungen gegenüber den Palästinensern und den mit ihnen verbundenen finanziellen Belastungen zu entledigen. Sie brauchten auch irgendein gesichtwahrendes Rezept. Die Forderung an Israel, den Anspruch der Flüchtlinge auf Rückführung und Entschädigung anzuerkennen, wurde deshalb zu einem sine qua non für Verhandlungen über eine endgültige Friedensregelung, und die arabischen Regierungen fühlten sich unter diesen Umständen nicht bemüßigt, irgend etwas gegen die Organisationsversuche der palästinensischen Flüchtlinge zu unternehmen, um dieser Forderung Nachdruck zu verleihen.

So kam es, dass ungeachtet der oft brutalen Unterdrückung und Knebelung politischer Bewegungen in den arabischen Ländern die Flüchtlinge und ihre Organisationen weitgehend ungehindert Versammlungen abhalten, politische Vertreter wählen, internationale Kontakte aufbauen und Verhandlungen mit den Vereinten Nationen, den USA und den europäischen Staaten führen konnten. Man gestattete ihnen, Verbindungen zu den Medien, zu philanthropischen Organisationen und internationalen Körperschaften zu unterhalten, die sie materiell und politisch zu unterstützen vermochten. Darüber hinaus konnten sie je nach lokalen, berufsspezifischen oder anderen Interessen eine Vielzahl von Ausschüssen ins Leben rufen. So organisierten etwa Flüchtlinge, die auf israelischem oder von Israel besetztem Gebiet Grund und Boden besaßen, in Ost-Jerusalem einen eigenen »Verwaltungsausschuß«. Flüchtlinge aus Jaffa gründeten das von Edouard Beyruti geleitete Komitee der Einwohner von Jaffa und Umgebung. Die im Libanon gestrandeten Flüchtlinge riefen einen Dachverband der Palästinensischen Flüchtlingsorganisationen ins Leben, dessen erster Vorsitzender Izzat Tannus war. Anfang 1949 begann auf der West Bank eine Gruppe von Flüchtlingen, unterstützt vom Roten Kreuz und den jordanischen Behörden, mit dem Aufbau einer großen Freiwilligenorganisation, die die Zu- und Verteilung von Lebensmitteln, Kleidung, Medikamenten und Unterkünften an bedürftige Flüchtlinge übernahm. Diese Initiativen gewannen bald eine politische Dynamik und führten zu einer Konferenz ihrer Wort- und Anführer in Ramallah, dem sogenannten Kongress der Flüchtlingsdelegierten, der am 17. März 1949 begann. 800 Delegierte diskutierten einige Tage lang leidenschaftlich nicht nur über die Erbärmlichkeiten des Flüchtlingsdaseins, sondern auch über politische Fragen. In diesen Debatten zeichneten sich bereits die fundamentalen Wandlungen in der palästinensischen Politik ab.

Der Kongress forderte die Rückführung der Flüchtlinge, »ohne eine endgültige Regelung der Palästinafrage abzuwarten«, das heißt, eine Entscheidung über die Zukunft des Landes.[35] Dieser Beschluß war eine klare Kampfansage an die Politik des AHC, das in der Forderung nach Rückbürgerung bereits eine Anerkennung des Existenzrechts Israels sah. Wie Emil Ghuri, Sekretär des AHC, in Beirut erklärt hatte: »Es ist unvorstellbar, dass die Flüchtiinge in ihre Heimat zurückgeschickt werden, während diese noch von den Juden besetzt ist, da diese sie als Geiseln benutzen und schlecht behandeln könnten. Der bloße Gedanke stellt eine Flucht der Verantwortlichen vor der Verantwortung dar. Es ist der erste Schritt auf dem Weg zur Anerkennung des Staates Israel und der Teilung [Palästinas] durch die Araber.«[36]

Diese Erklärung Ghuris war noch während des Krieges herausgegangen, und diverse arabische Regierungen hatten sie sich zu einem Zeitpunkt, da sie noch die schwache Hoffnung auf einen Sieg

35· Resolution des Kongresses von Ramallah, 17. März 1949; persönliches Archiv von Asis Schihada

36· *The Telegraph*, Beirut 6. Aug. 1948, zitiert nach Gabbay, Arab-Jewish Conflict, S. 270

nährten, zu eigen gemacht. Schließlich stimmten sie auch gegen die UN-Resolution Nr. 194, in der die Rückführung der Flüchtlinge gefordert wurde. Aber nach der Niederlage und der Unterzeichnung der Waffenstillstandsverträge setzte sich die Einsicht durch, dass die Forderung nach einer Rückkehr der Flüchtlinge Bestandteil jedes ehrenhaften Versuchs zur Lösung des Palästina-Problems sein musste.[37] Ihre Besuche in den arabischen Ländern hatten die Mitglieder der PCC in der Tat zu der Überzeugung gebracht, dass die arabischen Regierungen aufrichtig den Frieden wünschten und über die Rückführung der Flüchtlinge zu reden bereit waren, wenn drei Bedingungen erfüllt würden: Israel müsse zum einen dem Grundsatz nach das Rückkehrrecht der Flüchtlinge anerkennen, zum zweiten als Geste des guten Willens die sofortige Rückkehr einer bestimmten Anzahl von Flüchtlingen zulassen, die bereit waren, mit ihren jüdischen Nachbarn in Frieden zu leben, und sich zum dritten bereit erklären, Entschädigungen zu zahlen.

Der Kongress von Ramallah machte deutlich, dass die Palästinenser sich auf die neuen Realitäten durchaus eingestellt hatten. Der Wunsch, nach Hause zurückzukehren, sich wieder mit den Angehörigen zu vereinigen, den eigenen Besitz zurückzuerlangen, war stärker als die Loyalität gegenüber den politischen Zielen des AHC und diverser arabischer Regierungen. Tatsächlich stellte der Kongress die Legitimation nicht nur des AHC, sondern aller arabischen Regierungen oder sonstiger selbsternannter Sprecher des palästinensischen Volkes in Frage. In einem der Beschlüsse hieß es dazu unzweideutig: »Niemand anders als der von den Delegierten gewählte Rat« habe das Recht, für die Flüchtlinge zu sprechen, und es stehe ihm frei, sich »unabhängig von allen arabischen Ländern, der Arabischen Liga und dem Arab Higher Committee [AHC]« an alle internationalen Körperschaften zu wenden. Um seine Unabhängigkeit zu wahren, beschloß der Kongress, dass die Kosten für alle Aktivitäten von den Flüchtlingen selbst getragen und keine Unterstützung von

37. Ibid.

außen angenommen werden solle. Der Kongress beschloß ferner, als Gegenpol zum AHC einen »Hohen Rat der Flüchtlinge« ins Leben zu rufen, und forderte die Vertreter aller in Palästina, im Libanon, in Ägypten und Syrien aktiven Flüchtlingsorganisationen zur Mitarbeit darin auf.[38]

Die Reaktion des AHC auf diese Vorgänge verriet, wie ernst man dort die Herausforderung nahm. Es wurden Gerüchte in Umlauf gesetzt, der Kongress sei Bestandteil eines jordanischen Komplotts, und eilig stampfte man eigene Flüchtlingsausschüsse für Syrien, Ägypten und den Libanon aus dem Boden. Auch die arabischen Regierungen beschlichen Zweifel daran, ob es sich beim Kongress von Ramallah um ein unabhängiges Unternehmen handle, und sie sahen sich unter den palästinensischen Exil-Honoratioren nach Leuten um, die man dazu bewegen konnte, in den für die Zusammenarbeit mit der PCC gebildeten Kommissionen mitzuarbeiten.

Dies alles vermochte die politische Signalwirkung des Kongresses von Ramallah nicht zu beeinträchtigen, der seinerseits eine hochkarätige Verhandlungskommission zur PCC entsandte; ihr gehörten Salih Awnallah aus Nazareth, Ahmad Salih, Bürgermeister von Salama, Asis Schihada, Rechtsanwalt aus Ramallah, Yahya Hammuda, Anwalt aus Jerusalem (er wurde 1965 zum Vorsitzenden der Palästinensischen Befreiungsorganisation gewählt), Muhammad Yahya, Anwalt aus Haifa, der Journalist Nassib Bulos und der ehemalige Vorsitzende der Jugendbewegung Najada, Nimr al-Hawari, an. Mit ihrem Auftreten und ihren Forderungen machten sie so viel Eindruck, dass den arabischen Regierungen und den anderen Flüchtlingsorganisationen keine Wahl blieb, als mit ihnen zu verhandeln und ihnen bei den vorgesehenen Auftritten vor der Arabischen Liga, der PCC und den anderen mit Palästina befaßten UN-Ausschüssen eine gleichberechtigte Rolle einzuräumen.

Was wir über den Kongress von Ramallah wissen, beruht zu einem Gutteil auf dem Bericht, den Nimr al-Hawari darüber in

38· Siehe Anm. 35

seinem 1955 erschienenen Buch *The Secret behind the Desaster* gegeben hat. An der Echtheit der von ihm angeführten Belege sind aus einer Reihe von Gründen Zweifel geäußert worden. Hawari schrieb das Buch, nachdem er seinen Kampf als Beauftragter des Ramallah-Kongresses beendet und sich für die Rückkehr nach Israel entschieden hatte, dessen Regierung ihm die Staatsbürgerschaft, eine Entschädigung für verfallene Vermögenswerte und eine Stellung als Bezirksrichter in Nazareth anbot. Seine Zusammenarbeit mit der regierenden Mapai-Partei, die mit Hilfe der Militärverwaltung die arabische Minderheft nachteilig behandelte, trug ihm das Etikett »Verräter« innerhalb der arabischen Gemeinschaft ein. Ich selbst übte seinerzeit als Leiter des Arabien-Referats der Mapam heftige Kritik an ihm. Nachdem ich allerdings die Unterlagen über den Kongress von Ramallah durchgesehen hatte, kam ich zu dem Schluß, dass Hawari die Ereignisse der Jahre 1948 und 1949 durchaus korrekt dargestellt hat. Die Art und Weise, wie er die Interessen der Flüchtlinge gegenüber der PCC, den arabischen Staaten und Israel vertrat, war gewiß nicht die eines »Verräters«. Der dramatische Stil seines Buchs, den man bei einer wissenschaftlichen Untersuchung als Mangel empfinden könnte, bringt ein Element hinein, das dem diplomatischen Unterfangen vielleicht angemessen ist. Seine wertvolle Schilderung aus erster Hand läßt sich an Hand von Aussagen Sassons, Palmons und Schimonis untermauern, die in ständigem Kontakt mit ihm standen und es zu schätzen wussten, mit welcher Stetigkeit er sich bemühte, in Zusammenarbeit mit Israel und Ägypten einen Palästinenserstaat zu schaffen.[39]

Aus der Darstellung Hawaris geht hervor, dass die Delegation des Ramallah-Kongresses mit großer Bestimmtheit auf das Rückkehrrecht der geflüchteten Palästinenser pochte und darin den einzigen Weg sah, Frieden und Sicherheit in Palästina und im Nahen Osten

39- Nimr al-Hawari, *The Secret behind the Desaster* (In arabischer Sprache), Nazareth 1955. Ich bin nicht in der Lage, Seitennummern für dieses Buch anzugeben, da ich mit einer übersetzen Fassung gearbeitet habe; Interview mit Schimoni in Al-Hamishmar, 27. März 1949

im allgemeinen zu gewährleisten. Die Delegation brachte ihre Bereitschaft zum Ausdruck, in direkten Verhandlungen mit Israel über Fragen der Rückführung, der Entschädigung und eines künftigen Friedensvertrages zu verhandeln. Sie machte im Gespräch mit der PCC deutlich, welches Unheil und welche Gefahren aus der Enteignung, der Verweigerung von Rechten und der Vernachlässigung der Flüchtlinge und ihrem weiteren Leben im Exil erwachsen würden:

> Es gibt keine menschliche Macht, die einzelne Flüchtlinge daran hindern könnte, persönliche Vergeltung gegen diejenigen zu üben, die das Todesurteil über sie verhängt haben. Es ist unvorstellbar, dass man die Flüchtlinge und ihre Kinder in den Höhlen und Wüsten arabischer Länder zugrunde gehen läßt, während sie mit ansehen müssen, wie europäische Familien unterschiedlicher Abkunft sich in den mit Gewalt entrissenen Häusern einrichten, die sie mit ihrem eigenen Schweiß und Blut gebaut und in denen sie friedlich gewohnt haben. Nichts könnte diese Flüchtlinge daran hindern, sich dort einzuschleusen und diese Häuser über ihren eigenen und den Köpfen derer, die jetzt in ihnen wohnen, anzuzünden.[40]

Im April 1949 reiste eine Delegation der Ramallah-Konferenz, bestehend diesmal aus Schihada, Bulos, Hawari und Zaki Barakat, einem bekannten Kaufmann und Landwirt aus Jaffa, auf eigene Kosten zur Konferenz nach Lausanne, wo die PCC mit den arabischen Staaten und Israel über das Flüchtlingsproblem, die Grenzziehung und eine mögliche Friedensregelung verhandelte. Die Delegation hatte Anweisung, sich auf die UN-Resolution vom 11. Dezember 1948 zu berufen, in der die Rückführung der Flüchtlinge gefordert worden war, und nach ihrem Gutdünken mit allen an der Konferenz beteiligten internationalen und politischen Gremien Gespräche zu führen.

40· Hawari, *Desaster*, S. 359 f

Der Beschluß, die Delegation nach Lausanne reisen zu lassen, fiel nicht einstimmig. Yahya Hammuda, ein Anhänger der Baath-Bewegung, sprach sich dagegen aus und schlug vor, statt dessen während der Dauer der Konferenz friedliche Demonstrationsmärsche von Flüchtlingen in Richtung der israelischen Grenze zu veranstalten. Die jordanische Regierung und ihre palästinensischen Parteigänger wandten sich dagegen, dass die vier Palästinenser als eigenständige Abordnung nach Lausanne reisten, und meinten, es sei besser, wenn sie sich der offiziellen jordanischen Delegation anschließen würden. Doch die Delegation reiste und bewies damit die Unabhängigkeit dieser Flüchtlingsorganisation und widerlegte die Behauptungen des AHC, der Ramallah-Kongress sei Abdallah unterstellt.

Die Rolle, die diese palästinensische Delegation auf der Konferenz von Lausanne spielte, ist in der Literatur über die Tätigkeit der PCC bislang nicht dargestellt oder analysiert worden, abgesehen von einem kurzen Abschnitt in Rony Gabbays ausgezeichneter Arbeit *A Political Study of the Arab-Jewish Conflict*, die 1959 veröffentlicht worden ist und von einem unvergleichlichen Bemühen zeugt, mit Hilfe israelischer, arabischer und internationaler Quellen die Wahrheit herauszufinden. Der Grund für diese historische Kurzsichtigkeit ist, dass weder die israelischen noch die arabischen Medien ein Interesse daran hatten, darauf hinzuweisen, dass eine Delegation, die die Mehrzahl der palästinensischen Flüchtlinge und die Lebensinteressen des palästinensischen Volkes vertrat, an beide Lager mit äußerstem Nachdruck appellierte, den tragischen Konflikt zu beenden und eine schnelle Lösung zu finden.

Die Aufgabe der Delegation war vertrackt. Die Mitglieder der PCC hörten sich die Berichte und Vorschläge der Palästinenser an, sahen sich aber außerstande, die von ihnen gestellten Forderungen zu akzeptieren. Dazu gehörten die Anerkennung als gleichberechtigte Verhandlungspartei, das Recht auf Teilnahme an den Sitzungen und der Zugang zu Informationen über die Arbeit und die Vorschläge der PCC. Die Ablehnung dieser Forderungen gründete sich darauf, dass es sich um eine Konferenz auf Regierungsebene handelte.[41] Die Delegation ließ sich dadurch freilich nicht davon abhalten, sich häufig zu »privaten« Unterredungen mit Mitgliedern und Mitarbeitern der PCC zu treffen und bei diesen Gelegenheiten über konkrete Vorschläge zu diskutieren, die Fragen der Rückbürgerung, der Entschädigung, der Freigabe gesperrter Bankkonten, der Familienzusammenführung, der Vermögensschätzung und anderes betrafen.

Eine andere Schwierigkeit resultierte aus der Tatsache, dass den offiziellen Delegationen der arabischen Staaten eine Anzahl palästinensischer Würdenträger angehörten. So fanden sich in den Reihen der jordanischen Abordnung beispielsweise Jamal Tuqan (der Bruder des Bürgermeisters von Nablus, Suleiman Tuqan), Edmund Rock aus Jaffa (der als Botschafter Jordaniens beim Heiligen Stuhl fungierte), Walid Salih, palästinensischer Abgeordneter des jordanischen Parlaments, und Musa al-Husaini, der dem AHC angehörte und sich als Verbindungsmann zwischen Jordanien und den in Jerusalem vertretenen internationalen Organisationen betätigte. Auch zur syrischen Delegation gehörten zwei Palästinenser: Farid al-Sad und Ahmad Shukayri, der 1966 Vorsitzender der PLO werden sollte. Mit den Ägyptern waren Raschid al-Shawwa, Bürgermeister von Gaza, und Musa Surani, AHC-Repräsentant für das südliche Palästina, gekommen. Zusätzlich zu diesen Palästinensern hatte das AHC eine eigene Delegation nach Lausanne entsandt, der Yusuf Sahyun, Rechtsanwalt aus Haifa, Rajai al-Husaini, Mitglied des AHC und Minister der allpalästinensischen Regierung in Gaza, und Isa Nakhla angehörten. Das AHC hatte die Sitzungen der PCC in Beirut boykottiert, weil diese es abgelehnt hatte, das AHC als einzig legitime Vertretung des palästinensischen Volkes anzuerkennen. Der Beschluß des Ramallah-Kongresses, eine Delegation nach Lausanne zu entsenden, hatte das AHC zum Umdenken gezwungen, da es nunmehr fürchten musste, bei einem weiteren Boykottieren

41. Brief von Azcarate an Hawari, Said Baidas und al-Taji vom 3. August 1949, aus dem persönlichen Archiv von Schihada

der Beiruter PCC-Sitzungen ganz in der politischen Versenkung zu verschwinden. Schließlich waren auch noch diverse ständische Flüchtlingsorganisationen durch Delegierte vertreten, beispielsweise die der Grundeigentümer und der Orangenzüchter, die von der Lausanner Konferenz praktische Resultate erwarteten.

Es gelang Hawari und Schihada, alle in Lausanne anwesenden palästinensischen Delegationen auf eine gemeinsame Plattform einzuschwören: Ziel sollte sein, das Flüchtlingsproblem, als das drängendste von allen, in den Mittelpunkt der Debatte zu stellen. Den Vertretungen der arabischen Staaten wurden dazu zwei Alternativen vorgelegt: Entweder sollten sie Israel mit ihren Forderungen in Hinblick auf Grenzverläufe, finanzielle Entschädigungen und Verpflichtungen und die Rechte der Flüchtlinge konfrontieren und mit der Wiederaufnahme des Krieges drohen, falls keine Einigung erreicht würde, oder aber sie sollten Israel, so wie es war, anerkennen, aber unter der Bedingung, dass jeder Flüchtling nach Hause zurückkehren durfte, gleich ob seine Heimat auf israelischem oder auf arabischem Hoheitsgebiet lag. Sie drängten die arabischen Regierungen, anders gesagt, dazu, »Frieden zu schließen, wenn sie keinen Krieg führen können«, und Israel in seinen neuen, in den Waffenstillstandsverträgen von 1949 festgeschriebenen Grenzen anzuerkennen. Das war eine klare Herausforderung an Israel und die arabischen Staaten, die beide die Grenzfragen für wichtiger gehalten hatten als das Flüchtlingsproblem.[42]

Die israelische Delegation in Lausanne legte Wert auf die Feststellung, dass in der UN-Entschließung vom 11. Dezember nicht nur vom Recht der Flüchtlinge auf Rückkehr und Entschädigung die Rede gewesen sei, sondern auch davon, dass der »Horizont der Verhandlungen« erweitert werden müsse, um einer endgültigen Klärung »aller offenstehenden Fragen« zwischen Israel und den arabischen Staaten willen. Dazu gehörte auch die Anerkennung der Existenz und der staatlichen Souveränität Israels. Wie wir gesehen haben, kam es den Israelis vor allem darauf an, dass die Araber ihre

42· Hawari, *Desaster*, S. 376-387

Gebietseroberungen anerkannten. Israel wies jede Verantwortung für das Flüchtlingsproblem - und damit auch für seine Lösung - kategorisch von sich. Sein ganzes Streben richtete sich nach wie vor auf die Schaffung eines homogenen, territorial abgerundeten jüdischen Staates mit einem möglichst minimalen arabischen Bevölkerungsanteil. Daher blieb die israelische Delegation in der Frage einer Rückführung der Flüchtlinge bei einem strikten und unbeugsamen Nein.

Begründet wurde dieses Nein primär mit Sicherheitserwägungen. Scharett hatte diese Parole in einer Rede vor der Knesset am 15. Juni 1948 ausgegeben: »Eine Welle zurückströmender Flüchtlinge könnte den Staat von innen her aufsprengen. Auch wenn die, die zurückkehren, heute friedlich gesonnen sind, könnte man zu ihnen in einem Augenblick der Krise kein Vertrauen haben. [...] Flüchtlinge nach Israel zurückzulassen, ohne vorher mit den Nachbarländern Frieden geschlossen zu haben, wäre ein selbstmörderischer Akt des Staates Israel - es wäre so, als würden wir uns selbst das Messer in die Brust stoßen.«[43]

Auf diesem Standpunkt verharrten die Israelis während der gesamten Dauer der Verhandlungen. Damit nicht genug, weigerten sie sich auch - obwohl man aus der zitierten Rede Scharetts etwas anderes herauszuhören meint -, ein Recht der Flüchtlinge auf Rückkehr anzuerkennen. Denn natürlich hätte eine Rückkehr der Vertriebenen die Ansiedlung jüdischer Einwanderer in den eroberten arabischen Gebieten erschwert - und es gab viele Einwanderer unterzubringen. Schon waren zahlreiche Bodenflächen in diesen Gebieten konfisziert worden. Israel wollte den Frieden, doch nicht um jeden Preis. Ihm war die Fortdauer der Waffenstillstandsverträge lieber als ein fertiges Friedensabkommen, das eine umfassende Rückführung der Flüchtlinge und eine beträchtliche arabische Minorität mit allen daraus folgenden Problemen bedeutet hätte.

Wie bereits erwähnt, begann die Konferenz von Lausanne just zu einem Zeitpunkt, da Israel sich um die Aufnahme in die Vereinten Nationen bemühte. Die USA benutzten diesen Wunsch Israels als

43. Sitzungsprotokolle der Knesset Bd. 1, 1949, 43. Sitzung

Hebel, um es zu einer flexibleren Haltung in der Flüchtlingsfrage zu bewegen, und übten beträchtlichen Druck auf Israel aus. Der Erfolg war, dass Israel seine Bereitschaft erklärte, als Geste des guten Willens 100.000 Flüchtlinge aufzunehmen. Die Israelis wussten bei diesem Angebot genau, dass diese Zahl weit unter dem für die Araber akzeptablen Minimum lag; tatsächlich war sie so gewählt, dass sie gerade reichte, um die Amerikaner so versöhnlich zu stimmen, dass sie nichts gegen die Aufnahme Israels in die UNO unternahmen. Jedenfalls war das Angebot ein reines Lippenbekenntnis. Wirklich zurückkehren ließen die Israelis nur eine geringe Zahl von Flüchtlingen im Rahmen von Familienzusammenführungen, und dieses »Entgegenkommen« knüpften sie auch noch an die Bedingung, dass die übrigen Flüchtlinge, die überwältigende Mehrzahl also, in den arabischen Ländern angesiedelt und eingegliedert würden. Wie Dov Joseph, ein Mitglied des israelischen Kabinetts, der PCC erklärte: »Sie sind weg; man kann die Vergangenheit nicht zurückholen. Man sollte sie möglichst weit weg von Israel ansiedeln.«[44]

In einer der PCC vorgelegten Denkschrift setzte das israelische Außenministerium die von mir als »Dritter Mythos« bezeichnete Legende in die Welt: Das Flüchtlingsproblem sei durch den Aufruf der arabischen Führer an das palästinensische Volk entstanden, die Kampfgebiete für die vorrückenden arabischen Armeen zu räumen; im Kielwasser der siegreichen Armeen könnten sie dann zurückkehren. Die Denkschrift gab zu bedenken, nach einer Rückkehr der Palästinenser werde sich eine »zweigeteilte Gesellschaft« entwickeln, und empfahl stattdessen eine großzügige, »staatsmännische« Lösung: den »Transfer« der palästinensischen Bevölkerung, wie ihn die Peel-Kommission im Jahr 1937, der amerikanische National-

44. Am 30. April 1949 berichtete Eytan Scharett über seine lange Unterredung mit Ethridge von der PCC, in der die Frage der Aufnahme Israels in die UNO alles andere überschattete. Die Araber lehnten direkte Verhandlungen ab, weil das Israel die Aufnahme in die UNO erleichtert und den Arabern das letzte Druckmittel für die Lösung des Flüchtlingsproblems aus der Hand geschlagen hätte. Ethridge meinte, wenn Israel sich in der Frage der Aufnahme in die UNO eine »blutige Nase« hole, werde es vernünftiger werden. Siehe DFPI. Bd. 2. Dok. 526. S. 613-616. Präsident Truman ließ Ben Gurion in diesem Zusammenhang eine Warnung zukommen. Siehe FRUS, 1949, S. 1074

ökonom W. C. Lowdermilk 1938, der britische Autor und Nobelpreisträger Norman Angell 1941 und die britische Labour-Partei 1945 angeregt hätten. Umzusiedeln seien, so die Rechnung des Außenministeriums, 305.000 Flüchtlinge aus dem ländlichen Raum; davon könnten 160.000 im Irak (Habaniah-Projekt), 85.000 in Syrien (Jazira-Projekt), 50.000 in Transjordanien (Yarmuk-Projekt) und je 5.000 in Algerien und im Libanon untergebracht werden. Denjenigen Flüchtlingen, die aus größeren Städten stammten, werde die Eingliederung in die arabische Gesellschaft wegen ihres Könnens und ihres hohen Bildungsniveaus ohnehin leichtfallen, und sie würde für die unterentwickelten arabischen Länder eigentlich einen großen Gewinn darstellen.«[45]

Nachdem die Israelis so über die Flüchtlinge verfügt hatten, wandten sie ihr Augenmerk den für sie wichtigsten Problemen zu: Grenzen und Frieden.

In diesen Bereichen waren die arabischen Staaten naturgemäß als Verhandlungspartner wichtiger als die Palästinenser. Trotz aller verbalen Versicherungen der arabischen Staaten, die Lösung des Flüchtlingsproblems sei notwendige Voraussetzung für jegliche Verhandlungen über Grenzen und Frieden, lagen ihnen, wie den Israelis, die Grenzfragen sehr viel mehr am Herzen. Die Araber hatten durch die Unterzeichnung des Lausanner Protokolls praktisch die UN-Teilungsresolution anerkannt - eine radikale Abkehr von ihrer bisherigen Haltung. Sie hatten die Forderung, auf dem Boden Palästinas müsse ein einziger, einheitlicher arabischer Staat entstehen, fallengelassen, den Staat Israel als Realität anerkannt und sich zu einer Beilegung der strittigen Probleme mit politischen Mitteln bereit erklärt. Die andere Seite der Medaille war freilich, dass sie Israel nur innerhalb der Grenzen anzuerkennen bereit waren, wie sie der Teilungsplan von 1947 vorsah. Dies wurde in ihren Vorschlägen für die Lösung des Flüchtlingsproblems deutlich.

45· Siehe das Memorandum zur Flüchtlingsfrage, das der PCC am 17. März 1949 vorgelegt wurde: DFPI, Bd. 2, Dok. 443, S.502-509

Es ist sicherlich richtig, dass die Araber Israel ersuchten, das Rückkehrrecht für alle Flüchtlinge anzuerkennen, aber ihre einzige bedingungslose Forderung galt der Rückführung derjenigen, die aus den ursprünglich für den palästinensischen Staat vorgemerkten und dann von Israel eroberten Gebieten geflohen oder vertrieben worden waren. Bei den Flüchtlingen aus den von vornherein für den jüdischen Staat vorgesehenen Teilen Palästinas waren die Araber flexibler. Zwar beharrten sie auf der grundsätzlichen Anerkennung eines Rückkehrrechts auch für diese Flüchtlinge, doch sagten sie zugleich, dass denjenigen, die nicht zurückkehren wollten, eine angemessene finanzielle Entschädigung und die Möglichkeit, sich in einem arabischen Land ihrer Wahl niederzulassen, gewährt werden solle. Diejenigen, die zurückkehren wollten, denen dies aber von Israel verwehrt wurde, sollten mit Grund und Boden entschädigt werden. Die Wahl, vor die Israel gestellt wurde, lautete also, entweder den Flüchtlingen die Rückkehr in ihre Dörfer und Städte zu gestatten, oder für ihre Wiederansiedlung Gebiete aus dem Territorium des jüdischen Staates (in den Grenzen des UN-Teilungsplans) abzutreten, sich also letztlich mit einem kleineren Israel zu begnügen. Israel hatte sich, wir erinnern uns, bereit erklärt, 100.000 Flüchtlinge wiederaufzunehmen, wenn die Araber dafür die Waffenstillstandsgrenzen als die endgültigen anerkannten. Darüber hinaus boten die Israelis die Eingliederung der 200.000 Flüchtlinge im Gazastreifen an, für den Fall, dass dieses Gebiet dem jüdischen Staat zugeschlagen würde.

So kam es, dass Israel und die arabischen Staaten mit Vorschlägen und Gegenvorschlägen für die Zukunft der Flüchtlinge einen politischen Kampf um das Problem der Grenzen führten. Öffentlich beriefen sie sich auf Moral, Gerechtigkeit, Menschlichkeit und Mitgefühl für die von einem tragischen Los betroffenen Flüchtlinge, aber in Wirklichkeit war für beide Seiten das Flüchtlingsproblem zweitrangig gegenüber ihren territorialen Interessen.

Vor dem Hintergrund dieser realpolitischen Interessenlage führte die Delegation des Ramallah-Kongresses ihren unermüdlichen Kampf, warnte beide Seiten vor den fatalen Konsequenzen einer Hintanstellung des Flüchtlingsproblems und bemühte sich immer wieder, der PCC und den arabischen Delegationen die humanitären und sozialen Aspekte des Problems vor Augen zu führen. Wie Nimr al-Hawari überliefert hat, beknieten er und seine Kollegen die arabischen Delegationen mit Fragen wie: »Seid ihr bereit, den Kampf wiederaufzunehmen, wenn ihr nicht erreicht, was ihr verlangt? Und wenn nicht, seid ihr willens, die Lösung des Flüchtlingsproblems und die Rückkehr der Flüchtlinge zu Heim und Hof zur Vorbedingung für einen Frieden zu machen?« Hawari kommentiert dazu: »Der eigentliche Sinn war, dass nicht die Grenzfrage, sondern die Rechte der Flüchtlinge die einzige Vorbedingung des Friedens sein sollte.« Die Antworten der arabischen Delegationen waren indes vage und ausweichend. Sie waren überzeugt, dass die Zeit für sie arbeitete. Israel werde, so argumentierten sie, seine Streitkräfte und seine Rüstung ständig kriegsbereit halten müssen; dies werde Israel früher oder später in den Bankrott führen und es zwingen, die Rechte der Araber ohne Vorbehalt anzuerkennen. Auf diese Weise würden die Araber, wie Hawari ironisch feststellt, in der Schlacht der Worte und Verhandlungen das gewinnen, was sie auf dem wirklichen Schlachtfeld verloren hatten.[46]

Während die arabischen Delegationen auf Zeit spielten, indem sie sich in die Grenzfragen verbissen, benutzte Israel die Flüchtlinge als Tauschobjekt, um die Araber dazu zu bringen, dass sie den territorialen Status quo anerkannten. Die Delegation der Palästinenser wandte sich, als sie diese Strategien durchschaute, an die PCC und protestierte gegen die Verknüpfung der Grenz- mit der Flüchtlingsfrage. Sie erklärte, »erst müsse entschieden werden, dass die Flüchtlinge zurückkehren dürfen, und wenn das erst einmal entschieden ist, sollte ihre tatsächliche Rückkehr nicht durch die Erörterung der Grenzfrage behindert werden. [...] Die Flüchtlinge würden sich natürlich den Behörden und Gesetzen unterordnen, die in ihrem je-

46· Siehe DFPI, Bd. 2, Dok. 365, S. 408 f

weiligen Wohngebiet regieren, seien es arabische oder israelische.«[47]

Die PCC versuchte, durch die Einsetzung eines ökonomischen Prüfungsausschusses (Economic Survey Committee) Bewegung in die festgefahrenen Stellungen zu bringen. Dieses Gremium sollte erkunden, welche Chancen für den Aufbau von Entwicklungsprojekten bestanden, mit denen Flüchtlingen in den arabischen Nachbarländern Israels geholfen werden könnte, Arbeit und eine neue soziale Identität zu finden. Als die arabischen Staaten sich zur Mitarbeit in diesem Ausschuß bereit erklärten - in der Hoffnung, dabei werde finanzielle und technische Unterstützung für ihre eigenen Entwicklungsprojekte abfallen -, reagierten die Flüchtlingsvertreter mit Argwohn, fürchteten sie doch, derlei Hilfen würden die arabischen Staaten möglicherweise veranlassen, »das Recht der Flüchtlinge aufs Spiel zu setzen und sie im Stich zu lassen«. Und in der Tat demonstrierten die arabischen Staaten, wie in so vielen Situationen, so auch in dieser, dass sie nicht bereit waren, Flüchtlingsinteressen über Grenzinteressen zu stellen. Dies galt besonders für die Ägypter, die, nachdem es glücklich geschafft war, dass die letzten britischen Truppen ihre Grenzen geräumt hatten, jetzt die Kontrolle über den südlichen Negev behalten wollten, damit die Briten dort keine Stützpunkte errichten konnten. Abd al-Munaim Mustafa, ehemaliger ägyptischer Konsul in Jerusalem und nun Leiter der ägyptischen Delegation, erklärte Hawari rundheraus, für Ägypten seien seine eigenen Probleme - mit dem Sudan oder dem Suezkanal - wichtiger als die Flüchtlinge, und außerdem bemühe man sich um amerikanische Finanz- und Waffenhilfe. Wenn der Nil einmal über die Ufer träte, würden, so bemerkte Mustafa, mehr Menschen ertrinken, als es palästinensische Flüchtlinge gebe. Durch die Pest seien in der Tat schon mehr Menschen umgekommen. Die Jordanier, die bereits weitreichende Zugeständnisse an Israel gemacht hatten, hatten kein Interesse daran, sich für die Rückkehr von Flüchtlingen in den jüdischen Staat ins Zeug zu legen. Sie fühlten sich lediglich verpflichtet,

47· Hawari, *Desaster*, S. 367 f

für die Rechte palästinensischer Grundbesitzer aus Lydda, Ramla und Jerusalem einzutreten. Schließlich ließen sie sich zu dem Versprechen herbei, sie würden irgendwann an Israel Rache nehmen und das »Stigma der Niederlage« tilgen.[48]

Derweil erklärten die Syrer, sie seien bereit, die bei ihnen gelandeten Flüchtlinge einzugliedern, wollten jedoch keinen Frieden mit Israel schließen, ehe nicht »die Schmach« - die arabische Niederlage - »aus den Blättern der Geschichte wegradiert ist«.[49] Husni al-Zaim bot den Flüchtlingen Arbeit und Siedlungsmöglichkeit im Bezirk Jazira, das zu einem ehrgeizigen Entwicklungsprojekt werden sollte. Ob das Gerede von der Tilgung der Schmach bloße Rhetorik oder als ernsthafte politische Willensäußerung gedacht war, muss offenbleiben. Erinnern wir uns aber daran, dass Zaim sich um ein Treffen mit Ben Gurion bemühte, um über die Modalitäten eines Friedensvertrags zu verhandeln.

Was die libanesische Regierung betraf, so fürchtete sie vor allem, es könne, wenn das Land eine große Zahl vorwiegend islamischer Flüchtlinge aufnähme, zu einer nachhaltigen Störung des empfindlichen Gleichgewichts zwischen dem christlichen und dem islamischen Bevölkerungsteil kommen. Vor diesem Hintergrund kann man verstehen, weshalb die palästinensische Delegation in Lausanne so sehr auf eine unverzügliche Inangriffnahme des Flüchtlingsproblems, unabhängig von Verhandlungen über Grenzverläufe, drängte. Sie handelte sich damit eine Attacke seitens des AHC ein, das ihr vorwarf, sie übe Verrat an den nationalen Interessen des palästinensischen Volkes und kümmere sich nur um die Rechte einzelner Grund- und Hausbesitzer. Damit nicht genug, beschuldigte das AHC die Delegation des Ramallah-Kongresses, sie sei zu Verhandlungen mit beiden, sowohl Israel als auch Abdallah, bereit, opfere dafür nationale Ansprüche und mache gute Miene zur expansionistischen Politik dieser Feinde der palästinensischen Nation.

48· Ibid.. S. 376-387

49· Ibid.

Diese Angriffe waren weitgehend eine Notwehrreaktion. Wäre die Flüchtlings-Delegation mit ihren Anliegen durchgedrungen, so hätte das das Ende des AHC bedeutet. Wie Hawari kommentierte: »Gegenüber den Flüchtlingen, die nach Israel zurückkehrten, konnte das AHC seine Autorität nicht mehr geltend machen, und auf diejenigen, die sich in arabischen Ländern niederließen, hatte das AHC keinen Einfluß mehr.«[50] Das änderte nichts daran, dass die Vorwürfe, die das AHC erhob, auf den ersten Blick zutreffend erschienen, denn in der Tat deckten sich manche Forderungen der Flüchtlingsvertreter mit den taktischen Zielen Israels - wenn auch, wie wir noch sehen werden, nicht mit seinen strategischen. Der eigentliche Streitpunkt war jedoch offenbar, dass Israel die Araber davon abbringen wollte, auf der territorialen Frage zu beharren, und die Flüchtlinge entschlossen waren, ihre eigenen Probleme als vorrangig anzusehen. Somit hatten sie ein gemeinsames Interesse, das zur Grundlage für Kontakte und taktische Bündnisse wurde. Die arabischen Delegationen und das AHC reagierten darauf mit Empörung und brandmarkten die Palästinenser als »Verzichtpolitiker«.

Auf israelischer Seite wurden die Verhandlungen mit der Delegation des Ramallah-Kongresses von Elijahu Sasson geführt, dem ranghöchsten Arabien-Experten der Jewish Agency. Hawari, Schihada und Barakat wiesen ihn, wie es scheint, auf die Brisanz hin, die sich aus der verzweifelten Lage entrechteter Flüchtlingsmassen vor der Tür Israels ergeben musste. Diese Menschen würden in ihrer Not und ihrer Wut nicht nur zu Akten des Terrors und der Sabotage Zuflucht nehmen, sondern auch einen radikalisierenden Einfluß auf die Politik der arabischen Staaten ausüben und damit das israelisch-arabische Verhältnis auf unabsehbare Zeit vergiften.

Wie Hawari berichtet, versetzte Sasson ihm und seinen Kollegen bei ihrem ersten Treffen einen ziemlichen Schock, indem er sie unverblümt fragte:

---

50. Ibid.

Wer sind Sie, und wieviel Einfluß haben Sie? Haben Sie vergessen, dass Sie mit Israel sprechen, dem jungen, aufstrebenden Staat? Haben Sie vergessen, dass wir hier sind, um mit anerkannten Staaten zu verhandeln, [...] zwischen denen wir früher oder später leben müssen? Was hat Israel von Gesprächen mit den Flüchtlingen und ihren Delegierten zu erwarten? Sind Sie in der Lage, Frieden zu garantieren oder den Krieg zu erklären? Können Sie Israel militärische oder handelspolitische Zusagen machen? [.. .J Ich bitte Sie, mir zu sagen, wie es uns ergangen wäre, wenn Sie gesiegt und wir verloren hätten. Ja, wir empfinden menschliches Mitgefühl für Sie, aber wir können nicht mehr für Sie tun als die arabischen Staaten, deren Schutz Sie gesucht und deren Ratschläge Sie befolgt haben.[51]

Hawaris Entgegnung war nicht weniger eindringlich:

Ich bin ein Flüchtling, von Hunger getrieben und von Schmerzen gepeinigt. Wir werden zu denen zurückkehren, die uns hierher geschickt haben, und ihnen Ihre Botschaft überbringen. Aber bevor ich abreise, möchte ich Ihnen verraten, wer wir sind. [...] Wir sind [...] Vagabunden, die nichts zu verlieren und nichts zu fürchten haben. Wir haben weder ein Land noch einen Staat, genau wie ihr, bevor wir verjagt worden sind. Nichts ist von Dauer, nichts ist sicher.[52]

Im Verlauf einer weiteren Unterredung, bei der auch Walter Eytan zugegen war, erklärten die Palästinenser:

Die Flüchtlinge sind, wenn sie entrechtet und enteignet und aus ihrer Heimat verjagt bleiben, fast wie wilde Tiere. Sie werden

---

51· Ibid.

52· Ibid.

> auf eine Chance lauern, zurückzuschlagen und eure Sicherheit zu zerstören. Sie werden immer da sein, eure Grenzen unsicher machen, werden jagen und gejagt werden, morden und ermordet werden, rauben und beraubt werden. Im Krieg gibt es keine Garantien und keine sicheren Prognosen. Ihr werdet für alle Zukunft - und das ist eine sehr lange Zeit - auf jedes Gefühl der Sicherheit verzichten müssen. [...] Wenn die Flüchtlinge ausgesperrt bleiben, werden sie zur stärksten Triebkraft [eines wahrhaften nationalen Erwachens der arabischen Völker] werden, [...] und Haß und Rachsucht werden ein Bestandteil dieses Erwachens sein. Manche von euch werden jetzt sagen, solche Beweggründe hätten im Verhältnis der Völker zueinander nichts zu suchen; wir antworten darauf, dass dies vielleicht für alle Völker zutrifft, nicht aber für uns und euch.[53]

Sasson hatte erklärt, Israel könne nur mit souveränen Staaten verhandeln. Die Sackgasse, in die seine Verhandlungen mit den arabischen Staaten gerieten, und seine Kontakte zu Hawari ließen in ihm jedoch neue Überlegungen reifen, die bei Gesprächen in Lausanne mit palästinensischen Persönlichkeiten Gestalt annahmen - Männern wie Ahmad Shukayri, dem Sprecher der syrischen Delegation. Shukayri schlug direkte Verhandlungen zwischen Israel und den Vertretern der palästinensischen Flüchtlinge auf der Grundlage des Lausanner Protokolls und unabhängig von den laufenden Verhandlungen mit den arabischen Staaten vor. Sasson, der argwöhnte, Shukayri stehe in den Diensten des Muftis, verwarf dieses Ansinnen, erbot sich aber, bei der Zusammenstellung einer dann auch offiziell anerkennungswürdigen palästinensischen Delegation mitzuhelfen. Als deren Leiter schlug er Hawari vor, dessen Flüchtlingsorganisation (der Ramallah-Kongress) wohl die wichtigste sei. Eine solche Delegation, die dem AHC und den arabischen Staaten mit guten Gründen das Recht streitig machen könnte, für die palä-

53- Ibid.

stinensischen Flüchtlinge zu sprechen, könnte in Europa und den USA eine Kampagne zugunsten eines unabhängigen palästinensischen Staates in Gang setzen. Sie könnte auch nach Israel kommen und dort direkte Verhandlungen über Fragen der Rückführung, Entschädigung und der Errichtung eines eigenen, mit Israel verbundenen Staatswesens führen. Sassons Überlegung war, dass eine solche Entwicklung es Abdallah wohl unmöglich machen würde, die West Bank zu annektieren, und zugleich den arabischen Staaten Gelegenheit geben würde, sich von der Bürde des Palästinaproblems zu befreien. Er glaubte ferner, ein Besuch in Israel werde die Delegation von der objektiven Unmöglichkeit überzeugen, Massen von Flüchtlingen zurückzuführen.[54]

Als Scharett im Mai 1949 erstmals mit diesen Gedankengängen konfrontiert wurde, äußerte er sich sehr skeptisch. Er fürchtete, unter den palästinensischen Flüchtlingen könnten sich große Enttäuschung und Erbitterung breitmachen, wenn ihre Vertreter aus Israel mit leeren Händen zurückkehrten, aber zugleich von den »vielen verwaisten Dörfern mit großen ungenutzten Landflächen« berichten würden, die sie dort gesehen hätten. Er machte einen anderen Vorschlag: »Wenn Hawari überhaupt zu irgend etwas nutze ist, dann sollten wir uns seiner bedienen, um die Verwirklichung der Projekte in Habania [im Irak] und Jazira [in Syrien] voranzutreiben und eine [...] Gruppe von Arabern zusammenzustellen, die willens ist, im Dreieck eine Regierung zu etablieren«.[55]

Sasson ließ jedoch in seinen Bemühungen nicht locker und warb innerhalb des Nahost-Referats des israelischen Außenministeriums für seinen Plan. In einem Brief aus Lausanne übte er heftige Kritik an den arabischen Staaten, weil sie das Flüchtlingsproblem in den Dienst ihrer territorialen, wirtschaftlichen und strategischen Interessen stellten. Er wusste freilich, dass Israel sich gegenüber den Flüchtlingen auch nicht hilfsbereiter zeigte:

---

54. Sasson an Scharett, 8. Mai 1949, ISA 130.02/2442/5

55. Scharett an Sasson, 10. Mai 1949, ISA 130.02/2442/7

Auch wir kümmern uns nicht darum, was sie sagen und welche Pläne sie haben, nicht weil wir kein Interesse an ihnen hätten, sondern weil wir uns entschieden haben, sie nicht in unser Land zurückzulassen, komme was wolle. Ich leugne das nicht; Ich war und bleibe einer der Initiatoren und Verteidiger dieser Entscheidung: ich bedaure sie nicht und schäme mich ihrer nicht. Die Eingliederung der Flüchtlinge in den arabischen Ländern anstelle ihrer Rückkehr nach Israel bietet in meinen Augen die beste Garantie dafür, dass sich aus einem Friedensschluß zwischen Israel und den arabischen Ländern ein ehrlicher und dauerhafter Friede entwickelt.[56]

Weiter skizzierte Sasson einen Vorschlag, von dem er glaubte, er sei für die Israelis wie für die Palästinenser gleich vorteilhaft, wenn er auch zugab, dass er sich »abenteuerlich« anhörte. Die Israelis sollten, so meinte er, das Arabische Dreieck sowie die Regionen um Hebron, Gaza und Jerusalem unter zwei Bedingungen besetzen: dass sie rund 100.000 Flüchtlinge aufnehmen und jenen arabischen Gebieten, die dem Land einverleibt würden, einen autonomen Status gewähren. Israel würde ferner den Palästinensern helfen, dass sie vor der UN-Vollversammlung erscheinen könnten, den Abzug aller noch in Palästina verbliebenen arabischen Streitkräfte verlangen und sich in direkten Verhandlungen mit den Palästinensern um eine dauerhafte Friedenslösung bemühen. Die Palästinenser sollten sich im Gegenzug verpflichten, »eine Revolte anzuzetteln und Banden zu bilden, die in ihrem Operationsgebiet die jeweils zuständige arabische Regierung - sei es die ägyptische oder die syrische oder die jordanische - drangsalieren würden«. Israel würde »den Anführern und Agitatoren für den Fall, dass ihr Kampf nicht zum Erfolg führt, Asyl gewähren«.[57]

Am 2. September 1949 konnte Sasson vermelden, Hawari habe seinen Plan, sich an die Spitze einer palästinensischen Delegation zu stellen, gutgeheißen, seine Bereitschaft zur Zusammenarbeit mit

56· Sasson an Divon, 16. Juni 1949. ISA 130.02/2247/2

57· Ibid.

Israel jedoch an einige Bedingungen geknüpft. Zunächst einmal müsse ein kleiner arabisch-palästinensischer Staat errichtet werden, um zu verhindern, dass Abdallah sich palästinensische Gebiete unter den Nagel riß. Des weiteren müsse Israel sich verpflichten, den Palästinensern seine Unterstützung nicht wieder zu entziehen oder sich ihrer Kontaktaufnahme mit Ibn Saud zu widersetzen, Abdallahs Todfeind, dessen Freundschaft die Palästinenser benötigten, um moralischen Rückhalt in der arabischen Welt zu gewinnen.[58]

Es gelang Sasson offenbar, die Skepsis Scharetts so weit zu zerstreuen, dass dieser ihm grünes Licht für die Weiterverfolgung des gewagten Projekts gab. Wie enthusiastisch Sasson über die Sache dachte, geht aus einem Brief hervor, den er am 6. September an Scharett schrieb. Er rechnete damit, dass Hawari mit seinem Ruf nach einem unabhängigen palästinensischen Staatswesen in Ost und West breite Zustimmung ernten und zugleich für politische Unruhe im Arabischen Dreieck sorgen, »die Konflikte in der arabischen Welt anheizen«, und vor allem »den israelischen Delegationen bei den Vereinten Nationen und bei der PCC Gelegenheit geben würde, die Forderungen der arabischen Staaten hinsichtlich israelischen und palästinensischen Territoriums abzublocken«. Israel hätte dann den Rücken frei, um eine Lösung des Flüchtlingsproblems »auf Basis ihrer Eingliederung in den verschiedenen Ländern« voranzutreiben. Auf diesem Weg könne man »ein fait accompli schaffen«, das den Weg zu einer undramatischen Annektierung der im Unabhängigkeitskrieg eroberten Gebiete ebnen werde.[59]

Bei diesem Plan kam schließlich nichts heraus. Es gelang Scharett nicht, in den entscheidenden Zirkeln und Organen der israelischen Staats- und Militärführung eine Mehrheit dafür zu gewinnen; die Sache wurde als zu riskant verworfen. Es hieß, die Gruppe palästinensischer Führer, die im Einvernehmen mit Israel eine Regierung etablieren sollte, werde sich womöglich als nicht so fügsam

58· Sasson an Divon und Felman, 2. Sept. 1949, ISA 130.02/2442/6

59· ISA 130.02/2442/6

und kooperativ entpuppen, wie man es von ihr erwarte, und werde vielleicht mit dem Gedanken eines Palästinenserstaates über die von Sasson und Scharett anvisierten Grenzen hinausgehen. Auf der anderen Seite könne ein abenteuerliches Unterfangen die Aussichten auf eine Verständigung mit Abdallah gefährden und Briten wie Amerikaner vor den Kopf stoßen.

Jedenfalls erfuhren die arabischen Regierungen alsbald Einzelheiten über die Gespräche zwischen Sasson und Hawari und ihre Gedankenspiele. Damit war Hawari als Sprecher und Interessenvertreter der palästinensischen Flüchtlinge erledigt, und es blieb ihm keine Wahl, als nach Israel zurückzukehren. Ihm wurde also schon Asyl gewährt, bevor der Plan überhaupt in Angriff genommen worden war.

Wenn Hawari auch mit seinen Plänen Schiffbruch erlitten hatte, bedeutete dies keineswegs, dass die palästinensischen Flüchtlinge im Friedensprozeß nicht eine gewichtige Rolle hätten spielen können. Obwohl die meisten Dokumente über die Verhandlungen und Vereinbarungen mit Hawari noch der Geheimhaltung unterliegen, kann man davon ausgehen, dass zwischen dem Plan Sassons und einem früher vorgelegten ägyptischen Vorschlag ein Zusammenhang bestand; der Vorschlag sah die Bildung eines Palästinensischen Befreiungskomitees mit israelischer Billigung und Hilfe vor, das auf eine Lösung des Flüchtlingsproblems durch Errichtung eines kleinen arabischen Palästinenserstaats hinarbeiten sollte. Der Vorschlag stammte von Abd al-Munaim Mustafa, dem ägyptischen Vertreter bei den PCC-Konferenzen, der seinerseits in engem Kontakt zu Hawari stand.

Der Ramallah-Kongress schloß Hawari aus, weil er die Zusammenarbeit mit Israel zu weit getrieben habe; es hieß, er habe um persönlicher Ambitionen willen den Kampf des palästinensischen Volkes verraten. Der Kongress setzte seine Arbeit als unabhängige und demokratische Vertretung der Palästinenser mit breiter Zustimmung aus dem Volk fort. Asis Schihada, sein Generalsekretär, hielt Kontakt zu allen anderen Flüchtlingsorganisationen und forderte, von ihnen darin unterstützt, die Anerkennung des Ramallah-Kongresses als die legitime politische Vertretung der Flüchtlinge und als ihr Handlungsbevollmächtigter, wenn es um die Verteilung von Hilfsgütern, um Entschädigung, Familienzusammenführung, Rückführung oder schulische Ausbildung ging.

Bei seiner zweiten Vollversammlung im Juni 1950 in Ramallah forderte der Kongress, dass die Palästinenser als gleichberechtigte internationale Verhandlungspartner anerkannt wurden, und übte scharfe Kritik daran, dass man sie aus den Verhandlungen über Pläne und Vorschläge für ihre Rückführung, Neuansiedlung und Entschädigung vollständig ausschloß. Die jordanische Regierung, die die Kongress-Aktivitäten mit wachsendem Mißtrauen beäugte, begann den Palästinensern Steine in den Weg zu legen. Sie untersagte das Eintreiben von Geldspenden, die die Reise einer Delegation zu den Sitzungen der Arabischen Liga finanzieren sollten, und verlangte Änderungen in der Kongreßsatzung, wo es sich um Kontakte zu internationalen Organisationen und Körperschaften handelte. Schließlich verhängte sie eine Zensur über die Veröffentlichungen des Kongresses und schränkte die Reisemöglichkeiten seiner Funktionäre ein.

Mit anderen Worten, die langfristige Ausrichtung des Zionismus auf die Haschemiten war von Erfolg gekrönt. Als die Spannungen zwischen den arabischen Staaten und den Kolonialmächten immer größer wurden, verschwand das Problem der palästinensischen Staatswerdung von der Tagesordnung aller wichtigen internationalen Konferenzen. Es schien, dass nur noch das humanitäre Problem der Flüchtlinge gelöst werden musste, um den Weg zum Frieden zwischen Israel und den arabischen Staaten zu ebnen.

Viele Jahre mussten vergehen, ehe deutlich wurde, dass das Flüchtlingsproblem in seinem Kern sehr wohl auch ein Nationalitätenproblem war: Die Palästinenser waren, wie einst die Juden, zu einer in der Fremde verstreuten Minderheit geworden. Die Flüchtlinge der zweiten Generation revoltierten gegen die drohende Verewigung dieses Zustands und bliesen zum Kampf um die Rückkehr in ihr Land und um nationale Selbständigkeit.

Im Zentrum der Ereignisse der Jahre 1948 und 1949 stand sicherlich der tragische, grausame Krieg um die Unabhängigkeit Israels mit seinen riesigen Verlusten und Opfern auf beiden Seiten. Aber diese Periode barg auch Chancen für Frieden und Versöhnung. Die Araber zeigten sich sehr wohl geneigt, die Existenz eines jüdischen Staates hinzunehmen. Davon zeugten nicht nur ihre Annahme des Lausanner Protokolls, sondern auch die Kompromißvorschläge, die sie bei geheimen Unterredungen mit Vertretern Israels vorlegten - Unterredungen, zu denen es ungeachtet der öffentlich erklärten Weigerung der Araber, mit Israel zu sprechen, immer wieder kam. Ägypten, Syrien, der Libanon und die Palästinenser bemühten sich, am Verhandlungstisch zu retten, was sie auf dem Schlachtfeld verspielt hatten - einen palästinensischen Staat an der Seite Israels. Israel jedoch dachte vorrangig an seine eigene wirtschaftliche, demographische und militärische Konsolidierung und zog dürftige Waffenstillstandsvereinbarungen einer endgültigen Friedensregelung vor, die territoriale Zugeständnisse und die Rückführung einer wenigstens symbolischen Anzahl von Flüchtlingen eingeschlossen hätte. Die Weigerung, das Selbstbestimmungsrecht der Palästinenser und ihren Anspruch auf einen eigenen Staat anzuerkennen, erwies sich in der Folgezeit als der wesentliche Grund für immer wieder neue Unruhen, Gewalt und Blutvergießen.

RESÜMEE

Ich habe den Versuch, die Propagandastrukturen bloßzulegen, die sich um den israelischen Unabhängigkeitskrieg und seine Folgen ranken, nicht nur aus Liebe zur Genauigkeit und um der Richtigstellung geschichtlicher Tatsachen willen unternommen, sondern auch, weil die Mythen bis heute die Situation in Israel beeinflussen. Die Arbeiterpartei und der Likud-Block haben sich ungeachtet ihrer historischen Rivalität und ihrer weltanschaulichen Polarität innerhalb der zionistischen Bewegung zu einer Regierung der »nationalen Einheit« zusammengetan, die sich auf bis zu 90 der insgesamt 120 Knesset-Sitze stützen kann. Ihre Zusammenarbeit basiert nicht etwa auf einem Konsens über die grundlegenden Probleme, denen sich Israel gegenübersieht - die Zukunft der besetzten Gebiete und die Fortführung des Friedensprozesses -, sondern auf der Streichung dieser Probleme von der offiziellen politischen Tagesordnung. Dabei werden sich einschneidende Entscheidungen in diesen Fragen nicht mehr lange hinauszögern lassen.

So wird das jüdische Volk wählen müssen, ob es weiterhin an der Zielvorstellung eines Großisrael festhalten will - was zwangsläufig die endgültige Annektierung der 1967 besetzten Gebiete, die fortgesetzte Unterjochung einer aufbegehrenden Bevölkerung und eine weitere Erhöhung der militärischen Ausgaben bedeuten müßte -, oder ob es die grundlegenden wirtschaftlichen, sozialen und bildungsbedingten Bedürfnisse der Gesellschaft erfüllt und deren demokratischen Charakter bewahrt sehen möchte. Ein Weitermachen wie bisher kann nur dazu führen, dass die bereits heute verhängnisvolle Polarisierung der israelischen Gesellschaft weiter fortschreitet, dass die Spannungen und Konflikte sich weiter verschärfen und dass die moralischen und ethischen Werte und Normen, aus denen Israel traditionell seine Stärke schöpfte, über Bord gehen. Es ist klar, dass die liberalen, humanistischen und sozialistischen Elemente, die auf eine künftige friedliche Koexistenz mit den Palästinensern und dem Rest der arabischen Welt setzen, sich auf ein schwieriges Ringen mit dem immer stärker werdenden ethnozentrischen, militaristischen, fundamentalistischen Lager gefaßt machen müssen, für das Macht und Territorium die erstrebenswertesten Ziele sind, wenn notwendig, durch fortwährende Unterdrückung des palästinensischen Volkes.

Die Ideologie spielt in diesem Ringen eine herausragende Rolle. 1982 rechtfertigte Menachem Begin den israelischen Einmarsch in den Libanon mit dem Argument von der »historischen Kontinuität« - und bezog sich dabei auf die Politik Ben Gurions im Jahr 1948. Dagegen präsentiert die Arbeiterpartei die Ideen und Strategien Ben Gurions als die Alternative zu der Großisrael-Vision des Likud-Blocks, und verweist darauf, dass er die Unterjochung eines anderen Volkes unter keinen Umständen gutgeheißen hätte und bedingungslos für die Bewahrung des jüdischen und demokratischen Charakters des Staates Israel eingetreten sei. Eine Analyse der Vorstellungen und Taktiken Ben Gurions in der folgenschwersten und traumatischsten Periode der jüdisch-arabischen Beziehungen ist daher, wie schon zu Beginn des Buches festgestellt, nicht bloß eine akademische Übung, und man kann über Begins Anspruch nicht einfach hinweggehen. In der Tat gibt es nämlich zwischen dem Unabhängigkeitskrieg (präziser: seiner ersten Phase, von November 1947 bis Mai 1948) und dem Libanonkrieg zahlreiche Parallelen - Merkmale, durch die sie sich von den anderen israelisch-arabischen Kriegen unterscheiden.

Da ist zunächst einmal die Identität des Gegners: das palästinensische Volk, das sein Recht auf Selbstbestimmung und einen eigenen Staat auf dem Boden Palästinas fordert. Und Israel verfolgt heute wie damals das Ziel, diese Bestrebungen im Keim zu ersticken und nach Möglichkeit alle Persönlichkeiten auszuschalten, die dem palästinensischen Volk im Kampf um die Selbstbestimmung als Führer dienen könnten. 1948 gelang dies dank eines taktischen Bündnisses mit König Abdallah, der insoweit, als er das vom Mufti von Jerusalem beherrschte Arab Higher Committee (AHC) ausschalten und die West Bank annektieren wollte, nützliche Handlangerdienste für Israel leistete. Begin versuchte 1982 dasselbe, als er die Bastionen der PLO im Libanon liquidieren wollte. Sie war ja das Haupthindernis für die israelische Annexion der West Bank, und ihretwegen wurde keine kollaborationswillige arabische Führung gefunden, die sich mit einem mickrigen Autonomiestatus, einer bloß scheinbaren legislativen Kompetenz und einer mangelnden Selbstbestimmung abgefunden hätte.

Das zweite beiden Kriegen gemeinsame Merkmal ist die Tatsache, dass die israelischen Streitkräfte es damals wie heute nicht nur mit feindlichen Soldaten, sondern auch mit einer feindseligen Zivilbevölkerung zu tun hatten. Zwar gehörten auch in den Kriegen von 1956, 1967 und 1973 Zivilisten zu den Leidtragenden, sie litten unter Bomben- und Granateneinschlägen (namentlich die am Suezkanal und auf den Golanhöhen lebenden Araber), und Hunderttausende flohen; aber die Israelischen Streitkräfte waren auf die Bekämpfung regulärer gegnerischer Truppen eingestellt. 1948 und 1982 dagegen mussten israelische Soldaten Dörfer bombardieren, Häuser, Schulen und Moscheen sprengen (wobei unschuldige Männer, Frauen und Kinder umkamen) und »wehrfähige« Männer internieren oder sie in ein unfreiwilliges Exil vertreiben.

Aus dieser Parallele läßt sich noch eine andere ableiten. 1948 hatten die Palästinenser noch keine Armee. Ihr Kampf wurde von verstreut operierenden Freiwilligenverbänden geführt, die örtliche Führer oder von der Arabischen Liga ernannte Kommandeure mobilisierten. 1982 besaß die PLO ebenfalls keine Armee, sondern nur Waffenarsenale und Kampfverbände, die von diversen politischen Organisationen für Aufgaben der Infiltration, der Sabotage und der Guerillakriegführung ausgebildet worden waren. 1948 wurden palästinensische Kampfgruppen durch die planmäßige Zerstörung von Dörfern und Städten ausgerottet, 1982 durch die Zerstörung der Flüchtlingslager, die ihnen als Stützpunkte dienten. 1948 wurden rund 360 arabische Dörfer und vierzehn Städte innerhalb der Grenzen des Staates Israel dem Erdboden gleichgemacht und die Bewohner zur Flucht gezwungen. 1982 bedeutete der Befehl, den die israelischen Truppen erhielten, die »terroristischen Organisationen« im Libanon zu zerschlagen, die Zerstörung von Flüchtlingslagern und Stadtvierteln mit arabischer Bevölkerung, obgleich die Mitglieder der Organisationen auch führende Persönlichkeiten in den palästinensischen Gemeinden, an den Krankenhäusern und Schulen, in der Wirtschaft und in den geselligen und kulturellen Vereinigungen waren.

Unter diesen Umständen konnte die Entmenschlichung der israelischen Soldaten nicht ausbleiben, eine Entmenschlichung, die zu hemmungsloser Brutalität im Umgang mit dem »Feind« und zur Verletzung elementarer Menschenrechte führte. In einer Gesellschaft wie der israelischen, die für sich ein im Judaismus verankertes tiefes Gefühl für Gerechtigkeit und Achtung vor dem Leben beansprucht, konnte die Erosion dieser moralischen Werte nicht ohne eine bedeutsame Rationalisierung zugegeben werden. In beiden Fällen musste der Feind daher zunächst seinerseits entmenschlicht werden. So beschreibt Ben Gurion die Araber »als die Schüler, ja als die Lehrer Hitlers, die behaupten, es gebe nur einen einzigen Weg zur Lösung der jüdischen Frage - nur einen Weg: völlige Vernichtung«.[1] Begin stand dahinter nicht zurück und bezeichnete die PLO-Kämpfer als »zweibeinige Tiere«; was sie bei der Belagerung Beiruts an Schrecklichem durchmachen mussten, rechtfertigten die Israelis damit, dass sie die Angriffe auf Jassir Arafats letzte Bastion in der Stadt mit den alliierten Bombenangriffen auf das Berlin der letzten Kriegswochen verglichen, wo Hitler sich im Bunker der Reichskanzlei verkrochen hatte.

Es gab 1948 wie heute in Israel eine »Philosophie der Vertreibung«. Heute findet diese Philosophie ihren prägnantesten Ausdruck in der rassistischen Ideologie des Volksverhetzers Rabbi Meir

1. Ben Gurion, *Memoiren*, Bd. 4. S. 392

Kahane, der die Feindschaft gegen die Araber predigt. 1947 und 1948 trat sie unter der Maske eines auf den ersten Blick harmloseren Programms auf: der Idee eines homogenen, um sein Überleben kämpfenden jüdischen Staates. Der Mann, der mit Billigung Ben Gurions die Palästinenser im Rahmen einer zielstrebigen Kampagne dazu zu bewegen versuchte, dass sie ihre Häuser absperrten, ihren Grund und Boden verkauften und unter Mitnahme einer Abfindung das Land verließen, war der Direktor des Siedlungsreferats des Jewish National Fund, Joseph Weitz. Weitz bediente sich nicht etwa irgendwelcher theokratischen oder rassistischen Parolen oder forderte gar, wie Kahane es heute tut, die Vernichtung der Demokratie. Aber er und Ben Gurion scheuten sich andererseits nicht, die Palästinenser durch eine Militärverwaltung einschüchtern zu lassen, die ihr hartes Durchgreifen mit Sicherheitsgründen rechtfertigte. Sie hatten alle dasselbe Ziel: einen homogenen jüdischen Staat im gesamten oder fast gesamten Palästina.

Tatsächlich waren es die kritischen Jahre 1947-49, in denen, unter dem Zepter Ben Gurions, die Dogmen der traditionellen zionistischen Araberpolitik sich in militante Kampfansagen verwandelten. Aus der Nichtanerkennung des Selbstbestimmungsrechts der Palästinenser erwuchs die aktive Strategie, alles daranzusetzen, um einen palästinensischen Staat zu verhindern, wie er in der UN-Teilungsresolution gefordert worden war. Die allgemeine soziale, politische, kulturelle und wirtschaftliche Trennung zwischen Juden und Arabern, die für den Jischuw seit jeher charakteristisch gewesen war, wurde zum einen durch die geplante Teilung Palästinas vorangetrieben, zum zweiten durch die Förderung eines palästinensischen Massenexodus aus den von israelischen Truppen kontrollierten Gebieten, und zum dritten durch die unbegrenzte Zerstörung arabischer Dörfer und Stadtviertel, um den Geflohenen die Rückkehr unmöglich zu machen, und schließlich durch die gewaltsame Absonderung der verbleibenden arabischen Minorität, die eine Militärverwaltung in den arabischen Gebieten durchsetzte. Die »zivilisatorische Mission« des Zionismus für die arabische Welt, von der im Weizmann-Faisal-Abkommen von 1919 die Rede gewesen war, wurde in eine Unterstützung für König Abdallah von Transjordanien verwandelt, und damit ging die politische Zersplitterung der arabischen Unabhängigkeits-und Einheitsbewegung einher.

Diese Metamorphose der zionistischen Strategie wurde bestimmend für die Arabienpolitik Israels im allgemeinen, und für seine Politik gegenüber den Palästinensern im besonderen. Die Anschauungen Ben Gurions flossen maßgeblich in die offiziellen Doktrinen der israelischen Politiker und Heerführer, seiner gesellschaftlichen und wirtschaftlichen Elite, ein, wobei Klassen- und Parteizugehörigkeiten keine Rolle spielten.

Der Beitrag, den Ben Gurion zur Entstehung des Staates Israels geleistet hat, kann nicht bestritten werden - im siegreichen Unabhängigkeitskrieg, bei der Bewältigung der Einwanderermassen, beim erfolgreichen industriellen, technischen und wissenschaftlichen Aufbau des Landes. Die Arbeiterpartei präsentiert heute, im hundertsten Geburtsjahr Ben Gurions, die Philosophie des »Staatsgründers«, des »bewaffneten Propheten«, des »Feuerpredigers« - kurz: den Ben Gurionismus -, als die einzige ideologische, politische und soziale Alternative zum reaktionären Nationalismus der Rechten, der in der israelischen Gesellschaft mittlerweile so stark an Boden gewonnen hat. Die Konzeption einer demokratischen israelischen Gesellschaft könnte in der Tat eine solche Alternative sein, wäre sie nicht mit dem - historisch, religiös, politisch strategisch oder wie auch immer motivierten - Impetus zur territorialen Expansion behaftet. Tatsache ist jedoch, dass Ben Gurion seine politische Philosophie just auf diesen beiden widersprüchlichen Elementen aufbaute: einer demokratischen jüdischen Gesellschaft im gesamten oder fast gesamten Palästina.

Israels Erfolg von 1948 und bei den Waffenstillstandsgesprächen von 1949 schien die Richtigkeit der Politik Ben Gurions, die Palästinenser nicht als eigenständiges Volk anzuerkennen, zu bestätigen. Nach dem Krieg konnte es in der Tat den meisten Israelis so vorkommen, als habe das palästinensische Volk aufgehört zu existieren. Geblieben war in ihren Augen lediglich das humanitäre Problem der Flüchtlinge - und natürlich stand noch die endgültige Grenzfestlegung im Rahmen eines Friedensvertrags mit den arabischen Anliegerstaaten aus. Trotz des unablässigen Kampfes der Flüchtlinge um ihre Rückkehr und die Wiedereinsetzung in ihre Besitz- und Bürgerrechte verschwand das Palästinenserproblem aus dem politischen Denken der Israelis. Es scheint, dass kein israelischer Wissenschaftler oder Politiker zwischen 1948 und 1967 das Wiederaufleben einer palästinensischen Nationalbewegung in den Flüchtlingslagern vorausgesehen hat. Man sah in den Fedajin allenfalls Agenten arabischer Militärdiktatoren, die sich für einen Revanchekrieg rüsteten. Ben Gurion betrachtete sie als Instrumente einer von den arabischen Staaten planmäßig betriebenen Politik der Guerillakriegsführung, der Nadelstiche und der Verletzung der subtil austarierten Waffenstillstandsverträge. Als Antwort darauf griff er zum Mittel massiver Vergeltungsschläge und demütigend strenger Strafmaßnahmen, in der Hoffnung, die wirklichen oder vermeintlichen Aggressoren damit politisch zur Räson bringen zu können. Wie Mosche Scharett 1955 schrieb: »In den dreißiger Jahren zügelten wir die Impulse der Rache und erzogen die Öffentlichkeit dazu, in der Rache eine absolut negative Triebkraft zu sehen. Heute hingegen befürworten wir aus pragmatischen Erwägungen das Prinzip der Vergeltung. [...] Wir haben die geistigen und moralischen Zügel, die wir diesem Instinkt angelegt hatten, gelöst und es so weit gebracht, dass [...] die Rache als moralische Tugend gilt.«[2]

Zwanzig Jahre mussten vergehen, ehe deutlich wurde, dass die Vertreibung der Palästinenser von ihren Ländereien und das Flüchtlingsproblem das Nationalbewußtsein der Palästinenser nur gestärkt hat, die mit ihrer Heimatlosigkeit und Versprengtheit ein Problem geschaffen haben, das dem des jüdischen Volkes in vergangenen Zeiten ungemein ähnelte. Die Politik Ben Gurions mündete in ei-

2- Scharett, *Diaries*, 31. März 1955. S. 840

nen Teufelskreis eskalierender Gewalt: großangelegte Kriege sorgten für gefährliche politische Spannungen und ließen die gesamte Nahost-Region zur Beute fieberhafter Rüstungswettläufe und strategischer Großmacht-Rivalitäten werden. Die Palästinenser wurden mit der Zeit zu einem Faktor in dieser Kette von Ereignissen, indem sie versuchten, die vorhandene politische und soziale Unzufriedenheit in eine panarabische Bewegung für die Wiederherstellung ihrer Rechte einzubinden. Aus ihren Reihen gingen die militanteste und entschlossensten Gegner Israels hervor, die Speerspitzen der Bewegung für arabische Einheit und für die Bändigung Israels.

So beschwor also Ben Gurion mit seiner Nichtanerkennung einer palästinensischen Nationalität die Gefahr herauf, vor der er am meisten Angst gehabt hatte. Er wusste, dass Israel den Sieg von 1948 nicht der Heldenhaftigkeit der israelischen Armee an sich zu verdanken gehabt hatte, sondern der Korruptheit der arabischen Armeen und der Uneinigkeit der arabischen Welt, und die Vorstellung quälte ihn, es könne in der arabischen Welt ein charismatischer Führer auftauchen, dem es gelingen würde, das Bildungswesen und die Wirtschaft der arabischen Länder zu modernisieren und ein Bündnis aller arabischen Staaten zustande zu bringen.

> Das arabische Volk ist von uns besiegt worden. Werden sie es schnell vergessen? Siebenhunderttausend Menschen haben dreißig Millionen besiegt. Werden sie diese Schmach vergessen? Man kann davon ausgehen, dass sie ein Ehrgefühl haben. Wir werden uns um Frieden bemühen, aber man braucht zwei Seiten für den Frieden. Gibt es irgendeine Gewähr dafür, dass sie sich nicht Rache in den Kopf setzen? Sehen wir doch der Wahrheit ins Auge: Wir haben nicht gesiegt, weil wir Wunder vollbracht haben, sondern weil das arabische Militär verrottet ist. Aber wird es dabei in alle Ewigkeit bleiben? Ist es nicht denkbar, dass ein arabischer Mustafa Kemal ersteht? Die Weltlage verlockt zur Rache: Es gibt zwei Blöcke; es gibt

die Furcht vor einem Weltkrieg. Das ist eine Versuchung für jeden, der einen Grund zur Klage hat. Wir werden immer eine überlegene Verteidigungskapazität benötigen.[3]

Diese Furcht veranlaßte Ben Gurion, mit aller Kraft den Aufbau eines militärischen Apparats (einschließlich einer atomaren Option) voranzutreiben, der den kombinierten Streitkräften aller arabischen Länder ebenbürtig und in der Lage sein würde, jegliche für Israel nachteilige Verschiebung der politischen Gewichte in der Region zu verhindern. Sie führte auch Israel dazu, seine Außen-, Wirtschafts- und Sozialpolitik der Aufgabe unterzuordnen, dass sie stets mehr und bessere Waffen erwarben oder produzierten als die Araber. Dadurch wiederum wurde Israel in die Rivalitäten zwischen den Großmächten im Nahen Osten eingezogen und sah sich gezwungen, im Ringen zwischen dem arabischen Nationalismus und seinen Gegenspielern nach dem Motto »Die Feinde meiner Feinde sind meine Freunde« Partei zu ergreifen. Bei dieser Politik ist es bis heute geblieben. Da sie sich im Suezkrieg von 1956 und im Sechstagekrieg von 1967 als so erfolgreich erwiesen hatte, wurden die ihr zugrunde liegenden Auffassungen für die gesellschaftliche und politische Elite Israels richtungweisend. Der Sieg von 1967 war so überwältigend, dass Israel sich zunehmend in dem Glauben wiegte, für immer und ewig ohne Friedensregelung weiterexistieren zu können. Dies förderte sein Verlangen nach neuen Gebietserwerbungen und strategischen Grenzen, sehr zur Begeisterung der Anhänger Jabotinskys, der nie aufgehört hatte, von einem jüdischen Staat zu beiden Seiten des Jordan zu träumen, und der religiösen Nationalisten, die sich auf das gottgegebene Recht Israels beriefen, die historischen Grenzen des biblischen Volkes Israel wiederherzustellen.

Bis 1967 hatte die Arbeiterbewegung ihre politische Vorherrschaft in Israel behaupten können, obwohl ihre traditionellen sozialen Wertvorstellungen aus der Zeit vor der Staatswerdung all-

3· Ben Gurion, *Kriegstagebücher*, 11. Nov. 1948. S. 852 f

mählich ausgehöhlt wurden - sowohl im Erziehungsbereich als auch in den für einen sozialen Ausgleich eintretenden wirtschaftlichen Konzeptionen. Das kam daher, dass sich immer mehr kapitalistische Unternehmen frei entfalten konnten und die genossenschaftlich organisierten verdrängten, und eine breite Schicht unterprivilegierter Leute heranwuchs. Die plötzliche Vergrößerung des israelischen Staatsgebiets infolge des Blitz-Sieges von 1967 mit der Besetzung der West Bank und des Gazastreifens führte zu einer beschleunigten Erosion der sozialistischen und humanistischen Wertvorstellungen, die einst das Markenzeichen der zionistischen Arbeiterbewegung gewesen waren: Namhafte Politiker, Schriftsteller, Dichter und andere Intellektuelle, deren Wurzeln in der Arbeiterbewegung lagen, liefen zur neuen, dynamischen Großisrael-Bewegung über, deren Ziel es war, die jüngsten Eroberungen Israels unwiderruflich in das Staatsgebiet zu integrieren.

Die 1,25 Millionen Palästinenser, die hierdurch unter israelische Herrschaft kamen, lieferten der israelischen Wirtschaft billige Arbeitskräfte - fast 100.000 von ihnen arbeiteten in der Landwirtschaft, in der Bauindustrie, für öffentliche Bauten und im privaten Dienstleistungsgewerbe. Die Palästinenser wurden zu Israels »Holzhauern und Wasserträgern«. Jüdische Arbeiter rückten auf der sozialen Leiter eine Sprosse höher, orientierten sich in ihren beruflichen Zielen an Managerpositionen und Karrieren in den akademischen Berufen, im Handel und im öffentlichen Dienst. Der Eingang riesiger Kapitalmengen stimulierte das Wachstum der rüstungsorientierten israelischen Wirtschaft, ermöglichte in den besetzten Gebieten den großzügigen Ausbau einer israelisch kontrollierten Infrastruktur und führte zu einem Investitions- und Wachstumsschub in der privaten Wirtschaft. Die bis dahin eher gemeinschaftlich orientierte Wirtschaft wurde zu einer ungezügelten kapitalistischen Wirtschaft mit der typischen Verbrauchermentalität, das heißt der Lust am schnellen Geld, an Spekulation und Steuerhinterziehung. Diaspora-Juden, die sich in Israels militärischem Glanz sonnten, sorgten für moralische und finanzielle Unterstützung, und die massive Wirtschafts- und Militärhilfe der USA beschleunigte die weitere Militarisierung des politischen Denkens der Israelis und bestärkte sie in dem Glauben, fast schon eine kleine Supermacht, jedenfalls aber ein für die USA in ihrer globalen Auseinandersetzung mit der Sowjetunion unverzichtbar gewordener Verbündeter, zu sein. Im Gespräch mit amerikanischen Freunden sagte die ehemalige Premierministerin Golda Meir einmal: »Ich weiß nicht, warum ihr so einen Narren an einem französischen Wort wie Détente gefressen habt, wo es doch einen guten englischen Ausdruck dafür gibt - Cold War.«[4]

Die ersten jüdischen Siedlungen auf der West Bank wurden auf Anregung Yigael Allons errichtet, eines Kibbuz-Mitglieds, eines Ministers in der Regierung der Arbeiterpartei und einstigen, aus der linken Mapam stammenden Befehlshabers der Palmach; Allon ließ auch den fundamentalistischen Rabbi Mosche Levinger im Herzen des arabischen Hebron eine jüdische Gemeinde einrichten.

Unter den neuen Bedingungen musste jeder Versuch, eine Rückkehr zu den alten Werten der Arbeiterbewegung zu predigen, zum Scheitern verurteilt sein. Die Politiker der Arbeiterpartei begriffen nicht, dass die von vielen beklagte Aushöhlung der »sozialistischen Tugenden der Pionierzeit« ursächlich mit der fortdauernden Besetzung arabischer Gebiete zusammenhängt, und dass folglich nur das Ende dieser Besatzung und eine Friedensregelung mit den Arabern diese Aushöhlung aufhalten können.

Gusch Emunim, der religiös-nationalistische »Block der Gläubigen«, entpuppte sich bald als die führende geistige und geistliche Kraft des neuen israelischen Expansionismus, und nach der traumatischen Erfahrung des Jom-Kippur-Krieges von 1973, der die militärische Überlegenheit Israels erstmals in Frage stellte, war der Boden bereitet für das Aufkommen einer militant-messianischen, ethnozentrischen, expansionistischen Bewegung. Meir Kahane war dabei lediglich das extremste Beispiel.

4. *Newsweek*, 19. Jan. 1976, S. 6

Die Regierung der Arbeiterpartei versuchte dieser religiös und messianisch ausgerichteten Bewegung Zügel anzulegen, indem sie auf einer rein »strategischen« Expansion bestand, das heißt, Israel sollte die Verfügungsgewalt über die in dem Allon-Plan ausgewiesenen Gebiete haben, die sichtbar notwendig für Israels Sicherheit sind: das Jordantal, die Golanhöhen, Scharm el-Scheich. Doch die Arbeiterpartei hatte damit keinen Erfolg bei der Rechten und fuhr fort, ihre eigene Politik der Schaffung jüdischer »Wehrsiedlungen« in den besetzten Gebieten damit zu begründen, dass auf diese Weise die Araber aus der Angst heraus, Zeitverlust bedeute Gebietsverlust, an den Verhandlungstisch getrieben würden. Dieses Argument war der oberste Glaubensartikel Golda Meirs, die einerseits beharrlich behauptete, es gebe keine Palästinenser, und andererseits den moralischen Niedergang der israelischen Gesellschaft und der Arbeiterbewegung beklagte. Unterdessen rückte die israelische Gesellschaft als ganze immer weiter nach rechts, wobei die verbreitete Nichtachtung der menschlichen und nationalen Rechte der »anderen« als Rückbesinnung auf die religiösen, traditionellen und historischen Rechte des Judaismus verschleiert wurde.

Zwischen Judaismus und Demokratie besteht keine innige Beziehung. Es hat im Judaismus immer eine orthodoxe, fundamentalistische, durch rassische Vorurteile gegenüber Nichtjuden im allgemeinen und Arabern im besonderen gekennzeichnete Strömung gegeben. Ein gehöriger Teil der religiösen Bewegungen - ja vielleicht ihre überwiegende Mehrzahl - und ein wachsender Teil der Bevölkerung nehmen nun die West Bank weniger als die Heimat der dort lebenden Palästinenser, als vielmehr die Provinzen Judäa und Samaria wahr, die Urheimat des jüdischen Glaubens und des jüdischen Volkes. Viele Menschen sind nicht nur gleichgültig gegenüber den nationalen Rechten der dort lebenden Palästinenser, sondern halten es nicht einmal für nötig, ihnen die bürgerliche Gleichberechtigung zuzubilligen. Israel hatte ja vor dem Krieg von 1967 die Erfahrung gemacht, dass es durchaus möglich war, die arabische Minderheit von der Teilhabe am demokratischen System auszuschließen, indem man sie der Militärverwaltung unterstellte - natürlich unter Berufung auf die gefährliche arabische Militanz und die Notwendigkeit sehr weitgehender und höchst geheimer »Sicherheitsmaßnahmen«. Ben Gurion hatte ein solches Militärregime als Staat im Staate 18 Jahre lang praktiziert, und alle seine Arbeiterpartei-Nachfolger, vor und nach 1967, machten es ihm nach: Levi Eschkol, Golda Meir und Jitzhak Rabin. Kein Wunder also, dass, als 1977 der Likud-Block zur Macht kam, Begin in vorbereitete Fußstapfen treten konnte, noch dazu, nachdem Mosche Dajan, der erste Sohn aus dem bahnbrechenden linkszionistischen Kibbuz Degania, die Parteifronten gewechselt hatte, um ihm als Außenminister zur Seite zu stehen. Begin wollte das »Trauma« des Jom-Kippur-Krieges auslöschen und die Zukunft von Großisrael sichern, indem er zunächst Ägypten durch die Rückgabe der Sinaihalbinsel ruhigstellte und anschließend mit dem Krieg im Libanon den Palästinensern den Gnadenstoß versetzte. Wäre ihm dies gelungen, so hätte sich in der Tat der Kreis geschlossen: Der Anhänger und Nachfolger Jabotinskys hätte die Aufgabe vollendet, die Ben Gurion nach eigenem Verständnis unerledigt hinterlassen hatte.

Die Arbeiterpartei und die Arbeiterbewegung bemühen sich heute, das 1977 verlorene politische Terrain wiederzugewinnen. Während Schimon Peres, der treue Adjutant Ben Gurions, sich in den Ämtern des Premier- und des Außenministers mit Jitzhak Schamir, dem Adjutanten Begins, abwechselt, versucht die Arbeiterpartei, die Idee Ben Gurions von einem demokratischen jüdischen Staat als Alternative zur Großisrael-Vision vorzulegen.

Aber die Glorifizierung des Unabhängigkeitskrieges und Ben Gurions Strategie können nicht als eine Alternative dienen. Denn von Ben Gurion zu Begin führt eine allzu gerade Linie. Beide stützten ihre Politik auf die Leugnung der Realität eines von zwei Völkern bewohnten Palästina, die beide Anspruch auf einen souveränen Nationalstaat auf dem Boden Palästinas erheben. Bei Ben Gurion wie bei

Begin war dieses Leugnen die Ursache für das politische Scheitern. Der Libanonkrieg wurde zur historischen Wendemarke. Er lieferte den Beweis dafür, dass Gewalt und Unterdrückung nicht in der Lage sind, in den Herzen und Köpfen eines heimatlos gemachten Volkes die Sehnsucht nach Freiheit und Unabhängigkeit auszulöschen. Das moralische und politische Scheitern dieses Krieges ließ die Chancen der Arbeiterpartei für eine Rückkehr an die Macht steigen. Aber die Frage ist, ob diese Partei bereit und fähig ist, die Politik, die sie in der Vergangenheit betrieben hat, einer ernsthaften kritischen Revision zu unterziehen. Dies würde bedeuten, dass die politische Philosophie Ben Gurions und seine Strategie in der entscheidenden Periode von 1947 bis 48 einer unvoreingenommenen Analyse unterzogen werden müssten. Er mag uns einen jüdischen Staat beschert haben, den es ohne ihn vielleicht nicht gegeben hätte, aber indem er den israelisch-palästinensischen Konflikt unbewältigt schwelen ließ, vermachte er uns neben »seinem« Staat auch ein Erbteil aus Krieg und Zerstörung, für das schon drei Generationen von Israelis und Palästinensern einen hohen Preis gezahlt haben und noch zahlen.

Bleibt die Frage: Darf man vernünftigerweise auf einen Wandel hoffen? Die Antwort fällt nicht leicht. Wenn es einen Weg aus der gegenwärtigen Sackgasse geben soll, werden beide, Israelis wie Palästinenser, ihre Haltungen, Prioritäten und ihre Praxis ganz wesentlich umstellen müssen.

Die israelischen Friedensgruppen sind sich einig darüber, dass Israel die palästinensischen Gebiete nicht länger besetzt halten darf und seine Herrschaft über ihre Bewohner beendet werden muss. Es macht sich auch zunehmend die Einsicht breit, dass der geeignetste Partner für die Aushandlung eines Friedens die PLO ist. Zu einer realen Möglichkeit kann dies jedoch erst werden, wenn beide Seiten sich eindeutig für die Politik zugunsten einer Friedensregelung entscheiden.

Es gibt Leute, die das Gründungsdokument der Palästinensischen Befreiungsorganisation (»Palästinensischer Nationalvertrag«)

für ein unwichtiges Stück Papier halten. Ich bin nicht dieser Meinung. In meinen Augen bringt es ein ideologisches Credo zum Ausdruck, das zu einem Aktionsprogramm wurde, als die al-Fatah innerhalb der PLO eine Führungsrolle zu spielen begann. In der am 28. Mai 1964 verkündeten Akte heißt es, der Teilungsplan von 1947 und die Errichtung des Staates Israel seien »illegal und falsch« gewesen, und Palästina müsse »befreit« und wieder zu einem Land der Araber gemacht werden. Die umstrittensten Punkte der Charta sind die Artikel 6 und 7, in denen es heißt, als Palästinenser könnten diejenigen Araber gelten, »die bis 1947 ihren normalen Wohnsitz in Palästina hatten«; außer ihnen hätten nur »Juden palästinensischer Herkunft« - das heißt Juden, die schon vor 1948 in Palästina gelebt hatten - ein Anrecht darauf, in Palästina zu bleiben.[5] Aber gerade weil diese Akte zu einem Aktionsprogramm geworden ist, sollte man auch die mittlerweile eingetretenen Veränderungen in der Haltung der PLO sehr ernst nehmen. Sie sind das Resultat aus den Fehl- und Rückschlägen, die sie bei den Versuchen, diesem Vertrag nachzukommen, hatten einstecken müssen.

In den vergangenen zwanzig Jahren sind die meisten solcher Bemühungen der PLO - Guerilla-Taktiken in der West Bank und in Gaza, der Aufbau einer territorialen Enklave in Jordanien, Versuche, gegenüber Syrien und anderen Aufnahmeländern ihre Selbständigkeit zu wahren, der diplomatische Versuch, Israel zu »entzionisieren« oder seinen Ausschluß aus der UNO zu erreichen - erfolglos geblieben. Dagegen ist es der PLO gelungen, überall auf der Welt moralische und politische Rückendeckung für ihren Anspruch zu mobilisieren, sie sei die einzig legitime Vertreterin des um seine Selbstbestimmung und um einen eigenen Staat kämpfenden palästinensischen Volkes.

Die PLO war zutiefst enttäuscht darüber, dass die arabischen Regierungen während des Libanonkrieges passiv blieben und unter dem Druck der USA der Zerstörung und Verlagerung von PLO-Stützpunkten im Libanon sowie auch der blutigen »Eroberung«

5. Der volle Wortlaut findet sich bei Laqueur, *The Israel-Arab Reader*, New York 1970, S. 374-379

von Flüchtlingslagern und den Massakern an den Palästinensern tatenlos zusahen. Eine einschneidende Erfahrung waren für die Palästinenser andererseits auch die stürmischen und massiven Demonstrationen und Proteste gegen den Libanonkrieg in Israel. Vor diesem Hintergrund muss man die Signale und Indizien, die von einer gewachsenen Bereitschaft der PLO zeugen, den Konflikt auf dem Verhandlungsweg politisch beizulegen, als wichtig und ernstgemeint werten. Die PLO hat unter den jetzigen Bedingungen gar keine andere Wahl, als auf eine neue Strategie zu setzen, und es gibt bereits Beispiele dafür, dass sie ihre Fühler ausgestreckt hat, um die Möglichkeiten eines Dialogs mit israelischen Gesprächspartnern auszuloten. Das jüngste dieser Beispiele war die Konferenz von Führern der PLO und Mitgliedern der israelischen Friedensbewegung im November 1986 in Rumänien.

Bis zum Libanonkrieg sahen die meisten maßgeblichen Politiker der PLO und der arabischen Staaten in den Auseinandersetzungen zwischen Zionisten unterschiedlicher politischer Gesinnung so etwas wie ein »Jekyll-und-Hyde«-Phänomen. In ihren Augen war Jabotinsky - nach ihm Begin - der Mann, der das wahre Gesicht des Zionismus verkörperte. Chaim Weizmann und die anderen linken oder sozialdemokratischen Zionisten galten entweder als Heuchler oder als arglose Aushängeschilder, hinter deren Rücken die »wahren« Zionisten ihr expansionistisches Geschäft verrichteten. Die Politik der verschiedenen aufeinanderfolgenden israelischen Regierungen war nicht eben geeignet, diesen Eindruck zu entkräften - die gegenwärtig amtierende Regierung der nationalen Einheit fordert ihn vielmehr geradezu heraus -, aber der Libanonkrieg offenbarte schließlich doch, wie kraß die politischen Gegensätze innerhalb der israelischen Gesellschaft inzwischen geworden sind. Gegensätze, die sich in Parteizugehörigkeiten nur unzureichend widerspiegeln.

Israel befindet sich mitten in einer schweren moralischen, gesellschaftlichen, wirtschaftlichen und politischen Krise, einer Krise, die sich sicherlich noch weiter verschärfen wird, wenn es seine

Politik nicht entscheidend ändert. Viele junge Israelis, und ebenso eine stattliche Zahl von Künstlern, Journalisten und anderen Intellektuellen - darunter auch zunehmend mehr Leute aus den Reihen der sogenannten orientalischen Juden -, sehen sich nicht mehr in der Lage, die undemokratischen und reaktionären religiösen, militärischen und moralischen Normen zu akzeptieren, zu denen sich das »offizielle« Israel heute bekennt. Vom Ausgang dieses Kampfes zwischen zwei diametral gegensätzlichen Visionen dessen, was Israel sein oder werden soll - ein aufgeklärter, demokratischer, oder aber ein fundamentalistischer, militaristischer Staat -, wird die Zukunft des palästinensischen Volkes, und werden die Aussichten auf einen dauerhaften Frieden im Nahen Osten ganz wesentlich abhängen.

Wegen der objektiven Asymmetrie der ganzen Situation liegt auf Israel die Hauptverantwortung für die Lösung des Konflikts, aber natürlich ist auch die PLO dazu aufgerufen, sich eine Strategie zu eigen zu machen, die es den fortschrittlichen und friedliebenden Kräften in Israel erlaubt, ihren politischen Einfluß auszuweiten.

Auf der anderen Seite muss man erkennen, dass es mit dem Eintreten der israelischen Friedensbewegung für das Selbstbestimmungsrecht der Palästinenser, für gegenseitige Anerkennung und friedliche Koexistenz nicht getan ist. Das Diaspora-Judentum und die Freunde Israels in aller Welt müssen begreifen, dass die Politik, die Israel heute betreibt, dazu verdammt ist, den Kreislauf der Gewalt und des Terrors immer weiter in Gang zu halten, jene Kette willkürlicher und sinnloser Mordanschläge, die uns jedesmal aufs neue schockieren, gleich ob sie mit Pistolen oder mit Bomben begangen werden. Wenn die Armee eines Landes für die Ermordung eines seiner Bürger grausame kollektive Rache nimmt, so ist dies um keinen Deut rechtschaffener oder bewundernswerter als die individuelle Rache eines verzweifelten Jünglings nach der Ermordung eines der Seinen. Wenn das eine als »nationale Verteidigung« und das andere als »Terrorismus« bezeichnet wird, so sind das Begriffe, die nur Propaganda und eine verzerrte Sicht geprägt haben.

Nicht zuletzt in der Hoffnung, etwas gegen die auf unserer Seite allzu verzerrte Sicht des Konflikts - das heißt, auf der jüdischen, der israelischen Seite - ausrichten zu können, habe ich dieses Buch geschrieben.

DANKSAGUNG

Die Forschungsarbeit für dieses Buch (und für mein nächstes) wurde von 1982 bis 1985 an der Harvard-Universität geleistet. Während meiner Zeit dort hatte ich das Glück, über mein Thema mit namhaften Gelehrten und Historikern diskutieren zu können, wie Walid Khalidi, Stanley Hoffman, Herbert Kelman, Nadav Safran, Noam Chomsky, Munir Faschee, Al Uteibi und Hischam Scharabi. Ihre konstruktive Kritik ist in das Buch eingeflossen, wenngleich nicht notwendigerweise in meine Grundüberzeugungen und Schlußfolgerungen. Ich stehe tief in der Schuld der Stiftungen und persönlicher Freunde, deren Stipendien es mir möglich gemacht haben, ein so ehrgeiziges Forschungsprojekt durchzuziehen. Da viele von ihnen ungenannt zu bleiben wünschen und die Liste der Namen ohnehin zu lang wäre, um an dieser Stelle Platz zu finden, werde ich ihnen allen meinen Dank persönlich abstatten. Zwei Haupt-Sponsoren möchte ich allerdings an dieser Stelle nennen: die Ford Foundation und das American Middle East Peace Research Institute (AMEPRI). Ihre Forschungsmittel ermöglichten es mir, ein großes Team von Forschungsassistenten anzuheuern, deren Aufgabe darin bestand, Primärquellen zu suchen und durchzuackern, Texte zu übersetzen, sowie israelische und arabische Versionen bestimmter Vorgänge miteinander - und beide mit den aktenmäßig zu belegenden Fakten - zu vergleichen. Von unschätzbarem Wert waren für mich die Mitarbeit von Dr. Philip Mattar, Dr. Shukri Abed, Nadim Ruhana, Dr. Joram Beck, Geoffrey Aronson, Dr. Haim Golan, sowie die Beiträge der Studenten, die sich an dem Projekt beteiligten: Joschua Landes, Eugene Rogan, Kate Shnayerson, Dani Ben Simon, John Goldberg, Leila Beck, Zaha Bustani, Leora Zeitlin, Scheila Katz und Lucinda Merriam. Von besonderer Wichtigkeit war die Kooperation mit der Gesellschaft für Arabische

Studien in Jerusalem, die das Archiv von Asis Schahadeh des Initiators des Flüchtlingskongresses von Ramallah) durcharbeitete und mikroverfilmte; ebenso die Mitwirkung von Joram Nimrod, der mir seine Dissertation zur Verfügung stellte, und von Johai Sela, der die Verlustzahlen des Krieges von 1948 analysierte. Niedergeschrieben wurde das Buch in den Räumlichkeiten der Ökumenischen Friedensakademie in Tantour bei Jerusalem, wo ich ideale Arbeitsbedingungen vorfand. Es bedurfte mehrerer Anläufe und Entwürfe, ehe aus einer riesigen Ansammlung von Dokumenten und Exzerpten ein lesbares Buch wurde. Dabei geholfen haben mir Dan Leon, Barbara Branolt und Laura Blum. Die endgültige Fassung ist indes den Anregungen von Sara Bershtel, der Cheflektorin von Pantheon Books, und Chaya Amir und Miriam Rosen zu verdanken, denen ich mich zutiefst verpflichtet fühle. Mein besonderer Dank geht schließlich, auch im Namen meiner Frau, an Dr. Benjamin Brown und Mrs. Brown und an die Mitarbeiter von CFIA und CMES in Harvard, die alles Erdenkliche taten, um den Aufenthalt und das Arbeiten dort für uns zu einer ebenso angenehmen wie aufregenden und fruchtbaren Erfahrung werden zu lassen.

Simcha Flapan
Tel Aviv im März 1987

Simcha Flapan ist am 13. April 1987 in Tel Aviv verstorben, gerade als die amerikanische Originalausgabe in Druck ging.

ABKÜRZUNGEN

CZA - Central Zionist Archives (Jerusalem)

ISA - Israel State Archives (Jerusalem)

PDD - Political and Diplomatic Documents of CZA and ISA, December 1947 - May 1948. Jerusalem 1979

DFPI - Documents on Foreign Policy of Israel, ISA: vol. I, May-September 1948. Jerusalem 1981; Bd. 2, Oktober 1948 - April 1949. Jerusalem 1984; Bd. 3: Waffenstillstandsverhandlungen 1949. Jerusalem 1983

HHGH - Haschomer Hatzair, Archiv (Givat Haviva)

MGH - Mapam, Archiv (Givat Haviva)
State Department, Washington 1971

NAMENREGISTER

A

B

C

D

E

F

G

H

I

J

K

L

M

N

S

T

U

V

W

ZAMBON

ABRAHAM MELZER

ISRAEL VOR GERICHT

Essays eines antizionistischen Juden

Mit einem Vorwort von Moshe Zuckermann

Ich habe in diesem Buch Beiträge aus den Jahren 2010 bis 2014 gesammelt, in denen ich gegen die verheerende israelische Politik polemisiere und gegen die Haltung jüdischer Vertreter, Politiker wie Intellektuelle, die diese Politik entschuldigen, rechtfertigen und sogar verherrlichen indem sie behaupten, dass „Täter sein“ Spaß macht.

14x20,5 cm, 312 Seiten

ISBN: 978 3 88975 240 6 - 15,00 €

Carminati / Tradardi

BDS - Gewaltloser Kampf gegen Israel-Apartheid

Einleitung von Prof. Rolf Verleger, Vorsitzender der "Jüdischen Stimmes für den Frieden"

Taschenbuch

ISBN 978 3 88975 133 1 - € 10,00

Beatrice Guelpa

Aphrodite in Gaza

Ein aus dem Sand aufgetauchtes Museum

Taschenbuch, 128 Seiten mit Fotos

ISBN 978 3 88975 182 9 - € 8,90

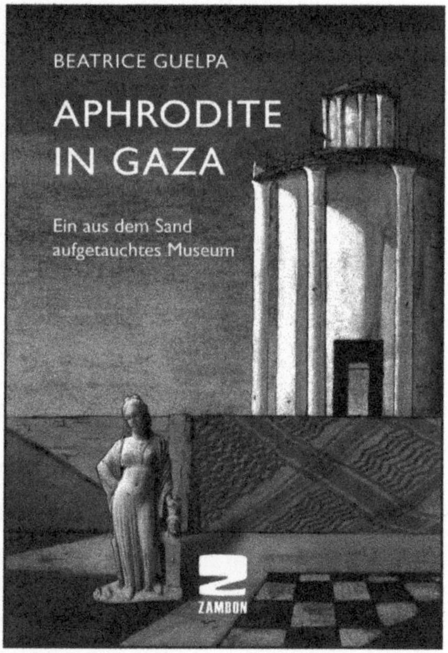

Gilad Atzmon

Der wandernde - WER?

Eine Studie jüdischer Identitäspolitik

244 Seiten · 12 €

ISBN 978 3 88975 190 4

Nandino Capovilla

Ein Priester in der Hölle

Ein italienischer Journalist begibt sich eines Tages nach Gaza, um dort Informationen über Hamas zu sammeln. In Gaza gibt es eine kleine katholische Gemeinde. Wer könnte ihm besser als dessen Priester die Intoleranz der Hamas darlegen? Zwischen den beiden entwickelt sich eine Unterhaltung und der Priester erläutert die Gründe für das Vertrauen der Mehrheit der palästinensischen Bevölkerung in die Hamas. Der besagte Priester ist jener Manuel Musallam, der von Don Nadino Capovilla dazu bewogen wird, dieses Buch zu schreiben..

Taschenbuch, 143 S. mit Fotos

ISBN 978 3 88975 186 7 - € 12,00

Ziyad Clot

Einen Palästinenserstaat wird es nicht geben

Der Enkel palästinensischer Flüchtlinge Ziyad Clot kehrt nach Palästina zurück. Er arbeitet als juristischer Berater der Unterhändler der palästinensischen Befreiungsorganisation PLO. Er nimmt an allen Verhandlungen teil, die zur Gründung eines palästinensischen Staates hätten führen sollen.

Er lernt und sagt, dass „der sogenannte Friedensprozess (Roadmaps etc.)“ nur ein Schauspiel, eine Farce zum Schaden des palästinensischen Volkes darstellt zum Preis des in Gaza geflossenen Blutes: „Und ich war dabei, gegen meinen Willen eine Marionette in diesem Theater zu werden.“

Taschenbuch, 128 Seiten

ISBN 978 3 88975 185 0 - € 12,00